政治人格建构：思想政治教育本质的历史唯物主义阐释

李金和 著

中国教育出版传媒集团
高等教育出版社·北京

图书在版编目（CIP）数据

政治人格建构：思想政治教育本质的历史唯物主义阐释／李金和著． --北京：高等教育出版社，2025.
6. --ISBN 978-7-04-064624-5

Ⅰ．D64

中国国家版本馆 CIP 数据核字第 2025T3P794 号

政治人格建构：思想政治教育本质的历史唯物主义阐释
ZHENGZHI RENGE JIANGOU：SIXIANG ZHENGZHI JIAOYU BENZHI DE LISHI WEIWU ZHUYI CHANSHI

策划编辑	张 召	责任编辑	梁宝贵	封面设计	李小璐	版式设计	马 云
责任校对	刘娟娟	责任印制	刁 毅				

出版发行	高等教育出版社	网　　址	http://www.hep.edu.cn
社　　址	北京市西城区德外大街 4 号		http://www.hep.com.cn
邮政编码	100120	网上订购	http://www.hepmall.com.cn
印　　刷	涿州市京南印刷厂		http://www.hepmall.com
开　　本	787mm×1092 mm　1/16		http://www.hepmall.cn
印　　张	18.25		
字　　数	310 千字	版　　次	2025 年 6 月第 1 版
购书热线	010-58581118	印　　次	2025 年 6 月第 1 次印刷
咨询电话	400-810-0598	定　　价	78.00 元

本书如有缺页、倒页、脱页等质量问题，请到所购图书销售部门联系调换
版权所有　侵权必究
物 料 号　64624-00

国家社科基金后期资助项目
出版说明

后期资助项目是国家社科基金设立的一类重要项目,旨在鼓励广大社科研究者潜心治学,支持基础研究多出优秀成果。它是经过严格评审,从接近完成的科研成果中遴选立项的。为扩大后期资助项目的影响,更好地推动学术发展,促进成果转化,全国哲学社会科学工作办公室按照"统一设计、统一标识、统一版式、形成系列"的总体要求,组织出版国家社科基金后期资助项目成果。

全国哲学社会科学工作办公室

目 录

导言　思想政治教育本质:思想政治教育根本问题的解答 …………… 1

第一章　人的政治存在与政治品格建构:思想政治教育的"出场源"
　　　　与"落脚点" ……………………………………………………… 29

　第一节　人的政治存在:思想政治教育的"出场源" ………………… 31
　　一、人的政治存在维度:"政治人" …………………………………… 33
　　二、"政治人"的社会尺度:政治人格 ………………………………… 42

　第二节　人的政治品格建构:思想政治教育的"落脚点" …………… 49
　　一、政治人格的价值尺度:政治品格 ………………………………… 50
　　二、政治品格:社会政治文化的历史建构 …………………………… 54

　第三节　思想政治教育"出场源"和"落脚点"的整体阐释:政治
　　　　　人格建构 ……………………………………………………… 59
　　一、政治人格建构内蕴人的政治存在 ………………………………… 59
　　二、政治人格建构昭示人的政治品格建构 …………………………… 61

第二章　由"文"而"化"的政治品格建构:思想政治教育的政治文化
　　　　机理 ……………………………………………………………… 64

　第一节　思想文化空间:思想政治教育政治品格建构的内在
　　　　　要素 ……………………………………………………………… 65
　　一、以思想文化内容为实质的思想文化空间不是"自在性"的物
　　　　理空间 …………………………………………………………… 66
　　二、以思想文化内容为实质的思想文化空间的熏染:"作为政治实践
　　　　特殊形态的思想政治教育"的社会形态 ……………………… 69
　　三、"日用而不觉"的思想文化空间的"无形之教":潜移默化的隐
　　　　性思想政治教育 ………………………………………………… 71

　第二节　思想政治教育政治品格建构的政治文化前提:社会政治
　　　　　品格形态 ……………………………………………………… 74
　　一、历史前提:社会政治品格形态的历史质性奠基 ………………… 75

二、时代前提：社会政治品格形态的时代体系阐释 …………… 79
　第三节　思想政治教育政治品格建构的主体要件：政治情感驱动
　　　　　与政治品格养成 ………………………………………… 83
　　一、主体要素：社会成员的政治情感驱动 …………………… 85
　　二、主体生成：社会成员的政治品格养成 …………………… 88

第三章　建构·导向·主体际性：思想政治教育的教育机理 …… 92
　第一节　"作为教育活动具体类别的思想政治教育"：着眼于精神
　　　　　生产的精神交往 ………………………………………… 92
　　一、思想政治教育着眼于精神生产 …………………………… 93
　　二、思想政治教育立基于精神交往 …………………………… 97
　第二节　思想建构：思想政治教育的"思想真义" ……………… 101
　　一、传导—接受时代"新思想" ………………………………… 103
　　二、改造接受主体"旧思想" …………………………………… 107
　第三节　价值导向：思想政治教育的"政治真义" ……………… 110
　　一、引导接受主体内化国家主导价值观 ……………………… 111
　　二、引导接受主体内化时代政治价值观 ……………………… 115
　第四节　主体际性：思想政治教育的"教育真义" ……………… 119
　　一、教育主体—接受主体的信仰互动 ………………………… 121
　　二、接受主体的情感共鸣 ……………………………………… 125
　　三、接受主体的政治认同 ……………………………………… 130

第四章　思想政治教育的本质：政治人格建构 …………………… 135
　第一节　1984年以来思想政治教育本质论的主要范式及其
　　　　　阐释 ……………………………………………………… 135
　　一、1984年以来"教育学、德育学"总范式下思想政治教育本质论的
　　　　社会哲学、人学范式 ……………………………………… 136
　　二、1984年以来"教育学、德育学"总范式下思想政治教育本质的社
　　　　会哲学、人学阐释 ………………………………………… 142
　第二节　1984年以来思想政治教育本质论的主要阐释方式及
　　　　　其逻辑问题 ……………………………………………… 147
　　一、本质与属性概念比较式思想政治教育本质阐释方式及其逻辑
　　　　问题 ………………………………………………………… 148
　　二、论断式思想政治教育本质阐释方式及其逻辑问题 ……… 154
　第三节　铸魂育人范畴：思想政治教育本质论的关键 ………… 156
　　一、思想政治教育是一个政治范畴 …………………………… 157

二、思想政治教育是一个人学范畴 …………………………… 161
　　三、思想政治教育是一个活动范畴 …………………………… 164
　第四节　政治人格建构：思想政治教育根本问题的解答 ………… 168
　　一、政治人格建构的"政治"，解答思想政治教育"为谁培养人"
　　　　的问题 …………………………………………………………… 168
　　二、政治人格建构的"政治人格"，解答思想政治教育"培养什么人"
　　　　的问题 …………………………………………………………… 171
　　三、政治人格建构的"建构"，解答思想政治教育"怎样培养人"
　　　　的问题 …………………………………………………………… 173

第五章　新时代中国思想政治教育：担当复兴大任的社会主义政治人
　　　　格建构形态 ……………………………………………………… 180
　第一节　"作为党和国家事业重要方面的思想政治教育"的新时
　　　　代界定：治党治国的重要方式 ………………………………… 181
　　一、作为党的事业重要方面的思想政治教育：中国共产党政党治理的
　　　　重要方式 ………………………………………………………… 182
　　二、作为国家事业重要方面的思想政治教育：社会主义中国国家治理
　　　　的重要方式 ……………………………………………………… 184
　第二节　新时代中国思想政治教育的政治人格建构形态：担当
　　　　复兴大任的社会主义政治人格 ………………………………… 187
　　一、信仰信念信心"三信"的社会主义理想信念 ………………… 188
　　二、齐家爱国的社会主义家国情怀 ………………………………… 193
　　三、为民服务的社会主义政治品格 ………………………………… 197
　　四、敢于担当的社会主义政治操守 ………………………………… 202

第六章　新时代中国思想政治教育：担当复兴大任的社会主义政治
　　　　人格建构路径 …………………………………………………… 207
　第一节　新时代中国思想政治教育政治人格建构的中国梦价值
　　　　激励与价值统领 ………………………………………………… 207
　　一、实现中华民族伟大复兴中国梦的"价值体认"激励 ………… 209
　　二、实现中华民族伟大复兴中国梦的"价值追求"统领 ………… 214
　第二节　新时代中国思想政治教育政治人格建构的社会主义
　　　　核心价值观培育 ………………………………………………… 217
　　一、社会主义核心价值观的"教育引导"培育 …………………… 218
　　二、社会主义核心价值观的"实践示范"培育 …………………… 222
　　三、社会主义核心价值观的"制度转化"培育 …………………… 225

第三节 新时代中国思想政治教育政治人格建构的中国精神
孕育 ………………………………………………… 229
一、伟大民族精神的"爱国主义"孕育 …………………… 230
二、伟大时代精神的"改革创新"孕育 …………………… 233
第四节 新时代中国思想政治教育政治人格建构的中国优秀
政治文化涵育 ……………………………………… 238
一、中华优秀传统政治文化的政治品格奠基 ……………… 239
二、革命文化的政治主体性建构 …………………………… 243
三、社会主义先进政治文化的政治先进性导向 …………… 247
第五节 新时代中国思想政治教育政治人格建构的制度体系
保障 ………………………………………………… 251
一、思想政治教育党内法规体系的系统规范 ……………… 251
二、思想政治教育国家法律体系的整体配套 ……………… 255
三、思想政治教育基层规范性文件的全面细化 …………… 258

结语 在历史唯物主义视野中探寻思想政治教育的本质 ………… 261
主要参考文献 …………………………………………………………… 273
重要名词索引 …………………………………………………………… 278
后记 ……………………………………………………………………… 279

导言　思想政治教育本质：思想政治教育根本问题的解答

2019年3月18日在学校思想政治理论课教师座谈会上的讲话中，习近平总书记强调："思政课的政治性、思想性、学术性、专业性是紧密联系在一起的，其学术深度广度和学术含金量不亚于任何一门哲学社会科学！"①关于思想政治教育的"科学性"问题，早在古田会议决议中，毛泽东就提出了"教育党员使党员的思想和党内的生活都政治化，科学化"②的命题。改革开放和社会主义现代化建设新时期，"思想政治工作是一门科学"成为共识。第一机械工业部、全国机械工会1980年6月6日的《思想政治工作座谈会纪要》提出，"思想政治工作是一门科学"，并写道，"我们必须坚持用马克思主义的世界观、方法论，以及心理学、社会学等科学知识，在总结我们过去经验的基础上，研究掌握人们思想活动的规律，使思想政治工作系统化、理论化，成为一门科学。"③1988年3月18日在中央国家机关党的工作会议上的讲话中，李鹏指出："思想政治工作本身是一门综合性的科学，其最终目的是最大限度地调动人的积极性和创造性，思想政治教育的成果必须反映在业务工作的成果和机关干部的精神面貌上。"④2000年6月28日在中央思想政治工作会议上的讲话中，江泽民指出："思想政治工作是一门科学，各级领导干部和政工干部都要努力认识和掌握它的基本知识和规律。"⑤从中国当时及当前的思想政治工作和思想政治教育理论与实践来看，准确把握思想政治工作、思想政治教育的"科学性"问题至少需要明确以下三点。

第一，需要准确区分应然的思想政治工作、思想政治教育和实然的思想政治工作、思想政治教育。这一点，第一机械工业部、全国机械工会《思想政

---

① 习近平：《思政课是落实立德树人根本任务的关键课程》，《求是》2020年第17期。
② 《毛泽东选集》第1卷，人民出版社1991年版，第92页。
③ 孙友余、钱学森、费孝通、谭滔等著，《光明日报》理论部编：《论思想政治工作科学化》，山西人民出版社1981年版，第16、17页。
④ 《十三大以来重要文献选编》（上），人民出版社1991年版，第116页。
⑤ 《江泽民文选》第3卷，人民出版社2006年版，第97页。

治工作座谈会纪要》的"思想政治工作是一门科学"及其"使思想政治工作系统化、理论化,成为一门科学"的表述阐释得非常清楚。李鹏、江泽民所表述的"思想政治工作本身是一门综合性的科学""思想政治工作是一门科学",是就思想政治工作的应然意义而言的,是对中国当时实然的思想政治工作提出的明确要求,是说中国当时的思想政治工作应该努力达到"科学"的层次,而不是指中国当时实然的思想政治工作已经成为了一门科学。

第二,需要全面把握思想政治工作和思想政治教育的思想性、政治性、科学性、艺术性。首先,思想政治工作是一项思想性的工作,是一项提高人的思想境界和精神境界,最大限度调动人的积极性和创造性,形成人的良好"精神面貌"的工作。其次,思想政治工作是一项政治性的工作,是一项基于人的政治性和政治的社会性的"思想性政治工作",是通过"政治性思想教育",或者说"政治思想的教育"引导人们正确认识人的政治存在,自觉提升自身思想政治素质的工作。再次,作为一项旨在提升人的思想政治素质的工作,思想政治工作是一项必须基于人的思想政治素质形成发展规律和"政治性思想教育规律"等"科学"前提的"政治性思想教育工作"。最后,作为一项旨在引导人们正确认识人的政治存在,自觉提升人的思想政治素质和精神境界的"政治性思想教育工作",思想政治工作的有效性,不仅取决于遵循人的思想政治素质形成发展规律和"政治性思想教育规律",而且取决于运用人的思想政治素质形成发展规律和"政治性思想教育规律"的恰当性、艺术性,还取决于恰当地、艺术地运用思想政治素质形成发展规律和"政治性思想教育规律"而产生的思想解释力、思想穿透力、思想感染力、思想吸引力,也取决于恰当地、艺术地运用思想政治素质形成发展规律和"政治性思想教育规律"而产生的美感享受和情感共鸣。

第三,需要系统阐明"思想政治教育本质"这一思想政治教育的"元问题"和"元理论"。既然思想政治工作"本身"是"一门科学",那么,无论是对"思想政治工作"的研究,还是对作为思想政治工作"主体构成"和"主体部分"[①]的思想政治教育的研究,都必须遵循"科学"原则,亦即立足现实生活

[①] 思想政治教育与思想政治工作的"主体构成"和"主体部分"的关系,参见"马克思主义理论研究和建设工程重点教材"《思想政治教育学原理》(第二版)、"普通高等教育'十一五'国家级规划教材"《现代思想政治教育学》、国家社科基金项目成果《现代思想政治教育学范畴研究》、教育部人文社会科学研究项目成果《思想政治教育元问题研究》。《思想政治教育学原理》(第二版)一书指出:"思想政治工作与思想政治教育两个概念,含义基本相同,指导思想、目的和内容也基本一致,在一般情况下可以通用。但思想政治工作与思想政治教育也有区别。思想政治工作除包含思想政治教育外,还包括党的组织工作、统一战线工作、群众工作等。尽管这些工作也渗透着思想政治教育,但这些工作并不等同于思想政治教育。"(《思想政治教育学原理》编写组编:《思想政治教育学原理》

世界的思想政治工作和思想政治教育活动,面向"最大限度地调动人的积极性和创造性",紧扣"思想政治教育"这一核心范畴,科学揭示思想政治教育本质。离开思想政治教育本质的科学揭示,思想政治教育的科学性将失去"核心支撑"。《辞海》《哲学辞典》"科学"词条这样界定:"科学"是"运用范畴、定理、定律等思维形式反映现实世界各种现象的本质和规律的知识体系"①。从《辞海》《哲学辞典》"科学"词条的界定看,思想政治教育本质的科学揭示和思想政治教育规律的科学阐释是思想政治教育科学性的"两个基本支撑点"。而"规律",《辞海》《哲学辞典》的界定是:"事物发展过程中的本质联系和必然趋势。"②可见,相比于"规律","本质"是更根本的支撑点;相比于思想政治教育规律,思想政治教育本质问题,是"一切思想政治教育理论问题的总纽结";相比于思想政治教育规律的科学阐释,思想政治教育本质的科学揭示,是思想政治教育活动有效运行的更重要的前提,是"全部思想政治教育理论的基础和核心",是"整个思想政治教育学的立论之本"。③

然而,思想政治教育本质到底是什么?自1984年中国"思想政治教育

(第二版),高等教育出版社2018年版,第3页。)《现代思想政治教育学》一书指出:"在日常工作中,思想政治教育与思想政治工作这两个术语可以通用,但二者还具有一定的差异性和侧重性。思想政治工作的外延更宽广,它除了思想政治教育外,还包含许多组织工作、实践活动,因而不能简单等同于'思想政治教育'。"(张耀灿、郑永廷、吴潜涛、骆郁廷等:《现代思想政治教育学》,人民出版社2006年版,第50页。)《现代思想政治教育学范畴研究》一书指出:"思想政治教育是思想政治工作的基本内容,而不是思想政治工作的全部,它是受政治制约的思想教育和侧重于思想理论方面的政治教育。"(徐志远:《现代思想政治教育学范畴研究》,人民出版社2009年版,第67页。)《思想政治教育元问题研究》一书指出:"从实际工作的角度而言,将思想政治工作和思想政治教育的内涵等同,都看成政治工作的一部分,没有什么问题","只是从理论研究和学科建设的角度,如果我们仅仅把思想政治教育作为政治工作甚至是思想政治工作的一个方面,放入思想政治工作的体系中,就会出现思想政治教育内容缺乏稳定性、连续性的问题,因为思想政治工作的时效性和政策性很强,常常会在不同历史时期因不同的内容和要求,其工作的重心和重点就会发生变化。而思想政治教育则是要根据教育对象的特点、层次和发展规律来进行系统的、全面的、原则性的教育,更具有专业性、理论性、规律性的特点。因此,思想政治教育虽然离不开政治工作,是思想政治工作的一部分,但是作为一种传播先导性、先进性思想内容的思想政治教育又不能完全拘泥于当下的、一时的需要,而应从更加长远的政治发展、社会进步、人类需要的角度,来看待和解读思想政治教育的内涵。为此,从学科建设的角度而言,将思想政治工作一词用于政治工作的实践,将思想政治教育一词用于理论与实践的结合,这样更易于人们对概念的合理使用和规范使用,也便于学者从学理化、专业化的角度,来研究和把握思想政治教育的内涵。"(倪愫襄主编:《思想政治教育元问题研究》,中国社会科学出版社2014年版,第43页。)

① 夏征农、陈至立主编:《辞海》(第六版彩图本),上海辞书出版社2009年版,第1234页;余源培等编著:《哲学辞典》,上海辞书出版社2009年版,第61页。
② 夏征农、陈至立主编:《辞海》(第六版彩图本),上海辞书出版社2009年版,第785页;余源培等编著:《哲学辞典》,上海辞书出版社2009年版,第31页。
③ 褚凤英:《思想政治教育本质再认识》,《探索》2010年第3期。

专业"设置①迄今,一直聚讼纷纭,未有定论。

一

无论是解决思想政治教育本质的科学阐释问题,还是解决思想政治教育本质的争议问题,都必须首先解决思想政治教育本质阐释的科学方法论问题,进而明确对思想政治教育本质科学阐释的具体标准。在"关心群众生活,注意工作方法"讲话中,毛泽东明确指出:"我们不但要提出任务,而且要解决完成任务的方法问题。我们的任务是过河,但是没有桥或没有船就不能过。不解决桥或船的问题,过河就是一句空话。不解决方法问题,任务也只是瞎说一顿。"②作为对思想政治教育现象背后的内部联系、内在根据的深层揭示,思想政治教育本质的科学阐释必须基于科学的方法论。缺失科学的方法论和科学方法论的自觉运用,思想政治教育本质的阐释,只能说是一种关于思想政治教育本质的观点和看法——"思想政治教育本质观"的认识。

思想政治教育本质阐释的科学方法论是什么?是且只能是马克思的历史唯物主义③。

---

① 1984年4月13日,教育部下发《关于在十二所院校设置思想政治教育专业的意见》,批准南开大学、复旦大学、武汉大学、东北师范大学、陕西师范大学、华东师范大学、华中师范学院、西南师范学院、清华大学、北京钢铁学院、上海交通大学、大连工学院共12所院校首批增设思想政治教育专业,进行试点;6月9日,下发《关于在六所高等院校开办思想政治教育专业第二学士学位班的意见》,批准清华大学、北京钢铁学院、北京师范学院、大连工学院、西安交通大学、浙江大学首批进行试点,开设思想政治教育专业第二学士学位班;6月30日,下发《关于在高等学校举办思想政治教育本科班的意见》,在各省、自治区、直辖市教育部门选出、教育部批准的部分高等学校举办思想政治教育本科班。

② 《毛泽东选集》第1卷,人民出版社1991年版,第139页。

③ 学界公认的"历史唯物主义"是"马克思"的历史唯物主义,亦即"马克思"的唯物主义历史观。作为恩格斯对马克思世界观和方法论的提炼、概括、指称,历史唯物主义和唯物主义历史观,实质上是同一的。考察"马克思"历史唯物主义与唯物主义历史观的关系,不能离开"马克思思想文本"这一前提,仅从字面表述上加以形式推演,将唯物主义历史观推演为一种"观",从而得出马克思历史唯物主义和唯物主义历史观"不同"的结论。从出场学的角度来考察,恩格斯先用"唯物主义历史观"指称马克思的世界观和方法论。在1859年8月为马克思《政治经济学批判。第一分册》写的书评中,恩格斯说:"这种德国的经济学本质上是建立在唯物主义历史观的基础上的,后者的要点,在本书的序言中已作了扼要的阐述。"(《马克思恩格斯文集》第2卷,人民出版社2009年版,第597页。)19世纪90年代,针对保尔·巴尔特的《黑格尔和包括马克思及哈特曼在内的黑格尔派的历史哲学》等,将马克思的世界观和方法论歪曲为"经济因素是唯一决定性的因素"的"经济决定论"或者说"经济唯物主义",恩格斯用"历史唯物主义"指称马克思的世界观和方法论。在1890年9月21[~22]日致约瑟夫·布洛赫的信中,恩格斯写道:"我请您根据原著来研究这个理论,而不要

在"包含着新世界观的天才萌芽的第一个文献"①——《关于费尔巴哈的提纲》的"第一条"中,马克思明确指出:"从前的一切唯物主义(包括费尔巴哈的唯物主义)的主要缺点是:对对象、现实、感性,只是从客体的或者直观的形式去理解,而不是把它们当做感性的人的活动,当做实践去理解,不是从主体方面去理解。因此,和唯物主义相反,唯心主义却把能动的方面抽象地发展了,当然,唯心主义是不知道现实的、感性的活动本身的。"②在《德意志意识形态》中,马克思更明确指出:"当费尔巴哈是一个唯物主义者的时候,历史在他的视野之外;当他去探讨历史的时候,他不是一个唯物主义者。在他那里,唯物主义和历史是彼此完全脱离的"③,于是,"在共产主义的唯物主义者看到改造工业和社会结构的必要性和条件的地方,他却重新陷入唯心主义"④。

恩格斯在《路德维希·费尔巴哈和德国古典哲学的终结》中,系统总结作为"马克思世界观"的历史唯物主义同黑格尔哲学、"下半截是唯物主义者,上半截是唯心主义者"⑤的费尔巴哈的自然唯物主义和历史唯心主义之间的关系时,指出:"费尔巴哈说得完全正确:纯粹自然科学的唯物主义虽然'是人类知识的大厦的基础,但不是大厦本身'。因为,我们不仅生活在自然界中,而且生活在人类社会中,人类社会同自然界一样也有自己的发展史和自己的科学。因此,问题在于使关于社会的科学,即所谓历史科学和哲学科

根据第二手的材料来进行研究——这的确要容易得多。在马克思所写的文章中,几乎没有一篇不是贯穿着这个理论的。特别是《路易·波拿巴的雾月十八日》,这本书是运用这个理论的十分出色的例子。《资本论》中的许多提示也是这样。再者,我也可以向您指出我的《欧根·杜林先生在科学中实行的变革》和《路德维希·费尔巴哈和德国古典哲学的终结》,我在这两部书里对历史唯物主义作了就我所知是目前最为详尽的阐述。"(《马克思恩格斯文集》第10卷,人民出版社2009年版,第593页。)在1893年2月7日致弗拉基米尔·雅柯夫列维奇·施穆伊洛夫的信中,恩格斯又指出:"关于历史唯物主义的起源,在我看来,您在我的《费尔巴哈》(《路德维希·费尔巴哈和德国古典哲学的终结》)中就可以找到足够的东西——马克思的附录其实就是它的起源!其次,在《宣言》的序言(1892年柏林新版)和《揭露共产党人案件》的引言中也可以找到。"(《马克思恩格斯文集》第10卷,人民出版社2009年版,第647页。)由此可见,"历史唯物主义"是继"唯物主义历史观"之后,恩格斯对马克思世界观和方法论的进一步阐释,内在实质上,二者是同一的。其重大意义在于,在先前"唯物主义历史观"这一指称厘清马克思世界观、方法论与"唯心主义历史观"关系的基础上,"历史唯物主义"这一指称进一步厘清了马克思世界观、方法论与"从前的一切唯物主义",亦即英国唯物主义、法国唯物主义、费尔巴哈的唯物主义等的关系,使马克思彻底贯彻的"唯物主义历史观"或者说"历史唯物主义"的世界观和方法论得到了全面说明。因此,本著关于思想政治教育本质研究的方法论阐释,用"历史唯物主义"这一表述。

① 《马克思恩格斯文集》第4卷,人民出版社2009年版,第266页。
② 《马克思恩格斯文集》第1卷,人民出版社2009年版,第499页。
③ 《马克思恩格斯文集》第1卷,人民出版社2009年版,第530页。
④ 《马克思恩格斯文集》第1卷,人民出版社2009年版,第530页。
⑤ 《马克思恩格斯文集》第4卷,人民出版社2009年版,第296页。

学的总和,同唯物主义的基础协调起来,并在这个基础上加以改造。但是,这一点费尔巴哈是做不到的。他虽然有'基础',但是在这里仍然受到传统的唯心主义的束缚,这一点他自己也是承认的,他说:'向后退时,我同唯物主义者是一致的;但是往前进时就不一致了'。"①这个"超出费尔巴哈而进一步发展费尔巴哈观点的工作"②,即"使关于社会的科学,即所谓历史科学和哲学科学的总和,同唯物主义的基础协调起来,并在这个基础上加以改造"③的工作,亦即"从费尔巴哈的抽象的人转到现实的、活生生的人",把"现实的、活生生的人"作为"在历史中行动的人"来考察的工作,是"马克思于1845年在《神圣家族》中开始的",是"同马克思的名字联系在一起的","绝大部分基本指导思想(特别是在经济和历史领域),尤其是对这些指导思想的最后的明确的表述,都是属于马克思的"。④迄今为止,唯有马克思的历史唯物主义解决了"使关于社会的科学,即所谓历史科学和哲学科学的总和,同唯物主义的基础协调起来,并在这个基础上加以改造"这个全部唯物主义的关键问题,唯有马克思的历史唯物主义是"关于现实的人及其历史发展的科学"。⑤

在这里,马克思恩格斯清楚地告诉我们,准确把握"关于现实的人及其历史发展的科学"的历史唯物主义,不仅必须批判和扬弃黑格尔的唯心主义,而且必须批判和扬弃费尔巴哈的自然唯物主义和历史唯心主义。从"对象、现实、感性"的"主体方面"亦即作为"感性的人的活动"的"能动的方面"来说,费尔巴哈的自然唯物主义和历史唯心主义远没有达到黑格尔的唯心主义水平。费尔巴哈的自然唯物主义和历史唯心主义,只见"物",不见"人",更无"历史"。也正是在这一意义上,列宁指出:"聪明的唯心主义比愚蠢的唯物主义更接近于聪明的唯物主义。"⑥

正是既批判和扬弃了黑格尔"不知道现实的、感性的活动本身"的唯心主义,又批判和扬弃了费尔巴哈"对对象、现实、感性,只是从客体的或者直观的形式去理解,而不是把它们当做感性的人的活动,当做实践去理解,不是从主体方面去理解"⑦的自然唯物主义和历史唯心主义,马克思的历史唯物主义强调"从现实的、有生命的个人本身出发",亦即从"处在现实的、可

---

① 《马克思恩格斯文集》第4卷,人民出版社2009年版,第284页。
② 《马克思恩格斯文集》第4卷,人民出版社2009年版,第295页。
③ 《马克思恩格斯文集》第4卷,人民出版社2009年版,第284页。
④ 《马克思恩格斯文集》第4卷,人民出版社2009年版,第294、295、296页、第296页脚注。
⑤ 《马克思恩格斯文集》第4卷,人民出版社2009年版,第284、295页。
⑥ 《列宁全集》第55卷,人民出版社1990年版,第235页。
⑦ 《马克思恩格斯文集》第1卷,人民出版社2009年版,第499页。

以通过经验观察到的、在一定条件下进行的发展过程中的人"①出发,把意识看作"一定条件下的""现实的、有生命的个人"的意识。

这同时告诉我们,在思想政治教育中,决不能"只是从客体方面"来理解作为"感性的人"的"思想政治教育对象",决不能把作为"感性的人"的"思想政治教育对象"只是当作客体来理解,而是必须"从主体方面"来理解作为"感性的人"的"思想政治教育对象",把作为"感性的人"的"思想政治教育对象"作为主体来理解。② 在《政治经济学批判》"总的导言"中,马克思特别指明:"主体是人,客体是自然。"③在马克思的历史唯物主义中,"对象"不等于"客体",不要把"对象"等同于"客体"。"客体"是与"主体"相对的,而不是与"对象"相对的。把"对象"等同于"客体",不是马克思的历史唯物主义,而是费尔巴哈的自然唯物主义和历史唯心主义。数理逻辑的"等价命题"理论亦明确揭示,原命题与逆命题不是等价命题,原命题与逆否命题才互为等价命题。这同样表明,"客体是主体的对象",但"对象不一定是主体的客体"。什么样的对象才是主体的客体?这就要区分"对象"是"人"还是物。显然,以"人"为对象的"对象"和以"物"为对象的"对象",其性质是完全不同的。只有以"物"为对象的"对象"才是"客体",以"人"为对象的"对象",不是"客体",而是"主体"。亦即历史唯物主义地把握思想政治教育现象和思想政治教育实践活动,历史唯物主义地阐释思想政治教育的本质,既不能停留于费尔巴哈自然唯物主义和历史唯心主义的"愚蠢的唯物主义"水平,也不能返回到黑格尔唯心主义的"聪明的唯心主义"水平。

马克思的历史唯物主义"推翻了那种把社会看做可按长官意志(或者说按社会意志和政府意志,反正都一样)随便改变的、偶然产生和变化的、机械

---

① 《马克思恩格斯文集》第1卷,人民出版社2009年版,第525页。

② 从上引《关于费尔巴哈的提纲》"第一条"的表述中不难确认,在马克思的历史唯物主义中,思想政治教育是"感性的人的活动",是"感性的人"的"实践";对"思想政治教育对象"的理解,不能停留于"人是机器"的近代机械唯物论"客体"层次和日常经验型思维的"直观"层次,而是必须立足现代思维科学及其认识论成果,跳出传统经验型社会"教育者"自以为是、居高临下的"填鸭式教育"和近代机械唯物论的日常"直观"层次,从思想政治教育作为"感性的人的活动"的"主体方面"来理解。亦即在马克思历史唯物主义的思想政治教育中,受教育者和教育者一样,都是"感性的人",都是"主体"。在马克思的历史唯物主义中,思想政治教育的"教育形态",是作为"主体"的教育者,通过语言、教学资料、教学设备等工具性教育客体表述人类共同创造的作为"人的发展资源"的对象性教育客体的中介方式,与同样是"主体"的受教育者进行的以政治价值观引导为核心内容的思想政治素质信息交往活动;思想政治教育中的主客体关系不是机械唯物论和传统"填鸭式教育"的"教育者主体—受教育者客体"关系,而是"教育者主体—工具性教育客体表述对象性教育客体—受教育者主体"的主体际性思想政治素质信息交往关系。(项贤明:《泛教育论——广义教育学的初步探索》,山西教育出版社2000年版,第19~40页。)

③ 《马克思恩格斯文集》第8卷,人民出版社2009年版,第9页。

的个人结合体的观点,探明了作为一定生产关系总和的社会经济形态这个概念,探明了这种形态的发展是自然历史过程,从而第一次把社会学放在科学的基础之上"①。基于此,列宁特别强调:"在我们还没有看见另一种科学地解释某种社会形态(正是社会形态,而不是什么国家或民族甚至阶级等等的生活方式)的活动和发展的尝试以前,没有看见另一种像唯物主义那样能把'有关事实'整理得井然有序,能对某一社会形态作出严格的科学解释并给以生动描绘的尝试以前,唯物主义历史观始终是社会科学的同义词。"②这表明,作为社会科学的思想政治教育,在根本方法论上必须坚持和贯彻马克思的历史唯物主义。

作为"马克思的整个世界观"的历史唯物主义是什么呢?在《〈政治经济学批判〉序言》中,马克思指出:"不是人们的意识决定人们的存在,相反,是人们的社会存在决定人们的意识。"③可见,历史唯物主义的基本问题是"人们的社会存在"与"人们的意识"的关系问题,不是略去了"人们"这一主体限定的"抽象"的"社会存在与社会意识的关系问题",也不是略去了"人们"这一主体限定的"抽象"的"思维和存在关系问题"。略去了"人们"这一主体限定的"抽象"的"思维和存在的关系问题",只是马克思以前的"全部哲学,特别是近代哲学的重大的基本问题"④,亦即近代认识论的基本问题。相应地,历史唯物主义的第一个方面,亦即历史唯物主义的第一原理,是"人们的社会存在决定人们的意识",不是略去了"人们"这一主体限定的"抽象"的"社会存在决定社会意识"⑤,更不是自然唯物主义的"抽象"的"物质决定意识"。在《黑格尔法哲学批判》中,马克思明确指出:"抽象唯灵论是抽象唯物主义;抽象唯物主义是物质的抽象唯灵论。"⑥这表明,马克思所说

---

① 《列宁专题文集·论辩证唯物主义和历史唯物主义》,人民出版社 2009 年版,第 162~163 页。
② 《列宁专题文集·论辩证唯物主义和历史唯物主义》,人民出版社 2009 年版,第 163 页。
③ 《马克思恩格斯文集》第 2 卷,人民出版社 2009 年版,第 591 页。
④ 《马克思恩格斯文集》第 4 卷,人民出版社 2009 年版,第 277 页。
⑤ 考查马克思著作德文原文,张一兵指出,马克思"并没有提出'社会存在决定社会意识'这样的观点,从德文原文看,马克思用以表征历史唯物主义关键性原则的概念是社会定在和定在方式"(张一兵:《马克思历史唯物主义中的社会定在概念》,《哲学研究》2019 年第 6 期。)这表明,"并不是抽象的社会存在决定社会意识,而是社会定在规制人的全部观念,这才是历史唯物主义最重要的科学原则"(张一兵:《定在概念:马克思早期思想境的历史线索》,《中国社会科学》2019 年第 9 期。),亦即"社会定在决定人们的一切意识,这是历史唯物主义最重要的理论原则"(见张一兵:《马克思历史唯物主义中的社会定在概念》,《哲学研究》2019 年第 6 期。),"不是抽象的社会存在决定社会意识,而是社会定在决定意识,这是历史唯物主义的基本原则"(张一兵:《社会定在决定意识:历史唯物主义的基本原则》,《学海》2019 年第 4 期。)。
⑥ 《马克思恩格斯全集》第 3 卷,人民出版社 2002 年版,第 111 页。

的"存在"和"社会存在",既不是抽象唯物主义那种抽象的超验的存在,也不是机械唯物主义的自然"物质",而是人们的"现实生活过程"。在《德意志意识形态》中,马克思指出:"意识在任何时候都只能是被意识到了的存在,而人们的存在就是他们的现实生活过程。"①他还指出:"不是意识决定生活,而是生活决定意识。"②

针对停留于数学和力学理论层次而混淆机器和工具的"没有历史的要素"的经济学观点,在《资本论》第一卷第四篇第十三章第一节脚注(89)中,马克思特别指明:"那种排除历史过程的、抽象的自然科学的唯物主义的缺点,每当它的代表越出自己的专业范围时,就在他们的抽象的和意识形态的观念中显露出来。"③针对韦尔纳·桑巴特《卡尔·马克思经济学体系批判》一文对马克思观点的误解,恩格斯特别指出,"马克思的整个世界观",亦即马克思的历史唯物主义,"不是教义,而是方法。它提供的不是现成的教条,而是进一步研究的出发点和供这种研究使用的方法"。④

总览马克思从《关于费尔巴哈的提纲》到《资本论》的历史唯物主义阐释,融通马克思恩格斯的两个著名论断——"哲学家们只是用不同的方式解释世界,问题在于改变世界"⑤和现代唯物主义"已经根本不再是哲学,而只是世界观"⑥,孙正聿提炼、归纳说,作为"马克思的整个世界观"的历史唯物主义,是以"历史"为解释原则、以"生活决定意识"为核心理念、以"历史的内在逻辑"⑦为基本内容、以"人类解放"为价值诉求、以"改变世界"为理论指向的世界观⑧和方法论。

正因为以"人类解放"为价值诉求、以"改变世界"为理论指向,马克思的历史唯物主义世界观和方法论主张以问题为中心,以"弄清问题"为目的,

---

① 《马克思恩格斯文集》第 1 卷,人民出版社 2009 年版,第 525 页。
② 《马克思恩格斯文集》第 1 卷,人民出版社 2009 年版,第 525 页。
③ 《马克思恩格斯文集》第 5 卷,人民出版社 2009 年版,第 428、429 页。
④ 《马克思恩格斯文集》第 10 卷,人民出版社 2009 年版,第 691 页。
⑤ 《马克思恩格斯文集》第 1 卷,人民出版社 2009 年版,第 502 页。
⑥ 《马克思恩格斯文集》第 9 卷,人民出版社 2009 年版,第 146 页。
⑦ 孙正聿的表述是"历史的内涵逻辑",笔者认为,表述为"历史的内在逻辑",表意更清晰,也更揭示历史逻辑的客观属性。黑格尔的历史唯心主义逻辑是"概念推演逻辑",是主观逻辑,因而表述为"思想的内涵逻辑",是贴切的。但是马克思的历史唯物主义是"人的历史活动逻辑",是客观逻辑,是人的历史活动"内在的"逻辑,笔者认为,表述为"历史的内在逻辑"更贴切。在《路德维希·费尔巴哈和德国古典哲学的终结》中,恩格斯这样表述:"历史进程是受内在的一般规律支配的","在表面上是偶然性在起作用的地方,这种偶然性始终是受内部的隐藏着的规律支配的,而问题只是在于发现这些规律"(《马克思恩格斯文集》第 4 卷,人民出版社 2009 年版,第 302 页。)
⑧ 孙正聿:《历史唯物主义与哲学基本问题——论马克思主义的世界观》,《哲学研究》2010 年第 5 期。

反对从理论到理论、为理论而理论。马克思曾指出,问题是"公开的、无所顾忌的、支配一切个人的时代之声。问题是时代的格言,是表现时代自己内心状态的最实际的呼声"①;"一个时代的迫切问题,有着和任何在内容上有根据的因而也是合理的问题共同的命运:主要的困难不是答案,而是问题。因此,真正的批判要分析的不是答案,而是问题"②;"每个问题只要已成为现实的问题,就能得到答案。世界史本身,除了用新问题来回答和解决老问题之外,没有别的方法"③。述及"两厚册八开本"《德意志意识形态》手稿的出版,马克思说:"既然我们已经达到了我们的主要目的——自己弄清问题,我们就情愿让原稿留给老鼠的牙齿去批判了。"④

在这里,马克思告诉我们,坚持用历史唯物主义世界观和方法论进行学术研究和理论探讨,在具体方法论上,就是以问题特别是"时代的迫切问题"为中心,亦即发现时代迫切问题,分析时代迫切问题,解答时代迫切问题。具体到各个学科领域,就是以学科领域的根本问题为中心,分析根本问题,解答根本问题。具体到思想政治教育本质阐释,就是以思想政治教育的根本问题为中心,分析思想政治教育根本问题,解答思想政治教育根本问题。简言之,思想政治教育本质的历史唯物主义的科学阐释,是且应当是对思想政治教育根本问题的解答;思想政治教育本质的历史唯物主义的科学阐释标准,是且应当是解答思想政治教育的根本问题。

二

思想政治教育的根本问题是什么?2016年12月7日在全国高校思想政治工作会议上的讲话中,习近平总书记指出:"高校思想政治工作关系高校培养什么样的人、如何培养人以及为谁培养人这个根本问题。"⑤运用句子主干分析法,自然得出这个根本问题:思想政治工作关系培养什么样的人、如何培养人以及为谁培养人。需要强调的是,习近平总书记这里所说的"关系",显然不是一般联系意义上的"有关联、有影响、涉及",而是"决定"或者说"具有决定性意义"。2018年9月10日在全国教育大会上的讲话中,习近平总书记特别强调:"党的十八大以来,我们围绕培养什么人、怎样

---

① 《马克思恩格斯全集》第1卷,人民出版社1995年版,第203页。
② 《马克思恩格斯全集》第1卷,人民出版社1995年版,第203页。
③ 《马克思恩格斯全集》第1卷,人民出版社1995年版,第203页。
④ 《马克思恩格斯文集》第2卷,人民出版社2009年版,第593页。
⑤ 《习近平谈治国理政》第2卷,外文出版社2017年版,第376页。

培养人、为谁培养人这一根本问题,全面加强党对教育工作的领导,坚持立德树人,加强学校思想政治工作,推进教育改革,加快补齐教育短板。"①2019年3月18日在学校思想政治理论课教师座谈会上的讲话中,习近平总书记进一步指出:"办好思想政治理论课,最根本的是要全面贯彻党的教育方针,解决好培养什么人、怎样培养人、为谁培养人这个根本问题。"②在这三次讲话中,习近平总书记明确指出:思想政治工作是解答"培养什么人、怎样培养人、为谁培养人这个根本问题"的"根本性"工作。"培养什么人、怎样培养人、为谁培养人"的问题是思想政治工作及作为其主体构成的思想政治教育的根本问题。其中,"为谁培养人"明确的是思想政治教育人才培养的"方向"要求,回答和解决的是思想政治教育的"根本立场"问题;"培养什么人"明确的是思想政治教育人才培养的人才"特质"要求,回答和解决的是思想政治教育的"根本任务"问题;"怎样培养人"明确的是思想政治教育人才培养的"方式"要求,回答和解决的是思想政治教育的"具体策略"问题。这三者之间,"为谁培养人"决定"培养什么人","培养什么人"决定"怎样培养人"。基于三者之间的这一内在逻辑,思想政治教育的根本问题,可以表述为"为谁培养人、培养什么人、怎样培养人"。

为什么"为谁培养人、培养什么人、怎样培养人"的问题是思想政治教育的根本问题?回答这一问题,得从思想政治教育研究的核心范畴——"思想政治教育"的概念说起。"思想政治教育",一端连着"思想",一端连着"政治",一端连着"教育"(如图1所示)。只有明确了作为核心范畴的"思想政治教育"概念,才能准确区分法学门类马克思主义理论学科的"思想政治教育"与教育学门类教育学学科的一般"教育",才能准确区分法学门类马克思主义理论学科的"思想政治教育"与哲学门类哲学学科的"思想道德教育",从而明确"思想政治教育"与"教育""思想道德教育"的联系与区别。只有明确了作为核心范畴的"思想政治教育"概念,才能准确把握"思想政治教育学"与作为其学科基础的马克思主义理论、作为其学科支撑的政治学、社会学、教育学、心理学、伦理学等学科间的关系,才能准确阐明法学门类马克思主义理论学科"思想政治教育"的科学定位,才能科学理顺"思想政治教育"与教育学门类教育学一级学科中的核心范畴——"教育"的关系,从而准确把握思想政治教育的根本问题。

对由"思想""政治""教育"三个词构成的"思想政治教育"进行概念分

---

① 《习近平在全国教育大会上强调 坚持中国特色社会主义教育发展道路 培养德智体美劳全面发展的社会主义建设者和接班人》,《人民日报》2018年9月11日。

② 《习近平谈治国理政》第3卷,外文出版社2020年版,第328页。

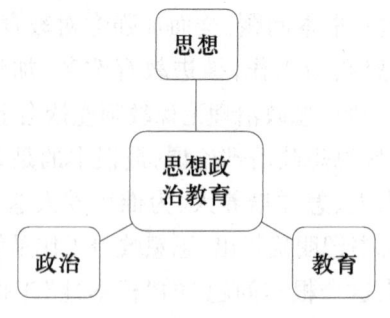

图 1　思想政治教育的要素构成

析,方法上,必须综合运用语义结构分析法和属加种差定义法。属加种差定义法是通过将"被定义项"设定为"种",将"被定义项"置于一个包括"被定义的种"在内的更大的"属"中,从而找出"被定义的种"与该"属"中"其他所有种"的"差异"的方法。欧文·M.柯匹、卡尔·科恩指出:"通过属加种差来定义一个词项要经过两步:首先,必须找出一个属,即包括被定义的那个种的较大的类;接着,必须找出种差,即将被定义的那个种的元素与那个属的其他所有种的元素区分开来的性质。"①可见,属加种差定义法,只能解决"思想政治教育"范畴与相关近似范畴的外部关系问题,而不能解决"思想政治教育"范畴内所含的"思想""政治""教育"三者之间的内部关系问题。问题在于,要想实现定义"思想政治教育"范畴的根本目的——揭示"思想政治教育"范畴的"本质属性",以区别于教育学门类教育学一级学科核心范畴——"教育",其"根"恰恰在"思想政治教育"范畴内所含的"思想""政治""教育"三者之间的内部关系之中。这就必然离不开对"思想政治教育"范畴内所含的"思想""政治""教育"三者之间的内部语义结构关系分析。

在"思想政治教育"范畴整体中,"思想""政治""教育"三者之间是什么样的语义结构关系,反过来,基于"思想""政治""教育"三者内部语义结构关系的"思想政治教育"又是什么,这两个问题,早在 1929 年 12 月古田会议决议——《中国共产党红军第四军第九次代表大会决议案》——的第一部分,即最为核心的部分——《关于纠正党内的错误思想》,毛泽东就已经给出了答案。在《关于纠正党内的错误思想》中,针对党内存在的"主观主义"问题,毛泽东指出:"纠正的方法:主要是教育党员使党员的思想和党内的生活

---

① [美]欧文·M.柯匹、[美]卡尔·科恩:《逻辑学导论》(第 13 版),张建军、潘天群、顿新国等译,中国人民大学出版社 2014 年版,第 120 页。

都政治化,科学化。"①在这里,毛泽东明确告诉我们,中国共产党党内的思想政治教育,就是教育党员使党员的思想"政治化,科学化"。亦即:第一,在"思想政治教育"整体中,相比于"思想"和"政治","教育"只是手段,思想"政治化,科学化"才是目的。第二,思想政治教育不仅仅是一个通过教育使党员的思想"政治化"的问题,同时还包含着使党员的思想"科学化"的问题。中国共产党的思想政治教育,应然意义上,是一种科学的思想政治教育,是一种政治性和科学性有机融合的思想政治教育。第三,用来教育的"思想"是指向"政治"的、具有"政治"内容的思想,而不是"非政治"的思想。实践证明,只有指向"政治"的、具有"政治"内容的思想才能"使党员的思想政治化"。由此看来,相对于"思想","思想政治教育"中的"政治"更具有决定性意义,正是"政治"决定着思想的"性质"和"方向"。

在中国共产党党内的"思想政治教育"整体中,"教育"只是方式,改造"思想"才是目的,"政治"则是"思想"的内容。思想政治教育中的"思想",核心是"政治思想"。概括为一句话,可以说,中国共产党党内思想政治教育,核心就是运用"政治"的内容,亦即运用"政治思想",通过"教育"的方式,改造党员的"一般思想",使党员的思想"政治化,科学化"。也正是在这一意义上,1945年4月24日在中国共产党第七次全国代表大会上的政治报告——《论联合政府》中,毛泽东再次强调:"掌握思想教育(即以政治思想为核心内容的思想教育——引者注),是团结全党进行伟大政治斗争的中心环节。如果这个任务不解决,党的一切政治任务是不能完成的。"②从中国共产党党内思想政治教育来看,"政治性"是思想政治教育的本质属性。离开"政治性"来谈思想政治教育,也就必然将法学门类马克思主义理论学科的"思想政治教育"和"思想政治教育学",或者错误地混同于教育学门类的教育学学科意义上的"教育",或者错误地混同于哲学门类哲学学科的"思想道德教育"。分属于教育学门类教育学学科、哲学门类哲学学科、法学门类马克思主义理论学科这三个不同的学科门类和一级学科的一般意义上的"教育""思想道德教育""思想政治教育",其逻辑起点是完全不同的。教育学门类教育学学科的一般意义上的"教育",逻辑起点是"自然人";哲学门类哲学学科的"思想道德教育",逻辑起点是"社会人";法学门类马克思主

---

① 《毛泽东选集》第1卷,人民出版社1991年版,第92页。
② 《毛泽东选集》第3卷,人民出版社1991年版,第1094页。

义理论学科的"思想政治教育",逻辑起点是"政治人"①。

这一方面,从习近平总书记在全国高校思想政治工作会议、全国教育大会、学校思想政治理论课教师座谈会上的讲话中关于立德树人-思想道德教育-教育教学全过程,以及思想政治理论课-思想政治工作-思想政治教育-铸魂育人等的阐述中看得非常明白。在全国高校思想政治工作会议上的讲话中,习近平总书记这样要求:"要坚持把立德树人作为中心环节,把思想政治工作贯穿教育教学全过程,实现全程育人、全方位育人,努力开创我国高等教育事业发展新局面。"②在全国教育大会上的讲话中,习近平总书记这样要求:"要把立德树人融入思想道德教育、文化知识教育、社会实践教育各环节,贯穿基础教育、职业教育、高等教育各领域,学科体系、教学体系、教材体系、管理体系要围绕这个目标来设计,教师要围绕这个目标来教,学生要围绕这个目标来学。"③在学校思想政治理论课教师座谈会上的讲话中,习近平总书记强调:"思想政治理论课是落实立德树人根本任务的关键课程","我们办中国特色社会主义教育,就是要理直气壮开好思政课,用新时代中国特色社会主义思想铸魂育人,引导学生增强中国特色社会主义道路自信、理论自信、制度自信、文化自信,厚植爱国主义情怀,把爱国情、强国志、报国行自觉融入坚持和发展中国特色社会主义事业、建设社会主义现代化强国、实现中华民族伟大复兴的奋斗之中"。④

从习近平总书记这三次讲话中对教育、思想道德教育、思想政治教育与立德树人、铸魂育人之间富于内在逻辑的阐释不难看出:第一,立德树人是包括思想道德教育、思想政治教育在内的全部教育的根本任务;第二,思想

---

① 作为思想政治教育逻辑起点的"政治人",不是仅存于政治关系国家化时代,以政治为职业的"政治人",而是存在于人类社会始终,作为政治存在的"政治人"。用刘德厚"广义政治"与"狭义政治"的解析说,不是狭义政治意义上的"政治人",而是广义政治意义上的"政治人"。作为"政治人"的社会尺度的"政治人格",不是以政治为职业的狭义政治意义上的"政治人"的政治人格,而是作为政治存在的广义政治意义上的"政治人"的政治人格。在《广义政治论:政治关系社会化分析原理》一书中,刘德厚提出:"广义政治由人类社会政治生活的一般本质性和共同要素构成,与狭义政治相对应。"刘德厚主张:"政治起源于社会,社会利益关系是形成政治的基础,政治生活与人类社会同生共存"(刘德厚:《广义政治论:政治关系社会化分析原理》,武汉大学出版社 2004 年版,"序言"第 10 页),"政治存在于人类社会的始终"(同前,第 117 页),"政治是人劳动生存的内在需求,以人为本是政治的最高本质,政治具有天然的亲民性","阶级社会的政治成为特殊利益集团对社会的统治力量,使政治异己化","政治关系国家化,公共权威权力化,是特殊社会历史条件的产物,虽然是历史发展的必然过程,但不是政治生活的永恒现象,更不是人类社会政治生活的一般规律"(同前,"序言"第 10 页)。

② 《习近平谈治国理政》第 2 卷,外文出版社 2017 年版,第 376 页。

③ 《习近平在全国教育大会上强调 坚持中国特色社会主义教育发展道路 培养德智体美劳全面发展的社会主义建设者和接班人》,《人民日报》2018 年 9 月 11 日。

④ 《习近平谈治国理政》第 3 卷,外文出版社 2020 年版,第 329 页。

道德教育,核心在"道德",强调道德性,落脚点在立德树人;第三,相比于思想道德教育,在语词本身的表述上,思想政治教育的重心是"政治",相应地,其人的培养,不仅强调道德性,而且强调政治性,落脚点不仅在立德树人,而且在铸魂育人,铸就人的政治理想、政治信念、政治信仰。2014年10月31日,习近平总书记在全军政治工作会议上的讲话中,明确区分了"灵魂"和"品德",同时明确将"灵魂"界定为"崇高的理想、坚定的信念"。他说:"崇高的理想、坚定的信念,是革命军人的灵魂","要适应强军目标要求,把握新形势下铸魂育人的特点和规律,着力培养有灵魂、有本事、有血性、有品德的新一代革命军人。有灵魂就是要信念坚定、听党指挥,有本事就是要素质过硬、能打胜仗,有血性就是要英勇顽强、不怕牺牲,有品德就是要情趣高尚、品行端正"。① 相比于"有品德","有灵魂"是更高的要求;相比于"思想道德教育"的"道德性","思想政治教育"的根本特性在"政治性";相比于一般教育的"立德树人","思想政治教育"更需"铸魂育人"。

将"党员"这一具体思想政治教育对象"一般化",从中国共产党党内思想政治教育这一特殊形态的思想政治教育来思考一般形态的思想政治教育,不难发现,思想政治教育,就是通过以政治思想为核心内容的思想教育,使教育对象的思想"政治化,科学化"。完整一点表述,思想政治教育的核心就是运用具有政治内容的思想,亦即政治理想、政治信念、政治信仰等具有方向引领性和目标导向性的政治性思想,通过教育的方式改造教育对象的思想,使教育对象的思想"政治化,科学化"。作为世界观、人生观、价值观教育,思想政治教育不是单一的政治思想教育,也不是"思想教育+政治教育",而是以政治思想为核心内容的思想教育,亦即以政治价值观为核心内容的世界观、人生观、价值观教育。

从马克思历史唯物主义的实践论和存在论来看,思想政治教育不是一种唯有社会主义社会才出现的特殊的思想教育活动,而是一种自政治社会产生以来就有的思想教育实践活动,是政治社会中一种表现为思想教育实践活动的社会现象和客观存在。人类社会是由一个个具体的活生生的人组成的,而每一个人必然有着不同的个体需求。因而在个体之间及不同个体组成的特定群体之间,不可避免地存在着利益冲突。如何最大限度消除个体之间及不同个体组成的特定群体之间的利益冲突,进而形成特定群体内部及所有群体之和的人类社会的发展合力,就成为伴随人类社会始终的问题。人类社会自形成的第一天起就必然也必须直面人类社会的发展合力问

---

① 《习近平谈治国理政》第2卷,外文出版社2017年版,第402页。

题,而要解决人类社会的发展合力问题,首要的就是解决人类社会的思想合力问题,凝聚起人类社会的思想共识。因为人的行为总是在一定的思想支配下的行为。相比于动物的本能反应,人的思想是人的行为的先导,人的行为是人的思想的表现和外化。论及专属于人的形式的劳动及人的劳动过程的第一要素——"有目的的活动",马克思指出:"蜘蛛的活动与织工的活动相似,蜜蜂建筑蜂房的本领使人间的许多建筑师感到惭愧。但是,最蹩脚的建筑师从一开始就比最灵巧的蜜蜂高明的地方,是他在用蜂蜡建筑蜂房以前,已经在自己的头脑中把它建成了。劳动过程结束时得到的结果,在这个过程开始时就已经在劳动者的表象中存在着,即已经观念地存在着。他不仅使自然物发生形式变化,同时他还在自然物中实现自己的目的,这个目的是他所知道的,是作为规律决定着他的活动的方式和方法的,他必须使他的意志服从这个目的。"①现代建筑,总是先有设计,再有施工。马克思还特别指出:"除了从事劳动的那些器官紧张之外,在整个劳动时间内还需要有作为注意力表现出来的有目的的意志,而且,劳动的内容及其方式和方法越是不能吸引劳动者,劳动者越是不能把劳动当做他自己体力和智力的活动来享受,就越需要这种意志。"②人的劳动是以目的、意志为内容的思想指引下的"自由的有意识的活动"③。

  政治社会产生以来,人类怎样解决社会发展的思想合力问题? 在《德意志意识形态》中,马克思揭露了阶级社会统治阶级解决思想合力的方式,即"赋予自己的思想以普遍性的形式,把它们描绘成唯一合乎理性的、有普遍意义的思想","把自己的利益说成是社会全体成员的共同利益"。④ 论及"18世纪以来的历史编纂学家所共有的这种历史观"必然遭遇的苦恼而又无解的问题:为什么阶级社会"占统治地位的"是"越来越抽象的思想,即越来越具有普遍性形式的思想"? 马克思指出:"每一个企图取代旧统治阶级的新阶级,为了达到自己的目的不得不把自己的利益说成是社会全体成员的共同利益,就是说,这在观念上的表达就是:赋予自己的思想以普遍性的形式,把它们描绘成唯一合乎理性的、有普遍意义的思想。进行革命的阶级,仅就它对抗另一个阶级而言,从一开始就不是作为一个阶级,而是作为全社会的代表出现的;它以社会全体群众的姿态反对唯一的统治阶级。它之所以能这样做,是因为它的利益在开始时的确同其余一切非统治阶级的

---

① 《马克思恩格斯文集》第5卷,人民出版社2009年版,第208页。
② 《马克思恩格斯文集》第5卷,人民出版社2009年版,第208页。
③ 《马克思恩格斯文集》第1卷,人民出版社2009年版,第162页。
④ 《马克思恩格斯文集》第1卷,人民出版社2009年版,第552页。

共同利益还有更多的联系,在当时存在的那些关系的压力下还不能够发展为特殊阶级的特殊利益。因此,这一阶级的胜利对于其他未能争得统治地位的阶级中的许多个人来说也是有利的,但这只是就这种胜利使这些个人现在有可能升入统治阶级而言。"①可见,阶级社会不是没有思想政治教育,而是统治阶级不敢公开告诉大家在进行思想政治教育。因为统治阶级的思想政治教育不是揭示真相和真理的思想政治教育,不是为了人民利益和人民解放的思想政治教育,而是欺骗群众、愚弄群众的思想政治教育,是为了维护统治阶级利益的思想政治教育,是旨在实现统治阶级的思想控制和思想统治的消极的思想政治教育。

正如教育现象学创始人 W. 兰格维尔德所言:"无论这门学科的称谓如何,我们都不能否认,世上确实存在一种专为各种杰出人物服务的政治教育。"②这也正是阶级社会的统治阶级不敢公开承认思想政治教育的原因,同时也正是阶级社会的思想政治教育是控制型的消极思想政治教育的原因。"在美国的一些州,这门学科仍然同法律相关,而在另外一些州,它却是历史、社会地理及社会学的学习的综合(称作'社会研究')或被称为'德育教育''价值观教育'的伦理学。在欧洲,情况仍很复杂。在大不列颠及北爱尔兰联合王国,这门学科是广泛研究的一部分,包括从地方交通到生态问题和'政治扫盲'计划的各种课题;在瑞士,这个课程是国家法律、社会问题、地方政治及国际问题的综合;在联邦德国,这门学科的内容在各个省都不一样,从一种强调历史的、保守的'合伙教育'(巴登—乌敦伯格),到另一种涉及有关年轻人的实际问题的政治教育;在丹麦,这门学科被称作'社会知识',内容同其他的却不一样,它偏重现实的论题、世界性问题(第三世界、和平教育、裁军教育),以及年轻人特别感兴趣的问题。"③据此,W. 兰格维尔德提出:"从这个角度来看,进行政治教育的传统最长的国家应该是美国,其次是联邦德国,再就是法国、英国以及其他一些国家"④;"在美国,人们认为有必要对那些需要了解、学习美国生活方式及民主规则的移民们进行某种培训;在联邦德国,传统的教育趋向于进行民族主义的教育,其主要目的是要把德国人变成愿为国牺牲的爱国者。1945 年以后,英美占领当局决定在学校里采用社会学或关系学的课程,来重新教育德国人。后来,随着课程特点的变化,课程名称也就改成政治教育。当英国人开始认真地重视政治教

---

① 《马克思恩格斯文集》第 1 卷,人民出版社 2009 年版,第 552 页。
② 徐培成主编:中译本《国际教育百科全书》第七卷,贵州教育出版社 1990 年版,第 252 页。
③ 徐培成主编:中译本《国际教育百科全书》第七卷,贵州教育出版社 1990 年版,第 253 页。
④ 徐培成主编:中译本《国际教育百科全书》第七卷,贵州教育出版社 1990 年版,第 252 页。

育时，他们认为，'公民学'之类的课程对下层青年很有用，于是，在70年代便开始施行一项'政治扫盲'方案，该方案逐渐被各种中等学校所接受。"①联邦德国传统的思想政治教育目的是"把德国人变成愿为国牺牲的爱国者"，英美占领当局则"在学校里采用社会学或关系学的课程，来重新教育德国人"。联邦德国传统的思想政治教育培养的是服从和服务于传统联邦德国民族主义的"德国人"，其思想政治教育围绕怎样培养服从和服务于传统联邦德国民族主义的"德国人"而展开。英美占领当局的思想政治教育培养的是服从和服务于英美占领当局的"德国人"，其思想政治教育围绕怎样培养服从和服务于英美占领当局的"德国人"而展开。毫无疑问，无论是服务于联邦德国的传统民族主义，还是服务于英美占领当局，思想政治教育都不是直接起作用的，而是通过培养服从和服务于传统联邦德国民族主义的"德国人"、培养服从和服务于英美占领当局的"德国人"来实现的。

应该说，正是针对诸如传统联邦德国、英美占领当局等"专为各种杰出人物服务的政治教育"的突出问题，亦即用"训练驯服而划一的公民"代替"唤起人民的政治意识和发展民主的美德"②的控制型消极思想政治教育问题，在1972年提交给联合国教科文组织的报告《学会生存：教育世界的今天和明天》中，国际教育发展委员会指出："教育，对于准备人们去参加社会生活，并因此而直接地或间接地，明显地或隐晦地塑造他们，总是起着重要的作用"③，"然而，政治并没有占有它在教育中所应有的地位，正像民主在政治教育中没有它应有的重要性一样。人们只谈论政治教育而没有进行政治中的教育。他们把政治宣传或意识形态的灌输同对权力的性质及其构成、对制度的力量准备进行广泛而自由的思考混为一谈。训练驯服而划一的公民这种思想代替了唤起人民的政治意识和发展民主的美德。人们满足于反复灌输政治思想，而不去培养人们了解他们所处这个世界的结构，履行他们生活中的真正任务，以便不至于在一个迷惘不清的宇宙里盲目前进"④。这就是说，真正的政治是服务于人的生存和发展的政治，是保障人民权力、增进制度正义、消除贫富差距、促进社会公正的政治；真正的政治教育是"培养人们了解他们所处这个世界的结构，履行他们生活中的真正任务，以便不至

---

① 徐培成主编：中译本《国际教育百科全书》第七卷，贵州教育出版社1990年版，第252页。
② 联合国教科文组织国际教育发展委员会编著：《学会生存：教育世界的今天和明天》，教育科学出版社1996年版，第189页。
③ 联合国教科文组织国际教育发展委员会编著：《学会生存：教育世界的今天和明天》，教育科学出版社1996年版，第188页。
④ 联合国教科文组织国际教育发展委员会编著：《学会生存：教育世界的今天和明天》，教育科学出版社1996年版，第189页。

于在一个迷惘不清的宇宙里盲目前进"①的政治教育,亦即促进人的自由全面发展的政治教育。

与资本主义等阶级社会的统治阶级把自己的特殊利益说成全社会的共同利益、把自己的思想描绘成具有普遍意义的思想不同,共产党人"没有任何同整个无产阶级的利益不同的利益,他们不提出任何特殊的原则,用以塑造无产阶级的运动"②,"共产党人为工人阶级的最近的目的和利益而斗争",为每一个人的自由全面发展的目的和利益而斗争,"他们在当前的运动中同时代表运动的未来"。③ 因此,与资本主义等阶级社会以思想控制和思想统治为内容的压制人、束缚人的消极思想政治教育不同,后阶级社会的社会主义社会的思想政治教育是促进社会发展和人的发展的积极的思想政治教育,是基于人的思想政治素质需求和人的思想政治素质形成发展规律的科学的思想政治教育。于是,与资本主义等阶级社会的统治阶级不敢公开自己的思想政治教育不同,作为后阶级社会的社会主义、共产主义的领导者,共产党人不仅敢于公开自己的思想政治教育,而且明确公开自己的思想政治教育。《共产党宣言》多次指出:"共产党人不屑于隐瞒自己的观点和意图"④,"现在是共产党人向全世界公开说明自己的观点、自己的目的、自己的意图并且拿党自己的宣言来反驳关于共产主义幽灵的神话的时候了"⑤。而且,公开"自己的观点、自己的目的、自己的意图",有利于彻底地揭露资产阶级等统治阶级的真面目,暴露资产阶级等统治阶级的虚伪。

这里特别强调:第一,不要把政治社会等同于阶级社会。阶级社会只是政治社会的等级制形态,政治社会至少还包括以实质的"自由、平等、公正、法治"为核心价值观的后阶级社会的社会主义社会形态。第二,相应地,不要混淆思想政治教育的一般形态和特殊形态,不要一边揭露资本主义等阶级社会压制人、束缚人的思想政治教育消极形态,一边又不加区分地将中国共产党的思想政治教育这一"思想政治教育积极形态"的本质规定性混同于"思想政治教育本质"这一"思想政治教育一般形态"的"元问题"。第三,不仅要区分资本主义等阶级社会的思想政治教育的消极形态与后阶级社会的社会主义思想政治教育的积极形态,而且要区分同为积极形态的中国共产

---

① 联合国教科文组织国际教育发展委员会编著:《学会生存:教育世界的今天和明天》,教育科学出版社 1996 年版,第 189 页。

② 《马克思恩格斯文集》第 2 卷,人民出版社 2009 年版,第 44 页。

③ 《马克思恩格斯文集》第 2 卷,人民出版社 2009 年版,第 65 页。

④ 《马克思恩格斯文集》第 2 卷,人民出版社 2009 年版,第 66 页。

⑤ 《马克思恩格斯文集》第 2 卷,人民出版社 2009 年版,第 30 页。

党革命时期的思想政治教育和执政时期的思想政治教育,不要将中国共产党执政时期的思想政治教育的特殊规定性混同于中国共产党革命时期的思想政治教育的特殊规定性。

系统考察包括一般形态的思想政治教育和特殊形态的中国共产党的思想政治教育在内的"思想政治教育整体"时,沈壮海指出:"思想政治教育作为一种客观存在的实践活动,至少有三个现实的存在形态:作为政治实践特殊形态的思想政治教育,作为党和国家事业重要方面的思想政治教育,作为教育活动具体类别的思想政治教育。"①其中,"作为政治实践特殊形态的思想政治教育""作为教育活动具体类别的思想政治教育"这两种存在形态,可以概括为思想政治教育的一般形态,亦即政治社会产生以来所有社会形态共存的思想政治教育形态。"作为党和国家事业重要方面的思想政治教育",这一存在形态是思想政治教育的特殊形态,是一般形态的思想政治教育在中国共产党及其领导的社会主义中国的自觉表现。这就意味着,在理论研究中,我们"既需要从这三种形态共融一体的角度对思想政治教育做出整体的理论反映,也需要对这三种形态中的思想政治教育做出分别的理论反映"②。并且,"只有对'三态共融'的思想政治教育做出全息性的理论反映,我们才能对学科研究的对象做出精准的把握"③,我们才能解决张澍军在《试论思想政治教育学科前沿的若干重大问题》一文中归纳的当前思想政治教育"学科边界不够明晰、学科理论层次不够明晰、学科内容规范不够明晰以及运动形式不够明晰等矛盾问题"④。同时,也"只有对'三态共融'的思想政治教育做出全息性的理论反映,我们才能对学科研究的对象做出精准的把握,我们由此而建构的理论才能更加丰满,由此推进的人才培养才能更加切合社会的需要"⑤。然而,"在当前,我们的研究,更多地聚焦于作为教育活动具体类别的思想政治教育,以'教育学''德育学'为基本底色来构建我们的学科、发展我们的理论"⑥。为此,沈壮海特别强调:"如果我们将以教育活动具体类别的思想政治教育为研究对象的思想政治教育学名之为'微观思想政治教育学'的话,那么,我们当前应在此基础上,以对'三态共融'的思想政治教育做出全息性的理论反映为努力方向而构建'宏观思想政

---

① 倪愫襄主编:《思想政治教育元问题研究》,中国社会科学出版社 2014 年版,第 19 页。
② 倪愫襄主编:《思想政治教育元问题研究》,中国社会科学出版社 2014 年版,第 19 页。
③ 倪愫襄主编:《思想政治教育元问题研究》,中国社会科学出版社 2014 年版,第 19 页。
④ 张澍军:《试论思想政治教育学科前沿的若干重大问题》,《马克思主义研究》2011 年第 1 期。
⑤ 倪愫襄主编:《思想政治教育元问题研究》,中国社会科学出版社 2014 年版,第 19 页。
⑥ 倪愫襄主编:《思想政治教育元问题研究》,中国社会科学出版社 2014 年版,第 19 页。

治教育学'"①。

总览资本主义等阶级社会的思想政治教育、中国共产党革命时期的思想政治教育和中国共产党执政时期的思想政治教育,不难确认,如果说当前"以'教育学''德育学'为基本底色"的"微观思想政治教育学"的根本问题是"如何教"的话,那么面向"'三态共融'的思想政治教育整体"的"宏观思想政治教育学"的根本问题肯定就不只是"如何教"的问题,而是包含"如何教"但又高于"如何教"的"培养人"的问题,亦即"为谁培养人、培养什么人、怎样培养人"的问题。2016年12月7日在全国高校思想政治工作会议上的讲话中,习近平总书记明确指出:"思想政治工作从根本上说是做人的工作",高校思想政治工作"必须围绕学生、关照学生、服务学生,不断提高学生思想水平、政治觉悟、道德品质、文化素养,让学生成为德才兼备、全面发展的人才"。② 无论是服务于社会的经济生产、政治建设,还是服务于社会秩序、文化发展、生态文明,思想政治教育都不是直接发挥作用的,而是通过培养社会经济生产、政治建设、社会秩序、文化发展、生态文明所需要的人来实现的。思想政治教育能够直接发挥作用并加以直接改造的,只是人的主观世界,而不是人所处的客观世界。思想政治教育是且只能是通过作用于人的主观世界来作用于人的客观世界,通过改造人的主观世界来改造人的客观世界。正如江泽民2000年6月28日在中央思想政治工作会议上的讲话中所指出的:"党的思想政治工作,从根本上说就是做人的工作,做群众的工作,涉及人们的思想、观念、意识等领域,也就是人们的精神生活。"③ 由此而论,思想政治教育的本质阐释,应该落脚到"做人的工作"上,应该围绕"人的培养"问题而展开,应该对"为谁培养人、培养什么人、怎样培养人"这一思想政治教育的根本问题作出解答;思想政治教育本质的历史唯物主义的科学阐释标准,是且应当是,是否解答思想政治教育的根本问题。

三

科学阐释思想政治教育本质,必须准确区分思想政治教育本质和思想政治教育本质观。正如罗尔斯遵循 H. L. A. 哈特《法的概念》的观点所表达的:"概念(concept)"不同于"观念(conceptions)","概念"是唯一的,"观

---

① 倪愫襄主编:《思想政治教育元问题研究》,中国社会科学出版社2014年版,第19页。
② 《习近平谈治国理政》第2卷,外文出版社2017年版,第377页。
③ 《江泽民文选》第3卷,人民出版社2006年版,第76页。

念"是多样的,"概念"是"观念"的"共识"。① 比较而言,思想政治教育本质,与生物的基因一样,是一种客观存在,是思想政治教育科学的存在基础;思想政治教育本质的科学阐释,是对客观存在的思想政治教育本质的科学揭示,是思想政治教育学科成为科学的学理基础。思想政治教育本质观,通常只是对思想政治教育本质的某种认识;思想政治教育本质的科学阐释,建立在思想政治教育本质阐述的学术积累基础上,建立在全部科学特别是哲学社会科学的思维方式和研究方法发展基础上。

本书"政治人格建构"的思想政治教育本质阐释,正是建立在历史发展至今的哲学社会科学方法和1984年以来思想政治教育本质阐述的成果基础上的。没有历史发展至今的哲学社会科学方法论和1984年以来的思想政治教育本质阐述,本书的思想政治教育"政治人格建构"本质阐释,是不可能实现的。

在1984年以来的思想政治教育本质阐述学术成果中,本书最直接的思想启发来自10位专家学者5本著作5篇论文的相关论述。5本著作的论述:一是邱柏生主编的《思想教育接受学》的"受教育者主体论";二是陈秉公《21世纪思想政治教育工作创新理论体系》的"思想政治教育工作对象接受过程分析";三是王敏《思想政治教育接受论》的"接受:21世纪思想政治教育的关键";四是张世欣《思想政治教育接受规律论》的"坚持思想政治教育为受者服务的本质";五是沈壮海《思想政治教育的学科视域》(倪愫襄主编《思想政治教育元问题研究》第一章)的"'三态共融'思想政治教育论"。5篇论文的论述:一是张澍军《试论思想政治教育学科前沿的若干重大问题》对"思想政治教育的本质""有必要进一步探讨、规范"的主张;二是张耀灿《思想政治教育学科建设存在的若干问题》对寻求"思想政治教育本质问题"突破的急切呼唤;三是陈秉公《思想政治教育本质研究现状及建议》对当前"思想政治教育本质研究的问题和弱点"的归纳;四是宇文利《论思想政治教育本质:政治价值观的再生产》的"思想政治教育的本质是以受教育者思想政治素质的养成为指向的政治价值观再生产"②的主张及强调"人"

---

① 罗尔斯提出:"何为正义,何为不正义通常都被纷争不已",是因为"每个人都有一种正义观(a conception of justice)。亦即,他们懂得:他们需要,他们也准备来确定一系列特定原则来划分基本的权利和义务,来决定他们心目中的社会合作的利益和负担的适当分配。这样,把正义概念(the concept of justice)看作有别于各种不同的正义观(conceptions of justice),看作由这些不同的原则、不同的观念所共有的作用所指定的,看来就是很自然的了"([美]罗尔斯:《正义论》(修订版),何怀宏、何包钢、廖申白译,中国社会科学出版社2009年版,第4~5页.)。

② 宇文利:《论思想政治教育本质:政治价值观的再生产》,《马克思主义与现实》2013年第1期。

是思想政治教育本质研究起点和终点的论述;五是李忠军《"铸魂育人"是思想政治教育本质核心内涵的探讨》的"思想政治教育的使命和任务不仅体现为与一般教育活动'立德树人'根本任务的一致性,更突显思想政治教育对人灵魂的引领性、塑造性,强调德中之'魂'的特殊功能,是对思想政治教育本质功能的准确表达"①的阐述。

"思想教育的效果必须以受教育者的接受为最终评价标准","受教育者对教育信息的接受活动,不能理解为仅仅是迫于外部压力或外部要求,还应体现主体的能动选择和摄取,或出于满足主体自身发展的需求"。② 思想教育理论研究重在"研究如何把思想教育从一般的外部灌输转变为受教育者的主动接受"③。在 1992 年出版的《思想教育接受学》"前言"中,邱柏生、阮如钩如是说。在第一章"什么是思想教育接受学"开篇,邱柏生、阮如钩指出:"传统的思想教育理论认为,在思想教育的整个过程中,教育者始终是决定因素,而受教育者则处于消极被动的地位。基于这样的思维,人们对思想教育产生了诸多的错误理解"④,"'加强'思想教育不能是教育者的一厢情愿,还必须研究在什么样的条件下,才能使受教育者乐于接受思想教育。'加强'的前提条件是思想教育的科学化,而科学化的重要内容之一,是认真探索与把握受教育者如何接受思想教育的规律"⑤,"加强思想教育的真正含义不仅仅在于教育者的思想重视,更在于要按受教育者接受教育的内在规律办事",从而"取得最佳的教育效应",⑥"高度重视和加强思想教育",必须"把受教育者作为主体,考察它在社会环境与教育控制下如何能动地选择与接受思想教育"。⑦

在 2000 年出版的《21 世纪思想政治教育工作创新理论体系》的"思想政治教育工作对象接受过程分析"中,陈秉公指出:"以往的思想政治教育工作理论多侧重于施教方面的研究,而对受教育者如何接受教育重视不够。事实上,思想政治教育工作是教育者主动的施教行为与受教育者能动的接受教育行为双向互动的过程,如果仅有教育者一方的主动性,没有受教育者

---

① 李忠军:《"铸魂育人"是思想政治教育本质核心内涵的探讨》,《思想理论教育导刊》2015 年第 10 期。
② 邱柏生主编:《思想教育接受学》,山西人民出版社 1992 年版,"前言"第 1 页。
③ 邱柏生主编:《思想教育接受学》,山西人民出版社 1992 年版,"前言"第 1 页。
④ 邱柏生主编:《思想教育接受学》,山西人民出版社 1992 年版,第 1 页。
⑤ 邱柏生主编:《思想教育接受学》,山西人民出版社 1992 年版,第 1 页。
⑥ 邱柏生主编:《思想教育接受学》,山西人民出版社 1992 年版,第 1~2 页。
⑦ 邱柏生主编:《思想教育接受学》,山西人民出版社 1992 年版,第 1 页。

一方的主动性,那么,教育很难奏效。"①基于此,陈秉公强调,思想政治教育工作接受过程的"有序化、合理化、科学化,是整个思想政治教育工作过程有序化、合理化、科学化的基础和条件,只有实现了思想政治教育工作接受过程的有序化、合理化、科学化,思想政治教育工作才能科学、有效,达于目的"②。

在2002年出版的《思想政治教育接受论》"导论"中,王敏指出:"过去思想政治教育理论与实践曾经过于强调思想政治教育过程中教育者的主导作用,而把受教育者置于消极被动的地位,没有足够重视其主体地位,以致出现过分强调灌输的片面倾向。这种思维惯性影响深远,使人们对思想政治教育产生了诸多的误解。"③"思想政治教育的根本目的是提高人们认识世界和改造世界的能力";"尊重人的主体能动性,调动人的积极性,既是思想政治教育的出发点"④,也是思想政治教育的落脚点。"加强思想政治教育不能是教育者的一厢情愿,还须研究在什么条件下,才能使受教育者乐于接受思想政治教育。加强的前提条件是思想政治教育的科学化,而科学化的一个重要内容是研究与探索受教育者如何接受思想政治教育的规律"⑤。为此,王敏提出"接受"是"21世纪思想政治教育的关键"。

在2005年出版的《思想政治教育接受规律论》"余论"中,张世欣提出,重新创设思想政治教育优势,首先需要"坚持思想政治教育为受者服务的本质"。张世欣指出:"思想政治教育者不是布道者,不是教师爷,也不是板着脸孔、颐指气使的权威者,而是服务者"⑥,"思想政治教育者的服务即以自己的努力尽可能最大限度地满足受教育者的内在的接受思想教育的需要"⑦,"思想政治教育者要以自己的特殊的方式向受体提供最佳的思想服务,要深深懂得只有受者的接受才是教育者施教活动的价值所在"⑧。

在2014年出版的《思想政治教育元问题研究》第一章"思想政治教育的学科视域"中,沈壮海指出:"对思想政治教育的学科建设问题作出新的、更加深入的思考",需要"对思想政治教育学科得以确立的独特的研究对象

---

① 陈秉公:《21世纪思想政治教育工作创新理论体系》,吉林教育出版社2000年版,第196页。
② 陈秉公:《21世纪思想政治教育工作创新理论体系》,吉林教育出版社2000年版,第196页。
③ 王敏:《思想政治教育接受论》,湖北人民出版社2002年版,第4页。
④ 王敏:《思想政治教育接受论》,湖北人民出版社2002年版,第4页。
⑤ 王敏:《思想政治教育接受论》,湖北人民出版社2002年版,第4~5页。
⑥ 张世欣:《思想政治教育接受规律论》,上海三联书店2005年版,第307页。
⑦ 张世欣:《思想政治教育接受规律论》,上海三联书店2005年版,第307页。
⑧ 张世欣:《思想政治教育接受规律论》,上海三联书店2005年版,第308页。

'思想政治教育'作出科学的、整体性的把握"①,"对'三态共融'的思想政治教育做出全息性的理论反映"②。而"在当前,我们的研究,更多地聚焦于作为教育活动具体类别的思想政治教育,以'教育学''德育学'为基本底色来构建我们的学科、发展我们的理论。而事实却是,只有对'三态共融'的思想政治教育做出全息性的理论反映,我们才能对学科研究的对象做出精准的把握,我们由此而建构的理论才能更加丰满,由此推进的人才培养才能更加切合社会的需要"③。

2014 年,思想政治教育学科建设 30 周年前后,张耀灿、陈秉公等思想政治教育界前辈撰文审视、反思思想政治教育学科存在的问题。笔者在 2014 年阅读了陈秉公的《思想政治教育本质研究现状及建议》、2015 年阅读了张耀灿的《思想政治教育学科建设存在的若干问题》,再加上 2011 年阅读的张澍军的《试论思想政治教育学科前沿的若干重大问题》、2013 年阅读的宇文利的《论思想政治教育本质:政治价值观的再生产》、2015 年阅读的李忠军的《"铸魂育人"是思想政治教育本质核心内涵的探讨》,我的有关系统阐述思想政治教育的"政治人格建构"本质的构想由观点认识逐渐走向了论证思考。

在《试论思想政治教育学科前沿的若干重大问题》中,张澍军提出,由于"学科研究对象的历史局限",思想政治教育学科当前存在"学科边界不够明晰、学科理论层次不够明晰、学科内容规范不够明晰以及运动形式不够明晰等矛盾问题"。④ 解决这些问题,需要进一步规范和更新思想政治教育中的"思想""政治""教育"等最基本范畴。张澍军还特别强调:"关于思想政治教育的本质、主体与客体、规律、价值等都有必要进一步探讨、规范之,取得基本共识,便于学科基本理论的研究、建设和发展。"⑤

在《思想政治教育学科建设存在的若干问题》中,张耀灿提出的第一大类问题——"思想政治教育基础理论研究有一些问题尚待有效突破"的第一个亟待"寻求突破"的问题,就是"思想政治教育本质问题"。更让人激动的是,张耀灿就是从"思想政治教育的本质是'意识形态性''主流意识形态的灌输和教化''理论掌握群众'等"观点说起的。张耀灿指出:"关于思想政

---

① 倪愫襄主编:《思想政治教育元问题研究》,中国社会科学出版社 2014 年版,第 18、19 页。
② 倪愫襄主编:《思想政治教育元问题研究》,中国社会科学出版社 2014 年版,第 19 页。
③ 倪愫襄主编:《思想政治教育元问题研究》,中国社会科学出版社 2014 年版,第 19 页。
④ 张澍军:《试论思想政治教育学科前沿的若干重大问题》,《马克思主义研究》2011 年第 1 期。
⑤ 张澍军:《试论思想政治教育学科前沿的若干重大问题》,《马克思主义研究》2011 年第 1 期。

治教育的本质,研究者从不同角度开展研究,作出了不同的观点提炼、归纳和表述、论证,如认为思想政治教育的本质是'意识形态性''主流意识形态的灌输和教化''理论掌握群众'等,研究基础很好。不同的理论表述都有经典著作的理论依据,都揭示了同一实质。'理论掌握群众'的观点,不仅意味着领导集体既要重视主流意识形态的灌输教化,用科学理论武装群众,而且意味着思想政治教育要符合受众的接受心理、遵循教育规律,还要求真理的力量与领导集体人格力量的统一,否则理论掌握群众便难以实现。但是,这一理论是否能更全面、更丰富、更深刻,究竟如何表述更好、更科学、更准确,尚有待于进一步开展理论交锋,深入比较论证,实现综合创新。"①

在《思想政治教育本质研究现状及建议》中,陈秉公指出:"关于思想政治教育本质的研究""存在某些问题和弱点。如:(1)研究方法处于起步阶段,尚未形成属于本学科的特殊研究方法;(2)将思想政治教育本质与思想政治教育属性相混淆、与思想政治教育概念相混淆、与思想政治教育功能相混淆、与思想政治教育原则和方法相混淆等;(3)只提出自己的关于思想政治教育本质的观点和看法,缺乏充分的论证和说理,有的甚至没有论证和说理;(4)缺乏关于思想政治教育本质问题的深入讨论和交锋,各说各的话,一孔之见多于'共识'等等。"②

在《论思想政治教育本质:政治价值观的再生产》中,宇文利不仅指出:"思想政治教育的本质就是以受教育者思想政治素质的养成为指向的政治价值观再生产。其中,政治价值观是思想政治教育所涉及的思想教育、政治教育、道德教育和法律及心理教育等诸多教育内容的核心,也是综合各种形式的教育之后得出的思想政治教育活动价值的精髓"③,而且强调:"不论是作为实践活动还是作为思想革命,思想政治教育都应当坚持马克思主义的指导,在马克思主义指导下的思想政治教育是注重人的发展并可以归之于人的发展的实践活动,其根本逻辑起点是人的实践和发展"④,"由此,与人有关并且归之于人的特性也就成为最能统一、综合和概括思想政治教育精髓和实质的特性了"⑤。

---

① 张耀灿:《思想政治教育学科建设存在的若干问题》,《思想理论教育》2015 年第 5 期。
② 陈秉公:《思想政治教育本质研究现状及建议》,《思想教育研究》2014 年第 6 期。
③ 宇文利:《论思想政治教育本质:政治价值观的再生产》,《马克思主义与现实》2013 年第 1 期。
④ 宇文利:《论思想政治教育本质:政治价值观的再生产》,《马克思主义与现实》2013 年第 1 期。
⑤ 宇文利:《论思想政治教育本质:政治价值观的再生产》,《马克思主义与现实》2013 年第 1 期。

在《"铸魂育人"是思想政治教育本质核心内涵的探讨》中,李忠军提出"'铸魂育人'应是思想政治教育本质核心内涵的准确表达",同时将"铸魂育人"界定为:"一定的阶级集团,为了培养、塑造符合特定社会和时代需求的社会成员,而用融涵了本阶级集团奋斗目标、核心价值、精神基础的思想政治道德观念体系对社会成员实施有目的、有计划、有组织的灵魂铸造实践活动,使一定阶级集团的思想政治道德观念体系转化成为社会成员的内心信仰、价值操守和精神原则,使社会成员在灵魂深处习得并生成一定阶级集团极力倡导和始终坚持的一定思想政治道德观念体系的动态活动过程。"①由此推论:思想政治教育本质,第一,其核心,在"政治"上;第二,落脚点,在"人"上;第三,表述上,是"动态活动过程"的完整呈现。

"以受教育者思想政治素质的养成为指向"的、"与人有关并且归之于人的特性"的"政治价值观再生产"②,在政治的、人的、动态活动过程的"铸魂育人"上,应该就是"政治人格建构"。③"政治人格建构",应该既"符合受众的接受心理、遵循教育规律",又能实现"真理的力量与领导集体人格力量的统一",④从而让理论为群众所掌握,实现理论的群众掌握和群众实践。

让理论为群众所掌握,实现理论的群众掌握和群众实践,才是马克思所说的"理论一经掌握群众,也会变成物质力量""理论只要说服人,就能掌握群众"的历史唯物主义真义。作为逻辑前提和文义语境,马克思的"理论一经掌握群众"是在上文"批判的武器当然不能代替武器的批判,物质力量只能用物质力量来摧毁"和下文"理论只要彻底,就能说服人"⑤的语境中阐释的。理解和把握马克思的"理论一经掌握群众"和"就能掌握群众",不能离

---

① 李忠军:《"铸魂育人"是思想政治教育本质核心内涵的探讨》,《思想理论教育导刊》2015年第10期。

② 宇文利:《论思想政治教育本质:政治价值观的再生产》,《马克思主义与现实》2013年第1期。

③ 2018年9月10日在全国教育大会上的讲话中,习近平总书记强调:"推进教育现代化、建设教育强国、办好人民满意的教育","以凝聚人心、完善人格、开发人力、培育人才、造福人民为工作目标,培养德智体美劳全面发展的社会主义建设者和接班人"(《习近平在全国教育大会上强调 坚持中国特色社会主义教育发展道路 培养德智体美劳全面发展的社会主义建设者和接班人》,《人民日报》2018年9月11日。)习近平总书记这里所说的"凝聚人心、完善人格、开发人力、培育人才、造福人民"的中国特色社会主义教育工作"目标",落到受教育者身上,根本在"完善人格"。具体到"立德树人"的道德教育和品德修养上,应该是培育和完善"道德人格",亦即道德人格建构。习近平总书记强调:"人无德不立,育人的根本在于立德。立德为先,修身为本,这是人才成长的基本逻辑。"(《十九大以来重要文献选编》(上),中央文献出版社2019年版,第649页。)具体到"铸魂育人"的思想政治教育上,应该是培育和完善政治人格,亦即政治人格建构。

④ 张耀灿:《思想政治教育学科建设存在的若干问题》,《思想理论教育》2015年第5期。

⑤ 《马克思恩格斯文集》第1卷,人民出版社2009年版,第11页。

开历史唯物主义方法论,不能离开上下文具体语境而抽象演绎、断章取义。贯彻历史唯物主义方法论,从上下文语境不难看出,马克思这里所说的"理论一经掌握群众"指的是理论通过"说服人",从而实现理论的群众掌握,"变成物质力量"和群众实践,从而摧毁旧的"物质力量"。

  为此,本书基于思想政治教育根本问题的解答这一思想政治教育本质历史唯物主义科学阐释的具体标准,围绕"为谁培养人、培养什么人、怎样培养人"这一思想政治教育的根本问题,运用历史唯物主义实践诠释学、马克思主义出场学、马克思主义"人是历史的目的"论、马克思主义思想政治教育实践论等方法,系统阐述"三态共融"的整体形态的思想政治教育的一般本质——政治人格建构,及其新时代特殊本质——担当复兴大任的社会主义政治人格建构,以期在思想政治教育本质问题的突破和思想政治教育学科科学性的深化等方面做些工作。

第一章 人的政治存在与政治品格建构：
思想政治教育的"出场源"与"落脚点"

科学阐释思想政治教育的本质，作为基点，需弄清楚思想政治教育的整体形态。作为思想政治教育科学学理基础的思想政治教育本质，是且应该是整体形态的思想政治教育的本质，不应该且不能是部分形态的思想政治教育的本质。作为前提，需弄清楚整体形态的思想政治教育的产生缘由和出场目的。列宁指出："在社会科学问题上有一种最可靠的方法，它是真正养成正确分析这个问题的本领而不致淹没在一大堆细节或大量争执意见之中所必需的，对于用科学眼光分析这个问题来说是最重要的，那就是不要忘记基本的历史联系，考察每个问题都要看某种现象在历史上怎样产生、在发展中经过了哪些主要阶段，并根据它的这种发展去考察这一事物现在是怎样的。"①也就是说，在"基本的历史联系"中，首先是不要忘记作为其产生前提的"历史联系"。作为一项旨在引导人们正确认识人的政治存在、自觉提升人的思想政治素质和精神境界、最大限度调动人的积极性和创造性、形成人的良好"精神面貌"的工作，思想政治教育不是想当然地凭空产生的。

思想政治教育的整体形态，亦即"三态共融"的思想政治教育，作为思想政治教育本质科学阐释的基点，在本书"导言"第二部分已有适当阐述，这里不复赘述。

基于此，本书首先着重阐述作为思想政治教育本质科学阐释"历史联系"前提的"产生缘由"——人的政治存在，以及"出场目的"——人的政治品格建构，作为思想政治教育的"出场源"和思想政治教育的"落脚点"。

在 2014 年 10 月 31 日全军政治工作会议、2016 年 12 月 7 日全国高校思想政治工作会议、2018 年 9 月 10 日全国教育大会、2019 年 3 月 18 日学校思想政治理论课教师座谈会四次会议上的重要讲话中，特别是全军政治工作会议和学校思想政治理论课教师座谈会关于思想政治教育"铸魂育人"的

---

① 《列宁专题文集·论辩证唯物主义和历史唯物主义》，人民出版社 2009 年版，第 283 页。

两次论述中，习近平总书记提出了一个非常深刻的思想政治教育命题，即相比于思想道德教育的"人的道德存在—道德人格—思想品德—有道德的人—立德树人—思想道德教育"的"出场学"逻辑，思想政治教育的"出场学"逻辑是"人的政治存在—政治人格—政治品格—有灵魂的人—铸魂育人—思想政治教育"。

从习近平总书记关于思想政治教育"铸魂育人"的论述所指出的"人的政治存在—政治人格—政治品格—有灵魂的人—铸魂育人—思想政治教育"的"出场学"逻辑来看，思想政治教育的目的是培育和完善教育对象的政治品格和政治人格（如图 2 所示）。历史唯物主义地阐释思想政治教育的本质，首先必须准确把握人的政治存在。马克思历史唯物主义出场学表明，思想政治教育不是先天"在场"的，而是"人的政治存在"这一现实及相应的"政治品格和人格建构"的需求，这促进了思想政治教育这一实践和理论的"出场"。"人的政治存在"是思想政治教育的"出场源"，正如"人的道德存在"是"思想道德教育"的"出场源"、"人的经济存在"是"政治经济学"的"出场源"一样。离开"人的政治存在"这一思想政治教育的"出场源"来阐述思想政治教育的本质，缺失了历史唯物主义存在论这一前提，也就无法给出彻底的解答。科学阐释思想政治教育的本质，不仅必须基于思想政治教育的"发生学"，而且必须基于思想政治教育的"出场学"。在"发生学"中，思想政治教育是一个"客体"的、被动的状态。在"出场学"中，思想政治教育才更多地呈现为一个"主体"的、主动的状态。马克思有言："理论需要是否会直接成为实践需要"，"光是思想力求成为现实是不够的，现实本身应当力求趋向思想"。[①] 同样，思想政治教育是否成为实践需要，不是思想政治教育力求成为人的现实，而应当是人的现实力求思想政治教育。套用"理论在一个国家实现的程度，总是取决于理论满足这个国家的需要的程度"[②]，思想政治教育在现实中的实现程度，总是取决于思想政治教育满足人们的现实需要的程度。而人们的现实就是人们的存在，就是人们的"现实生活过程"[③]。科学阐释"三态共融"的整体形态的思想政治教育的本质，首先必须把握作为思想政治教育"出场源"的人的现实生活过程的政治存在。

[①] 《马克思恩格斯文集》第 1 卷，人民出版社 2009 年版，第 13 页。
[②] 《马克思恩格斯文集》第 1 卷，人民出版社 2009 年版，第 12 页。
[③] 《马克思恩格斯文集》第 1 卷，人民出版社 2009 年版，第 525 页。

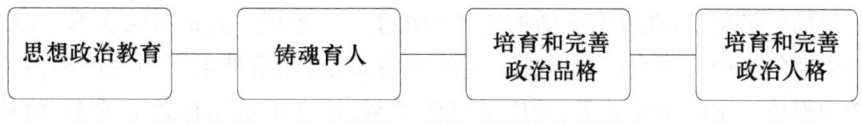

图 2　思想政治教育的目的

第一节　人的政治存在：思想政治教育的"出场源"

在《〈政治经济学批判〉序言》中，马克思这样表述历史唯物主义基本原理："人们在自己生活的社会生产中发生一定的、必然的、不以他们的意志为转移的关系，即同他们的物质生产力的一定发展阶段相适合的生产关系。这些生产关系的总和构成社会的经济结构，即有法律的和政治的上层建筑竖立其上并有一定的社会意识形式与之相适应的现实基础。物质生活的生产方式制约着整个社会生活、政治生活和精神生活的过程。不是人们的意识决定人们的存在，相反，是人们的社会存在决定人们的意识。"①在之前的《德意志意识形态》中，马克思这样说："事情是这样的：以一定的方式进行生产活动的一定的个人，发生一定的社会关系和政治关系。经验的观察在任何情况下都应当根据经验来揭示社会结构和政治结构同生产的联系，而不应当带有任何神秘和思辨的色彩。社会结构和国家总是从一定的个人的生活过程中产生的。"②1890 年 9 月在致约瑟夫·布洛赫的信中，针对将唯物史观简单化、机械化理解的错误倾向，恩格斯特别强调："根据唯物史观，历史过程中的决定性因素归根到底是现实生活的生产和再生产。无论是马克思或我都从来没有肯定过比这更多的东西。如果有人在这里加以歪曲，说经济因素是唯一决定性的因素，那么他就是把这个命题变成毫无内容的、抽象的、荒诞无稽的空话。"③

在这三段论述中，马克思恩格斯明确指出：第一，"历史过程中的决定性因素"是"现实生活的生产和再生产"，是全部"现实生活的生产和再生产"；"经济因素"和"经济结构"只是其中的"现实基础"，而"不是唯一决定性的因素"。第二，人们的全部现实生活，包括物质生活、社会生活、政治生活、精神生活四个部分，而不只是唯一的"经济生活"；无论是物质生活、社会生活还是政治生活、精神生活，都是现实的人的生活，而不是脱离了人的或者人之外的抽象的生活。第三，相应地，人们在物质生活的生产和再生产中形成

---

①　《马克思恩格斯文集》第 2 卷，人民出版社 2009 年版，第 591 页。
②　《马克思恩格斯文集》第 1 卷，人民出版社 2009 年版，第 523~524 页。
③　《马克思恩格斯文集》第 10 卷，人民出版社 2009 年版，第 591 页。

一定的经济关系,在社会生活的生产和再生产中形成一定的社会关系,在政治生活的生产和再生产中形成一定的政治关系,在精神生活的生产和再生产中形成一定的精神关系;无论是经济关系、社会关系还是政治关系、精神关系,本质上都是人与人之间的关系,而不是脱离了人的或者人之外的抽象的关系。在《德意志意识形态》中,马克思特别指出:"凡是有某种关系存在的地方,这种关系都是为我而存在的;动物不对什么东西发生'关系',而且根本没有'关系';对于动物来说,它对他物的关系不是作为关系存在的。"① 从将"社会关系"界定为"人与人之间的关系"的历史唯物主义角度来说,经济关系、政治关系、精神关系本质上都是社会关系。第四,政治关系、政治结构是一种有别于一般社会关系和一般社会结构的特殊社会关系和特殊社会结构;作为人的本质的社会关系,不仅包括人们在社会生活的生产和再生产中形成的社会关系,而且包括通过组织、管理、治理使社会关系趋向促进人的自由全面发展的政治关系。从促进人的自由全面发展的意义上说,政治是"作为政治共同体的国家或政治社会之公共权力——通过国家和社会的基本政治制度体系——的公共组织、公共制序(制度与秩序)②和国家组织治理"③以实现社会正义的活动。

比较教育、思想道德教育、思想政治教育和作为其产生前提的"历史过程中的决定性因素"——人的物质生活、社会生活、政治生活、精神生活及其相应的经济存在、社会存在、政治存在、精神存在,在教育、思想道德教育、思想政治教育三者具有区分意义的核心前提下,教育产生于人的精神存在和精神生活需要,思想道德教育产生于人的社会存在和社会生活需要,思想政治教育产生于人的政治存在和政治生活需要。正是人的政治存在及其社会化政治人格成长的需要,推动和促进了思想政治教育的产生和出场。人的政治存在是思想政治教育产生的前提,是思想政治教育的"出场源"。

在马克思的历史唯物主义中,政治不只存在于国家之中,而且存在于国家之前和国家之后;"政治"既是"历史存在论的场域",更是"展开人类的基本可能性的场域"。④ 从人类"怎样存在"和"怎样去存在"的"方向性"意义上说,在人类社会中,人的本质属性是社会性;在政治社会中,人的本质属性是政治性。正是基于人的政治存在的现实性,赵汀阳指出:"古代人看重理

---

① 《马克思恩格斯文集》第 1 卷,人民出版社 2009 年版,第 533 页。
② 括号及括号中字为引者加。
③ 万俊人:《政治如何进入哲学》,《中国社会科学》2008 年第 2 期。
④ 张文喜:《历史唯物主义的政治哲学向度》,江苏人民出版社 2008 年版,"作者的话"第 5 页。

想,所以把政治学看作伦理学的一部分,现代人认清现实,因此政治哲学成了第一哲学。"①现实生活中的人,从生存论的角度而言,不仅是经济的存在、社会的存在、精神的存在,而且是政治的存在;从发展论的角度而言,不仅需要道德人格建构,而且需要政治人格建构。人类社会发展的实践证明,现实生活中的人,不仅是基于一定道德规范的社会共同体中的人,而且是基于一定政治规范和法律规范(法律规范体系特别是其中的公法,本身就是一种政治规范;以人民为中心的"将权力关进制度的笼子"的法治,更是政治文明和政治现代化的标志)的政治共同体中的人。正如孔子回答哀公"敢问人道谁为大"时所言:"人道,政为大"(《礼记·哀公问》)。需要注意的是,孔子说的"政"不是"官僚政治"②的"政",而是"道德政治"的"政"。用今天的话说,是"政治哲学"的"政"。孔子强调:"政者正也","古之为政,爱人为大","君为正,则百姓从政矣"(《礼记·哀公问》)。以"爱人""正义"为内容的"以人民为中心"的政治,也正是旨在引导人们正确认识人的政治存在、自觉提升人的思想政治素质和精神境界、最大限度调动人的积极性和创造性、形成人的良好"精神面貌"的马克思主义思想政治教育中的"政"。

一、人的政治存在维度:"政治人"

在《德意志意识形态》中,马克思恩格斯明确指出,历史唯物主义的考察方法"不是没有前提的。它从现实的前提出发,它一刻也不离开这种前提。它的前提是人,不是处在某种虚幻的离群索居和固定不变状态中的人,而是处在现实的、可以通过经验观察到的、在一定条件下进行的发展过程中的人。只要描绘出这个能动的生活过程,历史就不再像那些本身还是抽象的经验主义者所认为的那样,是一些僵死的事实的汇集,也不再像唯心主义者所认为的那样,是想象的主体的想象活动"③。马克思主义的历史唯物主义方法,就是摆脱思辨、关注现实,从现实生活过程中的人和人的现实生活过程出发的实事求是的方法。在历史唯物主义视野中,思想政治教育产生于人的政治存在和政治生活需要。历史唯物主义地阐释思想政治教育的本质,首先必须把握作为思想政治教育"出场源"的"人的政治存在维度"及其社会形态——"政治人"。

---

① 赵汀阳:《坏世界研究:作为第一哲学的政治哲学》,中国人民大学出版社2009年版,第1页。

② 官僚政治,"以统治的问题去替代政治的问题","把政治变成了统治",从而否定了政治,是"对政治的终结","其本质是反政治"(赵汀阳:《反政治的政治》,《哲学研究》2007年第12期。)

③ 《马克思恩格斯文集》第1卷,人民出版社2009年版,第525~526页。

把握"人的政治存在维度"及其社会形态——"政治人",需先透过政治现象抓住政治的本质内容。政治现象是纷繁复杂的,阶级社会的政治充满着异化,资本主义社会的政治更是弥漫着幻象。作为"人的政治存在维度"的社会形态,"政治人"不仅存于政治关系国家化时代和政治职业中,也存在于人类社会始终。只有透过纷繁复杂的政治现象,抓住政治的本质内容,才能准确把握作为思想政治教育产生前提的"人的政治存在维度"及其社会形态——"政治人",从而准确把握"三态共融"的思想政治教育的整体形态,进而科学阐释"三态共融"的整体形态的思想政治教育本质。

政治的本质内容是什么?在马克思的历史唯物主义中,最简练的表述就是"社会关系"。在《致帕维尔·瓦西里耶维奇·安年科夫》和《哲学的贫困。答蒲鲁东先生的〈贫困的哲学〉》中,马克思明确指出:"适应自己的物质生产水平而生产出社会关系的人,也生产出各种观念、范畴,即恰恰是这些社会关系的抽象的、观念的表现"①,"人们按照自己的物质生产率(1885年德文版改为'生产方式'——引者注)建立相应的社会关系,正是这些人又按照自己的社会关系创造了相应的原理、观念和范畴"②。包括"政治"在内的各种原理、观念、范畴,都是其相应的"社会关系的抽象的、观念的表现",这些原理、观念、范畴的本质内容,是其相应的"社会关系"。

政治关系是一种什么样的社会关系?在《道德化的批评和批评化的道德。论德意志文化的历史,驳卡尔·海因岑》中,马克思指出:"人们的政治关系同人们在其中相处的一切关系一样自然也是社会的、公共的关系","凡是有关人与人的相互关系问题都是社会问题"。③ 马克思还特别指出:"人民在自己的发展中从君主专制过渡到君主立宪,就是否定自己从前的政治存在。"④可见,政治关系不是基于私人利益的私人关系,而是基于公共利益的公共关系,是一种与政治共同体、政治权力相关的公共关系,政治存在是人在政治关系和政治社会中的一种客观存在。

这样一种与政治共同体、政治权力相关的政治关系,是怎样形成的呢?在《德意志意识形态》《〈政治经济学批判〉序言》《反杜林论》《家庭、私有制和国家的起源》等著作和论述中,马克思恩格斯明确指出,是在人们的物质生活的生产和再生产基础上,在政治生活的生产和再生产中"自然形成的共

---

① 《马克思恩格斯文集》第10卷,人民出版社2009年版,第49页。
② 《马克思恩格斯文集》第1卷,人民出版社2009年版,第603页。
③ 《马克思恩格斯全集》第4卷,人民出版社1958年版,第334页。
④ 《马克思恩格斯全集》第4卷,人民出版社1958年版,第329页。

同体的权力"——亦即在"一种与全体固定成员相脱离的特殊的公共权力"①的产生过程中形成的。在根基意义上,这样一种与政治共同体、政治权力相关的政治关系源于人们物质生活的生产和再生产,解决的问题是作为共同体成员资格的"权利"问题,更具体地说,是"政治权利"问题。针对杜林关于"政治关系的形式是历史上基础性的东西"、"本原的东西必须从直接的政治暴力中去寻找"②的错误论调,恩格斯明确指出:"一切政治权力起先都是以某种经济的、社会的职能为基础的",虽然"随着社会成员由于原始公社的瓦解而变为私人生产者,因而和社会公共职能的执行者更加疏远,这种权力不断得到加强"③,但是"政治统治只有在它执行了它的这种社会职能时才能持续下去"④;尽管"政治权力在对社会独立起来并且从公仆变为主人以后,可以朝两个方向(即合乎经济发展的方向和背离经济发展的方向——引者注)起作用",然而,在背离经济发展方向的情况下发生作用,除去少数例外,政治权力"总是在经济发展的压力下陷于崩溃"。⑤ 作为一种"社会的、公共的关系",在其具体内容上,政治就是"在特定社会经济关系及其所表现的利益关系基础上,社会成员通过社会公共权力确认和保障其权利并实现其利益的一种社会关系"⑥,在其本然形态上,政治就是政治共同体通过政治权力来分配和保障共同体存续所必需的、共同体成员的社会经济、政治、文化等权利,以实现其社会正义的活动。

正是在政治是政治共同体通过政治权力进行政治权利分配以实现人们的社会利益和社会正义意义上,1920年11月3日在全俄省、县国民教育局政治教育委员会工作会议上的讲话中,列宁说:"现在我们主要的政治应当是:从事国家的经济建设,收获更多的粮食,开采更多的煤炭,解决更恰当地利用这些粮食和煤炭的问题,消除饥荒,这就是我们的政治。"⑦列宁还特别强调:"应当少说空话,因为空话满足不了劳动人民的需要。"⑧1979年3月30日在党的理论工作务虚会上的讲话中,邓小平指出:"在中国的现实条件下,搞好社会主义的四个现代化,就是坚持马克思主义,就是高举毛泽东思想伟大旗帜。你不抓住四个现代化,不从这个实际出发,就是脱离马克思主

---

① 《马克思恩格斯文集》第4卷,人民出版社2009年版,第113、110页。
② 《马克思恩格斯文集》第9卷,人民出版社2009年版,第165页。
③ 《马克思恩格斯文集》第9卷,人民出版社2009年版,第190页。
④ 《马克思恩格斯文集》第9卷,人民出版社2009年版,第187页。
⑤ 《马克思恩格斯文集》第9卷,人民出版社2009年版,第190页。
⑥ 王浦劬等:《政治学基础》(第二版),北京大学出版社2006年版,第9页。
⑦ 《列宁专题文集·论社会主义》,人民出版社2009年版,第177页。
⑧ 《列宁专题文集·论社会主义》,人民出版社2009年版,第177页。

义,就是空谈马克思主义。社会主义现代化建设是我们当前最大的政治,因为它代表着人民的最大的利益、最根本的利益。"①同年 11 月 26 日在会见美国不列颠百科全书出版公司编委会副主席吉布尼和加拿大麦吉尔大学东亚研究所主任林达光等的谈话中,邓小平再次强调:"就我们国内来说,什么是中国最大的政治?四个现代化就是中国最大的政治。"②1999 年 6 月 28 日在纪念中国共产党成立七十八周年座谈会上的讲话中,江泽民指出:"政治问题主要是对人民群众的态度问题,同人民群众的关系问题。"③2014 年 12 月 31 日在全国政协新年茶话会上的讲话中,习近平总书记强调:"人心是最大的政治。"④2018 年 4 月 28 日听取湖北省委、省政府工作汇报后,习近平总书记强调:"民生是最大的政治。"⑤

从上引列宁、邓小平、江泽民、习近平的论述中不难看出如下几方面。

其一,在马克思主义"人的自由全面发展"和"人类解放"的历史唯物主义意义上,"政治"是"一个生存论和价值论的概念",表述的是由物质存在、社会存在、政治存在、精神存在、生态存在构成的人的现实存在方式。"作为一种选择和决断的结果",政治"表达着特定生活世界的某种价值诉求,是对自身存在的觉解"。⑥对比以"君权神授"这一欺骗性的假设为逻辑前提的前现代的"神权政治"、"把人性的自然维度确立为社会生活的根据和最终目的"的"启蒙政治"和"以人的现实存在为根据不断变革不合理现实的共产主义运动",袁立国在《自然与历史的变奏:马克思的政治存在论》一文中说得好:"马克思的历史唯物主义首次以一种真正存在论的视角去理解人和世界的存在,而哲学存在论的变革直接地具有政治意义,必须把马克思的存在论理解为政治概念才会避免落入思辨形而上学的窠臼;同样,对马克思政治概念的理解也必须提升到存在论的高度,才能揭示出马克思在何种意义上超越了近代启蒙政治传统。"⑦

其二,在马克思的历史唯物主义中,政治不等于阶级斗争。阶级斗争只是政治活动在阶级社会的主要表现形式,阶级斗争不是政治活动的全部。政治更不等于官僚主义"政客"的"权术"。官僚主义"政客"的权力斗争和

---

① 《邓小平文选》第 2 卷,人民出版社 1994 年版,第 162~163 页。
② 《邓小平文选》第 2 卷,人民出版社 1994 年版,第 234 页。
③ 《江泽民文选》第 2 卷,人民出版社 2006 年版,第 365 页。
④ 习近平:《在全国政协新年茶话会上的讲话》,《人民日报》2015 年 1 月 1 日。
⑤ 《习近平在湖北考察时强调 坚持新发展理念打好"三大攻坚战" 奋力谱写新时代湖北发展新篇章》,《人民日报》2018 年 4 月 29 日。
⑥ 袁立国:《自然与历史的变奏:马克思的政治存在论》,《学术界》2012 年第 9 期。
⑦ 袁立国:《自然与历史的变奏:马克思的政治存在论》,《学术界》2012 年第 9 期。

党派政治,作为前现代阶级社会①的"官僚政治",或者说前现代阶级社会"官僚政治"在现代社会的遗存,赵汀阳对它的认识非常清楚:"以统治的问题去替代政治的问题","把政治变成了统治",从而否定了政治,是"对政治的终结","其本质是反政治",②是政治的形态变异或者说变异形态。

其三,在马克思的历史唯物主义中,政治性不等于阶级性,阶级性只是政治性在阶级社会的一种主要表现形式,阶级性不是政治性的全部;在社会主义社会,政治性的核心就是人民性。在全俄省、县国民教育局政治教育委员会工作会议上的讲话中谈到"政治教育总委员会这个名称"时,列宁特别强调:"既然这里提到了政治这个概念,政治在这里就是最主要的。但是如何理解政治呢?要是用旧观点来理解政治,就要犯很大的严重的错误。政治就是各阶级之间的斗争,政治就是无产阶级为争取解放而与世界资产阶级进行斗争的关系。但是我们的斗争有两个方面,一方面要粉碎资产阶级制度遗留下来的东西,粉碎整个资产阶级一再想消灭苏维埃政权的尝试"③,"另一方面的任务"就是"建设任务"。④ 列宁强调:"建设任务"的"政治应该是人民的事,应该是无产阶级的事","军事战线上的每一个胜利都能使我们腾出手来从事对内斗争,从事国家建设的政治。我们走向战胜白卫分子的每一步都会使斗争的重心逐渐转向经济方面的政治。老式的宣传方法是讲解或举例说明什么是共产主义。但这种老式的宣传已毫无用处,因为我们需要在实践中说明应该如何建设社会主义。整个宣传工作应该建立在经济建设的政治经验之上。这是我们最主要的任务,谁要是对宣传仍作旧的理解,那他就落后了,就不能担负起对工农群众的宣传工作"⑤;"什么是共产主义?整个共产主义宣传归根到底要落实到实际指导国家建设","共产主义现在已经不再只是我们的纲领、理论和课题了,它已经是我们今

---

① 马克思主义基于生产资料所有制形式划分人类社会发展五种基本形态——原始社会、奴隶社会、封建社会、资本主义社会和共产主义社会(社会主义社会是其第一阶段)。从社会主要矛盾的角度论,奴隶社会、封建社会、资本主义社会是阶级社会,原始社会可以称之为前阶级社会,社会主义社会和共产主义社会可称之为后阶级社会;从现代性和现代化的角度论,原始社会、奴隶社会、封建社会可以称为前现代社会,资本主义社会和社会主义社会可以称之为现代社会;在此基础上更精细地区分奴隶社会、封建社会和资本主义社会,奴隶社会、封建社会可以称之为前现代阶级社会,资本主义社会可以称之为现代阶级社会,社会主义社会可以称之为现代后阶级社会。本书中相关"前现代"的概念,如"前现代中国""前现代社会"等,均是基于现代性和现代化角度的一种比较性表述,属笔者个人看法,特此说明。
② 赵汀阳:《反政治的政治》,《哲学研究》2007 年第 12 期。
③ 《列宁专题文集·论社会主义》,人民出版社 2009 年版,第 176 页。
④ 《列宁专题文集·论社会主义》,人民出版社 2009 年版,第 176 页。
⑤ 《列宁专题文集·论社会主义》,人民出版社 2009 年版,第 176、176~177 页。

天的实际建设事业了"。① 列宁还特别指出:"统治着一切资产阶级国家的资产阶级",总是宣扬政治脱离经济、教育"不问政治""不讲政治",实际上,这些都是"资产阶级的伪善说法,无非是对99%受教会控制和私有制等等压迫的群众的欺骗","在那里,机构愈重要就愈不能摆脱资本和资本的政治";②与资产阶级"那些谎言不同,我们不能不公开提出问题,公开承认教育不能不联系政治","我们的基本任务之一就是用我们的真话来揭穿资产阶级"③的谎言和欺骗。在《工作方法六十条(草案)》中,毛泽东亦指出:"同阶级敌人作斗争,这是过去政治的基本内容。但是,在人民有了自己的政权以后,这个政权同人民的关系,就基本上是人民内部的关系了,采用的方法不是压服而是说服。这是一种新的政治关系。"④

在这里,列宁、毛泽东进一步告诉我们:第一,政治包括革命的敌我阶级斗争的政治和人民内部关系的政治、政治共同体建设的政治、经济方面的政治。第二,贯穿人类社会始终的政治是政治共同体建设的政治、经济方面的政治,而不是阶级斗争的政治;阶级斗争的政治只是非常政治,政治共同体建设的政治、经济方面的政治才是日常政治。第三,社会主义政治共同体内部的政治,是以人民性为核心特质的人民内部关系的政治。

这也同时告诉我们,政治社会不等于阶级社会,阶级社会只是政治社会的一种阶段性表现形式。把握"三态共融"的整体形态的思想政治教育本质不能停留在"阶级斗争政治"的非常政治意义上,而是必须建基于人民性的、政治共同体建设的、经济方面的日常政治。

正是在人民性的、政治共同体建设的、经济方面的政治,亦即"人们根据社会利益,通过政治权力进行政治权利分配"⑤以实现社会正义的政治意义上,王浦劬才指出:"就政治的起源和发展而言,人类社会经历了无政治社会、以非阶级利益差别与公共利益的维护和管理为主要特征的政治社会、以阶级利益对抗和政治统治为主要特征的政治社会、以非阶级性的利益差别的协调与公共利益的维护和实现为主要特征的政治社会,再到无政治社会这样一个螺旋式上升的否定之否定过程,这就是人类社会政治的辩证历史运动。"⑥

---

① 《列宁专题文集·论社会主义》,人民出版社2009年版,第177页。
② 《列宁专题文集·论社会主义》,人民出版社2009年版,第170页。
③ 《列宁专题文集·论社会主义》,人民出版社2009年版,第171、170页。
④ 《毛泽东文集》第7卷,人民出版社1999年版,第351页。
⑤ 王浦劬等:《政治学基础》(第二版),北京大学出版社2006年版,第14页。
⑥ 王浦劬等:《政治学基础》(第二版),北京大学出版社2006年版,第13页。

"以非阶级利益差别与公共利益的维护和管理为主要特征的政治社会"产生于什么时候呢？在《古代社会》一书中，摩尔根指出："政治的萌芽必须从蒙昧社会状态中的氏族组织中寻找；然后，顺着政治制度的各种演进形态，下推到政治社会的建立。"①摩尔根提出："人类在蒙昧阶段的后期和整个野蛮阶段之中，一般都是按氏族、胞族和部落而组织的。在整个古代世界，这些组织到处流行，遍及各大陆；它们是古代社会赖以构成、赖以团结的手段。这些组织的结构，这些组织作为一系列有机体的组成部分而存在的相互关系，以及氏族成员、胞族和部落成员所具有的权利、特权与义务，都是足以说明人类思想中政治观念发展的例证。人类的各种主要制度都起源于蒙昧社会，发展于野蛮社会，而成熟于文明社会。"②基于"劳动发展史"这一马克思历史唯物主义"理解全部社会史的锁钥"③，综合摩尔根、恩格斯有关"原始社会就有了自然形成的共同体权力，人类最早的社会民主制产生于母系氏族制度内部"④等论述，刘德厚提出："完全可以确认，人类社会政治事实的发生，是同人在劳动生存中必然形成的社会关系直接相关联的，它最初产生于以血缘关系为基础的母系氏族组织体制之中。"⑤从"劳动发展史"这一"理解全部社会史的锁钥"来看，"人的基本权利，实质是人的劳动生存权。这种权利在社会劳动中产生，在劳动中发展。以公共权威性力量来调整与保护社会成员的劳动生存的全局性利益，成了所有社会的人们对社会政治生活和活动的内在需求。政治生活成了所有社会成员生存的必要条件。政治的最一般本质，就是对政治主体的劳动生存利益全局的调控"⑥。

摩尔根的"古代社会"的人类学考察和恩格斯的"家庭、私有制和国家的起源"的论述表明，同人的利益性和利益存在、人的社会性和社会存在一样，人的政治性和政治存在也是自人类早期以来就生成了的客观存在。当然，在阶级社会中，政治权力被统治阶级所独占，广大人民群众被排除在政治权力之外。也正因如此，如上引列宁的话所言，统治阶级总是虚假宣扬政治脱离生活、教育不问政治不讲政治，处心积虑地欺骗处于被统治阶级地位的广大人民群众。由于这一历史原因，再加上社会分工和个体政治自觉性

---

① ［美］路易斯·亨利·摩尔根：《古代社会》（上册），杨东莼、马雍、马巨译，商务印书馆1981年版，第5页。
② ［美］路易斯·亨利·摩尔根：《古代社会》（上册），杨东莼、马雍、马巨译，商务印书馆1981年版，"序言"第ii页。
③ 《马克思恩格斯文集》第4卷，人民出版社2009年版，第313页。
④ 刘德厚：《广义政治论：政治关系社会化分析原理》，武汉大学出版社2004年版，第3页。
⑤ 刘德厚：《广义政治论：政治关系社会化分析原理》，武汉大学出版社2004年版，第3~4页。
⑥ 刘德厚：《广义政治论：政治关系社会化分析原理》，武汉大学出版社2004年版，第13页。

的差异,于是出现了罗伯特·A.达尔所说的现象:"在大多数政治体系中,对政治事务极感兴趣,关心并了解政治,活跃于公共事务中的人在成年人中所占比例不大。一般来说,他们往往是少数。"①需要注意的是,达尔同时强调:"尽管如此,因为人是社会性的,他们发展了政治体系。显而易见,他们不可能共处而不介入各种影响力的关系。"②

正是基于人的客观政治存在,达尔将"无政治阶层""政治阶层""谋求权力者""有权者"统称为"政治人",同时还以"特别适宜或不适宜于大众政府运转的个性或性格"为标准,将作为人的政治存在的"政治人"分为"民主人和专制人"。③西摩·马丁·李普塞特将其论述"经济发展与民主""社会冲突""工人阶级的集权主义""法西斯主义""选举行为研究""阶级和政党关系研究""美国的知识分子""民间机构的政治"的著作标题确定为《政治人:政治的社会基础》。奥斯卡·内格特将其论述"欧洲的认知过程""评判性社会理论及其事例学习法""民主的无价宝""判断力的政治程度""政治的人与他的共同体"的著作标题确定为《政治的人:作为生活方式的民主》。

从人的政治存在的社会形式——"政治人"意义上说,亚里士多德所说的"人类在本性上,也正是一个政治动物"④,是有一定道理的。当然,需要去掉其中作为抽象的人性设定的"本性",调整为马克思在《政治经济学批判·导言》中所说的"人是最名副其实的政治动物,不仅是一种合群的动物,而且是只有在社会中才能独立的动物"⑤。人的政治性和政治存在——"政治人"不是来源于抽象的人的"本性",而是来源于政治的社会性,是政治性从社会性中独立出来后才生成的现实的人的特性和人的存在形式。考察"社会"一词的起源,汉娜·阿伦特提出:"拉丁语 societas 的用法最初有着虽有限却清楚的政治含义:它表示人民之间为了一个特定目标而结成的联盟,比如一群人为了统治另一群人而组织起来","只是随着后来'人-类社会'(societas generis humani)概念的出现,'社会'这个词才开始获得它作为一种基础的人类状况的一般性意义"。⑥汉娜·阿伦特考察得出的"社会"

---

① [美]罗伯特·A.达尔:《现代政治分析》,王沪宁、陈峰译,上海译文出版社1987年版,第131页。
② [美]罗伯特·A.达尔:《现代政治分析》,王沪宁、陈峰译,上海译文出版社1987年版,第129页。
③ [美]罗伯特·A.达尔:《现代政治分析》,王沪宁、陈峰译,上海译文出版社1987年版,第129~155页。
④ [古希腊]亚里士多德:《政治学》,吴寿彭译,商务印书馆1983年版,第7页。
⑤ 《马克思恩格斯文集》第8卷,人民出版社2009年版,第6页。
⑥ [美]汉娜·阿伦特:《人的境况》,王寅丽译,上海人民出版社2009年版,第15页。

一词的词义衍化,从另一个角度确证了一个历史事实:即人类社会的早期政治和社会不可分,政治融于社会之中,亦即处于"无政治社会"阶段;随着人类社会的发展,政治才从社会中独立出来,社会也因此"获得它作为一种基础的人类状况的一般性意义"。

上述"政治本质"的历史唯物主义和词源学的双重分析证明,"政治人"不是一种人性假设,而是人的现实存在方式和政治存在维度的呈现,就像"经济人"是人的现实存在方式和经济存在维度的呈现一样。"理性经济人"才是人性假设,"社会人"是人的现实存在方式和社会存在维度的呈现,设定"人的最主要刺激来源于社会需要得到满足,以及良好的人际关系与地位上的成就,物质刺激对于调整人的积极性只有次要意义"①才是人性假设。

不仅如此,在现实的人的现实生活中,正如赵汀阳所指出的,相比于"经济人"解释,"政治人"解释是更彻底更合理的解释。"政治人除了考虑经济利益,还考虑权力,不仅考虑制度权力,而且还考虑精神权力,总之,政治人追求能够使自己处于优势地位的一切因素。"②赵汀阳强调:"这样才能解释为什么人们有时会为了精神权力而放弃某些经济利益甚至甘冒奇险。当把精神需要计算在内就会发现,某些对于经济人而言是非理性的行为,对于政治人来说却仍然是理性选择。只有把物质利益和精神需要都考虑在内才能够解释政治问题。"③从"在特定社会经济关系及其所表现的利益关系基础上,社会成员通过社会公共权力确认和保障其权利并实现其利益的一种社会关系"④的政治本质来看,用赵汀阳的话说,"人类的痛苦主要来自错误的政治。政治决定人的命运",甚至可以说,"政治就是命运"。⑤

面向现实的人的现实生活过程,不难发现,正是因为人的政治存在和政治性,人才完成了从自在自发到自觉自为的主体性转换,才生成了人的超越性和价值性:人不再局限于个体存在,不再停留于"原子式的个体",不再只是关注个体的生产和再生产,而是走向人的群体存在、类存在,走向"人的群体""人类整体",走向社会关系的生产和再生产、人类整体的生产和再生

---

① 李金和:《中西人性理论与现代性平民人格培育》,《齐鲁学刊》2008 年第 1 期。
② 赵汀阳:《坏世界研究:作为第一哲学的政治哲学》,中国人民大学出版社 2009 年版,第 8 页。
③ 赵汀阳:《坏世界研究:作为第一哲学的政治哲学》,中国人民大学出版社 2009 年版,第 8 页。
④ 王浦劬等:《政治学基础》(第二版),北京大学出版社 2006 年版,第 9 页。
⑤ 赵汀阳:《坏世界研究:作为第一哲学的政治哲学》,中国人民大学出版社 2009 年版,第 1 页。

产、人类现实生活的生产和再生产,走向每一个人的自由全面发展。同样,历史唯物主义之所以能够成为"社会科学的同义词"(列宁语),也正是因为历史唯物主义立足于现实的人的现实生活过程,立足于人的社会存在和社会性,立足于人的政治存在和政治性,从而揭示了物质第一性或精神第一性、存在第一性或思维第一性的形而上学本体论和认识论的抽象设定性,超越了基于抽象的物质设定或精神设定、存在设定或思维设定的传统形而上学本体论和认识论,阐明了人之作为物质存在、社会存在、政治存在、精神存在、生态存在的实践生存论,阐明了人之作为物质主体、社会主体、政治主体、精神主体、生态主体的实践主体性,阐明了人之基于实践中介的物质精神一体性、存在思维一体性,阐明了人类社会基于政治中介的经济—政治—文化一体性、经济—政治—意识形态一体性,阐明了人类思想形成和社会发展的"存在—政治—思想""思想—政治—存在"的后形而上学存在论建构性逻辑。

此外,也只有在立足于现实生活的生产和再生产中人之社会关系本质的同时,立足于人之社会关系本质的"政治人"维度和"政治人"逻辑,亦即立足于人的社会存在和社会性,立足于人的政治存在和政治性,我们才能完整而准确地理解马克思历史唯物主义的革命性、深刻性、科学性,理解作为马克思历史唯物主义范畴的实践、主体、关系、存在、现实生活的生产和再生产等的整体性。在马克思历史唯物主义中,"实践"不是非对象性的抽象实践,而是对象性的人类现实生活的生产和再生产;彰显社会发展方向意义上的人之主导地位的"主体"和人之自觉性、自主性、自为性的"主体性",不是与客体对立的人类中心论意义的主体和主体性,而是基于实践中介的对象性活动和对象性关系中的创造性、建构性的主体和主体性;"存在"不是传统形而上学本体论抽象设定的世界发生学意义的自在存在,而是实践中的历史生成、创造和建构,是在人类现实生活的生产和再生产中形成的人与人之间以及人与物之间的社会历史性存在,亦即在人类现实生活的生产和再生产中形成的人与人之间以及人与物之间的社会历史性活动和社会历史性关系。

二、"政治人"的社会尺度:政治人格

思想政治教育的根本问题是"为谁培养人、培养什么人、怎样培养人"。把握了人的政治存在维度——政治人,就解决思想政治教育根本问题中"培养什么人"的问题了吗?亦即"政治人"能作为思想政治教育根本问题中"培养什么人"的人才"特质"吗?答案是:不能。把握了人的政治存在维

度——政治人,只是解决了思想政治教育人才培养的存在论基础问题,还没有解决思想政治教育根本问题中"培养什么人"的人才"特质"问题。因为"政治人"只是一个描述性概念,而不是一个评价性概念,只能描述人在政治社会中的存在性质,还不能解析出人在政治社会中的基本构成。而思想政治教育根本问题中"培养什么人"的人才"特质"问题,作为一个实践性问题,应该是一个基于"政治人"这一存在论基础的具有引导性、可衡量、可评价的社会尺度,简言之,亦即"政治人"的社会尺度。

"政治人"的社会尺度是什么,回答这一问题,得从人的社会尺度着手。逻辑上,"政治人"的社会尺度是人的社会尺度在人的政治存在维度的具体化,把握了人的社会尺度也就把握了政治人的社会尺度。

人的社会尺度是什么?在《人的权利与自然法》一文中,马里坦写道:"我们每个人身上都有一个奥秘,这个奥秘就是人格。我们知道,任何名副其实的文明,其基本性质就是尊重和感受到人格的尊严。"①马里坦这里所说的作为每个人的"奥秘"的"人格",从个体的角度来说,是个体心理基础上的道德品格的社会呈现,从社会的角度来说,是对个体的社会存在的社会评价,是个体的社会尺度。孟子曾从人与禽兽的比较角度指出:"人之所以异于禽兽者几希,庶民去之,君子存之。"(《孟子·离娄下》)在《人的现代化》一书中,阿历克斯·因格尔斯从社会人格形态的历史发展和现代转换的角度提出:"在整个国家向现代化发展的进程中,人是一个基本的因素。一个国家,只有当它的人民是现代人,它的国民从心理和行为上都转变为现代的人格,它的现代政治、经济和文化管理机构中的工作人员都获得了某种与现代化发展相适应的现代性,这样的国家才可真正称之为现代化的国家。"②在共同体意志集中体现的宪章宪法法律层面,1945 年 6 月 26 日签署的《联合国宪章》"序言"规定:"重申基本人权,人格尊严与价值,以及男女与大小各国平等权利之信念,……促成大自由中之社会进步及较善之民生。"③《中华人民共和国宪法》第三十八条规定:"中华人民共和国公民的人格尊严不受侵犯。" 2020 年 5 月 28 日第十三届全国人民代表大会第三次会议通过的《中华人民共和国民法典》,分则专设《人格权》编。在作为"私权"的民事权利意义上,《中华人民共和国民法典》第九百九十条规定:"人格权

---

① [美]马里坦:《人的权利与自然法》,载万俊人主编:《20 世纪西方伦理学经典(Ⅲ)——伦理学限阈:道德与宗教》,中国人民大学出版社 2004 年版,第 251 页。
② 殷陆君编译:《人的现代化——心理·思想·态度·行为》,四川人民出版社 1985 年版,第 8 页。
③ 《联合国宪章》"序言",载王家福、刘海年主编:《中国人权百科全书》,中国大百科全书出版社 1998 年版,第 344 页。

是民事主体享有的生命权、身体权、健康权、姓名权、名称权、肖像权、名誉权、荣誉权、隐私权等权利。除前款规定的人格权外,自然人享有基于人身自由、人格尊严产生的其他人格权益。"①

从《联合国宪章》《中华人民共和国宪法》《中华人民共和国民法典》的规定和孟子、马里坦、阿历克斯·因格尔斯的论述来看,其一,人格可以作为衡量人之品性有无的尺度,亦即社会意义上的人与非人的尺度。注意,这不是自然意义上的人与非人的尺度。荀子有言:"权利不能倾也,群众不能移也,天下不能荡也。生乎由是,死乎由是,夫是之谓德操,德操然后能定,能定然后能应,能定能应,夫是之谓成人。"(《荀子·劝学》)其二,人格可以作为衡量人之品性高下的尺度。马里坦指出:"人格的概念包括整全和独立,一个人无论多么贫困潦倒,但他是一个完整的人,作为一个人,他具有独立的品格。说某人是一个人,那是在存在的高度上来讲的,他是一个整体而不是一个部分,是一个独立的人而非奴隶"②;"具有人格的人是一个独立的整体,人格是他一切性质中最高尚的品质";因此,尽管贫困潦倒的个人"处在人格的最低水平上"③,"但无论如何,由于有这样一种人格在起作用,由于人格所导致的完善,作为一个独立的和开放的整体,拥有人格的人会寻求进入社会"④。

"人格"既能衡量人之品性的有无,又能衡量人之品性的高下,也就足以担当人的社会尺度。由"人格"之为人的社会尺度的逻辑可知,作为人的社会尺度在人的政治存在维度的具体化,"政治人"的社会尺度,也就是政治人格。

政治人格又是什么?同理,也可从人格着手。逻辑上,政治人格是作为整体的人格在政治存在维度上的呈现,是对人的政治存在形态的社会评价,理顺了人格,也就基本理顺了政治人格。

据张岱年《中国古典哲学中的人格观念》一文的论述,从语源学的角度来说:"'人格'这个词是近代才有的,它是日本学者从西方翻译过来的。古代中国没有'人格'这个词,但有'人品''为人''品格'这些词。在中国古典哲学中,有独立人格的思想(虽然没有这个名词)。什么叫独立人格?就

---

① 《中华人民共和国民法典》,法律出版社2020年版,第191页。
② [美]马里坦:《人的权利与自然法》,载万俊人主编:《20世纪西方伦理学经典(Ⅲ):伦理学限阈:道德与宗教》,中国人民大学出版社2004年版,第252页。
③ [美]马里坦:《人的权利与自然法》,载万俊人主编:《20世纪西方伦理学经典(Ⅲ):伦理学限阈:道德与宗教》,中国人民大学出版社2004年版,第255页。
④ [美]马里坦:《人的权利与自然法》,载万俊人主编:《20世纪西方伦理学经典(Ⅲ):伦理学限阈:道德与宗教》,中国人民大学出版社2004年版,第256页。

是指人自己有一个独立意志,它不受外界势力的压制。"①

"人格"一词从西方翻译过来,那在西方又指什么?《简明不列颠百科全书》"人格(personality)"词条的解释是:"每个人所特有的心理—生理性状(或特征)的有机结合,包括遗传的和后天获得的成分,人格使一个人区别于他人,并可通过他与环境和社会群体的关系表现出来。"②在现代西方理论中,其一,主要是从心理—生理学的角度来界定"人格",其二,主要是从个体的角度来界定"人格"。譬如:大卫·范德《人格心理学:人与人有何不同》一书主张:"人格(personality)是指个体思维、情感和行为的特征模式,以及这些模式之下隐藏或未隐藏的心理机制"③;兰迪·拉森、戴维·巴斯的《人格心理学——人性的科学探索》一书主张:"人格(personality)是个体内部的心理特质和机制的集合,具有组织性和相对持久性,它们影响到个体对心灵内部的、物理的和社会环境的适应以及与它们的相互作用。"④

需要注意的是,伊·谢·科恩《自我论——个人与个人自我意识》一书第二章"古代希腊罗马遗产",曾基于埃诺特·A.和米勒·A.《拉丁语词汇词源学——形态史》对"人格(personality)"词源"persona"的考察提出:"正如希腊语的'prosobon'这个词一样,拉丁语的'persona'(人物)一词当时没有心理学的特殊含义。它最初仅指面具,后来又指剧中的人物、演员扮演的角色,可能还包括语法上的人称。在公元前1世纪,随着社会生活和调节社会生活的权利规定的复杂化,这个词的含义显著扩大。在西塞罗的著作中,'persona'(人身)既指法律身份、社会职能、集体尊严和法人(与无行为能力的财物相对),又指具体个体和人性的哲学概念。不过,在古典拉丁语中,'persona'一词从未指过个体的肉体、生理特性(面貌、身段、外表)。当古代罗马法学家宣布司法只承认'人身、财物和行动'时,'人身'(persona)也不是指某一特殊的个体特性集合或系统,而仅仅是指自由人。奴隶没有自由,不仅在法律上没有'人身',在各种意义上都没有'人身'。'人身'与'自由'这两个概念的这种联系,从法律上肯定了'自我性'的价值论侧面,成为

---

① 张岱年:《张岱年全集》第六卷,河北人民出版社1996年版,第487页。
② 中国大百科全书出版社《简明不列颠百科全书》编辑部译编:《简明不列颠百科全书》第6卷,中国大百科全书出版社1986年版,第743页。
③ [美]大卫·范德:《人格心理学:人与人有何不同》,许燕、邹丹等译,世界图书出版有限公司北京分公司2017年版,第4页。
④ [美]兰迪·拉森、戴维·巴斯:《人格心理学——人性的科学探索》(第2版),郭永玉等译,人民邮电出版社2011年版,第4页。

日后有利于取消奴隶制和农奴制的重要根据之一。"①这就是说,在西方,"人格"一词的含义经历了一个从面具、剧中人物、演员扮演的角色等指代意义到心理学意义,再到价值论意义的历史演化。在《道德形而上学原理》中,基于人格与物的绝对区分,康德明确将"尊严"作为人的社会存在而定义着:"只有道德以及与道德相适应的人性(menschheit),才是具有尊严的东西。"②在康德的基础上,马克思明确将"尊严"作为人格的标志:"尊严是最能使人高尚、使他的活动和他的一切努力具有更加崇高品质的东西,是使他无可非议、受到众人钦佩并高出于众人之上的东西。"③

"人格"一词从西方引入中国后,与中国伦理型传统文化互动,在中国语境中又形成了怎样的界定?《辞海》(第六版彩图本)"人格"词条列出的解释有六:(1)人的性格、气质、能力等特征的总和;(2)指作为人应具有的品德、尊严、体面等;(3)法律上指人能作为权利、义务的主体的资格;(4)在人格主义哲学中,指具有自我意识和自我控制能力,即具有感觉、情感、意志等机能的主体;(5)在心理学上亦指"个性";(6)伦理学上亦称"道德人格"。《现代汉语词典》(第7版)"人格"词条列出的解释有三:(1)人的性格、气质、能力等特征的总和;(2)个人的道德品质;(3)人作为权利、义务主体的资格。

总览上述中西方有关"人格"的界定可知:其一,从学科角度论,目前主要有心理学意义的个体心理人格、伦理学意义的道德人格、法学意义的法律人格。其二,从主体角度论,主要有个体人格和集体人格。在《人格与政治:实证、推论与概念化指南》一书中,弗雷德·I.格林斯坦将其作为主要内容的第三、四、五章确定为"单一政治行为体心理研究""类型政治行为体心理研究""人格特质对政治系统的聚合影响"。在这里,弗雷德·I.格林斯坦不仅阐明了政治中人格要素的重要性,呈现了人格因素对政治系统的影响,而且阐释了"人格与政治研究的三种路径:个案研究、类型研究和聚合研究"④,论述了政治人格分析的基本方法。其三,从实然和应然的角度论,则有事实论意义的人格和价值论意义的人格。心理学意义的个体人格,作为对个体人格的心理测量,主要是对个体人格现状的分析,因而是事实论意义

---

① [苏]伊·谢·科恩:《自我论——个人与个人自我意识》,佟景韩、范国恩、许宏治译,生活·读书·新知三联书店1986年版,第117~118页。
② [德]康德:《道德形而上学原理》,苗力田译,上海人民出版社2005年版,第55页。
③ 《马克思恩格斯全集》第1卷,人民出版社1995年版,第458页。
④ [美]弗雷德·I.格林斯坦:《人格与政治:实证、推论与概念化指南》,景晓强译,中央编译出版社2022年版,第30页。

的实然人格。心理学意义的实然人格偏重于事实判断,指向的是人的存在的自然尺度,而不是社会尺度。社会意义上的人,核心是其文化的、精神的存在,是社会心理学的存在。基于社会心理学和文化存在的道德人格就是价值论意义的人格,亦即对人之为人的价值规定和意义设定。整体而论,作为人的存在的社会尺度的"人格",是社会心理基础上的文化存在和价值规定。

从人才培养的教育学规律来看,心理学意义的个体人格是人的培养的自然前提,而作为人之为人的价值规定和意义设定的价值论意义的人格才是人的培养的社会内容。这是因为,教育培养的人是未来的人。作为未来的人的人才"特质"和培养未来的人的人才培养内容,必须是面向未来的、具有导向功能的、价值论意义的人格。而价值论意义的人格也正是作为人的社会尺度的"人格"。一言以蔽之,人才培养的人格教育规律是,以事实论意义的人格为基础,以价值论意义的人格为内容,既尊重当前的人格心理基础,也有明确的人格价值导向。只有这样,才能实现人才培养的现实性和超越性的统一,从而引导人们不断走向未来,推动人类不断开创未来,实现人的自由全面发展。当然,如果能从积极心理学出发培育积极人格,建构具有自我效能、乐观、希望、韧性的积极心理状态和心理资本,也可以将心理学意义的人格作为人的培养的内容。不过,基于积极心理学的积极人格设定,本质上也就是价值论意义的人格而不是事实论意义的人格。而当前心理学意义的人格理论,则主要是一种消极心理学意义的人格测量和人格分析,因而主要是一种事实论意义的人格。

相应地,作为"政治人"的社会尺度和思想政治教育根本问题中"培养什么人"的人才"特质"的"政治人格",既不是以"政治资格"为要素的政治职业意义上的政治人格,也不是西方政治心理学意义上的政治人格,亦即:既不是西方政治学者眼中"排除了政治态度",并"将其含义范围缩小到内心层面(layer of psyche)——人们内在的心理冲突、自我保护以及具体表现"[①]的政治人格,更不是哈罗德·D.拉斯韦尔在《权力与人格》一书第三章所描述的"渴望权力的人,完全沉醉于得到权力和持有权力的人,他贪得无厌地渴望把自己的意志强加给所有地方的所有人,并且这样做时显得残酷无情"[②]的权力狂型政治人格,而是基于一定社会政治心理的政治哲学意义上的政治人格,即一定社会政治心理基础上的"政治人"的价值规定和意义

---

① [美]弗雷德·I.格林斯坦:《人格与政治:实证、推论与概念化指南》,景晓强译,中央编译出版社2022年版,第3页。

② [美]哈罗德·D.拉斯韦尔:《权力与人格》,胡勇译,中央编译出版社2013年版,第42页。

设定的政治人格,亦即应然的人之政治存在的价值素养和价值品质。

正是在一定社会政治心理基础上的"政治人"的价值规定和意义设定的政治人格意义上,在学校思想政治理论课教师座谈会上的讲话中,习近平总书记明确了思想政治理论课教师的必备素养:(1)"政治要强,让有信仰的人讲信仰,善于从政治上看问题,在大是大非面前保持政治清醒"①;(2)"情怀要深,保持家国情怀,心里装着国家和民族,在党和人民的伟大实践中关注时代、关注社会,汲取养分、丰富思想"②;(3)"人格要正","要有堂堂正正的人格,用高尚的人格感染学生、赢得学生,用真理的力量感召学生,以深厚的理论功底赢得学生,自觉做为学为人的表率,做让学生喜爱的人"③,2021年6月29日在"七一勋章"颁授仪式上的讲话中,习近平总书记特别强调:"共产党人拥有人格力量,才能赢得民心。"④

这里所说的基于一定社会政治心理的政治哲学意义的政治人格,是就"三态共融"的整体形态的思想政治教育而言的,是作为"政治人"的价值规定和意义设定的政治人格的"一般"。具体时空场域中"政治人"的具体社会尺度和具体形态的思想政治教育根本问题中"培养什么人"的人才"特质",则是该时空场域中作为"政治人"的价值规定和意义设定的政治人格的"具体",是该时空场域中政治哲学意义上的政治人格的具体价值规定和意义设定。譬如:中国封建社会的政治是君权政治,政治人格的设定突出表现为忠君;资本主义社会的政治是资本的政治,政治人格的设定突出表现为资本至上和资本崇拜;社会主义社会的政治是人民的政治,政治人格强调"为民"。在阶级社会,统治阶级总是为自己编造出种种幻想来欺骗处于被统治阶级地位的广大人民群众,因而在《德意志意识形态》中,马克思以反讽的语气写道:"在考察历史进程时,如果把统治阶级的思想和统治阶级本身分割开来,使这些思想独立化,如果不顾生产这些思想的条件和它们的生产者而硬说该时代占统治地位的是这些或那些思想,也就是说,如果完全不考虑这些思想的基础——个人和历史环境,那就可以这样说:例如,在贵族统治时期占统治地位的概念是荣誉、忠诚,等等,而在资产阶级统治时期占统治地位的概念则是自由、平等,等等。"⑤

正因为封建社会的政治人格设定突出表现为忠君,资本主义社会的政

---

① 《习近平谈治国理政》第3卷,外文出版社2020年版,第330页。
② 《习近平谈治国理政》第3卷,外文出版社2020年版,第330页。
③ 《习近平谈治国理政》第3卷,外文出版社2020年版,第330页。
④ 习近平:《在"七一勋章"颁授仪式上的讲话》,《人民日报》2021年6月30日。
⑤ 《马克思恩格斯文集》第1卷,人民出版社2009年版,第552页。

治人格设定突出表现为资本至上和资本崇拜,封建社会和资本主义社会的思想政治教育,不是促进人的自由全面发展的积极思想政治教育,而是束缚人、控制人的消极思想政治教育。

第二节 人的政治品格建构:思想政治教育的"落脚点"

作为人的政治存在的社会尺度和思想政治教育根本问题中"培养什么人"的人才"特质",政治人格是一定社会政治心理基础上的"政治人"的价值规定和意义设定。政治人格的价值规定和意义设定,怎样呈现,来自哪里,只有弄清楚了政治人格的价值维度和价值规定的呈现形式与生成方式,思想政治教育根本问题中"培养什么人"的问题才能具有可操作性,才能落实到具体的思想政治教育实践和思想政治教育评价中。

对比作为人之社会尺度的"人格"的两个方面,即衡量人之品性的有无和人之品性的高下,"人之品性的有无"是人之为人的"临界点","人之品性的高下"才是"人格境界"的"区分度"。而这个区分度,确切地说,是价值区分度。作为这个价值区分依据的价值尺度,在中国文化的表述中,也就是前引张岱年所说的"品格"。《辞源》(修订本)释:品,等级;格,度量;品格,高下的等级。人格的价值规定和意义设定,主要通过"品格"来呈现,主要来自作为个体品格生成前提的社会品格的历史建构。

政治人格的价值规定和意义设定,作为人格的价值规定和意义设定在人的政治存在维度的具体化,与人格的价值规定和意义设定通过"品格"来呈现、来自作为个体品格生成前提的社会品格的历史建构一样,也主要通过"政治品格"来呈现,主要来自作为个体政治品格生成前提的社会政治品格的历史建构。论及政治职业意义上的政治人格,孙正甲亦主张:"政治品格是高层次政治人格"[1]。科学阐释思想政治教育的本质,把握了政治人的社会尺度——政治人格,还不够,还必须把握政治人格的价值尺度——政治品格。在政治哲学和政治价值论意义上,政治人格,核心表现为政治人的政治品格。基于人的政治存在的思想政治教育,其"为谁培养人、培养什么人、怎样培养人"这一根本问题中"培养什么人"的问题,核心落脚于人的政治品格建构。人的政治品格建构是基于人的政治存在的思想政治教育的"落脚点"。

---

[1] 孙正甲:《政治文化学》,黑龙江人民出版社2002年版,第128页。

一、政治人格的价值尺度：政治品格

上述"人格—品格"的逻辑表明，中国文化中，品格是人格的价值尺度。那么，在西方文化中呢？在《品格教育的科学》一文中，马文·W.伯科威茨指出："'品格'是一个复杂的心理学概念，其包括了思考是与非，体验道德情感（内疚、移情、怜悯），参与道德实践（分享、向慈善机构捐赠、讲真话），坚信道德善以及展示出一种习惯性趋势；即坚持践行诚实、利他精神、责任感等支持道德功能实现的优良品质。"①从伯科威茨的这一表述来看，有三点是明确的：其一，在西方文化中，"品格"同样是一种"优良品质"，亦即积极价值的品质。其二，"品格"作为"一个复杂的心理学概念"不是一个"价值无涉"的自然意义的生物心理学概念，而是一个社会意义的道德心理学概念，亦即一个价值心理学概念。其三，"品格"不是一个单因素概念，而是一个多要素构成的综合性价值体系概念。

由此来看，无论是在东方还是西方，品格都是一个价值论的概念。易言之，如果说"人格"的界定，东西方在事实论意义和价值论意义上各有侧重的话，那么，作为人的价值尺度的中国表述的"品格"，在西方也是人的价值尺度的表述。也就是说，在由"人格"而"品格"的逻辑到由"政治人格"而"政治品格"的逻辑的间接意义上，无论是在东方还是西方，都可以得出结论：政治品格是人的政治存在和政治人格的价值尺度。

当然，从由"人格"而"品格"的逻辑到由"政治人格"而"政治品格"的逻辑，毕竟只是一种由一般到特殊演绎的间接逻辑，只是一种概率上的可能性逻辑，还不能说是一种确证逻辑。在确证的意义上，还需要一种直接逻辑，亦即由"政治品格"本身的日常应用所得出的逻辑。

在直接逻辑上，亦即"政治品格"本身的日常应用的逻辑上，"政治品格"是不是人的政治存在和政治人格的价值尺度？探究、回答这一问题，我们且从习近平总书记在全军政治工作会议、"不忘初心、牢记使命"主题教育工作会议上的讲话中关于中国共产党人的"政治品格"的论述，党的十九届四中全会关于"坚持不懈锤炼党员、干部忠诚干净担当的政治品格"的决定开始。2014年10月31日在全军政治工作会议上的讲话中，习近平总书记明确指出："坚持党性原则是共产党人的根本政治品格，是政治工作的根本要求。"②2019年5月31日在"不忘初心、牢记使命"主题教育工作会议上的

---

① [美]威廉·戴蒙主编：《品格教育新纪元》，刘晨、康秀云译，人民出版社2015年版，第57页。

② 《习近平谈治国理政》第2卷，外文出版社2017年版，第403页。

讲话中,习近平总书记强调,要"牢牢把握深入学习贯彻新时代中国特色社会主义思想、锤炼忠诚干净担当的政治品格、团结带领全国各族人民为实现伟大梦想共同奋斗的根本任务"①。2019 年 10 月 31 日党的十九届四中全会通过的《中共中央关于坚持和完善中国特色社会主义制度、推进国家治理体系和治理能力现代化若干重大问题的决定》的第一项具体制度——"建立不忘初心、牢记使命的制度"明确部署:"把不忘初心、牢记使命作为加强党的建设的永恒课题和全体党员、干部的终身课题,形成长效机制,坚持不懈锤炼党员、干部忠诚干净担当的政治品格。"②在全军政治工作会议、"不忘初心、牢记使命"主题教育工作会议上的讲话和党的十九届四中全会报告中,习近平总书记不仅明确使用了"政治品格"这个词,而且指明了中国共产党人的政治品格的基本构成——"坚持党性原则"和"忠诚干净担当",指明了"坚持党性原则"是其中的"根本"政治品格。

何谓"坚持党性原则"？2014 年 1 月 14 日在第十八届中央纪律检查委员会第三次全体会议上的讲话中,习近平总书记特别指明:"党性说到底就是立场问题。"③此前的 2013 年 8 月 19 日,在全国宣传思想工作会议上的讲话中,习近平总书记明确指出:"坚持党性,核心就是坚持正确政治方向,站稳政治立场,坚定宣传党的理论和路线方针政策,坚定宣传中央重大工作部署,坚定宣传中央关于形势的重大分析判断,坚决同党中央保持高度一致,坚决维护中央权威。"④

何谓"忠诚"？2016 年 12 月 26~27 日在主持中共中央政治局民主生活会时的讲话中,习近平总书记特别指明:"对党忠诚,不是抽象的而是具体的,不是有条件的而是无条件的,必须体现到对党的信仰的忠诚上,必须体现到对党组织的忠诚上,必须体现到对党的理论和路线方针政策的忠诚上。"⑤"对党的信仰的忠诚"就是忠诚信仰马克思主义、共产主义、社会主义。"对党组织的忠诚"就是忠诚于党组织,同党同心同德。"对党的理论和路线方针政策的忠诚"就是忠诚践行党的理论和路线方针政策,科学贯彻落实党的理论和路线方针政策。

可见,习近平总书记在全军政治工作会议、"不忘初心、牢记使命"主题教育工作会议上的讲话和党的十九届四中全会报告中所强调的"政治品

---

① 《习近平在"不忘初心、牢记使命"主题教育工作会议上强调 守初心担使命找差距抓落实 确保主题教育取得扎扎实实的成效》,《人民日报》2019 年 6 月 1 日。
② 《十九大以来重要文献选编》(中),中央文献出版社 2021 年版,第 273 页。
③ 《习近平谈治国理政》,外文出版社 2014 年版,第 395 页。
④ 《习近平谈治国理政》,外文出版社 2014 年版,第 154 页。
⑤ 《习近平谈治国理政》第 2 卷,外文出版社 2017 年版,第 189 页。

格",是中国共产党的"政治信仰、政治理想、政治立场、政治方向、政治目标、政治特质等的集中体现"①,是中国共产党人的政治价值观和政治人格境界的集中呈现,是中国共产党人的政治人格的价值规定和价值尺度。进一步将中国共产党这一特定政治主体"一般化",亦即从中国共产党这一具体政治主体的政治品格的角度来思考"一般"政治主体的政治品格的"一般","政治品格"也就是个人、组织或政党的"政治信仰、政治理想、政治立场、政治方向、政治目标、政治特质等的集中体现"。从社会、组织、政党的基本构成和最终体现——个体的角度来说,作为"政治信仰、政治理想、政治立场、政治方向、政治目标、政治特质等的集中体现"的"政治品格",是人的政治价值观和政治人格境界的集中呈现,是人的政治存在和政治人格的价值规定和价值尺度。

对于中国共产党人特别是新时代中国共产党人来说,作为其政治人格价值尺度的"政治品格",在"灵魂"意义上也就是"对马克思主义的信仰,对中国特色社会主义的信念,对实现中华民族伟大复兴中国梦的信心"②。党的十八大、十九大报告一再明确:"对马克思主义的信仰,对社会主义和共产主义的信念,是共产党人的政治灵魂,是共产党人经受住任何考验的精神支柱"③;"共产主义远大理想和中国特色社会主义共同理想,是中国共产党人的精神支柱和政治灵魂,也是保持党的团结统一的思想基础"④。2012 年 11 月 17 日在主持十八届中共中央政治局第一次集体学习时的讲话中,习近平总书记特别指出:"坚定理想信念,坚守共产党人精神追求,始终是共产党人安身立命的根本。对马克思主义的信仰,对社会主义和共产主义的信念,是共产党人的政治灵魂,是共产党人经受住任何考验的精神支柱。形象地说,理想信念就是共产党人精神上的'钙',没有理想信念,理想信念不坚定,精神上就会'缺钙',就会得'软骨病'。现实生活中,一些党员、干部出这样那样的问题,说到底是信仰迷茫、精神迷失。"⑤2015 年 12 月 11 日在全国党校工作会议上的讲话中,习近平总书记强调:"我们共产党人的本,就是对马克思主义的信仰,对中国特色社会主义和共产主义的信念,对党和人民的忠诚。我们要固的本,就是坚定这份信仰、坚定这份信念、坚定这份忠诚。……马克思主义政党一旦放弃马克思主义信仰、社会主义和共产主义

---

① 北京市习近平新时代中国特色社会主义思想研究中心(王幸生):《当代中国共产党人政治品格、价值追求、精神风范的集中体现》,《光明日报》2019 年 7 月 23 日。
② 习近平:《在庆祝改革开放 40 周年大会上的讲话》,《人民日报》2018 年 12 月 19 日。
③ 《十八大以来重要文献选编》(上),中央文献出版社 2014 年版,第 39 页。
④ 《习近平谈治国理政》第 3 卷,外文出版社 2020 年版,第 49 页。
⑤ 《习近平谈治国理政》,外文出版社 2014 年版,第 15 页。

信念,就会土崩瓦解。共产党人如果没有信仰、没有理想,或信仰、理想不坚定,精神上就会'缺钙',就会得'软骨病',就必然导致政治上变质、经济上贪婪、道德上堕落、生活上腐化。"①2018年12月18日在庆祝改革开放40周年大会上的讲话中,习近平总书记深刻指明:"信仰、信念、信心,任何时候都至关重要。小到一个人、一个集体,大到一个政党、一个民族、一个国家,只要有信仰、信念、信心,就会愈挫愈奋、愈战愈勇,否则就会不战自败、不打自垮。无论过去、现在还是将来,对马克思主义的信仰,对中国特色社会主义的信念,对实现中华民族伟大复兴中国梦的信心,都是指引和支撑中国人民站起来、富起来、强起来的强大精神力量。"②在这里,习近平总书记明确指出:中国共产党人"安身立命的根本"就是中国共产党人的"政治灵魂";中国共产党人的"政治灵魂"就是中国共产党人的"理想信念";中国共产党人的"理想信念",核心意义上,就是"对马克思主义的信仰,对社会主义和共产主义的信念",就是"对马克思主义的信仰,对中国特色社会主义的信念,对实现中华民族伟大复兴中国梦的信心"。习近平总书记提出的"铸魂育人",也就是铸就"对马克思主义的信仰,对中国特色社会主义的信念,对实现中华民族伟大复兴中国梦的信心"。这正是前文所述的"人的政治存在—政治人格—政治品格—有灵魂的人—铸魂育人—思想政治教育"的思想政治教育"出场学"逻辑,也应该是习近平总书记在"立德树人"的基础上进一步提出"铸魂育人"的原因。

只有从"思想政治教育—铸魂育人—有灵魂的人—政治品格—政治人格—人的政治存在"的思想政治教育"铸魂育人"逻辑和"思想道德教育—立德树人—有道德的人—思想品德—道德人格—人的道德存在"的思想道德教育"立德树人"逻辑出发,才能合逻辑地解释清楚习近平总书记在学校思想政治理论课教师座谈会上强调的"用新时代中国特色社会主义思想铸魂育人,贯彻党的教育方针落实立德树人根本任务"③的论断,才能合逻辑地解释清楚习近平总书记在全军政治工作会议上提出、党的十九大报告中强调的"四有"新时代革命军人——"有灵魂、有本事、有血性、有品德"整体中"有灵魂"和"有品德"之间的内部关系。

对于中国共产党人特别是新时代中国共产党人来说,以"对马克思主义

---

① 习近平:《在全国党校工作会议上的讲话》,《求是》2016年第9期。
② 习近平:《在庆祝改革开放40周年大会上的讲话》,《人民日报》2018年12月19日。
③ 《习近平主持召开学校思想政治理论课教师座谈会强调 用新时代中国特色社会主义思想铸魂育人 贯彻党的教育方针落实立德树人根本任务》,《人民日报》2019年3月19日。

的信仰,对中国特色社会主义的信念,对实现中华民族伟大复兴中国梦的信心"①为"灵魂"的"政治品格",有没有更具体、直接、可操作性的标准呢? 2013年1月5日在新进中央委员会的委员、候补委员学习贯彻党的十八大精神研讨班上的讲话中,习近平总书记明确指出:"没有远大理想,不是合格的共产党员;离开现实工作而空谈远大理想,也不是合格的共产党员。衡量一名共产党员、一名领导干部是否具有共产主义远大理想,是有客观标准的,那就要看他能否坚持全心全意为人民服务的根本宗旨,能否吃苦在前、享受在后,能否勤奋工作、廉洁奉公,能否为理想而奋不顾身去拼搏、去奋斗、去献出自己的全部精力乃至生命。"②同年8月19日在全国宣传思想工作会议上的讲话中,习近平总书记再次指明:"党性和人民性从来都是一致的、统一的。我们党是全心全意为人民服务、代表中国最广大人民根本利益、来自人民为了人民的马克思主义政党。从本质上说,坚持党性就是坚持人民性,坚持人民性就是坚持党性,党性寓于人民性之中,没有脱离人民性的党性,也没有脱离党性的人民性。党性和人民性都是整体性的政治概念,党性是从全党而言的,人民性也是从全体人民而言的,不能简单从某一级党组织、某一部分党员、某一个党员来理解党性,也不能简单从某一个阶层、某部分群众、某一个具体人来理解人民性。只有站在全党的立场上、站在全体人民的立场上,才能真正把握好党性和人民性。把党性和人民性割裂开来、对立起来、搞碎片化,在理论上是错误的,在实践上也是有害的。"③在这里,习近平总书记明确指出:中国共产党人特别是新时代中国共产党人的"理想信念",亦即以"对马克思主义的信仰,对中国特色社会主义的信念,对实现中华民族伟大复兴中国梦的信心"④为"灵魂"的"政治品格",有其具体、直接、可操作性的客观标准,也就是"坚持人民性""以人民为中心""全心全意为人民服务"。正因为如此,本书第五章第二节关于担当复兴大任的社会主义政治人格的基本构成,直接将"社会主义政治品格"界定为"为民服务"。

二、政治品格:社会政治文化的历史建构

政治品格是人的政治价值观和政治人格境界的集中呈现,是人的政治存在和政治人格的价值规定和价值尺度。那么,在历史唯物主义中,政治品

---

① 习近平:《在庆祝改革开放40周年大会上的讲话》,《人民日报》2018年12月19日。
② 《习近平谈治国理政》,外文出版社2014年版,第23~24页。
③ 中共中央文献研究室编:《习近平关于社会主义文化建设论述摘编》,中央文献出版社2017年版,第23~24页。
④ 习近平:《在庆祝改革开放40周年大会上的讲话》,《人民日报》2018年12月19日。

格从哪里来的呢？

在《德意志意识形态》中，马克思从世界观和方法论的角度指出，唯物主义历史观就在于："从直接生活的物质生产出发阐述现实的生产过程，把同这种生产方式相联系的、它所产生的交往形式即各个不同阶段上的市民社会理解为整个历史的基础，从市民社会作为国家的活动描述市民社会，同时从市民社会出发阐明意识的所有各种不同的理论产物和形式，如宗教、哲学、道德等等，而且追溯它们产生的过程。"①这样，马克思基于直接生活的物质生产和市民社会这一"整个历史的基础"把"意识的所有各种不同的理论产物和形式"与国家相挂钩，把"意识的所有各种不同的理论产物和形式"同市民社会、国家联系在一起作动态的考察。在这里，马克思明确告诉我们，在历史唯物主义中有两点要特别注意。

其一，现实生活的生产和再生产，是人的存在和人的生活的生产和再生产，因而与唯心主义历史观不同，唯物主义历史观"不是在每个时代中寻找某种范畴，而是始终站在现实历史的基础上，不是从观念出发来解释实践，而是从物质实践出发来解释各种观念形态"②。在历史唯物主义中，作为"观念形态"的"人的政治存在和政治人格的价值规定和意义设定"，政治品格不是从来就有的，也不是自生自长的，而是"在现实历史的基础上"，是在"现实的人"的"现实生活"和"现实生产"中建构而成的，其中首要的基础是物质生活的生产和再生产。马克思强调："一切人类生存的第一个前提，也就是一切历史的第一个前提，这个前提是：人们为了能够'创造历史'，必须能够生活。但是为了生活，首先就需要吃喝住穿以及其他一些东西。因此第一个历史活动就是生产满足这些需要的资料，即生产物质生活本身，而且，这是人们从几千年前直到今天单是为了维持生活就必须每日每时从事的历史活动，是一切历史的基本条件。……因此任何历史观的第一件事情就是必须注意上述基本事实的全部意义和全部范围，并给予应有的重视。"③

其二，唯物主义历史观不是从一个抽象的市民社会来描述市民社会，也不是从一个脱离国家的或者国家之外的市民社会来描述市民社会，而是"从市民社会作为国家的活动描述市民社会"，亦即从市民社会作为人类的现实政治生活和政治关系的生产和再生产活动——资本主义政治生活和政治关系的生产和再生产活动——来描述市民社会。1919年7月11日在斯维尔

---

① 《马克思恩格斯文集》第1卷，人民出版社2009年版，第544页。
② 《马克思恩格斯文集》第1卷，人民出版社2009年版，第544页。
③ 《马克思恩格斯文集》第1卷，人民出版社2009年版，第531页。

德洛夫大学的讲演——《论国家》中,列宁这样强调:国家问题是"全部政治的基本问题,根本问题",是"当代一切政治问题和一切政治争论的焦点"。① 2014年9月5日在庆祝全国人民代表大会成立60周年大会上的讲话中,习近平总书记亦特别指出:"一个国家的政治制度决定于这个国家的经济社会基础,同时又反作用于这个国家的经济社会基础,乃至于起到决定性作用。在一个国家的各种制度中,政治制度处于关键环节。"②在政治社会中,如同没有脱离经济的政治一样,也没有脱离政治的经济,政治问题背后总有其经济根源,经济问题背后总有其政治本质。正因为如此,古典政治经济学奠基人亚当·斯密在其代表作《国民财富的性质和原因的研究》的"论政治经济学体系"中明确提出政治经济学"被看作政治家或立法家的一门科学",其目标:"第一,给人民提供充足的收入或生计,或者更确切地说,使人民能给自己提供这样的收入或生计;第二,给国家或社会提供充分的收入,使公务得以进行。总之,其目的在于富国裕民"。③ 当然,亚当·斯密等的古典政治经济学的错误和缺点也是明显的,那就是:"把资本的基本形式,即以占有他人劳动为目的的生产,不是解释为社会生产的历史形式,而是解释为社会生产的自然形式。"④作为对亚当·斯密、大卫·李嘉图等的古典政治经济学的扬弃,马克思的政治经济学批判一方面揭示了资本主义政治关系的经济根源,另一方面揭示了资本主义经济关系的社会、政治、历史本质。

理解了唯物主义历史观"从市民社会作为国家的活动描述市民社会",亦即从市民社会作为人类的现实政治生活和政治关系的生产和再生产活动——资本主义政治生活和政治关系的生产和再生产活动——来描述市民社会,也就不难理解马克思为什么称萨伊的《政治经济学概论》、巴师夏的《经济的和谐》等只是在财富的生产、分配、消费等经济活动的"表面的联系内兜圈子"⑤,为什么称萨伊、巴师夏等的经济学为"庸俗经济学"。同时,也才能真正理解恩格斯在为马克思《政治经济学批判。第一分册》写的书评中所指出的:"经济学研究的不是物,而是人和人之间的关系,归根到底是阶级和阶级之间的关系。"⑥资本主义的商品生产、分配、交换、消费,表面上是

---

① 《列宁专题文集·论辩证唯物主义和历史唯物主义》,人民出版社2009年版,第282、293页。
② 《习近平谈治国理政》第2卷,外文出版社2017年版,第288页。
③ [英]亚当·斯密:《国民财富的性质和原因的研究》(下卷),郭大力、王亚南译,商务印书馆1983年版,第1页。
④ 《马克思恩格斯全集》第35卷,人民出版社2013年版,第360页。
⑤ 《马克思恩格斯文集》第5卷,人民出版社2009年版,第99页脚注(32)。
⑥ 《马克思恩格斯文集》第2卷,人民出版社2009年版,第604页。

物与物之间的关系,实际上作为非"产品生产者和消费者的自我生产和自我消费",生产者和消费者在这里已经"不再结合在同一个人身上了"①。资本主义的商品生产、分配、交换、消费,本质意义上是作为商品生产者的雇佣劳动者阶级和作为商品占有者的资本家阶级之间的关系,是剩余价值的雇佣劳动者阶级的"生产"和资本家阶级的"无偿占有"之间的关系,是资本家阶级和雇佣劳动者阶级之间的剥削与被剥削、压榨与被压榨的关系。在这里,作为人的政治价值观和政治人格境界的集中呈现及人的政治存在和政治人格的价值规定和价值尺度,政治品格不是人的主观臆断。就其根源而言,是人的现实政治生活和政治关系的生产和再生产——资本主义政治生活和政治关系的生产和再生产——的产物;就其过程而言,是人的现实政治存在和社会政治文化——资本主义政治存在和资本主义政治文化——的历史建构。

从唯物主义历史观的世界观和方法论可知,人的政治品格是人的政治存在和社会政治文化的历史建构。同样,从作为唯物主义历史观"结论"的"资本家和地主"只是"经济范畴的人格化"可知,在历史唯物主义中,人的政治品格是人的政治存在和社会政治文化的历史建构。

在《资本论》"第一版序言"中,马克思特别指出:"我决不用玫瑰色描绘资本家和地主的面貌",因为无论是资本家还是地主,都"只是经济范畴的人格化,是一定的阶级关系和利益的承担者"。② 在《资本论》及其手稿《政治经济学批判》中,马克思反复强调,资本家只是资本的人格化,或者说人格化的资本。正是"资本主义生产方式以及和它相适应的生产关系和交换关系"③决定了资本家的人格和品格。

同资本家是资本的人格化,是资本的政治化和文化化的产物一样,作为人的政治存在和政治人格的价值规定和意义设定,无论是共同体成员的个体政治品格还是共同体整体的社会政治品格,都既不是从天上掉下来的也不是从地里长出来的,而是在一定的劳动生产和政治生活的社会政治关系中一代代提炼、建构、累积而成的,是一定社会政治文化的历史建构。党的十九届四中全会通过的《中共中央关于坚持和完善中国特色社会主义制度、推进国家治理体系和治理能力现代化若干重大问题的决定》强调:"把不忘初心、牢记使命作为加强党的建设的永恒课题和全体党员、干部的终身课

---

① 《马克思恩格斯文集》第2卷,人民出版社2009年版,第604页。
② 《马克思恩格斯文集》第5卷,人民出版社2009年版,第10页。
③ 《马克思恩格斯文集》第5卷,人民出版社2009年版,第8页。

题,形成长效机制,坚持不懈锤炼党员、干部忠诚干净担当的政治品格。"①"锤炼"一词意味着政治品格不是一种静态的存在,而是一种动态的养成;"坚持不懈"意味着政治品格的养成,不是一次性的一劳永逸,而是一个不断建构、不断完善的过程。

当然,作为"一种自然史的过程"②和一种成员品格的自觉培养,共同体政治品格的生成和其成员的个体政治品格的养成,在具体方式上还是存在明显差异的。

作为"一种自然史的过程",共同体政治品格的生成更多地表现为一种历史的非线性累积。马克思指出:"历史不是作为'源于精神的精神'消融在'自我意识'中而告终的,历史的每一阶段都遇到一定的物质结果,一定的生产力总和,人对自然以及个人之间历史地形成的关系,都遇到前一代传给后一代的大量生产力、资金和环境,尽管一方面这些生产力、资金和环境为新的一代所改变,但另一方面,它们也预先规定新的一代本身的生活条件,使它得到一定的发展和具有特殊的性质。"③在历史地形成的代际关系意义上,前一代人的政治素质和政治品格在一定程度上预先规定了后一代人的政治素质和政治品格条件,后一代人在前一代传来的政治素质和政治品格条件中展开政治生活,并同时在新的层次、新的维度、新的内容上创设着新一代人的政治素质和政治品格条件。而这个代际传导和预先规定的过程,不是一个简单的线性传导和线性规定过程,而是一个共同体内、外部各因素交错形成的无数个力的平行四边形"合力"作用的非线性结果。

与共同体政治品格生成的"自然史"的非线性过程不同,作为一种成员品格的自觉培养,个体政治品格的养成,是他我思想政治教育和自我思想政治教育"合力"作用的结果。在他我思想政治教育层面,个体政治品格的养成,一方面源于社会整体的政治素质和政治品格的熏陶,亦即源于"作为政治实践特殊形态的思想政治教育"的熏陶;另一方面源于"学校思想政治教育"的自觉教育,亦即源于"作为教育活动具体类别的思想政治教育"的自觉教育。

---

① 《十九大以来重要文献选编》(中),中央文献出版社2021年版,第273页。
② 《马克思恩格斯文集》第5卷,人民出版社2009年版,第10页。
③ 《马克思恩格斯文集》第1卷,人民出版社2009年版,第544~545页。

第三节　思想政治教育"出场源"和"落脚点"的整体阐释：政治人格建构

把握了思想政治教育的"出场源"——人的政治存在和思想政治教育的"落脚点"——人的政治品格建构，是否就完整把握了思想政治教育的历史唯物主义出场学前提呢？还没有。因为"出场源"和"落脚点"只是思想政治教育出场前提的两端，如果停留于思想政治教育的"出场源"和"落脚点"，思想政治教育的历史唯物主义出场学前提就处于一种割裂的状态，即通常所说的"两张皮"的状态，而不是整体的状态。处于割裂状态的"两张皮"的思想政治教育"出场源"和"落脚点"，无法整体呈现思想政治教育历史唯物主义出场学前提的全部，也就无法全面昭显"三态共融"的整体形态的思想政治教育的本质。这就意味着，科学阐释思想政治教育的本质，清楚了思想政治教育的"出场源"和"落脚点"还不够，还需进一步清楚思想政治教育"出场源"和"落脚点"的整体阐释——政治人格建构。

一、政治人格建构内蕴人的政治存在

2019年3月18日在学校思想政治理论课教师座谈会上的讲话中，习近平总书记强调，思想政治理论课教师"人格要正，有人格，才有吸引力。亲其师，才能信其道。要有堂堂正正的人格，用高尚的人格感染学生、赢得学生，用真理的力量感召学生，以深厚的理论功底赢得学生，自觉做为学为人的表率，做让学生喜爱的人。"[①]

在这里，习近平总书记告诉我们：第一，思想政治工作和思想政治教育是用人格激发人格的工作，是用政治人格激发政治人格的工作。第二，作为思想政治工作和思想政治教育"力量"的"人格"，其支柱和灵魂在与教育、思想道德教育共有的意义上，是价值观及其外显的行为，在区别于教育、思想道德教育的思想政治教育专有的意义上，是政治价值观及其外显的政治行为。思想政治理论课教师"人格要正，有人格，才有吸引力"，不仅仅是指思想政治理论课教师的价值观和行为要正，有高尚的价值观和崇高的道德行为，才有吸引力，而且是指思想政治理论课教师的政治价值观和政治行为要正，有高尚的政治价值观和崇高的政治道德行为，教师才有吸引力。

以政治价值观及其外显的政治行为为"支柱和灵魂"的政治人格是怎么

[①] 《习近平谈治国理政》第3卷，外文出版社2020年版，第330页。

来的？

在"包含着新世界观的天才萌芽的第一个文献"①——《关于费尔巴哈的提纲》第六条中，马克思明确指出："人的本质不是单个人所固有的抽象物，在其现实性上，它是一切社会关系的总和。"②

在马克思的历史唯物主义中，"人的本质不是单个人所固有的抽象物"，同样，以政治价值观及其外显的政治行为为"支柱和灵魂"的政治人格，也不是"单个人所固有的抽象物"。以政治价值观及其外显的政治行为为"支柱和灵魂"的政治人格，无论是在个体政治人格意义上，还是在群体政治人格意义上，在其现实性上都是一定的"社会政治关系"的产物。这里的"社会政治关系"，既包括横向的共时性社会政治关系，也包括纵向的历时性社会政治关系。在其内容上，横向的共时性社会政治关系，具体体现为充满个体政治人格成长空间和群体政治人格生成空间的时代性社会政治文化；纵向的历时性社会政治关系，具体体现为作为个体政治人格生成背景和群体政治人格生成前提的历史性社会政治文化。政治人格是政治文化的产物，是政治社会化的产物。正如政治文化学所主张的，政治人格是指通过政治社会化而内化入社会个体人格系统中并成为其有机组成部分的政治理想、政治道德和政治准则等诸要素的复合体，这一复合体中诸要素的关系状态直接决定该个体政治生活中的基本风貌。

这里特别提醒，准确理解"性格"和"人格"，准确区分作为描述性概念的"性格"和作为评价性概念的"人格"，进而准确区分西方心理学意义上的"人格"和作为人的存在的社会尺度的"人格"，准确区分西方政治心理学意义上的"政治人格"和作为人政治存在的社会尺度的"政治人格"。将品格和人格的概念分开的主要倡议者高登·奥尔波特这样说："每当我们说到品格，我们通常是在暗示一套道德标准，并且作出了一个价值判断。这种复杂的情况使心理学家们颇为担忧，因为他们希望将人格的真实结构和功能，与对其所做的道德判断区分开来……为了与我们自己的定义相一致，我们更喜欢将品格定义为人格的价值化；而将人格，如果你愿意的话，定义为品格的去价值化。"③西方心理学意义上的"品格的去价值化"的"人格"，强调的是作为个体心理特征的"个性"，准确地说是作为描述性概念的"性格"，而不是大家熟知的"人格高尚"和"人格力量""堂堂正正的人格"中以价值论

---

① 《马克思恩格斯文集》第4卷，人民出版社2009年版，第266页。
② 《马克思恩格斯文集》第1卷，人民出版社2009年版，第501页。
③ 转引自[美]塞缪尔·巴伦德斯：《人格解码》，陶红梅译，商务印书馆2013年版，第151~152页。

内涵为"支柱和灵魂"的"人格"。同样,西方政治心理学意义上的"政治人格",强调的是作为个体政治心理特征的"政治个性",准确地说是作为描述性概念的"政治性格",而不是以政治价值观为"支柱和灵魂",以"政治理想、政治道德和政治准则等"为基本要素,整体呈现"政治立场、政治理想、政治信念、政治信仰、政治品格、政治操守等"的"政治人格"。

作为政治社会化和政治文化的产物,政治人格来自社会政治文化的历史建构。以政治文化教育和政治价值观传导为内容的政治人格建构,不是空中楼阁,而是建基于思想政治教育的"出场源"——人的政治存在,内蕴思想政治教育的"出场源"——人的政治存在。正是在人的具体的政治存在、政治关系和政治生活中,具体的政治文化得以生成并孕育具体的政治人格。当然,阶级社会的政治人格建构,服从和服务于统治阶级的利益,对于最广大人民群众而言,是一种背离"建构的积极指向"的消极的虚假的政治人格建构。与之相反,旨在促进人的自由全面发展的社会主义的政治人格建构,服从和服务于最广大人民群众的根本利益,是一种彰显"建构的积极指向"的积极的真实的政治人格建构。

二、政治人格建构昭示人的政治品格建构

如果说政治人格建构内蕴人的政治存在的逻辑比较隐性的话,那么,在人的政治存在的社会尺度的"政治人格"意义上,亦即在政治文化学的"政治人格"意义上,在思想政治教育"培养什么人"的人才特质意义上,政治人格建构昭示人的政治品格建构的逻辑,则是显性的。如前所述,人的政治存在的政治人格境界通过政治品格来呈现,政治品格是政治人格的价值尺度,政治人格建构体现为人的政治品格建构,落脚于人的政治品格建构。

在《人格解码》一书中,发展本杰明·富兰克林的"道德才是人格中最为重要的部分"的价值论思想,扬弃高登·奥尔波特"将品格定义为人格的价值化"、将人格"定义为品格的去价值化"的心理学观点,塞缪尔·巴伦德斯曾提出,"品格是人格中最为重要的部分"。[①] 把握西方心理学"人格"的"性格"实质,区分作为评价性概念的"人格"与作为描述性概念的"性格",作为人的存在的社会尺度的"人格",是文化的产物。在《人格的文化背景:文化、社会与个体关系之研究》一书中,拉尔夫·林顿考察人格形成的影响因素后提出:"与人格形成有关的最重要的环境因素就是人和物。任何社会

---

① [美]塞缪尔·巴伦德斯:《人格解码》,陶红梅译,商务印书馆2013年版,第150、152、151页。

成员的行为以及使用物的方式,都有一个定式并且可以用文化模式加以说明。"①基于此,拉尔夫·林顿主张:"文化必须视为各社会建立人格类型及社会特有的各种身份人格系列的支配因素。……在所有社会中使社会依照习惯作用的那些'平均的''正常的'个人的人格可以用文化来解释。"②

文化怎样影响人格的形成和发展呢?拉尔夫·林顿提出:"文化对人格发展的影响,有两种不同的种类。其一,是由文化模式的行为引导出的其他个人对儿童的影响。这种影响自人一出生就开始起作用,……其二,是个体通过观察社会行为模式或在这方面所受的教育的影响。"③也就是说,一是社会文化的潜移默化的影响,二是个体的主动学习和自我教育,三是社会的他我教育。而这也正是"三态共融"的整体形态的思想政治教育"培养人"的基本路径。"三态共融"的整体形态的思想政治教育,一是通过社会政治文化和社会政治品格形态的建构潜移默化社会成员的政治品格和政治人格,二是通过系统、科学的思想政治教育培养塑造社会成员的政治品格和政治人格,三是引导和激励社会成员不断自我完善政治品格和政治人格。从这一意义上说,个体政治存在的政治品格和政治人格需求是思想政治教育的"出场源",个体政治存在的政治品格和政治人格建构是思想政治教育的"落脚点";从个体政治存在的政治品格需求和社会政治品格要求出发,在思想政治教育的政治文化环境中建构教育对象的政治品格和政治人格,是思想政治教育的职责和使命。

人的政治品格和政治人格需求是思想政治教育的"出场源",人的政治品格和政治人格建构是思想政治教育的"落脚点"。这就意味着,作为实践活动,思想政治教育既不是先天"在场",也不是自生自长,而是因应人的"政治存在"前提和"政治人格、政治品格建构"需要而"出场"。这也同时意味着,作为对"三态共融"的整体形态的思想政治教育本质的阐释,内含人的政治存在、"政治人"的社会尺度、人的政治品格建构三个层次的政治人格建构,亦即从思想政治教育"出场源"到"落脚点"的"完整过程"完整呈现的政治人格建构,是更科学、更完整、更全面的表述。

需要强调的是,在"三态共融"的整体形态的思想政治教育本质阐释上,

---

① [美]拉尔夫·林顿:《人格的文化背景:文化、社会与个体关系之研究》,于闽梅、陈学晶译,广西师范大学出版社 2006 年版,第 109 页。
② [美]拉尔夫·林顿:《人格的文化背景:文化、社会与个体关系之研究》,于闽梅、陈学晶译,广西师范大学出版社 2006 年版,第 117 页。
③ [美]拉尔夫·林顿:《人格的文化背景:文化、社会与个体关系之研究》,于闽梅、陈学晶译,广西师范大学出版社 2006 年版,第 109 页。

政治人格建构是更科学的表述,但在"三态共融"的整体形态的思想政治教育的"落脚点"上,则是落脚于政治品格建构,因为人的政治存在的政治人格境界必须通过且只能通过政治品格来呈现。为此,接下来的第二、第三两章从由"文"而"化"的政治文化心理和建构·导向·主体际性的教育心理两大层面阐述"三态共融"的整体形态的思想政治教育的一般形态——"作为政治实践特殊形态的思想政治教育"和"作为教育活动具体类别的思想政治教育"——的政治文化机理和教育机理,昭显"三态共融"的整体形态的思想政治教育的"铸魂育人"逻辑和"政治人格建构",重点落在"三态共融"的整体形态的思想政治教育的政治品格建构上。

第二章 由"文"而"化"的政治品格建构：思想政治教育的政治文化机理

科学阐释思想政治教育的本质，不仅必须搞清楚整体形态的思想政治教育是什么，整体形态的思想政治教育是怎么来的，而且必须搞清楚整体形态的思想政治教育是怎么运行的。思想政治教育本质的科学阐释，不仅建基于思想政治教育的整体形态、产生缘由和出场目的，而且建基于思想政治教育的运行机理。

在"三态共融"的整体形态的思想政治教育中，"作为政治实践特殊形态的思想政治教育"和"作为教育活动具体类别的思想政治教育"是"三态共融"的整体形态的思想政治教育的一般形态，"作为党和国家事业重要方面的思想政治教育"是"三态共融"的整体形态的思想政治教育在中国共产党领导的社会主义中国的具体化，是"三态共融"的整体形态的思想政治教育的特殊形态。特别是"作为政治实践特殊形态的思想政治教育"与"作为党和国家事业重要方面的思想政治教育"之间，是明显的一般与特殊的关系。这就意味着，科学阐释"三态共融"的整体形态的思想政治教育的一般本质，在运行机理层面，需要搞清楚"作为政治实践特殊形态的思想政治教育"和"作为教育活动具体类别的思想政治教育"的内在机理。

在"三态共融"的整体形态的思想政治教育的一般形态中，"作为政治实践特殊形态的思想政治教育"与"作为教育活动具体类别的思想政治教育"之间又是目的与手段的关系，"作为教育活动具体类别的思想政治教育"服从和服务于"作为政治实践特殊形态的思想政治教育"。在"三态共融"的整体形态的思想政治教育中，"作为政治实践特殊形态的思想政治教育"具有统领意义。这就要求必须首先把握"作为政治实践特殊形态的思想政治教育"的内在机理。

第一节 思想文化空间：思想政治教育政治品格建构的内在要素

"作为政治实践特殊形态的思想政治教育"，就其作用空间而言，是包括"学校教育空间"在内的政治共同体的全部社会生活空间，就其内容而言，是一种以政治价值观和政治品格为核心内容的政治文化的传导与建构。2014年5月4日在北京大学师生座谈会上的讲话中，习近平总书记讲到"中国人"背后的深层根源时明确指出："我们生而为中国人，最根本的是我们有中国人的独特精神世界，有百姓日用而不觉的价值观。"①考查西方思想史上两千多年来对"人是什么？"这个问题的回答，卡西尔提出："如果有什么关于人的本性或'本质'的定义的话，那么这种定义只能被理解为一种功能性的定义，而不能是一种实体性的定义。我们不能以任何构成人的形而上学本质的内在原则来给人下定义；我们也不能用可以靠经验的观察来确定的天生能力或本能来给人下定义。人的突出特征，人与众不同的标志，既不是他的形而上学本性也不是他的物理本性，而是人的劳作。正是这种劳作，正是这种人类活动的体系，规定和划定了'人性'的圆周。语言、神话、宗教、艺术、科学、历史，都是这个圆的组成部分和各个扇面。"②因此，我们应当用"把人定义为符号的动物来取代把人定义为理性的动物"，"以人类文化为依据"来定义人，把人定义为文化的动物，"只有这样，我们才能指明人的独特之处，也才能理解对人开放的新路——通向文化之路"。③ 中华民族之所以成为中华民族，中国人之所以成为中国人，不只是存在于"中国"这个地理空间，更是浸染于"中华文化"这一民族文化土壤，形成了基于"中华文化"的独特的民族文化心理。在党的十九大报告中，习近平总书记指出："文化是一个国家、一个民族的灵魂。文化兴国运兴，文化强民族强。没有高度的文化自信，没有文化的繁荣兴盛，就没有中华民族伟大复兴。"④梁启超《新民说》主张："凡一国之能立于世界，必有其国民独具之特质，上自道德法律，下至风俗习惯、文学美术，皆有一种独立之精神，祖父传之，子孙继之，然后群乃结，国乃成。"⑤

---

① 《习近平谈治国理政》，外文出版社2014年版，第171页。
② ［德］恩斯特·卡西尔：《人论》，甘阳译，上海译文出版社2010年版，第95~96页。
③ ［德］恩斯特·卡西尔：《人论》，甘阳译，上海译文出版社2010年版，第37页。
④ 《习近平谈治国理政》第3卷，外文出版社2020年版，第32页。
⑤ 梁启超：《梁启超全集》第二册，北京出版社1999年版，第657页。

人是一种文化和政治的存在，学校的思想政治教育是政治文化大背景下的价值观教育，不同于自然科学事实性知识的"知识教育"。在特定情形的思想政治教育现实中，会产生"5+2=0"这一特殊的等式。这一特殊等式中的"5"就是周一到周五学校五天的思想政治价值观教育，"2"就是周末两天的社会流行价值观熏染。① 这一特殊等式反映的问题是，当作为接受主体的受教育者周末两天感知的社会流行价值观与学校五天的思想政治教育接收的价值观不一致的时候，尤其是相冲突的时候，学校五天的思想政治价值观教育抵不过周末两天的社会流行价值观的染洗。

这告诉我们，作为学校思想政治教育背景的社会环境，不是如当前"以教育活动具体类别的思想政治教育为研究对象"的"微观思想政治教育学"②所界定的那样，作为"外部因素"而存在。作为学校思想政治教育背景的社会环境，核心是以思想文化内容为实质的思想文化空间。以思想文化内容为实质的思想文化空间本身就是思想政治教育政治品格建构的内在要素。"文化是思想的载体，人们是通过文化的交流进行思想政治的宣传和教育的。人是文化的产物，人所接受的文化不同，其思想政治素质也就不同。从一定意义上说，思想政治工作就是运用先进文化去教育人和影响人，在思想政治观念上逐步消除分歧和隔阂，在文化认同之中接受并遵循正确的价值观和理想信念。"③

一、以思想文化内容为实质的思想文化空间不是"自在性"的物理空间

作为思想政治教育活动"外部因素"的环境是什么，作为学校思想政治教育背景的社会环境是不是思想政治教育活动的"外部因素"，作为学校思想政治教育背景的社会环境中的哪些因素不是思想政治教育活动的"外部因素"，回答这些问题，可以从 3 本"思想政治教育学原理"教材——张耀灿、郑永廷、吴潜涛、骆郁廷等著的《现代思想政治教育学》，陈秉公著的《思想政治教育学原理》，《思想政治教育学原理》编写组编写的《思想政治教育学原理》（第二版）——关于思想政治教育物质环境和精神环境的分类开始。

张耀灿、郑永廷、吴潜涛、骆郁廷等著的《现代思想政治教育学》这样说："思想政治教育环境按内容划分，可分为社会物质环境和社会精神环境。社会物质环境是指在人类社会生活中影响思想政治教育的各种物质因素的总

---

① 邵献平：《思想政治教育中介论》，中国社会科学出版社 2007 年版，第 47 页。
② 倪愫襄主编：《思想政治教育元问题研究》，中国社会科学出版社 2014 年版，第 19 页。
③ 袁贵仁：《在 2002 年全国高校思想政治工作暑期研讨班上的讲话》，《思想理论教育导刊》2002 年第 8 期。

和,包括自然界中的属人环境、社会中的经济环境等。社会精神环境是指影响思想政治教育各种精神因素的总和。精神环境又可以细分为制度环境、舆论环境、精神文化环境等。制度环境包括社会制度环境和单位制度环境。……舆论环境包括社会舆论环境和大众传媒环境等。精神文化环境指以一定的共同价值观为指导的微观环境。"①这一思想政治教育环境分类指明了思想政治教育社会环境中的社会物质环境和社会精神环境差异,指明了社会精神环境的思想文化内涵和价值观指导地位。

陈秉公的《思想政治教育学原理》这样说:"从物质与精神区别的角度,可以将思想政治教育环境分为物质环境和精神环境。物质环境包括自然条件、社会制度和经济生活等物质生活条件;精神环境包括社会意识形态、党风、社会风气、传统文化、社会思潮,以及校风、厂风、乡风、店风、家风等精神生活条件。"②相比于《现代思想政治教育学》列举的"社会精神环境"构成,这里的"精神环境"进一步聚焦于思想文化。该书还特别从"人格形成条件"的角度强调:"环境是人格形成的必要条件。任何人格都是在一定环境影响下形成的。人的思想意识是人对环境的反映;人的品德和心理是环境熏染和磨砺的结果。环境对人格的形成具有莫大影响。但是,环境又是十分复杂的,它对人格的影响并不一样。"③有别于物质环境对人格形成的间接影响,精神环境对人格形成的影响是直接的。作为人的思想意识、品德、心理的整体呈现,人格是社会精神因素的主体化。

《思想政治教育学原理》编写组编写的《思想政治教育学原理》(第二版)这样说:"按照思想政治教育环境的构成要素作为划分的标准","可分为思想政治教育的物质环境和思想政治教育的精神环境。思想政治教育物质环境,是指环绕并影响人们的思想、行为和思想政治教育的一切物质因素的总和。思想政治教育精神环境,是指环绕并影响人们的思想、行为和思想政治教育的一切精神因素的总和。……思想政治教育的精神环境与思想政治教育的物质环境的区别:一是二者构成的要素有性质差异,思想政治教育的物质环境,其构成要素是物质因素;思想政治教育的精神环境,其构成要素是精神因素。二是二者影响思想政治教育的方式不一样。思想政治教育的物质环境,是通过提供物质条件、教育场所等方式发生影响;思想政治教育的精神环境,则是通过文化习俗、社会风气和社会舆论等因素,影响思想

---

① 张耀灿、郑永廷、吴潜涛、骆郁廷等:《现代思想政治教育学》,人民出版社2006年版,第297页。
② 陈秉公:《思想政治教育学原理》,高等教育出版社2006年版,第258页。
③ 陈秉公:《思想政治教育学原理》,高等教育出版社2006年版,第258页。

政治教育活动。"①"通过文化习俗、社会风气和社会舆论等因素,影响思想政治教育活动"的"思想政治教育精神环境",不可能是思想政治教育活动的"外部因素",而是思想政治教育活动的"内部要素"。

作为思想政治教育活动"外部因素"的环境,只能是物理空间或称为物理环境,而不可能是思想文化环境亦即思想文化空间。思想文化空间同网络虚拟空间一样,核心不是"空间"而是"思想文化"。对于思想政治教育而言,思想文化空间无论是实体思想文化空间还是网络思想文化空间,都不是"环绕思想政治教育活动"的"外部因素",而是思想政治教育本身,其本身就是价值观教育。譬如,党的十八大以来,国家宣传机构、主流媒体全方位的社会主义核心价值观宣传和报道,本身就是思想政治的国家主导价值观教育,亦即"作为政治实践特殊形态的思想政治教育"。在《什么是教育》一书中论及"本真的教育(不同于专门训练)"时,雅斯贝尔斯指出:"政治的存在是靠着民心的向背而决定的,即便是在选举中,这种民心也会显现出来。"②因此,"所有的政治只要它不是一时的统治手段,而是对基础的巩固和延续的话,那它必然是全民的教育"③。基于此,雅斯贝尔斯强调:"从民主的观点看,一方面,政治本身即教育,这种教育不同于过去只局限在特权阶层的政治与教育(柏拉图心目中的伟大理想),它是全民族的教育。另一方面,教育也是政治的基础,或者反过来说,政治铸造了教育以超政治的理性特色,其结果可以从每一个人身上看出来,政治以公开的形式进入个人的私生活中。"④

当前"以教育活动具体类别的思想政治教育为研究对象"的"微观思想政治教育学"所界定的"思想政治教育",本身就是国家宣传机构主导下的国家主导价值观教育。其内容也就是思想文化空间的国家主导价值观。当前"以教育活动具体类别的思想政治教育为研究对象"的"微观思想政治教育学"所界定的"思想政治教育"只是"作为政治实践特殊形态的思想政治教育"在教育空间的具体形态。将以思想文化内容为实质的思想文化空间混同于"自在性"的物理空间,而"空心化"为"环绕思想政治教育活动"的"外部因素",不但解释不清思想政治教育的政治文化机理,还会导致思想政治教育机理阐释的逻辑冲突。科学阐明思想政治教育的政治文化机理,准

---

① 《思想政治教育学原理》编写组编:《思想政治教育学原理》(第二版),高等教育出版社2018年版,第282~283页。
② [德]雅斯贝尔斯:《什么是教育》,邹进译,生活·读书·新知三联书店1991年版,第53页。
③ [德]雅斯贝尔斯:《什么是教育》,邹进译,生活·读书·新知三联书店1991年版,第53页。
④ [德]雅斯贝尔斯:《什么是教育》,邹进译,生活·读书·新知三联书店1991年版,第52~53页。

确把握思想政治教育本质,必须准确区分思想政治教育"内部要素"的思想文化空间和思想政治教育"外部因素"的物理空间。

二、以思想文化内容为实质的思想文化空间的熏染:"作为政治实践特殊形态的思想政治教育"的社会形态

彻底地贯彻历史唯物主义就不难发现,在"作为教育活动具体类别的思想政治教育"中,教育者不是想讲什么就可以讲什么的。亦即"作为教育活动具体类别的思想政治教育",既不是无前提的,也不是以"教育者"为前提的。就其内容的传导而言,是推进"政治品格"从"社会要求"向"受教育者素质"的转化;就其传导的过程而言,是从社会政治品格要求的政党主体—国家主体"经过载体中介、关系中介、内容中介等中介系统(Ⅰ)到教育者;教育者本身就是中介(Ⅱ);再由教育者经过载体中介、内容中介、活动中介等中介系统(Ⅲ)到达受教育者"①的过程。"作为教育活动具体类别的思想政治教育"是从属于"作为政治实践特殊形态的思想政治教育"的。现代社会,现实的思想政治教育的"现实起点"是"三态共融"的整体形态的思想政治教育的"现实起点",不是"作为教育活动具体类别的思想政治教育"中的教育主体——教育者,而是"作为政治实践特殊形态的思想政治教育"中的主导主体的国家和作为国家领导核心的政党。在"三态共融"的现实的思想政治教育中,"教育者仅仅是思想政治教育过程中的一个环节,是中介主体"②。在今天的中国,"培养担当民族复兴大任的时代新人,培养德智体美劳全面发展的社会主义建设者和接班人"③的主导主体是中华人民共和国,是社会主义中国,是作为"中国特色社会主义事业的领导核心"的中国共产党,不是"作为教育活动具体类别的思想政治教育"中的教育主体——教育者。"作为教育活动具体类别的思想政治教育"中的教育主体,教育者只是党的主张和国家意志的执行者、传导者。从作为主导主体的政党主体—国家主体经过作为教育主体的教育者的中介,到作为接受主体的受教育者的思想政治教育路径,正是党的理论创新成果进教材进课堂进头脑的逻辑前提和常态路径,也是中国共产党作为"中国特色社会主义事业的领导核心"之所在,是中国共产党实现思想领导的具体方式。

"作为教育活动具体类别的思想政治教育"只是"作为政治实践特殊形

---

① 张耀灿、邵献平:《论现代思想政治教育的中介思维》,《思想理论教育导刊》2007年第10期。

② 邵献平:《思想政治教育中介论》,中国社会科学出版社2007年版,第4页。

③ 《习近平谈治国理政》第3卷,外文出版社2020年版,第328页。

态的思想政治教育"的学校形态、部分形态,以思想文化内容为实质的思想文化空间的熏染,"自人一出生"就作用于人,作用于"人的一生",是"作为政治实践特殊形态的思想政治教育"的社会形态、完整形态。在思想政治教育的组织性、系统性、目的性意义上,"作为教育活动具体类别的思想政治教育"是"作为政治实践特殊形态的思想政治教育"的自觉形态,以思想文化内容为实质的思想文化空间的熏染,作为学校思想政治教育的背景,是"作为政治实践特殊形态的思想政治教育"的自发形态。

上述"5+2=0"的思想政治教育领域特殊等式表明,现实生活中的思想政治教育不仅包括学校思想政治教育的自觉政治价值观教育,而且包括作为学校思想政治教育背景的思想文化空间的自发政治价值观熏染。在学校思想政治教育的自觉政治价值观教育中,社会的政治价值观要求,经过学校思想政治教育活动的中介才转化为社会成员的政治品格素质和政治价值观。作为学校思想政治教育背景的思想文化空间,自发政治价值观在熏染中转化为社会成员的政治品格素质和政治价值观内容的,通常是社会的政治品格素质亦即社会的整体政治价值观素质,而不一定是社会的政治品格要求亦即社会的政治价值观要求。

从促进人的自由全面发展的意义上说,社会的政治品格要求是正向的、积极的、面向未来发展的顺势品格,社会的政治品格素质却是正向和负向、积极和消极、适时和过时的品格混合体。在以思想文化内容为实质的思想文化空间的熏染中,作用于人格的形成和发展的不是社会的政治品格要求,而是社会的政治品格素质。

单纯强调学校思想政治教育的自觉政治价值观教育,淡化或者忽视作为学校思想政治教育背景的思想文化空间的自发政治价值观熏染,是学校思想政治教育不能承受之重。单纯强调学校思想政治教育的自觉政治价值观教育,突出的只是"作为政治实践特殊形态的思想政治教育"在"教育空间"的自觉,亦即"作为教育活动具体类别的思想政治教育",而不是"三态共融"的整体形态的思想政治教育。而这正是当前作为思想政治教育理论根基和思想政治教育"元问题""元理论"的思想政治本质的阐释不够深刻也很难深刻的原因所在。正如邵献平《思想政治教育中介论》一书指出的,导致当前思想政治教育效果不理想的原因,理论上"最根本的"是"思想政治教育的'逻辑起点'定位不准。目前,思想政治教育的逻辑起点定位在'教育者',从而导致了思想政治教育缺乏全局性和系统观"[①]。准确把握

---

① 邵献平:《思想政治教育中介论》,中国社会科学出版社 2007 年版,第 3 页。

"三态共融"的整体形态的思想政治教育本质,不仅必须搞清楚"作为政治实践特殊形态的思想政治教育"的学校形态、自觉形态——"作为教育活动具体类别的思想政治教育",而且必须搞清楚"作为政治实践特殊形态的思想政治教育"的社会形态、自发形态——作为学校思想政治教育背景的思想文化空间的自发政治价值观熏染。

三、"日用而不觉"的思想文化空间的"无形之教":潜移默化的隐性思想政治教育

以思想文化内容为实质的思想文化空间的自发政治价值观熏染,作为"日用而不觉"的"无形之教",与学校自觉形态的显性思想政治教育不同,是典型的潜移默化的隐性思想政治教育。

在《隐性思想政治教育基本理论研究》一书中,梳理、分析了隐性思想政治教育的四种认识取向——方法论取向、课程论取向、资源论取向、存在形态论取向,白显良从存在形态的角度将隐性思想政治教育界定为:"寓于专门的思想政治教育之外的社会实践活动中开展的、不为受教育者焦点关注(甚或不为受教育者明确感知)的一种思想政治教育存在类型。"[1]这一界定有四点作用:一是彰显了隐性思想政治教育的客观存在性,这是隐性思想政治教育科学阐释的历史唯物主义前提;二是强调了隐性思想政治教育的"寓他性"[2],这是隐性思想政治教育与显性思想政治教育的根本区别;三是突出了隐性思想政治教育的"潜隐性",这是隐性思想政治教育的显性特征;四是分析了隐性思想政治教育内部的层次性,即分为"不为受教育者焦点关注"的隐性思想政治教育和"不为受教育者明确感知"的隐性思想政治教育。概而言之,"隐性思想政治教育是思想政治教育实践中一种客观的事实存在,指那些有别于传统意义上显在的'灌输'式思想政治教育的另一种实践形式,它实现教育目的于受教育者的不知不觉之中,它开展教育于与其他社会实践活动的相互渗透与融合中,它在教育境界上追求'潜移默化''润物无声'的教育无痕"[3]。

在存在类型上,依据"隐""寓"思想政治教育的社会实践活动的空间范围的不同,白显良将隐性思想政治教育分为家庭隐性思想政治教育(即在人

---

[1] 白显良:《隐性思想政治教育基本理论研究》,人民出版社2013年版,第35页。

[2] 在《思想政治教育学前沿》"导论"中,张耀灿将思想政治教育分为"实体性的思想政治教育(如上理论课,过党团组织生活等)"和"寓他性的思想政治教育(如寓教于学、寓教于乐、寓教于管理等)"(张耀灿等:《思想政治教育学前沿》,人民出版社2006年版,第5页。)

[3] 白显良:《隐性思想政治教育基本理论研究》,人民出版社2013年版,第7页。

们的家庭生活中所存在的隐性思想政治教育）、学校（单位）隐性思想政治教育[即在学校（单位）中开展的隐性思想政治教育]、社会隐性思想政治教育（即人们在广泛的社会生活中开展的隐性思想政治教育）。① 依据"隐""寓"思想政治教育的社会实践活动的基本属性的不同,将隐性思想政治教育分为经济生活中的隐性思想政治教育、政治生活中的隐性思想政治教育、文化生活中的隐性思想政治教育、社会生活中的隐性思想政治教育。②

论及政治生活中的隐性思想政治教育,白显良提出:"思想政治教育是政治不可或缺的一个重要组成部分,并且是政治的基础。思想政治教育中所贯穿的政治意识、政治思想是社会成员在政治思考中所形成的观点、想法、见解的总称,是人们对社会生活中各种政治活动、政治现象以及隐藏在其后的各种政治关系及其矛盾运动的自觉和系统的反映,也是支配社会成员政治行为的思想、观念的基础。……在政治生活中,思想政治教育可以作为一种重要的内容形态独立开展,也可以把它渗透到除此之外的诸多政治实践中进行开展,因为一定的政治实践总要体现一定的政治意识、政治思想。在政治实践中贯注思想政治教育,是一种行之有效的教育实践路径,较之于公开而专门的思想政治教育更具有行为上的引导性。"③论及文化生活中的隐性思想政治教育,白显良提出:思想政治教育的发生是人类社会文化发展的结果,"思想政治教育的实践存在形态总是处于一定的具体精神文化环境之中,并受这些环境的影响和制约","思想政治教育构成社会文化发展的重要组成部分,与社会文化发展融为一体,在文化发展中发挥着价值主导作用,标识着文化发展的价值取向与水平层次"。④

从《隐性思想政治教育基本理论研究》关于隐性思想政治教育的界定、隐性思想政治教育的存在类型、思想政治教育与政治的内在关联和思想政治教育的文化属性等的阐述来看,相比于"教育者把思想政治教育寓于相关社会实践活动之中予以开展,使思想政治教育在受教育者的焦点关注以外不知不觉地得以实践发生"⑤的"建构性"的隐性思想政治教育,以"社会意识形态、党风、社会风气、传统文化、社会思潮,以及校风、厂风、乡风、店风、家风等"⑥为表征的"通过文化习俗、社会风气和社会舆论等因素,影响思想

---

① 白显良:《隐性思想政治教育基本理论研究》,人民出版社2013年版,第102页。
② 白显良:《隐性思想政治教育基本理论研究》,人民出版社2013年版,第103页。
③ 白显良:《隐性思想政治教育基本理论研究》,人民出版社2013年版,第115~116页。
④ 白显良:《隐性思想政治教育基本理论研究》,人民出版社2013年版,第121页。
⑤ 白显良:《隐性思想政治教育过程探析》,《思想理论教育》2007年第21期。
⑥ 陈秉公:《思想政治教育学原理》,高等教育出版社2006年版,第258页。

政治教育活动"①的思想文化空间熏染,是"不为受教育者明确感知"的"事实性"的隐性思想政治教育。以思想文化内容为实质的思想文化空间的熏染寓于人们日常生活之中,"无形无声","日用而不觉",却无时无刻不在影响着人们的思想政治素质和政治品格、政治人格的养成。

正是基于以思想文化内容为实质的思想文化空间的隐性思想政治教育意义,2000年6月28日在中央思想政治工作会议上的讲话中,江泽民强调:"思想文化阵地,马克思主义、无产阶级的思想不去占领,各种非马克思主义、非无产阶级的思想甚至反马克思主义的思想就会去占领。从上到下的一切思想文化阵地,包括理论、新闻、出版、报刊、小说、诗歌、音乐、绘画、舞蹈、戏剧、电影、电视、广播、网络等,都应该成为我们宣传科学理论、传播先进文化、塑造美好心灵的阵地,决不能给违反四项基本原则、违反改革开放政策、违反党的方针政策的错误观点,以及危害人民特别是青少年身心健康的东西提供传播渠道。一切社会基层,包括农村、社区、企业、学校、军队和各类人民团体、社会组织等的群众教育、文化、娱乐场所,直接面对群众,其作用和影响不可低估,一定要切切实实地管理好、建设好。"②"切切实实地管理好、建设好"思想文化阵地就是营造一个风清气正的社会思想文化空间,将正向和负向、积极和消极、适时和过时的品格混合体的社会政治品格素质,改造、转化为正向、积极、面向未来发展的顺势品格的社会政治品格要求,将思想文化空间的混合式熏染改造、转化为虽"日用而不觉"又孕育社会成员积极品格的"无形之教"。

在当前的思想政治教育阐释中,亦即"以教育活动具体类别的思想政治教育为研究对象"的"微观思想政治教育学"中,思想文化空间的自发的隐性思想政治教育不是思想政治教育,而是思想政治教育环境,甚至为了和"主体""客体""介体"的表述类似而名之为"环体"。实际上,在《关于费尔巴哈的提纲》和《德意志意识形态》中,马克思明确指出了"社会环境"的"思想政治教育性"。在《关于费尔巴哈的提纲》第三条中,马克思指出:"环境是由人来改变的,而教育者本人一定是受教育的。"③"教育者本人一定是受教育的",受谁的教育,不就是受环境的教育吗?因此,马克思强调:"环境的改变和人的活动或自我改变的一致,只能被看做是并合理地理解为革命的

---

① 《思想政治教育学原理》编写组编:《思想政治教育学原理》(第二版),高等教育出版社2018年版,第283页。

② 《江泽民文选》第3卷,人民出版社2006年版,第97页。

③ 《马克思恩格斯文集》第1卷,人民出版社2009年版,第500页。

实践。"①在《德意志意识形态》中,马克思更明确指出:"人创造环境,同样,环境也创造人。"②马克思进一步说明:"每个个人和每一代所遇到的现成的东西:生产力、资金和社会交往形式的总和,是哲学家们想象为'实体'和'人的本质'的东西的现实基础,是他们加以神化并与之斗争的东西的现实基础,这种基础尽管遭到以'自我意识'和'唯一者'的身份出现的哲学家们的反抗,但它对人们的发展所起的作用和影响却丝毫也不因此而受到干扰。"③如果不认定思想文化空间的自发的隐性思想政治教育为思想政治教育,只认定为影响思想政治教育活动效果的"一切外部因素的总和",则很难合逻辑地解释清楚"思想政治教育环境是构成思想政治教育系统的要素"④这一观点,因为"要素"是"系统"的"内部构成",而不是系统的"外部因素",也很难合逻辑地回答"作为政治实践特殊形态的思想政治教育"的"存在论"问题,更难合逻辑地说明作为"5+2=0"这一思想政治教育领域特殊等式的"外因"的社会环境的强大"作用力"和"影响力"。

区分"作为政治实践特殊形态的思想政治教育"的学校形态、自觉形态与社会形态、自发形态,"作为政治实践特殊形态的思想政治教育"的政治文化机理,突出表现在"作为政治实践特殊形态的思想政治教育"的社会形态、自发形态中,亦即作为学校思想政治教育背景的思想文化空间的自发政治价值观熏染和隐性思想政治教育中。基于此,本章对"作为政治实践特殊形态的思想政治教育""由'文'而'化'的政治品格建构"的政治文化机理阐释,聚焦于作为学校思想政治教育背景的思想文化空间的自发政治价值观熏染和政治品格转化。

第二节　思想政治教育政治品格建构的政治文化前提:社会政治品格形态

对比学校思想政治教育的自觉政治价值观教育和作为学校思想政治教育背景的思想文化空间的自发政治价值观熏染,学校思想政治教育的政治品格建构,是一个以教育者为中介的"时代提炼的社会政治品格要求—教育者政治品格教育—受教育者政治品格养成"的逻辑。亦即在学校思想政治

---

① 《马克思恩格斯文集》第1卷,人民出版社2009年版,第500页。
② 《马克思恩格斯文集》第1卷,人民出版社2009年版,第545页。
③ 《马克思恩格斯文集》第1卷,人民出版社2009年版,第545页。
④ 《思想政治教育学原理》编写组编:《思想政治教育学原理》(第二版),高等教育出版社2018年版,第280页。

教育的政治品格建构中,受教育者所接受的政治品格是经过教育者筛选的积极的政治价值观,受教育者的学校思想政治教育环境是获得教育者保护的、有利于受教育者健康成长的积极环境。而作为学校思想政治教育背景的思想文化空间的自发政治价值观熏染,则是没有保护层的、社会成员直接接触的价值观"大染缸"。如果说学校思想政治教育的政治品格建构要素包括社会政治品格要求、教育者政治品格素质、受教育者思想政治素质"前结构"三要素的话,那么,作为学校思想政治教育背景的思想文化空间的自发政治价值观熏染,则是社会政治品格形态或者说社会政治价值观形态与作为受教育者的社会成员的直接对接,思想政治教育由"文"而"化"的政治品格建构要素,也就只有作为社会条件的社会政治品格素质和作为主体条件的社会成员思想政治素质"前结构"两大要素(如图3所示)。这两大要素之间,从转化关系的角度来说,是社会政治品格素质转化为成员政治品格素质的过程,从主动性的角度来说,是社会成员基于自身思想政治素质"前结构"的主体选择和主体建构过程。这也正是"学校教育"作为一种特殊的社会活动和社会关系从人类社会活动和社会关系中独立出来之前的思想政治教育实践形态。因此,本章关于思想政治教育"政治人格建构"的政治文化机理阐释,分思想政治教育政治品格建构的政治文化前提和思想政治教育政治品格建构的主体要件两节展开。本节阐释思想政治教育政治品格建构的政治文化前提。

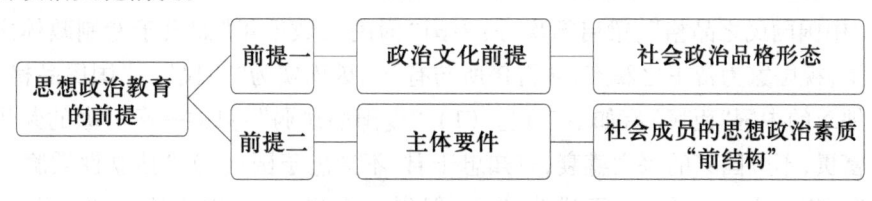

图3 思想政治教育的前提

一、历史前提:社会政治品格形态的历史质性奠基

历史唯物主义揭示,人是现实社会关系的产物,人的本质是一切现实社会关系的总和;人的成长过程,也就是由自然人成长为社会人的过程;人的政治品格的养成与素质,取决于其社会政治品格的底色与基质,取决于其社会政治品格的基本性质。为什么马克思说"人民在自己的发展中从君主专制过渡到君主立宪,就是否定自己从前的政治存在"[①]? 从政治品格的社会

---

① 《马克思恩格斯全集》第4卷,人民出版社1958年版,第329页。

基质和历史质性来看,在君主专制下,"国王创立法律","宪法是国王的恩赐",在君主立宪下,"法律创立国王","国王是宪法的恩赐"。① 从君主专制过渡到君主立宪,人民"否定自己从前的政治存在",也就是在民主制度下,人民获得了专制制度下所未曾有的民主的政治品格。

"品格者人之所以为人,藉以自立于一群之内者也。人必保持其高尚之品格,以受他人之尊敬,然后足以自存。否则人格不具,将为世所不齿。个人之人格然,国家之人格亦何莫不然。"②以是否民主、是谁的民主、是形式民主还是实质民主为标准考察作为个体政治品格生成基质的社会政治品格的历史质性,可以将人类进入阶级社会以来的社会政治品格概括为前资本主义专制型社会政治品格、资本主义资本民主型社会政治品格、社会主义人民民主型社会政治品格三种基本类型。

在专制型社会政治品格条件下,譬如中国古代时期,生成的是"臣民"人格。在中国古代,一定程度上,正如黑格尔《历史哲学》一书所言:"客观的种种形式构成了东方各'帝国'的堂皇建筑,其中虽然具有一切理性的律令和布置,但是各个人仍然被看作是无足轻重的。他们围绕着一个中心,围绕着那位元首,他以大家长的资格——不是罗马帝国宪法中的君主——居于至尊的地位。……东方观念的光荣在于'唯一的个人'一个实体,一切皆隶属于它,以致任何其他个人都没有单独的存在,并且在他的主观的自由里照不见他自己。"③论及近代的中华民族危机及两千余年君主专制政体下的"中国国民之品格",梁启超疾呼:中国"国民",数千年"奴隶于专制政体之下,视国家为帝王之私产,非吾侪所与有"④,因而实为"臣民"。"国民品格"缺乏的中国"臣民"有如下表现。(1)"爱国心薄弱":只顾一身一家的荣华富贵,不顾国家的兴亡盛衰,只知忠于君,不知忠于国;(2)"独立性柔脆":"但得一人之母我,则不惜为之子;但得一人之主我,则不惮为之奴"⑤;(3)"公共心缺乏":其势涣散,其心怯懦,对国家、民族和社会群体等公共事务冷漠;(4)"自治力欠缺":事事待治于人,上自君相,下及吏民,都伺外国人的颜色,仰外国人的鼻息。⑥ 概而言之,"其下焉者,惟一身一家之荣瘁是问,其上焉者,则高谈哲理以乖实用也。其不肖者且以他族为虎,而自为

---

① 《马克思恩格斯全集》第40卷,人民出版社1982年版,第368页。
② 梁启超:《梁启超全集》第二册,北京出版社1999年版,第1077页。
③ [德]黑格尔:《历史哲学》,王造时译,上海书店出版社2001年版,第107~108页。
④ 梁启超:《梁启超全集》第二册,北京出版社1999年版,第1077页。
⑤ 梁启超:《梁启超全集》第二册,北京出版社1999年版,第1078页。
⑥ 梁启超:《梁启超全集》第二册,北京出版社1999年版,第1077~1078页。

其佽；其贤者亦仅以尧跖为主，而自为其狗也"①。恰如马克思《路易·波拿巴的雾月十八日》一文描写法国农民时所言："他们取得生活资料多半是靠与自然交换，而不是靠与社会交往"，"他们的生活条件相同，但是彼此间并没有发生多种多样的关系。他们的生产方式不是使他们互相交往，而是使他们互相隔离"②，他们"是由一些同名数简单相加而形成的，就像一袋马铃薯是由袋中的一个个马铃薯汇集而成的那样"③，他们"只存在地域的联系，他们利益的同一性并不使他们彼此间形成共同关系，形成全国性的联系，形成政治组织"，"他们不能以自己的名义来保护自己的阶级利益，无论是通过议会或通过国民公会。他们不能代表自己，一定要别人来代表他们。他们的代表一定要同时是他们的主宰，是高高站在他们上面的权威，是不受限制的政府权力"。④为此，梁启超呐喊："人之见礼于人也，不视其人之衣服文采，而视其人之品格。国之见重于人也，亦不视其国土之大小，人口之众寡，而视其国民之品格"⑤，"彼其国民，以国为己之国，以国事为己事，以国权为己权，以国耻为己耻，以国荣为己荣。我之国民，以国为君相之国，其事其权，其荣其耻，皆视为度外之事。呜呼！不有民，何有国？不有国，何有民？民与国，一而二，二而一者也。今我民不以国为己之国，人人不自有其国，斯国亡矣。国亡而人权亡，而人道之苦，将不可问矣"⑥。为此，1902年梁启超发扬中国传统新民思想，创办《新民丛报》，著《新民说》，以新吾国"臣民"为有"公德意识、国家思想、权利思想、政治能力"等的"自由、自治、进步、自尊、合群"的近代新民。

资本主义社会的民主政治是形式上的民主政治，这从政党之间选举政治就可以看出。其一，形式上是两个或多个"部分利益党"之间的选举政治，实质上，作为"部分利益党"之间的竞争，民主选举只不过是"不同的利益集团如企业和财团"之间的民主运作和资本政治，广大人民群众自然被排除在资本民主之外。正如习近平总书记所指出的："人民只有投票的权利而没有广泛参与的权利，人民只有在投票时被唤醒、投票后就进入休眠期，这样的民主是形式主义的。"⑦其二，即便是形式主义的民主投票权和选举权，也不是每个年满18岁的公民从来就有的。以美国为例，1870年2月3日通过的

---

① 梁启超：《梁启超全集》第二册，北京出版社1999年版，第664页。
② 《马克思恩格斯文集》第2卷，人民出版社2009年版，第566页。
③ 《马克思恩格斯文集》第2卷，人民出版社2009年版，第566页。
④ 《马克思恩格斯文集》第2卷，人民出版社2009年版，第567页。
⑤ 梁启超：《梁启超全集》第二册，北京出版社1999年版，第1077页。
⑥ 梁启超：《梁启超全集》第一册，北京出版社1999年版，第272页。
⑦ 《习近平谈治国理政》第2卷，外文出版社2017年版，第293页。

《宪法修正案》第 15 条第 1 款规定:"合众国或其任何一州,不得因种族、肤色或前此曾为奴隶之关系而拒绝或剥夺合众国公民之投票权。"①这就是说,自美国宪法 1789 年 3 月 4 日生效至 1870 年 2 月 3 日约 81 年间,美国公民的投票权是受种族、肤色因素限制的。至于"奴隶"身份的限制,1787 年通过、1789 年生效的《美国宪法》第 1 条第 2 款第 3 项中关于"自由人"和"一切人"的区分,已经明示。此外,1920 年 8 月 18 日通过的《宪法修正案》第 19 条第 1 款"合众国或任何一州不得因性别关系而否定或剥夺合众国公民之投票权"②的规定表明,自 1789 年至 1920 年 131 年间,美国公民的投票权是受性别限制的。1964 年 1 月 23 日通过的《宪法修正案》第 24 条第 1 款"合众国公民在总统或副总统,总统或副总统选举人,或国会参议员或众议员之任何预选或其他选举中之选举权,不得因未交纳任何人头税或其他税而被合众国或任何一州加以否定或剥夺"③的规定表明,自 1789 年至 1964 年 175 年间,美国公民的选举权是受纳税限制的。1971 年 7 月 1 日通过的《宪法修正案》第 26 条第 1 款"年满 18 岁或 18 岁以上之合众国公民之选举权,不得因为年龄关系而被合众国或任何一州加以否定或剥夺"④的规定表明,自 1789 年至 1971 年 182 年间,美国年满 18 岁公民的选举权还会因为"年龄关系"的而被"否定或剥夺"。

上述两大方面清楚表明,资本主义的民主政治实质上是资本的民主政治,是资本民主的政治,对广大人民群众来说,只是形式上的民主政治。资本主义社会的政治品格,总体上就是形式主义的资本民主型政治品格。受资本民主型政治品格熏染,个体政治人格和政治品格,通常也就表现为形式主义的资本民主型政治品格。

与资本主义的资本民主不同,社会主义的民主是人民民主,人民当家作主。党的十七大报告强调:"人民民主是社会主义的生命","人民当家作主是社会主义民主政治的本质和核心"。⑤ 2014 年 9 月 5 日在庆祝全国人民代表大会成立 60 周年大会上的讲话中,习近平总书记指出:"评价一个国家政治制度是不是民主的、有效的,主要看国家领导层能否依法有序更替,全体人民能否依法管理国家事务和社会事务、管理经济和文化事业,人民群众能否畅通表达利益要求,社会各方面能否有效参与国家政治生活,国家决策

---

① 《美国宪法及其修正案》,朱曾汶译,商务印书馆 2019 年版,第 19 页。
② 《美国宪法及其修正案》,朱曾汶译,商务印书馆 2019 年版,第 20 页。
③ 《美国宪法及其修正案》,朱曾汶译,商务印书馆 2019 年版,第 23 页。
④ 《美国宪法及其修正案》,朱曾汶译,商务印书馆 2019 年版,第 24 页。
⑤ 《胡锦涛文选》第 2 卷,人民出版社 2016 年版,第 634、635 页。

能否实现科学化、民主化,各方面人才能否通过公平竞争进入国家领导和管理体系,执政党能否依照宪法法律规定实现对国家事务的领导,权力运用能否得到有效制约和监督。"①总结新中国成立以来的社会主义民主实践,习近平总书记特别指明:"经过长期努力,我们在解决这些重点问题上都取得了决定性进展。"②2014年9月21日,在庆祝中国人民政治协商会议成立65周年大会上的讲话中,习近平总书记强调:"人民是否享有民主权利,要看人民是否在选举时有投票的权利,也要看人民在日常政治生活中是否有持续参与的权利;要看人民有没有进行民主选举的权利,也要看人民有没有进行民主决策、民主管理、民主监督的权利。"③如果是历史唯物主义地看中国,而不是戴着有色眼镜看中国,不是故意歪曲中国,完全可以说,发展全过程人民民主的中国特色社会主义政治实践正在不断深化,"我们不断扩大人民有序政治参与,人民实现了内容广泛、层次丰富的当家作主"④,社会成员的人民民主型政治品格正在升华。

二、时代前提:社会政治品格形态的时代体系阐释

从历时性的角度来说,思想政治教育的政治文化前提,取决于社会政治品格形态的历史质性奠基;从共时性的角度来说,思想政治教育的政治文化前提,取决于社会主义政治品格形态的时代体系阐释。2014年9月21日在庆祝中国人民政治协商会议成立65周年大会上的讲话中,习近平总书记指出:"社会主义民主不仅需要完整的制度程序,而且需要完整的参与实践。人民当家作主必须具体地、现实地体现到中国共产党执政和国家治理上来,具体地、现实地体现到中国共产党和国家机关各个方面、各个层级的工作上来,具体地、现实地体现到人民对自身利益的实现和发展上来。"⑤2019年11月2日下午在上海市长宁区虹桥街道古北市民中心考察社区治理和服务情况时,习近平总书记强调:"我们走的是一条中国特色社会主义政治发展道路,人民民主是一种全过程的民主,所有的重大立法决策都是依照程序、经过民主酝酿,通过科学决策、民主决策产生的。"⑥习近平总书记这里阐述的社会主义民主政治品格——人民当家作主、全过程人民民主——的全方位、

---

① 《习近平谈治国理政》第 2 卷,外文出版社 2017 年版,第 287 页。
② 《习近平谈治国理政》第 2 卷,外文出版社 2017 年版,第 287 页。
③ 《习近平谈治国理政》第 2 卷,外文出版社 2017 年版,第 292 页。
④ 《习近平谈治国理政》第 2 卷,外文出版社 2017 年版,第 287 页。
⑤ 《习近平谈治国理政》第 2 卷,外文出版社 2017 年版,第 292 页。
⑥ 《习近平新时代中国特色社会主义思想专题摘编》,党建读物出版社,中央文献出版社 2023 年版,第 245 页。

全层级、全领域、全过程的体系化告诉我们,作为社会成员政治品格建构时代前提的时代内容,思想政治教育的社会政治品格形态,不是某一方面、某一层级、某一领域、某一时段的政治品格,而是全方位、全层级、全领域、全过程的体系化社会政治品格。

首先,全方位、全层级、全领域、全过程的体系化社会政治品格,意味着社会政治品格不仅体现在根本政治制度、基本政治制度、重要政治制度中,而且体现在具体政治制度和具体政治行为中。在《制度创新的理论:描述、类推与说明》中论及环境性事件对制度安排的影响时,兰斯·E.戴维斯、道格拉斯·C.诺思指出:"正式组织和法律权力不是为行为规范和社会的价值标准所支援和支持,就是为它们所困,有时还会被它们所抵消,当这些规范改变后,安排的适应性变化才会接踵而来。"①在《人格的文化背景:文化、社会与个体关系之研究》中,美国文化人格学派主要代表之一的拉尔夫·林顿提出:"一种文化是习得行为与行为之结果的综合结构,这种习得行为的组成要素被一个特定社会的成员所分有和传递。"②也正是为了突出中国特色社会主义政治制度、政治机构、政务人员的政治品格——"人民性"——的全方位、全层级、全领域的一以贯之,2014年9月5日在庆祝全国人民代表大会成立60周年大会上的讲话中,习近平总书记特别指出:"我们国家的名称,我们各级国家机关的名称,都冠以'人民'的称号,这是我们对中国社会主义政权的基本定位","这一基本定位,什么时候都不能含糊、不能淡化","各级国家机关及其工作人员,不论做何种工作,说到底都是为人民服务"。③ 习近平总书记这里之所以特别强调"各级国家机关及其工作人员,不论做何种工作,说到底都是为人民服务",意在指明中国特色社会主义的"人民性"政治品格,不仅仅体现于宪法法律和政治宣言中,而且体现于每一个国家机关工作人员的具体行为中;广大人民群众对中国特色社会主义"人民性"政治品格的认知,不仅仅来源于宪法法律规定和政治宣示,更来源于日常生活中所接触的国家机关工作人员行为的直接体验。

其次,全方位、全层级、全领域、全过程的体系化社会政治品格,意味着社会政治品格不仅体现在政治参与程序中,而且体现在政治参与实质中。人类社会发展史表明,资本主义资本民主型社会政治品格之所以能够且必

---

① [美]罗纳德·H.科斯等:《财产权利与制度变迁:产权学派与新制度学派译文集》,刘守英等译,格致出版社、上海人民出版社2014年版,第210~211页。
② [美]拉尔夫·林顿:《人格的文化背景:文化、社会与个体关系之研究》,于闽梅、陈学晶译,广西师范大学出版社2006年版,第30页。
③ 《十八大以来重要文献选编》(中),中央文献出版社2016年版,第58页。

然取代前资本主义专制型社会政治品格,正是因为资本主义资本民主型社会政治品格为更多的社会成员提供了远远多于前资本主义专制型社会品格的政治程序参与权利。社会主义人民民主型社会政治品格之所以能够且必然取代资本主义资本民主型社会政治品格,也正是因为社会主义人民民主型社会政治品格不仅为最广大人民群众提供了远远多于资本主义资本民主型社会政治品格的政治程序参与权利,而且为最广大人民群众提供了资本主义资本民主型社会政治品格所稀缺的政治参与权利落地为实质性政治参与的途径。作为人类社会的现代政治品格,"民主"不是抽象的,而是具体的,体现为"人民民主""人民当家作主"。以"人民民主""人民当家作主"为内涵的现代社会政治品格,不仅必须是形式上的最广大人民群众的政治程序参与,而且必须是实体上的最广大人民群众的实质政治参与,并且只有具体体现为实体上的最广大人民群众的实质政治参与,才能最终证明形式上的最广大人民群众的政治参与的程序的合理性与正当性。进一步比较资本主义资本民主型社会政治品格与社会主义人民民主型社会政治品格及其社会成员政治品格的差异,不难发现并且确认,只有在"人民民主""人民当家作主"的社会主义政治品格中,才能生成社会成员的"为民服务"政治品格。

再次,全方位、全层级、全领域、全过程的体系化社会政治品格,意味着社会政治品格不仅体现在国家事务中,而且体现在社会事务中,体现在经济事业、文化事业中,亦即不仅体现在政治生活中,而且体现在社会生活、经济生活、文化生活中。早在1980年8月18日,邓小平在中共中央政治局扩大会议上的讲话中谈到"改革党和国家领导制度及其他制度"以"充分发挥社会主义制度的优越性"的"三个方面要求"时就明确指出,其中第二个方面的要求是,"政治上,充分发扬人民民主,保证全体人民真正享有通过各种有效形式管理国家、特别是管理基层地方政权和各项企业事业的权力,享有各项公民权利"[①]。1992年10月18日,党的十四大通过的《中国共产党章程》,其"总纲"关于"中国共产党领导人民发展社会主义民主,健全社会主义法制,巩固人民民主专政"中明确规定:"积极支持人民当家作主,切实保障人民管理国家事务和社会事务、管理经济和文化事业的权利。"[②]在1996年2月8日中共中央举办的法制讲座上的讲话中和1997年9月12日党的十五大报告的"依法治国"界定中,江泽民进一步指出,作为"党领导人民治

---

① 《邓小平文选》第2卷,人民出版社1994年版,第322页。
② 《中国共产党历次党章汇编:1921~2017》编委会编:《中国共产党历次党章汇编:1921~2017》,中国方正出版社2018年版,第376页。

理国家的基本方略","依法治国"的首要内容,"就是广大人民群众在党的领导下,依照宪法和法律规定,通过各种途径和形式管理国家事务,管理经济文化事业,管理社会事务"。① 由此可见,中国特色社会主义的人民民主、人民当家作主政治品格,不仅体现在国家事务中,而且体现在社会事务和经济文化事业中。

最后,全方位、全层级、全领域、全过程的体系化社会政治品格,意味着社会政治品格不仅体现在实体空间中,而且体现在网络空间中。20 世纪 90 年代特别是 21 世纪自媒体时代以来,实体空间在人类生活中的主导性地位日益减弱,网络空间的影响力日益增强。2015 年 5 月 18 日在中央统战工作会议上的讲话中,习近平总书记指出:"随着互联网快速发展,包括新媒体从业人员和网络'意见领袖'在内的网络人士大量涌现。在这两个群体中,有些经营网络、是'搭台'的,有些网上发声、是'唱戏'的,往往能左右互联网的议题,能量不可小觑"②,"互联网是当前宣传思想工作的主阵地。这个阵地我们不去占领,人家就会去占领;这部分人我们不去团结,人家就会去拉拢。要把这些人中的代表性人士纳入统战工作视野中,建立经常性联系渠道,加强线上互动、线下沟通,引导其政治观点,增进其政治认同"③。在这里,习近平总书记明确指出:从统战工作的角度来说,我们要把"包括新媒体从业人员和网络'意见领袖'在内的网络人士"纳入统战工作视野;从社会主义政治品格建构的角度来说,一是要和"包括新媒体从业人员和网络'意见领袖'在内的网络人士""加强线上互动、线下沟通,引导其政治观点,增进其政治认同",二是要加强网络空间的社会主义政治品格建设,用社会主义政治品格占领网络阵地,引领网络舆论健康发展,引导网民政治品格健康成长。

由上可知,作为思想政治教育政治文化前提的社会政治品格形态,根本上取决于该社会的制度性质和制度体系。任何离开制度及其孕育的环境来

---

① 1996 年 2 月 8 日在中共中央举办的法制讲座上的讲话中,江泽民指出:"实行和坚持依法治国,就是使国家各项工作逐步走上法制化的轨道,实现国家政治生活、经济生活、社会生活的法制化、规范化;就是广大人民群众在党的领导下,依照宪法和法律的规定,通过各种途径和形式,管理国家事务,管理经济和文化事业,管理社会事务;就是逐步实现社会主义民主的制度化、法律化。"(《江泽民文选》第 1 卷,人民出版社 2006 年版,第 511 页。)1997 年 9 月 12 日在党的十五大报告中,江泽民指出:"依法治国,就是广大人民群众在党的领导下,依照宪法和法律规定,通过各种途径和形式管理国家事务,管理经济文化事业,管理社会事务,保证国家各项工作都依法进行,逐步实现社会主义民主的制度化、法律化,使这种制度和法律不因领导人的改变而改变,不因领导人看法和注意力的改变而改变。"(《江泽民文选》第 2 卷,人民出版社 2006 年版,第 28~29 页。)
② 《习近平谈治国理政》第 2 卷,外文出版社 2017 年版,第 325 页。
③ 《习近平谈治国理政》第 2 卷,外文出版社 2017 年版,第 325 页。

谈论社会政治品格及其熏染而成的成员政治品格的所谓探讨，都是不彻底的，甚至是无效的。正因为如此，罗尔斯"正义论"强调："正义是社会制度的首要德性"，"某些法律和制度，不管它们如何有效率和安排有序，只要它们不正义，就必须加以改造或废除"①；"正义"的"首要主题是社会的基本结构（the basic structure），或更准确地说，是社会主要制度（即政治宪法和主要的经济和社会安排——引者注）分配基本权利和义务，决定由社会合作产生的利益之划分的方式"②。从罗尔斯所说的"社会主要制度分配基本权利和义务，决定由社会合作产生的利益之划分的方式"意义上说，"正义"的首要主题，即前引王浦劬所说的"人们根据社会利益，通过政治权力进行政治权利分配"③的"政治"。更确切地说，是作为"政治"的制度体现或者说制度表述的"政治制度"。"新中国七十年取得的历史性成就充分证明，中国特色社会主义制度是当代中国发展进步的根本保证。"④为此，在新中国成立70周年之际，党的十九届四中全会专题研究"坚持和完善中国特色社会主义制度、推进国家治理体系和治理能力现代化问题"。

第三节 思想政治教育政治品格建构的主体要件：政治情感驱动与政治品格养成

作为学校思想政治教育背景的思想文化空间的自发政治价值观熏染，就其转化关系而言，是一个从社会政治品格到社会成员政治品格的转化过程；就其目的而言，是一个培养或者说生成适应社会发展需求的人的过程；就其思想政治教育过程而言，则是一个社会成员的自我思想政治教育过程，亦即一个社会成员的社会化和政治化过程。在这一社会政治品格的转化过程中，亦即社会成员的自我思想政治教育或者说社会化、政治化过程中，由社会的制度性质和制度体系规约而成的社会政治品格形态只是其中的"客体"条件，社会成员的思想政治素质"前结构"，特别是社会成员的政治情感是其中不可或缺的"主体"要素，社会成员的政治品格养成是其中的落脚点。

早在1907年出版的《思想起源论（卡尔·马克思的经济决定论）》一书

---

① ［美］罗尔斯：《正义论：修订版》，何怀宏、何包钢、廖申白译，中国社会科学出版社2009年版，第3页。
② ［美］罗尔斯：《正义论：修订版》，何怀宏、何包钢、廖申白译，中国社会科学出版社2009年版，第6页。
③ 王浦劬等：《政治学基础》（第二版），北京大学出版社2006年版，第14页。
④ 《十九大以来重要文献选编》（中），中央文献出版社2021年版，第261页。

收录的《抽象思想的起源》一文中,法国最早马克思主义理论家保尔·拉法格就曾指出:"上世纪的感觉论者把脑子看作'光板',这是从根本上恢复笛卡尔的'清洗',却忽视了一件主要的事实,即文明人的脑子是经过许多世纪耕作过和经过几千代播下概念和思想种子的一块田地。"[①]在1972年提交给联合国教科文组织的报告——《学会生存:教育世界的今天和明天》中,国际教育发展委员会亦明确指出:"进入教育过程的个体是一个具有文化遗产的儿童,他具有特殊的心理特征。"[②]现代心理学和思维科学充分证明,人脑形成的过程也就是人的意识的形成过程,自人脑形成并从胎儿出生而为婴儿的那一刻起,人脑就从来不是一块"白板"。也就是说,从人生而为人的那一刻起,人的认知就奠基于一种"先行具有""先行视见"与"先行掌握"之中。在1927年发表的《存在与时间》中论及"领会与解释",海德格尔指出:"把某某东西作为某某东西加以解释,这在本质上是通过先行具有、先行视见与先行掌握来起作用的。解释从来不是对先行给定(这里的"先行给定",强调的是"先行存在"的"给定性",指的是基于"先行存在"的"存在论"的"先行给定",而不是指"先验论"或"超验论"的"先天性给定"——引者注)的东西所作的无前提的把握。"[③]当然,"解释"的"首要的、不断的和最终的任务始终是不让向来就有的先行具有、先行视见与先行掌握以偶发奇想和流俗之见的方式出现,它的任务始终是从事情本身出来清理先行具有、先行视见与先行掌握,从而保障课题的科学性"[④],亦即保障对人之为"定在"和"此在"的"生存论"意义理解的科学性。在1950年出版的《人有人的用处——控制论和社会》一书中,控制论创始人之一的N.维纳更明确指出:"语义的接受要借助记忆","在重要的语义阶段中,凡是抽象的类型都不仅要和人脑中神经元局部装置建立固定的联系","而且它们还和神经元丛(internuncial pool)的若干部分所构成的抽象探测器有联系。神经元丛就是为了这个目的而暂时装配起来的,它们是一组一组的神经元,可以形成种种较大的装置"[⑤];"这种接收器能够唤起全部过去的、其形式已经有所变化的经验,而

[①] [法]保尔·拉法格:《思想起源论(卡尔·马克思的经济决定论)》,王子野译,生活·读书·新知三联书店1963年版,第53~54页。

[②] 联合国教科文组织国际教育发展委员会编著:《学会生存:教育世界的今天和明天》,教育科学出版社1996年版,第196页。

[③] [德]马丁·海德格尔:《存在与时间》,陈嘉映、王庆节合译,生活·读书·新知三联书店2006年版,第176页。

[④] [德]马丁·海德格尔:《存在与时间》,陈嘉映、王庆节合译,生活·读书·新知三联书店2006年版,第179页。

[⑤] [美]N.维纳:《人有人的用处——控制论和社会》,陈步译,商务印书馆2017年版,第62页。

这些长期保存下来的东西在语义接收器的工作中并非无关宏要的部分"①。

可见，在作为学校思想政治教育背景的思想文化空间的自发政治价值观熏染中，没有作为接受主体的社会成员的主体要素参与，而能完成社会政治品格到社会成员政治品格的转化，是完全不可能的。当然，现实生活中，对于绝大多数人而言，主体要素的参与更多的是一种自发的参与，而不是一种自觉的参与。

一、主体要素：社会成员的政治情感驱动

在社会政治品格转化为社会成员政治品格的过程中，亦即社会成员的自我思想政治教育或者说社会化、政治化过程中，社会成员的政治品格既不是自然天成的，也不是自生自灭的，而是经由社会成员的主体选择、主体修养、主体锤炼而养成的。在"为了克服存在于中国共产党内的严重的教条主义思想"而写的《矛盾论》中，毛泽东明确指出："事物发展的根本原因，不是在事物的外部而是在事物的内部，在于事物内部的矛盾性"，"事物内部的这种矛盾性是事物发展的根本原因，一事物和他事物的互相联系和互相影响是事物发展的第二位的原因"②，"单纯的外部原因只能引起事物的机械的运动，即范围的大小、数量的增减，不能说明事物何以有性质上的千差万别及其互相变化"，"唯物辩证法认为外因是变化的条件，内因是变化的根据，外因通过内因而起作用"③。

在社会政治品格转化为社会成员政治品格的过程中，亦即社会成员的自我思想政治教育或者说社会化、政治化过程中，社会成员政治品格养成的内因是什么呢？首先可以确认的是，社会政治品格转化为社会成员政治品格，必须经历社会成员的"政治认同"中介。没有社会成员的"政治认同"中介，社会成员的政治品格养成是不可能实现的。正因为如此，教育部制定的《普通高中思想政治课程标准：2017年版2020年修订》凝练的思想政治学科"四大"核心素养的第一大核心素养就是"政治认同"，并特别指明："发展政治认同素养，才能牢固树立中国特色社会主义理想信念，厚植爱国主义情怀，成为社会主义合格建设者和可靠接班人。"④

---

① ［美］N.维纳：《人有人的用处——控制论和社会》，陈步译，商务印书馆2017年版，第63页。
② 《毛泽东选集》第1卷，人民出版社1991年版，第301页。
③ 《毛泽东选集》第1卷，人民出版社1991年版，第302页。
④ 中华人民共和国教育部制定：《普通高中思想政治课程标准：2017年版2020年修订》，人民教育出版社2020年版，第4~5页。

"政治认同"又是什么？《中国大百科全书》"政治学"卷"政治认同"词条这样界定："政治认同"，是"人们在社会政治生活中产生的一种感情和意识上的归属感。"①该词条特别举例说明，生活在一定社会中的人们，"总要在一定的社会联系中确定自己的身份，如把自己看作某一政党的党员、某一阶级的成员、某一政治过程的参与者或某一政治信念的追求者等等，并自觉地以组织及过程的要求来规范自己的政治行为。这种现象就是政治认同"②。具体而言，"政治认同可分为三个层次：(1) 初级层次是本能上的认同，即人们对社会组织具有天然的和下意识的归属感，如血缘的认同，种族的认同，地域的认同等。(2) 中级层次是情感上的认同，即人们对社会政治组织所产生的热爱、信赖、追随、亲近、归属等。情感认同更多地受到个人社会经历的驱使。(3) 高级层次是理智上的认同，即人们在对全部自然及社会关系的把握中，在理性的指导之下所产生的认同。理智上的认同表现为对某一理想的追求，或将自身投入到某一事业中去的自觉。一般政治组织中的先进分子对组织所产生的认同属于理智上的认同。"③

由此可知，政治认同：第一，就其核心而言，是一种政治情感，即对某一政治组织、政治制度、政治信念等的认可和赞同。第二，就个体成长而言，在独立步入社会之前的阶段，特别是在生理心理发育很不成熟、对自己行为的辨认识别能力以及行为后果的预见能力非常不够的"无民事行为能力"阶段，政治认同只是一种本能上的认同，即血缘的认同、地域的认同等。第三，理智上的政治认同，主要是政治组织中的先进分子对其组织的认同；对于绝大多数社会大众而言，主要是一种情感上的政治认同。

这表明，作为面向社会大众的大众化而非精英化的思想政治教育，在社会政治品格转化为社会成员政治品格的过程中，亦即社会成员的自我思想政治教育或者说社会化、政治化过程中，其政治品格的养成，关键取决于其政治情感的驱动。正如《中国大百科全书》"政治学"卷"政治认同"词条所指出的，任何一个政治组织只有得到了成员情感上的广泛"认同，才能获得充沛的生命力并能长期存在下去；一个人只有在产生认同感的基础上，才能

---

① 中国大百科全书总编辑委员会《政治学》编辑委员会、中国大百科全书出版社编辑部编：《中国大百科全书·政治学》，中国大百科全书出版社 1992 年版，第 501 页。

② 中国大百科全书总编辑委员会《政治学》编辑委员会、中国大百科全书出版社编辑部编：《中国大百科全书·政治学》，中国大百科全书出版社 1992 年版，第 501 页。

③ 中国大百科全书总编辑委员会《政治学》编辑委员会、中国大百科全书出版社编辑部编：《中国大百科全书·政治学》，中国大百科全书出版社 1992 年版，第 501 页。

对一个政治组织或一种政治信念表现出最大的热忱和忠诚"①。人类政治文明史充分证明:"对某一地区或某个社会集团的依附感,向来是人们忠于自己的政治理想、采取政治行动的一种最强大的动力。一个人一旦把他自己同某一地区或某个社会集团的利益紧紧地联系在一起,以致在那个范围以外他的生活就会失去任何真正的意义,那末(么)②,他就已经准备在必要时不惜牺牲自己的生命来维护那些利益。"③美国社会学家、社会交换论代表人物之一彼得·M.布劳亦曾指出:"不管我们对他们(即我们十分看重其赞同意见的人——引者注)有多少权力,我们不能强迫别人赞同我们,因为强制他们表达他们的感激或赞扬将使这些表达毫无价值。"④用欧文·戈夫曼的话说:"行动可以被胁迫,但胁迫的情感表达仅仅是一种表演。"⑤

这里之所以强调社会成员政治品格养成的关键是"政治情感",而不是"政治认同",除了上述社会大众"政治认同"的"情感"特性和面向社会成员的思想政治教育的"大众"特性,还因为:第一,比较而言,"政治认同"是结果,"政治情感"是原因;"政治认同"是外在表现,"政治情感"是内驱动力。第二,现实生活中,"政治情感"即"人们在政治认知的基础上所产生的对政治对象的爱憎、好恶、亲疏之感"⑥,不只表现为积极的"政治认同",还表现为消极的"政治冷漠",甚至是"政治对抗"和"政治反抗"。因而从底线意义上说,社会成员政治品格的养成,首先需要社会成员努力去除其"先行具有""先行视见"与"先行掌握"中诸如"政治冷漠"等消极政治情感因素,然后调动其"先行具有""先行视见"与"先行掌握"中诸如"政治关注""政治热爱"等积极政治情感因素。从人类政治文明史的常态意义和社会政治品格熏染的积极意义上说,社会政治品格转化为社会成员政治品格的过程,亦即社会成员的自我思想政治教育或者说社会化、政治化过程,就是培养成员的积极政治情感,形成成员的政治认同,铸就成员的政治品格和政治人格的过程。正如教育部制定的《普通高中思想政治课程标准:2017年版2020年修订》"课程目标"所明确的:"通过思想政治课程学习","认同走中国特色社会主

---

① 中国大百科全书总编辑委员会《政治学》编辑委员会、中国大百科全书出版社编辑部编:《中国大百科全书·政治学》,中国大百科全书出版社1992年版,第501页。
② 括号及括号中字为引者加。
③ [英]M.J.C.维尔:《美国政治》,王合、陈国清、杨铁钧译,商务印书馆1990年版,第17页。
④ [美]彼得·M.布劳:《社会生活中的交换与权力》,李国武译,商务印书馆2012年版,第56页。
⑤ 转引自[美]彼得·M.布劳:《社会生活中的交换与权力》,李国武译,商务印书馆2012年版,第56页。
⑥ 中国大百科全书总编辑委员会《政治学》编辑委员会、中国大百科全书出版社编辑部编:《中国大百科全书·政治学》,中国大百科全书出版社1992年版,第507页。

义道路是历史的必然,坚信中国特色社会主义是国家富强、民族振兴、人民幸福的根本保障,坚定中国特色社会主义道路自信、理论自信、制度自信、文化自信;拥护党的领导,领会中国特色社会主义最本质的特征是中国共产党领导,中国特色社会主义制度的最大优势是中国共产党领导,党是最高政治领导力量;明确社会主义核心价值观是公民最基本的价值标准,自觉践行社会主义核心价值观,树立共产主义远大理想和中国特色社会主义共同理想。"①

二、主体生成:社会成员的政治品格养成

政治人格是人的政治存在的社会尺度,政治品格是政治人格的价值尺度。作为统括政治、人、动态活动过程三要素的思想政治教育"铸魂育人"逻辑的整体阐释和本质揭示,"政治人格建构"的主体生成,在核心意义上,就是社会成员的政治品格养成。

社会成员的政治品格养成,就其完整内涵而言,包括作为过程的"养"和作为结果的"成"。作为过程的"养",就是前文所述的社会成员在社会政治品格的熏染中培养积极政治情感,形成社会政治认同,内化社会政治品格,铸就自我政治品格的过程。具体而言,就是社会政治品格的历史质性奠基和时代体系陶铸,与社会成员基于政治情感驱动的主体选择、主体修养、主体锤炼两大方面的统一。从更广泛的意义上说,就是本章所阐释的"作为政治实践特殊形态的思想政治教育"的政治文化机理,与下一章将要阐释的"作为教育活动具体类别的思想政治教育"的教育机理的总和。因而比较而言,在社会政治品格内含的作为过程的"养"和作为结果的"成"之间,这里重点阐释的应该是其中作为结果的"成"。

其一,作为结果的"成",即社会成员政治品格养成的表现形式和外显形态,从评价论的角度来说,包括"言"和"行"两方面。扬雄《法言·问神》有云:"故言,心声也;书,心画也。声画形,君子小人见矣。"②成语云:"言为心声。"当然,在"言"和"行"之间,相比于"言"的可能的虚假性和欺骗性,"行"是更为真实、更为确定的表述。因而作为对社会成员政治品格养成结果的评价,须听其言,更须观其行。刘向《说苑·尊贤》载:哀公问于孔子:"人若何而可取也?"孔子说:"亲仁而使能。夫取人之术也,观其言而察其行。夫言者所以抒其匈(同"胸"——引者注)而发其情者也,能行之士,必

---

① 中华人民共和国教育部制定:《普通高中思想政治课程标准:2017年版2020年修订》,人民教育出版社2020年版,第6页。

② 王万洪、赵瑶杰,译注:《〈法言〉今注今译》,新华出版社2020年版,第120页。

能言之,是故先观其言而揆其行。夫以言揆其行,虽有奸轨之人,无以逃其情矣。"①在革命战争年代,中国共产党人之所以赢得广大人民群众的欢迎、爱戴,就在于他们身先士卒,和人民群众同甘共苦。在《红星照耀中国》中,埃德加·斯诺这样描述毛泽东:住穿方面,"毛氏夫妇的主要奢侈品是一顶蚊帐。除此之外,毛泽东的生活和红军一般战士没有什么两样。做了10年红军领袖,千百次地没收了地主、官僚和税吏的财产,他所有的财物却依然是一卷铺盖、几件随身衣物——包括两套布制服。他虽然除了主席以外还是红军的一个指挥员,他所佩的领章,也不过是普通红军战士所佩的两条红袖章"②;文体生活方面,在红色剧院,"他毫不惹眼地坐在观众的中间,玩得很高兴";吃方面,"毛泽东的伙食也同每个人一样"③;行方面,"在6000英里的长征途中,除了几个星期生病以外,毛泽东和普通战士一样都是步行的"④。

其二,甚至可以说更为重要的是,社会成员政治品格的养成,在作为结果的"成"的评价上不能机械和单一,而是要区分大众性和先进性两个层次。上文所引《中国大百科全书》"政治学"卷"政治认同"词条指明,大众的政治认同偏重"情感性",政治组织中的先进分子对其组织的政治认同倾向"理智性"。同大众与政治组织中的先进分子在政治认同上存在明显差异一样,客观上,政治品格养成的结果形态,在大众和政治组织中的先进分子或者说政治精英中也必然存在差异。因而在作为结果的"成"的评价标准和评价尺度上,也应当区分大众和政治组织中的先进分子亦即政治精英。在1978年12月13日中共中央工作会议闭幕会上的讲话后来实际上成为十一届三中全会主题报告的《解放思想,实事求是,团结一致向前看》中,对于"牺牲精神",邓小平郑重指出,坚持历史唯物主义世界观和方法论必须明确区分"少数先进分子"和"广大群众":"不讲多劳多得,不重视物质利益,对少数先进分子可以,对广大群众不行,一段时间可以,长期不行。革命精神是非常宝贵的,没有革命精神就没有革命行动。但是,革命是在物质利益的基础上产生的,如果只讲牺牲精神,不讲物质利益,那就是唯心论。"⑤

---

① 曾贤兆:《〈说苑〉品读》,兰州大学出版社2016年版,第85~86页。
② [美]埃德加·斯诺:《西行漫记:英汉对照》,董乐山译,外语教学与研究出版社2005年版,第112页。
③ [美]埃德加·斯诺:《西行漫记:英汉对照》,董乐山译,外语教学与研究出版社2005年版,第112页。
④ [美]埃德加·斯诺:《西行漫记:英汉对照》,董乐山译,外语教学与研究出版社2005年版,第118页。
⑤ 《邓小平文选》第2卷,人民出版社1994年版,第146页。

需要强调的是,这里之所以区分政治品格养成评价的大众性和先进性,是因为:只有从大众性出发,才能确保政治品格养成评价脚踏实地,贴近广大人民群众的政治品格实际;只有同时突出先进性,才能确保政治品格养成评价头顶青天,彰显共产主义、社会主义政治品格的崇高境界,推动人类社会的政治发展和政治进步。1980年12月25日在中共中央工作会议上的讲话中谈到"共产主义的思想、理想、信念、道德、纪律"等时,邓小平明确指出:"没有这种精神文明(即社会主义精神文明,亦即共产主义的思想、理想、信念、道德、纪律,革命的立场和原则,人和人的同志式关系等等——引者注),没有共产主义思想,没有共产主义道德,怎么能建设社会主义?党和政府愈是实行各项经济改革和对外开放的政策,党员尤其是党的高级负责干部,就愈要高度重视、愈要身体力行共产主义思想和共产主义道德。否则,我们自己在精神上解除了武装,还怎么能教育青年,还怎么能领导国家和人民建设社会主义!"①针对当时国内存在的一些歪曲共产主义思想的错误言论,针对当时党内一些人放任不管这些错误言论的不正常现象,邓小平特别强调:"我们在新民主主义革命时期,就已经坚持用共产主义的思想体系指导整个工作;用共产主义道德约束共产党员和先进分子的言行;提倡和表彰'全心全意为人民服务','个人服从组织','大公无私','毫不利己、专门利人','一不怕苦、二不怕死'。现在已经进入社会主义时期,有人居然对这些庄严的革命口号进行'批判',而这种荒唐的'批判'不仅没有受到应有的抵制,居然还得到我们队伍中一些人的同情和支持。每一个有党性、有革命性的共产党员,难道能够容忍这种状况继续下去吗?"②在这里,邓小平明确告诉我们,无论是社会政治品格的先进性还是党员、干部的政治品格养成评价的先进性,都是中国共产党的建设和中国特色社会主义建设的内在组成部分,都是中国共产党的建设和中国特色社会主义建设须臾不可离的。

也正是因为明确区分政治品格养成评价的大众性和先进性,《中国共产党章程》第三十六条规定:"党的各级领导干部必须信念坚定、为民服务、勤政务实、敢于担当、清正廉洁,模范地履行本章程第三条所规定的党员的各项义务(譬如,在生产、工作、学习和社会生活中起先锋模范作用,模范遵守国家的法律法规,等等——引者注)。"③亦即党的各级领导干部必须是模范中的模范。党的十八大以来,习近平总书记特别强调抓住领导干部这个"关键少数",以"关键少数"带动"绝大多数",明确要求"从中央政治局常委会、

---

① 《邓小平文选》第2卷,人民出版社1994年版,第367页。
② 《邓小平文选》第2卷,人民出版社1994年版,第367页。
③ 《中国共产党章程》,人民出版社2022年版,第26页。

中央政治局、中央委员会抓起,从高级干部抓起"①,特别强调"中央政治局的同志要带头把党的优良作风继承下来、发扬下去","要求全党做到的,中央政治局首先要做到",从而以"强大的人格力量"彰显"党的优良作风"。②贯彻落实《中国共产党章程》和习近平新时代中国特色社会主义思想,中共中央办公厅 2013 年 12 月 11 日印发的《关于培育和践行社会主义核心价值观的意见》明确要求:"党员、干部特别是领导干部要在培育和践行社会主义核心价值观方面带好头,以身作则、率先垂范,讲党性、重品行、作表率,为民、务实、清廉,以人格力量感召群众、引领风尚。"③中共中央、国务院 2019 年 10 月印发的《新时代公民道德建设实施纲要》明确要求党员干部要"加强理想信念教育","加强政德修养","在严肃规范的党内政治生活中锤炼党性、改进作风、砥砺品质,践行忠诚老实、公道正派、艰苦奋斗、清正廉洁等品格","在道德建设中为全社会作出表率"。④

---

① 《习近平谈治国理政》第 2 卷,外文出版社 2017 年版,第 44 页。
② 中共中央纪律检查委员会、中共中央文献研究室编:《习近平关于严明党的纪律和规矩论述摘编》,中国方正出版社 2016 年版,第 98 页。
③ 《关于培育和践行社会主义核心价值观的意见》,人民出版社 2013 年版,第 20 页。
④ 《中共中央国务院印发新时代公民道德建设实施纲要》,《人民日报》2019 年 10 月 28 日。

第三章　建构·导向·主体际性：思想政治教育的教育机理

"三态共融"的整体形态的思想政治教育，其一般形态是"作为政治实践特殊形态的思想政治教育"统领下的"政治实践特殊形态"和"教育活动具体类别"的统一。其在"作为政治实践特殊形态的思想政治教育"和"作为教育活动具体类别的思想政治教育"的联系意义上，是"作为政治实践特殊形态的思想政治教育"的社会形态、自发形态和学校形态、自觉形态的统一。其在"作为政治实践特殊形态的思想政治教育"和"作为教育活动具体类别的思想政治教育"的区别意义上，分为"作为政治实践特殊形态的思想政治教育"和"作为教育活动具体类别的思想政治教育"。这就意味着，在运行机理层面，科学阐释"三态共融"的整体形态的思想政治教育的一般本质，不仅必须把握"作为政治实践特殊形态的思想政治教育"的政治文化机理，而且必须把握"作为教育活动具体类别的思想政治教育"的教育机理。

第一节　"作为教育活动具体类别的思想政治教育"：着眼于精神生产的精神交往

准确把握"作为教育活动具体类别的思想政治教育"的教育机理，关键在于准确定位"作为教育活动具体类别的思想政治教育"的社会政治品格要求、教育者政治品格素质、受教育者思想政治素质"前结构"三要素中"受教育者"的地位和角色。准确定位"作为教育活动具体类别的思想政治教育"三要素中"受教育者"的地位和角色，关键在于准确把握"受教育者"中"受"的内涵。

"受"的内涵是什么？《现代汉语词典》（第7版）"受"字词条的解释有四：（1）接受；得到；（2）遭受；承受；蒙受；（3）忍受；禁受；（4）适合。①《辞

---

① 中国社会科学院语言研究所词典编辑室编：《现代汉语词典》（第7版），商务印书馆2016年版，第1207页。

海》(第六版彩图本)"受"字词条的解释有八:(1) 接受;承受;(2) 遭受;(3) 忍受;(4) 相应;调合,引申为适合;(5) 收回;(6) 收买;(7) 容纳;(8) 通"授"。①《辞源》(修订本)"受"字词条的解释有六:(1) 接受,付与;(2) 买入,收入;(3) 收回;(4) 容纳;(5) 应和;(6) 煨干。② 从《现代汉语词典》《辞海》《辞源》关于"受"的解释可知,"受教育者"中的"受"是"接受"的意思,而没有"被"的意思;"受教育"是"接受教育",而不是"被教育";"受教育者"是"接受教育的人",是"接受主体",而不是"被教育的人",不是"教育客体"。这就意味着,思想政治教育中的教育者和受教育者的关系,不是教育主体与教育客体的关系,而是教育主体与接受主体的关系。

发生于教育主体和接受主体之间的思想政治教育,是主体际性思想政治教育。教育主体与接受主体之间,主体际性的思想政治教育是旨在促进接受主体的政治品格养成和政治人格成长的积极的思想政治教育。在教育主体—接受主体的主体际性积极思想政治教育意义上,"作为教育活动具体类别的思想政治教育"服务于接受主体的政治品格养成和政治人格成长,立基于教育主体与接受主体的精神交往,是着眼于接受主体的政治品格养成和政治人格成长这一精神生产的精神交往。

一、思想政治教育着眼于精神生产

从《现代汉语词典》《辞海》《辞源》关于"受"的解释可知,将"受教育"界定为"被教育",将"受教育者"界定为"被教育的人",进而界定为"教育客体",是没有词源学依据的,与 3 本"思想政治教育学原理"教材——陈万柏、张耀灿主编的《思想政治教育学原理》(第二版),张耀灿、郑永廷、吴潜涛、骆郁廷等著的《现代思想政治教育学》,《思想政治教育学原理》编写组编的《思想政治教育学原理》(第二版)——关于"思想政治教育目的"或"思想政治教育的目标"的论述相矛盾。

陈万柏、张耀灿主编的《思想政治教育学原理》(第二版)指出:"我国的思想政治教育以共产主义为方向,直接作用于人的思想品德,是培养人的思想政治素质的活动。思想政治教育的这一性质规定了我国思想政治教育的根本目的是提高人们的思想道德素质,促进人的自由全面发展,激励人们为建设中国特色的社会主义,最终实现共产主义而奋斗。这一根本目的包含

---

① 夏征农、陈至立主编:《辞海:第六版彩图本》,上海辞书出版社 2009 年版,第 2087 页。
② 广东、广西、湖南、河南辞源修订组、商务印书馆编辑部编:《辞源》(修订本),商务印书馆 2007 年版,第 453 页。

相互联系的两个方面。第一,提高人们的思想道德素质。思想政治教育是满足人们精神需要的一种方式,是提升人的精神品质的社会实践活动,提高人的思想道德素质是这一活动的内在目的。……第二,促进人的自由全面发展。……关注人的发展是思想政治教育的根本,人的自由全面发展是思想政治教育的终极目的。思想政治教育是通过人这个中介作用于社会生活的。只有促进人的自由全面发展,才能使人们更积极地投身于中国特色社会主义建设中,也才能为共产主义的实现准备更充分的条件。"①和陈万柏、张耀灿主编的《思想政治教育学原理》(第二版)的论述基本相同,张耀灿、郑永廷、吴潜涛、骆郁廷等著的《现代思想政治教育学》指出:"思想政治教育的培养目标就是坚持全面发展观,促进人的自由全面发展。"②《思想政治教育学原理》编写组编的《思想政治教育学原理》(第二版)指出:"思想政治教育的根本目标是促进人的全面发展,这是由思想政治教育的根本性质和任务决定的。"③

从陈万柏、张耀灿主编的《思想政治教育学原理》(第二版),张耀灿、郑永廷、吴潜涛、骆郁廷等著的《现代思想政治教育学》,《思想政治教育学原理》编写组编的《思想政治教育学原理》(第二版)关于"思想政治教育目的"或"思想政治教育的目标"的论述来看,思想政治教育是一种旨在满足人的精神需要、提升人的精神品质、促进人的自由全面发展的精神生产。在满足人的精神需要、提升人的精神品质、促进人的自由全面发展的精神生产的思想政治教育中,受教育者不可能是"客体",只能是"主体"。

然而,直到今天,思想政治教育学界还有观点将"受教育者"界定为"被动"的"被教育"的"客体",进而将教育者与受教育者的关系界定为"主客体关系"。这种观点主观地将"接受教育"的"受教育"界定为"被教育",既没有考虑到与"人的全面发展"的"思想政治教育目的"或"思想政治教育的目标"的论述相矛盾,也没有把握住促进人的全面发展的思想政治教育的"精神生产"意蕴,亦没有搞清楚"受教育者"中"受"的内涵。也就出现了如下三点认识缺欠。

其一,同古代等级制道德教育(或者说思想政治教育)一样,也和赫尔巴特等的近代形而上学知识论道德教育(或者说思想政治教育)一样,强调教

---

① 陈万柏、张耀灿主编:《思想政治教育学原理》(第二版),高等教育出版社2007年版,第73页。

② 张耀灿、郑永廷、吴潜涛、骆郁廷等:《现代思想政治教育学》,人民出版社2006年版,第141页。

③ 《思想政治教育学原理》编写组编:《思想政治教育学原理》(第二版),高等教育出版社2018年版,第157页。

师中心和教育者与受教育者的截然二分,因而虽然注意到了"在教学中总有一个第三者的东西为师生同时专心注意",但仍然固执地认为,在教育中,"作为教师必须在他身上工作的人,学生对教师须保持一种被动的状态"。①

其二,教育学范畴的"教育者—教育对象"概念及其关系和哲学范畴的"主体—客体"概念及其关系相混同,通过"教育对象"这一概念的转换,将思想政治教育中的接受主体——"受教育者"——无意识地变成了思想政治教育中的"教育客体"。

其三,得出了思想政治教育"灌输"的天然性和普遍性的结论,忽略了通常所说的列宁"灌输论"的特定内涵和恩格斯的"反对硬灌输论"②、毛泽东的"思想问题只能说服教育论",淡化、忽视甚至曲解了马克思主义思想政治教育"精神生产"基础的"精神交往性"。

通常所说的列宁的"灌输论"是有特定内涵的,不是无条件的。如果不当泛化列宁有特定内涵的"灌输论",就会出现列宁于1920年共产国际第二次代表大会前夕写成并出版的《共产主义运动中的"左派"幼稚病》一书"结论"中所说的结果:"多走一小步,看来像是朝同一方向多走了一小步,真理就会变成错误。"③通常所说的列宁"灌输论",核心文本是列宁写于1900年11月初的《我们运动的迫切任务》和1901年秋至1902年2月的《怎么办?(我们运动中的迫切问题)》,其内涵指向的是俄国革命时期工人运动的自发性现实与政治自觉性要求问题,强调的是"把社会主义思想和政治自觉性灌输到无产阶级群众中去,组织一个和自发工人运动有紧密联系的革命政党"④。在《怎么办?(我们运动中的迫切问题)》中论及"群众的自发性和社会民主党的自觉性"时,列宁指出:"工人本来也不可能有社会民主主义的意识。这种意识只能从外面灌输进去,各国的历史都证明:工人阶级单靠自己本身的力量,只能形成工联主义的意识,即确信必须结成工会,必须同厂主斗争,必须向政府争取颁布对工人是必要的某些法律,如此等等。而社会

---

① 张焕庭主编:《西方资产阶级教育论著选》,人民教育出版社1979年版,第294页。
② 在1887年1月27日致弗洛伦斯·凯利-威士涅威茨基夫人的信中,恩格斯明确指出:"我们的理论是发展着的理论,而不是必须背得烂熟并机械地加以重复的教条。越少从外面把这种理论硬灌输给美国人,而越多由他们通过自己亲身的经验(在德国人的帮助下)去检验它,它就越会深入他们的心坎。"(《马克思恩格斯文集》第10卷,人民出版社2009年版,第562页。)在1889年12月7日致弗里德里希·阿道夫·左尔格的信中,恩格斯又指明:"即使掌握了从一个大民族本身的生活条件中产生出来的出色理论,并拥有比社会主义工人党所拥有的还要高明的教员,要用空谈理论和教条主义的方法把某种东西灌输给该民族,也并不是那样简单的事情。"(《马克思恩格斯文集》第10卷,人民出版社2009年版,第575页。)
③ 《列宁选集》第4卷,人民出版社2012年版,第211页。
④ 《列宁选集》第1卷,人民出版社2012年版,第285页。

主义学说则是从有产阶级的有教养的人即知识分子创造的哲学理论、历史理论和经济理论中发展起来的。现代科学社会主义的创始人马克思和恩格斯本人,按他们的社会地位来说,也是资产阶级知识分子。俄国的情况也是一样,社会民主党的理论学说也是完全不依赖于工人运动的自发增长而产生的,它的产生是革命的社会主义知识分子的思想发展的自然和必然的结果。"① 再综合俄国十月革命后执政时期列宁的《俄共(布)第八次代表大会文献》之三"关于党纲的报告"(1919年3月19日)、《青年团的任务(在俄国共产主义青年团第三次代表大会上的讲话)》(1920年10月2日)两个文本中各自唯一一处"灌输"的用法,就能更清楚地理解通常所说的列宁"灌输论"的上述特定内涵。在《俄共(布)第八次代表大会文献》"关于党纲的报告"中,列宁明确指出:"共产主义是不能用暴力来灌输的。"②在《青年团的任务(在俄国共产主义青年团第三次代表大会上的讲话)》中,列宁特别强调:"在改造资本主义旧社会的同时,将来要建设共产主义社会的新一代人的训练、培养和教育,就不能再像从前那样了";"培养共产主义青年,决不是向他们灌输关于道德的各种美丽动听的言词和准则"。③ 上引革命时期和执政时期列宁关于"灌输"的不同用法清楚地表明,通常所说的列宁的灌输理论:一是俄共(布)革命时期的思想政治教育话语,而不是俄共(布)执政时期的思想政治教育话语;二是特指革命时期工人阶级的社会主义思想意识和政治自觉性培养问题,而不是一般意义的思想政治教育问题。

同执政时期列宁主张的"建设共产主义社会的新一代人的训练、培养和教育,就不能再像从前那样了"一样,在《工作方法六十条(草案)》第二十二条中,毛泽东指出:"同阶级敌人作斗争,这是过去政治的基本内容。但是,在人民有了自己的政权以后,这个政权同人民的关系,就基本上是人民内部的关系了,采用的方法不是压服而是说服。"④在《关于正确处理人民内部矛盾的问题》一文中,毛泽东明确指出:"我们主张有领导的自由,主张集中指导下的民主,这在任何意义上都不是说,人民内部的思想问题、是非的辨别问题,可以用强制的方法去解决。企图用行政命令的方法,用强制的方法解决思想问题,是非问题,不但没有效力,而且是有害的"⑤;"凡属于思想性质的问题,凡属于人民内部的争论问题,只能用民主的方法去解决,只能用讨

---

① 《列宁选集》第1卷,人民出版社2012年版,第317~318页。
② 《列宁选集》第3卷,人民出版社2012年版,第763页。
③ 《列宁选集》第4卷,人民出版社2012年版,第281~282、292页。
④ 《毛泽东文集》第7卷,人民出版社1999年版,第351页。
⑤ 《毛泽东文集》第7卷,人民出版社1999年版,第209页。

论的方法、批评的方法、说服教育的方法去解决,而不能用强制的、压服的方法去解决"①。总结中国社会主义精神文明建设的历史经验,中共十二届六中全会通过的《中共中央关于社会主义精神文明建设指导方针的决议》特别强调:"加强精神文明建设,就要牢记历史教训,正确处理社会主义社会的各种矛盾,坚持对思想性质的问题采取讨论的方法、说理的方法、批评和自我批评的方法,就是说,用教育和疏导的方法去解决;坚持一切着眼于建设,把注意力集中到团结人民、充分发挥人民的社会主义积极性和创造精神上来。"②面向新时代思想政治教育实际,党的十九大报告明确要求:"注意区分政治原则问题、思想认识问题、学术观点问题。"③

区分政治原则问题和思想认识问题,着眼于精神生产和精神文明建设,促进接受主体的政治品格养成和政治人格成长,"作为教育活动具体类别的思想政治教育"是且应该是"用爱来交换爱""用信任来交换信任"的教育主体—接受主体主体际性精神交往。马克思强调:"只能用爱来交换爱,只能用信任来交换信任。"④

二、思想政治教育立基于精神交往

在一般意义的思想政治教育问题上,特别是在建设时期的思想政治教育问题上,"共产主义是不能用暴力来灌输的"⑤,"在改造资本主义旧社会的同时,将来要建设共产主义社会的新一代人的训练、培养和教育,就不能再像从前那样了","培养共产主义青年,决不是向他们灌输关于道德的各种美丽动听的言词和准则"⑥等主张清楚表明,列宁同恩格斯等马克思主义者一样,同苏霍姆林斯基等教育家一样,主张思想政治教育"精神生产"的基础在"精神交往"。

1890年8月9日在致弗里德里希·阿道夫·左尔格的信中,恩格斯明确指出:"同化和教育最近三年来入党的数目很大的新成分(近三年来新补充的七十万人——引者注)","不可能像对小学生那样进行注入式的教育"。⑦ 在《教育与自我教育》一文中论及"和一年级小孩子一样,少年常常只被当作教育的对象。教师的全部注意力都集中在尽量对他灌输周围世界

---

① 《毛泽东文集》第7卷,人民出版社1999年版,第209页。
② 《十二大以来重要文献选编》(下),人民出版社1988年版,第1177页。
③ 《习近平谈治国理政》第3卷,外文出版社2020年版,第33页。
④ 《马克思恩格斯文集》第1卷,人民出版社2009年版,第247页。
⑤ 《列宁选集》第3卷,人民出版社2012年版,第763页。
⑥ 《列宁选集》第4卷,人民出版社2012年版,第281~282、292页。
⑦ 《马克思恩格斯全集》第37卷,人民出版社1971年版,第435页。

的知识,灌输科学和道德真理"①所存在的突出问题时,苏联著名教育家苏霍姆林斯基指出:"要知道,道德真理只有在被学生亲自获得,亲自体验到,并成为他们自己的个人信念之后,才能成为他们的精神财富。"②在 1972 年提交给联合国教科文组织的报告——《学会生存:教育世界的今天和明天》中,国际教育发展委员会亦强调:"政治教育中的主要问题不是它可能采取的形式有多么巧妙,或是多么过分,而是要在教育行为中公平地、民主地、有效地运用权力"③;"无论哪个国家通过何种规则、形式和习俗应用民主的原则,观念上的争论和意见上的论战必然是民主生活的先决条件"④。正如雅斯贝尔斯在《什么是教育》一书中论及"在民主的国度中,自由力量的发挥取决于对专制本质的认识程度"时所言:"教师应在自由的讨论中回答问题,允许学生持不同的观点。采取强制措施,追捕审问或是思想压力直接压制极权政治的地方,反而促其(即各式各样的专制思想——引者注)生长。因为这种作法已经表明,他本身就是他所反对的专制精神的代表。"⑤

可见,如果历史唯物主义地面向现实生活,只有从"公平地、民主地、有效地运用权力"的马克思主义思想政治教育"精神交往性"和受教育者的"接受主体"地位出发,才能合逻辑地解释清楚思想政治教育的受教育者落脚点和受教育者目的论,才能合逻辑地解释清楚思想政治教育的内化—外化论,才能合逻辑地解释清楚思想政治教育中的内因—外因论。比较通常所说的教育和自我教育,实际上,在"教育和自我教育"这一通说中,"教育"只是"他我教育",作为"他我教育"的"教育",一定要经过"自我教育"的中介和转化,才能达成教育的功效。在前引《教育与自我教育》一文中,苏霍姆林斯基强调:"促进自我教育的教育才是真正的教育",因为"学生精神上的正常发展取决于:他在集体的活动和关系的所有领域里(在智力活动、劳动、培养道德信念的领域里),自我肯定的深刻性达到什么程度。只有少年学会了不仅留心观察周围世界,而且留心观察自己本身,不仅努力认识周围的事物和现象,而且努力认识自己的内心世界,把他的精神力量用到使自己本身

---

① [苏]瓦·阿·苏霍姆林斯基:《少年的教育和自我教育》,姜励群、吴福生、张渭城、杨春发译,北京出版社 1984 年版,第 97 页。
② [苏]瓦·阿·苏霍姆林斯基:《少年的教育和自我教育》,姜励群、吴福生、张渭城、杨春发译,北京出版社 1984 年版,第 97~98 页。
③ 联合国教科文组织国际教育发展委员会编著:《学会生存:教育世界的今天和明天》,教育科学出版社 1996 年版,第 189 页。
④ 联合国教科文组织国际教育发展委员会编著:《学会生存:教育世界的今天和明天》,教育科学出版社 1996 年版,第 189 页。
⑤ [德]雅斯贝尔斯:《什么是教育》,邹进译,生活·读书·新知三联书店 1991 年版,第 51~52、52 页。

变得更好、更完美的时候,他才能成为一个真正的人"。①

洞悉了马克思主义思想政治教育"精神生产"基础的"精神交往性"和受教育者的"接受主体"地位,也就不难发现(如图4所示)。

第一,在马克思主义思想政治教育中,"教育者—受教育者"之间的关系是"教育主体—接受主体"主体际性精神交往关系。

第二,赫尔巴特所说的在教学中总为师生同时专心注意的"第三者的东西",也就是"教育主体—接受主体"主体际性精神交往共同依托和指向的对象,亦即"教育主体—接受主体"主体际性精神交往共同指向的"教育—接受客体"②,同时也是"教育主体—接受主体"主体际性精神交往共同依托的载体。"教育主体—接受主体"主体际性的精神交往正是通过"教育—接受客体"的中介得以完成。正如列宁所说,"仅仅'相互作用'＝空洞无物",相互作用"需要有中介(联系),这就是在应用因果关系时所涉及的问题"。③ 在思想政治教育中,是有一个明确的主客体关系的,只是这个主客体关系中的客体,不是受教育者,而是"教育者—受教育者"主体际性精神交往关系所共同依托和指向的"第三者"——"教育—接受客体"。

第三,根据思想政治教育过程中作为内容的表述对象与用以表述内容的方法(亦即作为表述工具的方法)之间的区分,需要将作为"教育者—受教育者"主体际性精神交往"中介"的"教育—接受客体",进一步区分为工具性教育—接受客体和对象性教育—接受客体。工具性教育—接受客体,即"教育者—受教育者"主体际性精神交往所共同依托的"教育—接受客体"的表述工具部分。对象性教育—接受客体,即"教育者—受教育者"主体际性精神交往所共同指向的"教育—接受客体"的表述内容部分。工具性教育—接受客体与对象性教育—接受客体的关系,就是工具性教育—接受客体表述对象性教育—接受客体的关系。对象性教育—接受客体之于人的发展的意义,正是通过工具性教育—接受客体的表述得以呈现的。④

第四,根据前文对"作为教育活动具体类别的思想政治教育"三要素的界定,思想政治教育中的对象性教育—接受客体是基本确定的,也就是社会发展的思想政治素质要求和受教育者的思想政治素质现状。更确切地说,

---

① [苏]瓦·阿·苏霍姆林斯基:《少年的教育和自我教育》,姜励群、吴福生、张渭城、杨春发译,北京出版社1984年版,第100、97页。
② "教育—接受客体"是同一客体"一体两面"的完整表述,该客体相对于教育主体来说是教育客体,相对于接受主体来说是接受客体。
③ 《列宁全集》第55卷,人民出版社1990年版,第137页。
④ 项贤明:《泛教育论——广义教育学的初步探索》,山西教育出版社2000年版,第33~34页。

就是社会发展的政治品格要求和作为新的思想政治教育起点的受教育者的思想政治素质"前结构"。

第五,根据思想政治教育过程中用以表述对象性教育—接受客体所必需的语言,同必须但可选择的方法及作为方法具体体现的工具之间的区分,可以进一步将语言和方法及作为方法具体体现的工具区分为形式工具性教育—接受客体和实体工具性教育—接受客体。形式工具性教育—接受客体就是语言本身。实体工具性教育—接受客体就是思想政治教育中的方法及作为方法具体体现的工具。教育主体和接受主体各自的思想政治素质和政治品格意识,都是作为独立于"另一个自我意识"的"这一个自我意识"而存在的,每一个"自我意识"本身都无法直接把握"另一个自我意识"。作为不同"自我意识"的"意义"互通,"教育主体—接受主体"主体际性的意义阐释、精神交往和情感沟通,正是通过"语言"这一中介和载体的客体化转换作用才得以实现,正是通过彼此选择的方法及作为方法具体体现的工具的客体化表述作用才得以有效达成。①

用一句话表述,作为马克思主义的"精神生产"活动,马克思主义的思想政治教育是以"教育—接受客体"为中介的思想政治教育"教育主体—教育与接受客体—接受主体"的精神交往活动;思想政治教育者与受教育者的关系是以"教育—接受客体"为中介的思想政治教育"教育主体—教育与接受客体—接受主体"的精神交往关系(如图4所示)。

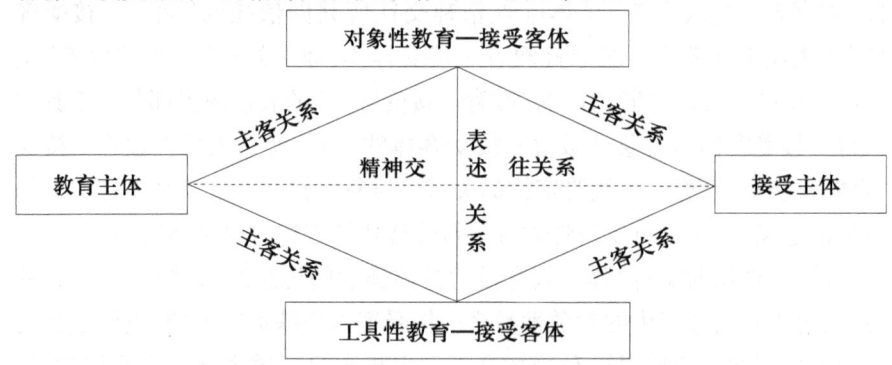

图4 以"教育—接受客体"为中介的思想政治教育"教育主体—教育与接受客体—接受主体"的精神交往关系②

---

① 项贤明:《泛教育论——广义教育学的初步探索》,山西教育出版社2000年版,第32~33页。
② 参见项贤明"以教育客体为中介,教育主体之间建立了交往关系"的"教育主客体关系示意图"(项贤明:《泛教育论——广义教育学的初步探索》,山西教育出版社2000年版,第37页。);陈秉公"思想政治教育接受过程结构模式图"(陈秉公:《21世纪思想政治教育工作创新理论体系》,吉林教育出版社2000年版,第205页。)

明确了马克思主义思想政治教育"精神生产"基础的"精神交往性"和受教育者的"接受主体"地位,也就不难理解"作为教育活动具体类别的思想政治教育"中"思想""政治""教育"的"真义",不难理解"作为教育活动具体类别的思想政治教育"的教育机理。正如中国人民政治协商会议第十三届全国委员会第三次会议审议批准的《中国人民政治协商会议全国委员会常务委员会工作报告》所表述的,作为凝聚政治共识、建构政治人格的马克思主义"精神交往"实践,思想政治教育"不是无区别的强求一律,而是有方向的启发引领;不是单向度的灌输说教,而是互动式的"对话讨论;"不是表面的附和敷衍,而是内心的深刻认同;不是快餐式的立竿见影,而是长期性的润物无声"。要摒弃视不同意见为添乱、把强加于人作共识、将沟通商谈当麻烦等错误观念。①

第二节 思想建构:思想政治教育的"思想真义"

思想政治教育,意味着"首先要抓思想",意味着要出思想、讲政治。既不出思想也不讲政治,何谈思想政治教育。正如列宁所说:"'思想家'所以配称为思想家,就是因为他走在自发运动的前面,为它指出道路,善于比其他人更早地解决运动的'物质因素'自发地遇到的一切理论的、政治的、策略的和组织的问题。"②在1929年12月为红四军第九次代表大会写的决议中,关于"主观主义"的纠正方法,毛泽东指出:"主要是教育党员使党员的思想和党内的生活都政治化,科学化。"③1945年4月24日在中国共产党第七次全国代表大会上的政治报告中,毛泽东强调:"掌握思想教育,是团结全党进行伟大政治斗争的中心环节。如果这个任务不解决,党的一切政治任务是不能完成的。"④1996年12月14日在中央军委扩大会议上的讲话中,江泽民明确指出:"加强思想政治建设,首先要抓思想,从思想教育入手。"⑤并且特别强调:"这是毛泽东、邓小平同志等老一辈革命家治党治军的一条基本经验,也是一条重要原则。革命和建设的实践都已证明,一切工作的进步都应以思想进步为基础,都应紧紧抓住思想教育这个中心环节。"⑥

---

① 汪洋:《中国人民政治协商会议全国委员会常务委员会工作报告——在政协第十三届全国委员会第三次会议上》,《人民日报》2020年5月28日。
② 《列宁全集》第5卷,人民出版社1986年版,第326~327页。
③ 《毛泽东选集》第1卷,人民出版社1991年版,第92页。
④ 《毛泽东选集》第3卷,人民出版社1991年版,第1094页。
⑤ 《十四大以来重要文献选编》(下),人民出版社1999年版,第2143页。
⑥ 《十四大以来重要文献选编》(下),人民出版社1999年版,第2143页。

抓思想，出思想、讲政治，无疑需要首先明确思想政治教育中"思想"的"真义"。历史唯物主义主张，思想既不是从天上掉下来的，也不是从地里蹦出来的，而是在人类生产生活的实践中历史生成并不断发展的。在《自然辩证法》中论及当时"自然科学和哲学"的问题时，恩格斯指出："自然科学和哲学一样，直到今天还全然忽视人的活动对人的思维的影响；它们在一方面只知道自然界，在另一方面又只知道思想。但是，人的思维的最本质的和最切近的基础，正是人所引起的自然界的变化，而不仅仅是自然界本身；人在怎样的程度上学会改变自然界，人的智力就在怎样的程度上发展起来。"①在这里，恩格斯明确指出：作为人的"思想"及人的思想前提的"人的思维"，不是自然界决定的，而是人的活动决定的，是人的活动所引起的自然界的变化决定的。人对世界的反映过程不是自然界自发地给予人的，而是人以主体的方式——即人的活动历史形成的概念结构、范畴体系、思维模式——建构起人的观念世界的过程。正如列宁所说："认识是人对自然界的反映。但是，这并不是简单的、直接的、完整的反映，而是一系列的抽象过程，即概念、规律等等的构成、形成过程，这些概念和规律等等（思维、科学＝'逻辑观念'）有条件地近似地把握永恒运动着和发展着的自然界的普遍规律性"②，"本能的人，即野蛮人，没有把自己同自然界区分开来。自觉的人则区分开来了，范畴是区分过程中的梯级，即认识世界的过程中的梯级，是帮助我们认识和掌握自然现象之网的网上纽结"③。康德亦曾指出："思维无内容是空的，直观无概念是盲的。"④正是思维的"概念建构"，使我们面对客体世界时免于无序和混乱。也正是为了说明人的活动的主体性及基于人的活动的思维和思想的建构性，在《关于费尔巴哈的提纲》第一条中，马克思明确指出："对对象、现实、感性"，要"把它们当做感性的人的活动，当做实践去理解"，要"从主体方面去理解"。⑤

这就告诉我们，把握思想政治教育中"思想"的"真义"，必须从主体方面去理解，亦即不仅必须从教育主体方面去理解，而且必须从接受主体方面去理解，从接受主体的思想建构性角度去理解。具体而言，就是从教育主体传导时代"新思想"和接受主体接受时代"新思想"、改造"旧思想"的角度去理解，从接受主体"接受新思想—反思旧思想—解构旧思维—重构新思维"

---

① 《马克思恩格斯文集》第9卷，人民出版社2009年版，第483页。
② 《列宁全集》第55卷，人民出版社1990年版，第152~153页。
③ 《列宁全集》第55卷，人民出版社1990年版，第78页。
④ ［德］康德：《纯粹理性批判》，邓晓芒译，杨祖陶校，人民出版社2004年版，第52页。
⑤ 《马克思恩格斯文集》第1卷，人民出版社2009年版，第499页。

的角度去理解。只有这样的思想政治教育才是符合历史发展规律、反映历史前进方向的思想政治教育,才是反映社会主义思想政治教育先进性的思想政治教育。也只有这样的思想政治教育,才能培养出"担当民族复兴大任的时代新人",培养出"德智体美劳全面发展的社会主义建设者和接班人"。

一、传导—接受时代"新思想"

思想政治教育的目的是通过培养提升受教育者的思想政治素质,亦即通过培养提升受教育者的政治品格素质,进而培养时代发展需要的人。

思想政治教育怎样才能成功培养提升受教育者的政治品格素质,进而培养时代发展需要的人呢?首先,从思想政治教育的信息输入①角度来说,意味着必须保证受教育者能够不断获取时代"新思想"。没有时代"新思想"的输入而能培养出时代发展需要的人是不可想象的,也不符合人的成长发展的客观规律。

需要强调的是,这里的时代"新思想"既不是指"新的时代"存有的"思想",也不是指新的时代"新出现"的"思想",而是指反映人类社会发展的客观规律,合乎人类历史的前进方向,促进每一个人的自由全面发展的思想。正如辩证唯物主义的新事物取代旧事物的"发展"规律性和"方向性"所表明的:"区别新事物和旧事物,不能单凭出现时间的先后,不能根据形式上、现象上是否新奇,更不能靠人们主观上的任意判断。新旧事物相互区别的根本标志在于,它们是否同历史发展的必然趋势相符合。"②依据是否符合

---

① 在1948年出版的《控制论:关于动物和机器的控制与传播科学》一书中,控制论创始人之一的诺伯特·维纳指出:"信息就是信息,不是物质也不是能量,当下的唯物主义者都认可这一点。"([美]诺伯特·维纳:《控制论:关于动物和机器的控制与传播科学》(第二版),陈娟译,中国传媒大学出版社2018年版,第146页。)这就是说,物质、能量、信息是现实世界存在与发展的三大要素。作为物质世界反映的观念世界,是一个信息世界。人类文化,作为物质世界的解码和观念世界的建构,本质上都是信息的表达,都属于信息范畴。正如列宁所说:"秩序、目的、规律不外是一些词,人用这些词把自然界的事物翻译成自己的语言,以便了解这些事物;这些词不是没有意义的,不是没有客观内容的(nicht sinn-d. h. gegenstandlose Worte);但是,我还是应当把原文和译文区别开来。"(《列宁专题文集 论辩证唯物主义和历史唯物主义》,人民出版社2009年版,第59页。)这就表明,人是物质、能量、信息的有机体。人同世界的关系是人从世界获取物质、能量,用信息编码物质世界、建构观念世界的关系,作为人的活动的思想政治教育是信息的传导。具体而言,是思想政治素质信息或者说政治品格信息的传导。思想政治教育过程,也就是获取社会政治品格信息和受教育者的思想政治素质信息,分析社会政治品格信息和受教育者的思想政治素质信息,传导社会政治品格信息,改造受教育者思想政治素质信息的过程。"现代思想政治教育实质上是一门利用信息传递去积极改变人脑中思想政治素养的具体存在状态(如世界观、人生观、政治观、价值观等)的科学。"(刘新庚:《现代思想政治教育方法论》,人民出版社2008年版,第58页。)

② 李秀林等主编:《辩证唯物主义和历史唯物主义原理》(第五版),中国人民大学出版社2004年版,第158页。

时代发展的必然趋势,亦可以将时代"新思想"称为"顺势思想",亦即顺应时代发展的必然趋势,具有远大发展前途,必将成为人类未来发展的主导思想的思想;反之,则是"过时思想",即与时代的社会经济关系相悖,已经失去了存在的必然性,只是作为一种已经腐朽的思想残余和影响而存在的思想。介于"顺势思想"和"过时思想"之间的思想,则是"适时思想",即适应时代社会经济关系,并与社会发展必然趋势不相违背的思想。①

这就意味着,在"出思想、讲政治"、培养未来的人的思想政治教育中,作为教育主体的教育者不仅必须传导"思想",并且必须确保传导的是时代"新思想",而不是"新的时代"存有的"思想",也不是新的时代"新出现"的"思想"。并且,作为教育主体的教育者,首先必须全面准确把握时代"新思想",并建构好自身的政治品格素质。思想政治教育"三要素"——社会政治品格要求、教育者、受教育者——中,教育者是教育主体,同时也是"中介"。作为教育主体和中介的思想政治教育者,在思想政治教育中不是想说什么就说什么、想讲什么就讲什么的。教育者的义务和责任是把社会发展的政治品格要求全面准确地传导给作为接受主体的受教育者,激发引导作为接受主体的受教育者内化社会发展的政治品格要求,培养提升自身的政治品格素质。具体到思想政治教育中"思想真义"的"思想建构",也就是把反映人类社会发展客观规律,合乎人类历史前进方向,促进每一个人的自由全面发展的时代"新思想",亦即顺应时代发展的必然趋势,具有远大发展前途,必将成为人类未来发展的主导思想的"顺势思想",全面准确地传导给作为接受主体的受教育者,激发引导作为接受主体的受教育者内化时代"新思想",培养提升自身的"思想"素质。

然而,无论是时代"新思想",还是社会发展的政治品格要求,都是时代思想的升华和提炼,都是时代思想精华的抽象表达,都不会自动呈现在教育者面前。这就要求教育者,首先需要像马克思在为他计划中的经济学巨著《政治经济学批判》写的"总的导言"中所说的那样,不仅要从人类生活的"混沌的表象"或者说"完整的表象"抑或"表象中的具体"中蒸发出"抽象的规定",而且要在"抽象的规定"基础上再现"具有许多规定和关系的丰富的总体",亦即"具体总体""思想总体""思想具体""思想整体"。马克思特别强调:"具体之所以具体,因为它是许多规定的综合,因而是多样性的统一。因此它在思维中表现为综合的过程,表现为结果,而不是表现为起点,虽然

---

① 参见唐凯麟关于社会道德结构的过时道德、适时道德、顺势道德的界分(唐凯麟编著:《伦理学》,高等教育出版社2001年版,第50页。)

它是现实的起点,因而也是直观和表象的起点。"①马克思特别指出:从对"关于整体的一个混沌的表象"的"更切近的规定"的"分析中达到越来越简单的概念;从表象中的具体达到越来越稀薄的抽象"直到"一些最简单的规定",是在"历史上走过"的"第一条道路"。② 相比而言,"后一种方法"或者说"第二条道路",即从"最简单的规定"上升到"一个具有许多规定和关系的丰富的总体"的道路,"显然是科学上正确的方法"。③ 马克思还指出:"不管怎样总可以说,简单范畴是这样一些关系的表现,在这些关系中,较不发展的具体可以已经实现,而那些通过较具体的范畴在精神上表现出来的较多方面的联系或关系还没有产生;而比较发展的具体则把这个范畴当做一种从属关系保存下来"④,"比较简单的范畴可以表现一个比较不发展的整体的处于支配地位的关系或者一个比较发展的整体的从属关系,这些关系在整体向着以一个比较具体的范畴表现出来的方面发展之前,在历史上已经存在"⑤。概而言之,"从最简单上升到复杂这个抽象思维的进程符合现实的历史过程"⑥。

  这里特别提醒注意马克思所说的"表象",不要把"表象"混同于"现象"。"现象"是与"本质"相对的,"表象"是与"表象主体"和"表象对象"或者说与"表象者"和"被表象者"相对的。同时,"表象"既可以作为名词,表示作为事物在人脑中的形象的"表象",也可以作为动词,表示作为反映关系的"表象"。马克思强调:第一,"具体总体作为思想总体、作为思想具体,事实上是思维的、理解的产物;但是,决不是处于直观和表象之外或驾于其上而思维着的、自我产生着的概念的产物,而是把直观和表象加工成概念这一过程的产物"⑦。第二,"整体,当它在头脑中作为思想整体而出现时,是思维着的头脑的产物,这个头脑用它所专有的方式掌握世界,而这种方式是不同于对于世界的艺术精神的,宗教精神的,实践精神的掌握的。实在主体仍然是在头脑之外保持着它的独立性;只要这个头脑还仅仅是思辨地、理论地活动着"⑧。第三,"因此,就是在理论方法上,主体,即社会,也必须始终作

---

① 《马克思恩格斯文集》第 8 卷,人民出版社 2009 年版,第 25 页。
② 《马克思恩格斯文集》第 8 卷,人民出版社 2009 年版,第 24 页。
③ 《马克思恩格斯文集》第 8 卷,人民出版社 2009 年版,第 24~25 页。
④ 《马克思恩格斯文集》第 8 卷,人民出版社 2009 年版,第 26 页。
⑤ 《马克思恩格斯文集》第 8 卷,人民出版社 2009 年版,第 26 页。
⑥ 《马克思恩格斯文集》第 8 卷,人民出版社 2009 年版,第 26 页。
⑦ 《马克思恩格斯文集》第 8 卷,人民出版社 2009 年版,第 25 页。
⑧ 《马克思恩格斯文集》第 8 卷,人民出版社 2009 年版,第 25~26 页。

为前提浮现在表象面前"①。

在这里，马克思为我们清晰地揭示了"社会与自然实在主体前提—直观和表象（或者说混沌的表象、完整的表象、表象中的具体）—概念的思维加工建构—具体总体、思想总体、思想具体、思想整体"的"思想建构"逻辑。具体而言：第一，"具体总体作为思想总体、作为思想具体""思想整体"，不是自己呈现的，而是概念的思维加工建构的结果，是人脑用概念思维的方式掌握世界的产物。第二，概念的思维加工建构的对象不是孤立于人之外的、与人无涉的自在的世界，而是作为人对世界的感知结果的"直观和表象"。对人来说，"被理解了的世界本身才是现实的世界"②，"被抽象地理解的、自为的、被确定为与人分隔开来的自然界，对人来说也是无"③。正如叔本华《作为意志和表象的世界》所言："对于'认识'而存在着的一切，也就是全世界，都只是同主体相关联着的客体，直观者的直观；一句话，都只是表象。"④第三，"直观和表象"，是作为表象主体的人基于人的感觉、知觉、思维等信息获取和加工能力而形成的，是对作为表象对象的社会—自然实在主体的"表象"。第四，"直观和表象"，作为人对世界的感知结果，根据心理学中感觉和知觉⑤的区分可知，"直观"是人基于"感觉"而获得的世界的"混沌的表象"，"表象"是人基于"知觉"而获得的世界的"完整的表象"，或者说"表象中的具体"。第五，"表象"（名词）作为对社会—自然实在主体的"表象"（动词），是人们在头脑中形成的"关于事物的形象"。从信息加工的角度来说，"表象是物体或事件的一种知识表征"⑥。从表象在思维中的作用来说，"表象为概念的形成提供了感性基础，并有利于对事物进行概括的认识"⑦。

在思想政治教育中，作为教育主体的教育者明确了"表象"，注意了方法（亦即做到了"三贴近"——贴近实际、贴近生活、贴近作为接受主体的受教育者），把握了时代"新思想"，并向受教育者传导了时代"新思想"，就能培

---

① 《马克思恩格斯文集》第8卷，人民出版社2009年版，第26页。
② 《马克思恩格斯文集》第8卷，人民出版社2009年版，第25页。
③ 《马克思恩格斯文集》第1卷，人民出版社2009年版，第220页。
④ ［德］叔本华：《作为意志和表象的世界》，石冲白译，商务印书馆1982年版，第26页。
⑤ "感觉"是人脑通过感官获得的外部世界的信息而形成的"对事物的个别属性的认识"。"知觉"是人脑通过对感官获得的外部信息的"加工（综合与解释）"而形成的"对事物整体的认识"，"是客观事物直接作用于感官而在头脑中产生的对事物整体的认识"（彭聃龄主编：《普通心理学》（修订版），北京师范大学出版社2001年版，第74、124~125页。）"表象是由人脑中刺激痕迹的再现所引起的，它以知觉提供的材料为基础，但又不只是知觉的翻版和重复，是知觉痕迹信息加工后的产物。"（叶奕乾等编：《普通心理学》（修订本），华东师范大学出版社2000年版，第251页。）
⑥ 彭聃龄主编：《普通心理学》（修订版），北京师范大学出版社2001年版，第246页。
⑦ 彭聃龄主编：《普通心理学》（修订版），北京师范大学出版社2001年版，第247页。

养和提升受教育者的"思想"素质了吗？如果教育者传导的对象是机器,当然是能的。因为教育者按程序输入信息的过程,也就是机器接收信息的过程。问题是,教育者传导的对象不是机器,而是人,是基于自身的感觉、知觉、情感、注意、思维等获取—加工信息、控制—调节行为的人。人"所收到的信息都得通过他的大脑和神经系统来进行调整,只在经过存储、校对和选择的特定过程之后,它才进入效应器"①,"对行动有重要意义的,与其说是发出的信息量,不如说是进入通信装置和存储装置的足以作为行动扳机的信息量"②。这就意味着,"思想政治教育工作是教育者主动的施教行为与受教育者能动的接受教育行为双向互动的过程,如果仅有教育者一方的主动性,没有受教育者一方的主动性,那么,教育很难奏效"③。从思想传导的角度来说,思想政治教育的过程,既是作为教育主体的教育者传导时代"新思想"的过程,也是作为接受主体的受教育者接受时代"新思想"的过程。这就要求,作为思想政治教育接受主体的受教育者在教育者传导时代"新思想"的过程中,必须主动参与、主动思考、主动选择、主动接受,亦即在教育者传导时代"新思想"的同时开启时代"新思想"的接受模式。这也同时要求,作为思想政治教育主导者的教育者在传导时代"新思想"的同时需要做好以下几点:第一,培养提升受教育者的接受主体意识,使受教育者由自在的接受主体成长为自觉的接受主体。第二,培养提升受教育者的接受主体责任意识,使受教育者由自发的接受责任主体成长为自觉的接受责任主体。第三,培养提升受教育者的接受主体能力,使受教育者由想接受、愿接受、要接受的接受主体成长为能接受、会接受的接受主体。第四,"作为教育活动具体类别的思想政治教育",思想政治教育的过程同时也是课程教学的过程,因而无论是"思政课程"还是"课程思政",其时代"新思想"的传导都必须注意以受教育者能接受、易接受、好接受为中心,确保受教育者在现实的思想政治教育过程中的实际主体地位,避免本然的接受主体的受教育者在现实中被迫沦为纯粹理论意义上的接受主体。

二、改造接受主体"旧思想"

接受主体接受了时代"新思想",就能培养出时代发展需要的人了吗？

---

① [美]N.维纳:《人有人的用处——控制论和社会》,陈步译,商务印书馆2017年版,第3页。
② [美]N.维纳:《人有人的用处——控制论和社会》,陈步译,商务印书馆2017年版,第76页。
③ 陈秉公:《21世纪思想政治教育工作创新理论体系》,吉林教育出版社2000年版,第196页。

如果接受主体在接受时代"新思想"之前是一块白板，当然是能的。问题是，现代心理学和思维科学充分证明，人自胎儿出生而为婴儿的那一刻起，就从来不是一块白板。人自生而为人那一刻起，人的认知就奠基于一种"先行具有""先行视见"与"先行掌握"的"先在结构"之中。这就意味着，从思想政治素质和政治品格素质①的信息结构优化角度来说，想要培养出时代发展需要的人，光是作为接受主体的受教育者接受了时代"新思想"还远远不够，还需要接受主体通过内在的思想斗争自主改造"先行具有""先行视见"与"先行掌握"的"先在结构"中的"旧思想"。

需要说明的是，这里的"旧思想"和前文所述"新思想"一样，不是思想形成时间的阐释，而是思想性质的阐释，不是指接受主体思想意识中已经形成了的思想，而是指接受主体现有思想意识中消极的、过时的、腐朽的思想。

在《控制论：关于动物和机器的控制与传播科学》一书中，控制论创始人之一的维纳指出："信息就是信息，不是物质也不是能量，当下的唯物主义者都认可这一点。"②在《人有人的用处——控制论和社会》一书中，维纳更指出："信息这个名称的内容就是我们对外界进行调节并使我们的调节为外界所了解时而与外界交换来的东西。接收信息和使用信息的过程就是我们对外界环境中的种种偶然性进行调节并在该环境中有效地生活着的过程。"③维纳特别强调："所谓有效的生活就是拥有足够多的信息来生活。"④人同世界的关系，就是人从世界获取物质、能量，用信息编码物质世界、建构观念世界的关系。作为物质世界反映的观念世界是一个信息世界。人的思想意识内容，作为物质世界的信息解码和观念世界的信息呈现，本质上是一种信息的建构。人的思想意识结构本质上是一种信息结构。人的思想意识的提升和进步的过程也就是人的思想意识的信息结构优化的过程。这告诉我们：首先，作为人的观念的具体形式，思想、政治、政治思想、政治品格等，本质上都是一种信息或信息形态；其次，人的思想政治素质和政治品格素质，本质上是一种思想政治和政治品格的信息结构；最后，作为教育活动具体类别的

---

① 思想政治素质包含但不等于政治品格素质，思想政治素质的核心是政治品格素质。思想政治教育过程，是基于社会政治品格要求和受教育者的思想政治素质现状，传导—接受—内化社会政治品格要求，改造、优化受教育者思想政治素质信息结构，铸就受教育者政治品格和政治人格的过程。这就意味着，无论是单用思想政治素质，还是单用政治品格素质，都无法准确表述思想政治教育"政治人格建构"过程中的素质内涵。因此，在必要的章节，本书不厌其烦地表述为"思想政治素质和政治品格素质"。

② ［美］诺伯特·维纳：《控制论：关于动物和机器的控制与传播科学》（第二版），陈娟译，中国传媒大学出版社 2018 年版，第 146 页。

③ ［美］N. 维纳：《人有人的用处——控制论和社会》，陈步译，商务印书馆 2017 年版，第 3 页。

④ ［美］N. 维纳：《人有人的用处——控制论和社会》，陈步译，商务印书馆 2017 年版，第 4 页。

思想政治教育的展开过程,就其功能和目的而言,就是优化受教育者的思想政治素质信息结构和政治品格素质信息结构的过程。

人是社会中的人,社会是人的社会。社会和人都是不断变化发展的,作为社会变化发展的反映和人的思想意识的具体形式,人的思想政治素质和政治品格素质也是不断变化发展的,而且这种变化发展实质上是其思想政治素质信息结构和政治品格素质信息结构的变化发展。

正如社会的思想结构或者说思想的社会结构中同时包含"顺势思想""适时思想""过时思想"一样,对于绝大多数人而言,从思想性质的角度来说,个体的思想政治素质信息结构和政治品格素质信息结构也是一个"顺势思想""适时思想""过时思想"三形态共同作用形成的结构。个体的思想政治素质信息结构和政治品格素质信息结构中,如果"顺势思想"占绝对主导,那就是先知先觉者;如果"顺势思想"占相对主导,那就是先进分子;如果"适时思想"占主导,那就是平民英雄;如果"过时思想"占主导,那就是落后分子。思想政治教育过程也就是使落后变先进、先进变更先进的过程。落后变先进、先进变更先进的过程,从思想政治素质信息结构和政治品格素质信息结构的角度来说,也就是不断清除"过时思想"、增强"顺势思想"的过程,亦即不断接受"新思想"、改造"旧思想"的过程。用海德格尔的话说,就是"从事情本身出来清理先行具有、先行视见与先行掌握","不让向来就有的先行具有、先行视见与先行掌握以偶发奇想和流俗之见的方式出现"。① 即所谓"除旧布新"。

从思想性质的角度来说,人的思想政治素质信息结构和政治品格素质信息结构是一个"顺势思想""适时思想""过时思想"三形态共同作用形成的结构。从思想形成时间的角度来说,人的思想政治素质信息结构和政治品格素质信息结构,是一个已经形成了的思想、正在形成中的思想、将要形成的思想三势态合力的结构。相对而言,接受主体接受的"新思想"属于将要形成的思想,改造的"旧思想"属于已经形成了的思想。而从稳定性角度来说,已经形成了的思想比较稳定,将要形成的思想则不太稳定,甚至是不稳定的。这就意味着,接受主体接受顺应时代发展的必然趋势、具有远大发展前途、必将成为人类未来发展的主导思想的"新思想",改造现有思想意识中消极的、过时的、腐朽的"旧思想"的过程,也就是不断推进不稳定的"新思想"变成稳定思想,清除稳定的"旧思想"的过程。用不稳定的"新思想"

---

① [德]马丁·海德格尔:《存在与时间》,陈嘉映、王庆节合译,生活·读书·新知三联书店2006年版,第179页。

清除稳定的"旧思想",显然不是那么容易的,需要自觉而坚定的信念指引,并经历复杂而尖锐的内心思想斗争。

那么,接受主体如何才能用不稳定的"新思想"清除稳定的"旧思想",从而优化自己的思想政治素质信息结构和政治品格素质信息结构呢?习近平总书记2013年6月18日在党的群众路线教育实践活动工作会议上的讲话中所说的"照镜子、正衣冠、洗洗澡、治治病"①给出答案,即:第一步,对照社会发展的政治品格要求,亦即对照"新思想","摆问题、找差距、明方向"②;第二步,"在照镜子的基础上","正视矛盾和问题","从现在改起,端正行为"③;第三步,"深入分析发生问题的原因,清洗思想和行为上的灰尘"④;第四步,"区别情况、对症下药"⑤,查处突出问题,治理不正之风,从而正心诚意,修身正己。

第三节 价值导向:思想政治教育的"政治真义"

相比作为学校思想政治教育背景的思想文化空间的政治价值观熏染的自发性,"作为教育活动具体类别的思想政治教育",突出地表现为国家主导价值观和时代政治价值观导向的自觉性。2019年3月18日在学校思想政治理论课教师座谈会上的讲话中,讲到思想政治理论课的教师素养,习近平总书记明确将"政治要强"置于"六要"的"第一要"。强调思想政治理论课教师"第一"就是"政治要强,让有信仰的人讲信仰,善于从政治上看问题,在大是大非面前保持政治清醒"⑥。讲到思想政治理论课的教学要求,习近平总书记明确将"坚持政治性和学理性相统一""坚持价值性和知识性相统一""坚持建设性和批判性相统一"置于"八个相统一"的第一、第二、第三的位置。强调思想政治理论课教学:一"要坚持政治性和学理性相统一,以透彻的学理分析回应学生,以彻底的思想理论说服学生,用真理的强大力量引导学生"⑦,亦即用真理之光照亮信仰之路。二"要坚持价值性和知识性相统一,寓价值观引导于知识传授之中"⑧,亦即用价值引导铸就价值人生。三"要坚持建

---

① 《习近平谈治国理政》,外文出版社2014年版,第375页。
② 《习近平谈治国理政》,外文出版社2014年版,第375页。
③ 《习近平谈治国理政》,外文出版社2014年版,第376页。
④ 《习近平谈治国理政》,外文出版社2014年版,第376页。
⑤ 《习近平谈治国理政》,外文出版社2014年版,第376页。
⑥ 《习近平谈治国理政》第3卷,外文出版社2020年版,第330页。
⑦ 《习近平谈治国理政》第3卷,外文出版社2020年版,第330页。
⑧ 《习近平谈治国理政》第3卷,外文出版社2020年版,第330~331页。

设性和批判性相统一,传导主流意识形态,直面各种错误观点和思潮"①,亦即用作为"新思想"的国家主导价值观和时代政治价值观,批判、清理、清除作为消极的、过时的、腐朽的"旧思想"的"错误观点和思潮"。

这里特别提醒注意上引习近平总书记关于思想政治理论课教学要求中的表述——"回应学生""说服学生""引导学生""寓价值观引导于知识传授之中""传导主流意识形态",注意习近平总书记关于思想政治理论课教学要求之六、之七——"坚持主导性和主体性相统一""坚持灌输性和启发性相统一"的具体阐释——"思政课教学离不开教师的主导,同时要加大对学生的认知规律和接受特点的研究,发挥学生主体性作用""注重启发性教育,引导学生发现问题、分析问题、思考问题,在不断启发中让学生水到渠成得出结论"②,注意习近平总书记关于思想政治理论课教师素养之三——"思维要新"中的"引导学生树立正确的理想信念、学会正确的思维方法"③的表述。在这些表述中,习近平总书记明确指出:在思想政治教育中,作为教育主体的教育者只是教学活动的主导者,不是对学生的思想具有统摄性的主导者,不是高高在上的命令者、强制者、灌输者,而是学生思想的引导者、引领者、启发者,是国家主导价值观和主流意识形态的传导者。2016年9月9日在北京市八一学校考察时,习近平总书记明确提出:"广大教师要做学生锤炼品格的引路人,做学生学习知识的引路人,做学生创新思维的引路人,做学生奉献祖国的引路人。"④

一、引导接受主体内化国家主导价值观

思想政治教育,作为世界观、人生观、价值观教育,实质是作为接受主体的受教育者的世界观、人生观、价值观建构,核心是价值观建构。《辞海》这样界定世界观、人生观、价值观:世界观是人们对整个世界(包括自然和社会)的认识和根本态度,包括人生观、价值观、历史观、发展观等;人生观是人们对人生目的、意义、价值的认识和根本态度,是世界观的基本组成部分,它影响并在一定程度上决定人们的道德行为和道德品质;价值观是人们对人生价值的认识和根本态度,是人生观的组成部分,具有行为取向的功能。可见,在世界观、人生观、价值观的内在逻辑上,价值观是世界观和人生观的

---

① 《习近平谈治国理政》第3卷,外文出版社2020年版,第331页。
② 《习近平谈治国理政》第3卷,外文出版社2020年版,第331页。
③ 《习近平谈治国理政》第3卷,外文出版社2020年版,第330页。
④ 《习近平在北京市八一学校考察时强调 全面贯彻落实党的教育方针 努力把我国基础教育越办越好》,《光明日报》2016年9月10日。

核心。

同时,从个体的认知能力成长,以及基于个体认知能力的价值观、人生观、世界观的历史唯物主义发生学来看,亦是首先有了"行为取向"的价值观,才有了价值观基础上的人生观、世界观。在《道德发展心理学:道德阶段的本质与确证》一书中,L.科尔伯格提出,人的道德价值观亦即人的道德发展,包含"三水平六阶段",即"前习俗水平、习俗水平、后习俗水平或原则水平""三水平","他律阶段,个人主义、工具性的目的和交易阶段,相互性的人际期望、人际关系与人际协调阶段,社会制度和良心阶段,社会契约或功利和个人权利阶段,普遍的伦理原则阶段""六阶段"。① 其中第一阶段,即"他律"阶段,表现为"自我中心观点。不考虑他人的利益或认识到它们与行为者的利益之间的区别,不能把这两种观点联系起来。依据物质后果而不是依据他人的心理兴趣来裁判其行动。把自己的观点与权威的观点相混淆"②。第二阶段,即"个人主义、工具性的目的和交易"阶段,表现为"具体的个人主义观点。意识到每个人都有自己追求的各种利益,且充满着冲突。所谓对是相对的(具体的个人主义意义上的)"③。可见,第一、二阶段总体上处于自我中心主义或自发个人主义的自发价值观阶段,只有进入第三阶段,即"相互性的人际期望、人际关系与人际协调"阶段,"意识到共享的情感、协议和期望高于其个人的利益"④,才进入对人生价值认识的自觉价值观阶段,亦即人生观阶段。为了便于大家更直观地理解道德发展"三水平六阶段"内在的联系与差异,亦即诸如自发价值观阶段和作为自觉价值观阶段的人生观阶段的联系与差异,L.科尔伯格基于表征人的道德认知发展能力的直观指标——年龄——指出:"大多数九岁以下的儿童、部分青少年、大多数少年犯和成年罪犯都处于前习俗道德水平上。我们的社会和其他社会中的大多数青少年和成人都处于习俗水平。少数成人,而且只有在他们20岁之后,才能达到后习俗水平。"⑤这告诉我们,在世界观、人生观、价值观三者的历史唯物主义发生学关系上,价值观是原点;伴随年龄的增长和认知能力

---

① [美]L.科尔伯格:《道德发展心理学:道德阶段的本质与确证》,郭本禹等译,华东师范大学出版社2004年版,第165~167页。
② [美]L.科尔伯格:《道德发展心理学:道德阶段的本质与确证》,郭本禹等译,华东师范大学出版社2004年版,第165页。
③ [美]L.科尔伯格:《道德发展心理学:道德阶段的本质与确证》,郭本禹等译,华东师范大学出版社2004年版,第165页。
④ [美]L.科尔伯格:《道德发展心理学:道德阶段的本质与确证》,郭本禹等译,华东师范大学出版社2004年版,第166页。
⑤ [美]L.科尔伯格:《道德发展心理学:道德阶段的本质与确证》,郭本禹等译,华东师范大学出版社2004年版,第163页。

的提升,价值观逐步拓展成为人生观和世界观。正因为如此,彭聃龄主编的《普通心理学》一书指出:"价值观是一个人思想意识的核心。"①

从马克思对"关系"的"交往本质"和"对象性内涵"的历史唯物主义揭示亦不难确认,在世界观、人生观、价值观之间,亦是首先形成价值观。在《德意志意识形态》中论及"原初的历史的关系"的第五个因素——人的意识,以及作为人的意识的表现和表达的语言时,马克思指出:"语言是一种实践的、既为别人存在因而也为我自身而存在的、现实的意识。语言也和意识一样,只是由于需要,由于和他人交往的迫切需要才产生的。"②紧接着,马克思强调:"凡是有某种关系存在的地方,这种关系都是为我而存在的;动物不对什么东西发生'关系',而且根本没有'关系';对于动物来说,它对他物的关系不是作为关系存在的。"③在这里,马克思告诉我们:第一,"关系"是因"交往"而产生的,"关系"的本质在"交往";第二,基于"交往"而形成的"关系"是一种"对象性关系";第三,"对象性关系"中的"存在"不是一种自在的存在,而是一种基于对象化活动的对象性存在;第四,包括动物在内的人之外的物只是一种自在的存在,一种"自然而然",不是一种"对象化"活动的存在,一种"对象性关系"的存在;第五,"对象性关系"唯有对具有对象性意识、具备对象性能力、进行对象化活动的人而言,才是作为关系存在;第六,对人而言的"对象性关系"是从我出发的、"为我而存在"的关系,本质上首先是一种价值关系。黑格尔亦曾指出:"平常我们使用这个'我'字,最初漫不觉其重要,只有在哲学的反思里,才将'我'当作一个考察的对象。在'我'里面我们才有完全纯粹的思想出现。动物就不能说出一个'我'字。"④而且正是"我"这种意识开启了人的双重性能,从而在社会生活中,既意识到个别性又意识到普遍性。"因为每一个其他的人也仍然是一个我,当我自己称自己为'我'时,虽然我无疑地是指这个个别的我自己,但同时我也说出了一个完全普遍的东西。因此我乃是一纯粹的'自为存在'(Fürsichsein),在其中任何特殊的东西都是被否定或扬弃了的。这种自为的我,乃是意识中最后的、简单的、纯粹的东西。我们可以说:我与思维是同样的东西,或更确定地说,我是作为能思者的思维。凡是在我的意识中的,即是为我而存在的。"⑤这就是说,在感觉、知觉基础上形成的属人的意识,首先是一种"为我

---

① 彭聃龄主编:《普通心理学》(修订版),北京师范大学出版社2001年版,第326页。
② 《马克思恩格斯文集》第1卷,人民出版社2009年版,第533页。
③ 《马克思恩格斯文集》第1卷,人民出版社2009年版,第533页。
④ [德]黑格尔:《小逻辑》,贺麟译,商务印书馆2014年版,第82页。
⑤ [德]黑格尔:《小逻辑》,贺麟译,商务印书馆2014年版,第81页。

而存在"的意识,一种价值意识;在人与世界的关系中,首先形成的是一种"为我而存在"的关系,一种价值关系。

由此来看,思想政治教育,作为世界观、人生观、价值观教育,核心内容是价值观教育,首要目标是受教育者的价值观建构。

那么,服务于受教育者价值观建构这一首要目标,在思想政治教育过程中,作为教育者,怎样才能向受教育者有效"教育"价值观呢?从受教育者价值观建构的内因和外因来看,教育者只是外因。因而,教育者的价值观"教育",只能是"引导",不能是"强制"。受教育者价值观建构的关键,是受教育者的内在驱动、主动接受、自觉内化。没有受教育者的内在驱动、主动接受、自觉内化,受教育者的价值观建构就是异想天开。要想达到受教育者的内在驱动、主动接受、自觉内化,就必须激发受教育者的接受主动性和接受积极性。而要想激发受教育者的接受主动性和接受积极性,唯有"引导"。如果是"强制",则受教育者永远处于一种"被强制"的被动状态,轻者是应付、忽视,重者则是漠视、抵制。

在思想政治教育过程中,作为教育主体的教育者通过"引导"促进作为接受主体的受教育者自觉内化社会价值观。那么,作为教育主体的教育者,又应当引导作为接受主体的受教育者内化什么样的社会价值观呢?前述思想政治教育传导—接受时代"新思想"、改造接受主体"旧思想"的思想建构明确告诉我们,当然不是引导内化落后的价值观,而是引导内化进步的价值观。从社会发展的政治品格要求和政治品格的社会政治文化的历史建构角度来说,就是引导内化从民族发展和国家发展的时代问题、时代精神、时代要求等时代实际中凝练出来的国家主导价值观。

政治品格的社会政治文化的历史建构,从自发性的角度来说,是一个自然历史过程,从自觉性的角度来说,是一个从国家主导价值观到社会主流价值观的转化过程。作为从国家主导价值观到社会主流价值观的转化前提,首先必须从国家发展和民族发展的时代问题、时代精神、时代要求等时代实际中凝练出国家主导价值观,亦即完成从民族文化价值传统、社会发展价值需求向国家主导价值观构成的转化。正如社会主义核心价值观建设,第一步,完成社会主义核心价值观的凝练,第二步,才是社会主义核心价值观的培育践行,即完成从国家主导价值观向社会主流价值观的转化。在今天的中国,引导受教育者内化国家主导价值观,也就是引导受教育者内化社会主义核心价值观。

这里特别提醒注意社会主义核心价值观建设中国家主导价值观、社会主流价值观、社会流行价值观三者之间的差异。其中,国家主导价值观是在社会主义核心价值观建设中起方向主导、作用引领和内容规范作用的价值观;社会主流价值观是适应社会发展需求的、为社会大众所认同践行的价值观。这就是说,适应社会发展需求但尚未为大众所践行的价值观,还只能说是国家或社会主导价值观,而不能说是社会主流价值观。而社会流行价值观则是社会大众日用而不察觉的、流行于大众日常生活的价值观。社会流行价值观中,既包含着适应社会发展需求的价值观,也包含着滞后于社会发展需求的价值观。譬如金钱崇拜、权力崇拜就是资本主义价值观和君主专制价值观的产物,是完全滞后于社会主义人的自由全面发展需求的价值观。社会主义核心价值观建设因为参照不同而表现各异。就其目标而言,是建设社会主流价值观;就其内容而言,是推进国家主导价值观的社会化;就其过程而言,是引导适应社会发展需求的流行价值观,改变滞后于社会发展需求的流行价值观;就其结果而言,是实现国家主导价值观的社会主流价值观化。

二、引导接受主体内化时代政治价值观

1916年在《〈关于国家的作用问题〉一文提纲》中,列宁指出:"政治就是参与国家事务,给国家定方向,确定国家活动的形式、任务和内容。"①1919年7月11日在斯维尔德洛夫大学的讲演——《论国家》中,列宁强调:国家问题是"全部政治的基本问题,根本问题",是"当代一切政治问题和一切政治争论的焦点"。② 列宁关于"政治"和"政治的基本问题、根本问题"的界定告诉我们,作为思想政治教育"政治真义"——"价值导向"的具体表述,教育主体引导接受主体内化国家主导价值观,实质上就是引导接受主体内化时代政治价值观。这也正是在"三态共融"的整体形态的思想政治教育内在关系中,"作为教育活动具体类别的思想政治教育"与"作为政治实践特殊形态的思想政治教育"之间的内在从属性关系的内在要求。在今天的中国,引导作为接受主体的受教育者内化社会主义核心价值观,就是引导作为接受主体的受教育者内化国家主导价值观,同时也是引导作为接受主体的受教育者内化时代政治价值观。

作为中国共产党"凝聚全党全社会价值共识作出的重要论断"③,首先,党的十八大倡导积极培育和践行的"富强、民主、文明、和谐,自由、平等、公

---

① 《列宁全集》第31卷,人民出版社1985年版,第128页。
② 《列宁专题文集·论辩证唯物主义和历史唯物主义》,人民出版社2009年版,第282、293页。
③ 《十八大以来重要文献选编》(上),中央文献出版社2014年版,第578页。

正、法治,爱国、敬业、诚信、友善"的社会主义核心价值观,既是中国特色社会主义发展的时代要求,也是中国共产党对中国特色社会主义核心价值观建设的自觉。因而在内在实质上,社会主义核心价值观作为中国特色社会主义的国家价值观,就是中国特色社会主义的政治价值观。同时,作为中国特色社会主义政治文化的核心,社会主义核心价值观的提出表明,中国特色社会主义政治文化建设进入了新的阶段。

其次,社会主义核心价值观是社会主义中国的制度价值观,是社会主义中国国家层面的制度精神。中共中央办公厅 2013 年 12 月 21 日印发的《关于培育和践行社会主义核心价值观的意见》特别指明:"富强、民主、文明、和谐是国家层面的价值目标,自由、平等、公正、法治是社会层面的价值取向,爱国、敬业、诚信、友善是公民个人层面的价值准则。"①作为国家层面的价值目标,"富强、民主、文明、和谐",强调的是社会主义中国发展的整体政治目标。作为社会层面的价值取向,"自由、平等、公正、法治",强调的是社会主义中国的社会价值取向。作为个人层面的价值准则,"爱国、敬业、诚信、友善",强调的是社会主义中国的个体政治品格。因此,该意见开篇即强调:"培育和践行社会主义核心价值观,是推进中国特色社会主义伟大事业、实现中华民族伟大复兴中国梦的战略任务。"②

再次,当然也是更直接、更明显的,就是作为社会主义核心价值观重要构成"民主、自由、平等、公正、法治、爱国",本身就是中国特色社会主义的政治价值观。

作为现代政治文明的根本标志和现代政治与传统政治的分野,作为马克思主义政治理念的核心价值和中国特色社会主义政治制度的根本价值,在社会主义核心价值观中,"民主"就是国家层面的核心政治价值观。在《黑格尔法哲学批判》中,针对黑格尔将"民主要素"界定为"没有任何合乎理性的形式","民主要素只有作为形式的要素才能纳入国家机体",亦即"民主要素只是作为形式的原则列入国家机体"的观点,马克思深刻指出:"民主要素应当成为在整个国家机体中创立自己的合乎理性的形式的现实要素。"③"民主"要素"自己的合乎理性的形式的现实要素"是什么呢? 就是无产阶级的民主,工人的民主,最广大人民群众的民主,人民民主,人民当家作主。在《共产党宣言》中,马克思恩格斯明确指出:"工人革命的第一步就是使无产阶级上升为统治阶级,争得民主。无产阶级将利用自己的政治统

---

① 《十八大以来重要文献选编》(上),中央文献出版社 2014 年版,第 578 页。
② 《十八大以来重要文献选编》(上),中央文献出版社 2014 年版,第 578 页。
③ 《马克思恩格斯全集》第 3 卷,人民出版社 2002 年版,第 144 页。

治,一步一步地夺取资产阶级的全部资本,把一切生产工具集中在国家即组织成为统治阶级的无产阶级手里,并且尽可能快地增加生产力的总量。"①正是在"民主"是无产阶级的民主、人民民主的意义上,列宁指出:"没有民主,就不可能有社会主义",亦即:"(1)无产阶级如果不通过争取民主的斗争为社会主义革命作好准备,它就不能实现这个革命;(2)胜利了的社会主义如果不实行充分的民主,就不能保持它所取得的胜利,并且引导人类走向国家的消亡。"②由此可见,黑格尔所说的形式民主,实际上是资本主义社会的形式民主,是资产阶级的资本民主。黑格尔的"没有任何合乎理性的形式"的"民主要素"界定,正是资本主义社会大多数人民群众不享有民主实质的形式民主和抽象民主的理论反映。与资本主义的形式民主、抽象民主相反,"人民当家作主是社会主义民主政治的本质和核心。人民民主是社会主义的生命"③。为此,在庆祝全国人民代表大会成立60周年大会上的讲话中,习近平总书记强调:"没有民主就没有社会主义,就没有社会主义的现代化,就没有中华民族伟大复兴。我们必须坚持国家一切权力属于人民,坚持人民主体地位,支持和保证人民通过人民代表大会行使国家权力。要扩大人民民主,健全民主制度,丰富民主形式,拓宽民主渠道,从各层次各领域扩大公民有序政治参与,发展更加广泛、更加充分、更加健全的人民民主。"④

  作为社会主义核心价值观整体的有机组成部分,"自由"不是与"民主"无涉的,而是与"民主"紧密关联的。社会主义核心价值观中的"自由",不是康德设定为"先验自由"的"意志自由",而是人们在现实生活的生产和再生产中的"自由",是人们开展日常生活、实现美好生活的"自由"。康德设定为"先验自由"的"意志自由",只是对其理性的存在条件的规定,论证的只是责任的形而上学的条件,只是解决了人为什么必须对自己自主选择的行为负责任的问题,还没有进入人的现实社会关系所定义的现实生活空间,没有解决作为自主选择前提的人的行为选择可能性问题,亦即没有解决行动的选择权问题。现实的人的现实生活中的自由,核心是人的行为选择的自由,本质是对自己行动的自主权,表现为对自己行动的自主选择权。这意味着,现实的人的现实生活空间的自由是一个"权力"范畴,不是一个"意志"范畴。当然,现实的人的现实生活空间的自由也不只是一个"权利"范畴。自由首先表现为权利,但作为权利的自由还只是理论上的自由,只有转

---

① 《马克思恩格斯文集》第2卷,人民出版社2009年版,第52页。
② 《列宁全集》第28卷,人民出版社1990年版,第168页。
③ 《十八大以来重要文献选编》(中),中央文献出版社2016年版,第54~55页。
④ 《十八大以来重要文献选编》(中),中央文献出版社2016年版,第55页。

化为权力的自由才是真正享有的现实的自由。社会主义核心价值观中的"自由",核心就是上引习近平总书记所说的"人民行使国家权力"的自由,具体表现为行使否决权、选择权、创造权的自由。①

社会主义核心价值观中的"平等",也不是人之为人意义上的"原始观念"的抽象平等,而是人之作为现实生活的主体和国家的主人的具体平等,是上引习近平总书记所说的作为国家权力主体的"人民主体地位"的平等。在《反杜林论》中,恩格斯特别指出:"一切人,作为人来说,都有某些共同点,在这些共同点所及的范围内,他们是平等的,这样的观念自然是非常古老的。但是现代的平等要求与此完全不同;这种平等要求更应当是从人的这种共同特性中,从人就他们是人而言的这种平等中引申出这样的要求:一切人,或至少是一个国家的一切公民,或一个社会的一切成员,都应当有平等的政治地位和社会地位"②,亦即平等享有作为国家和社会成员的"平等权利"。

社会主义核心价值观中的"公正",亦即"公平正义",作为"社会和谐的基本条件",核心是制度正义问题,要旨是保障人民的自由权利和平等享有问题。党的十六届六中全会特别强调:"制度是社会公平正义的根本保证。必须加紧建设对保障社会公平正义具有重大作用的制度,保障人民在政治、经济、文化、社会等方面的权利和利益,引导公民依法行使权利、履行义务。"③

社会主义核心价值观的"法治",作为中国共产党领导中国人民"治国理政的基本方式",党的十八大报告明确表述,也就是"全面推进依法治国"④。而"全面推进依法治国",党的十八届四中全会同样明确表述,也就是"坚决维护宪法法律权威,依法维护人民权益,维护社会公平正义、维护国家安全稳定"⑤,亦即确保人民的自由权利和平等地位,实现社会公正。

至于"爱国",非常明显,直指个人与国家的关系,强调的是作为国家成员的政治品格和政治道德。早在先秦时期,我们的祖先就明确提出了"修身、齐家、治国、平天下"的人生理想,强调国家对家庭的超越,政治生活对个人生活的超越。改革开放和社会主义现代化建设新时期,邓小平在党的十二大开幕词中明确指出:"中国人民有自己的民族自尊心和自豪感,以热爱

---

① 赵汀阳:《关于自由的一种存在论观点》,《世界哲学》2004年第6期。
② 《马克思恩格斯文集》第9卷,人民出版社2009年版,第109页。
③ 《十六大以来重要文献选编》(下),中央文献出版社2008年版,第657页。
④ 《十八大以来重要文献选编》(上),中央文献出版社2014年版,第21页。
⑤ 《十八大以来重要文献选编》(中),中央文献出版社2016年版,第157页。

祖国、贡献全部力量建设社会主义祖国为最大光荣,以损害社会主义祖国利益、尊严和荣誉为最大耻辱。"①在《爱国主义和我国知识分子的使命》一文中,江泽民指出:"连国格、人格都不要了,还有什么资格谈爱国、民主、人权!"②社会主义核心价值观的"爱国",不仅仅是一种爱自己生于斯、长于斯的国土的自然情感,不仅仅是一种爱自己共同生活、共同成长的国民的社会情感,更是一种爱自己国家主权、社会制度的政治情感。论及爱国主义的科学内涵,吴潜涛指出:"作为一种自然情感,爱国土是爱国主义情感的基本表现;作为一种社会情感,爱国民是爱国主义情感的重要内容;作为一种政治情感,爱国家是爱国主义情感的最高形式,是爱国情感升华为爱国主义情感的根本标志。一定意义上可以说,政治性是爱国主义情感的根本属性。"③"当一个人能够理性地把自己的爱国情感同其所依存的现实的社会制度和国家性质紧密结合起来时,就说明他的爱国情感已经超越了零散的、偶然的局限,达到了更高的境界,具有了能称之为'主义'的系统性、整体性品格。"④

综上可知,即便是单纯从社会主义核心价值观内在构成的"民主、自由、平等、公正、法治、爱国"来看,政治价值观也贯穿于社会主义核心价值观的国家层面、社会层面、个人层面。因而完全可以说,作为社会主义中国的国家主导价值观,社会主义核心价值观的核心,是社会主义中国 21 世纪的时代政治价值观。作为思想政治教育的"政治真义"——"价值导向"的具体形式,教育主体引导受教育者内化国家主导价值观,在核心意义上,就是引导受教育者内化时代政治价值观。

第四节 主体际性:思想政治教育的"教育真义"

就"精神生产"本身而言,马克思主义思想政治教育是"思想"要素、"政治"要素、"教育"要素三者正向协同作用的结果。就"精神生产"基础的"精神交往"而言,在思想政治教育的"思想"要素、"政治"要素、"教育"要素三

---

① 《邓小平文选》第 3 卷,人民出版社 1993 年版,第 3 页。
② 《江泽民文选》第 1 卷,人民出版社 2006 年版,第 123 页。
③ 吴潜涛、杨峻岭:《全面理解爱国主义的科学内涵》,《高校理论战线》2011 年第 10 期;吴潜涛、本刊记者:《准确把握爱国主义的科学内涵——访清华大学高校德育研究中心副主任吴潜涛教授》,《思想理论教育导刊》2012 年第 1 期。
④ 吴潜涛、杨峻岭:《全面理解爱国主义的科学内涵》,《高校理论战线》2011 年第 10 期;吴潜涛、本刊记者:《准确把握爱国主义的科学内涵——访清华大学高校德育研究中心副主任吴潜涛教授》,《思想理论教育导刊》2012 年第 1 期。

者之间,如果说"思想"要素和"政治"要素突出地表现了马克思主义思想政治教育"精神交往"的"精神内涵",那么,马克思主义思想政治教育"精神交往"的"交往内涵",则突出地表现在思想政治教育的"教育"要素中。思想政治教育作为世界观、人生观、价值观教育,不是单一的政治思想教育,也不是思想教育+政治教育,而是以政治思想为核心内容的思想教育,亦即以政治价值观为核心内容的世界观、人生观、价值观教育。思想政治教育过程,实质就是在以政治思想为核心内容的思想教育"精神交往"实践中,作为接受主体的受教育者,不断汲取思想政治教育"精神交往"实践中的思想政治素质信息和政治品格素质信息,"改变自己的主体图式、情势、本性,凝塑出新的品格、新的素质"①,使自己在思想政治教育精神交往中不断提升、完善的过程。

"图4"——以"教育—接受客体"为中介的思想政治教育"教育主体—教育与接受客体—接受主体"的精神交往关系图——表明,在思想政治教育"精神生产"基础上的"精神交往"实践中,教育者和受教育者之间不是主体与客体的关系,而是主体与主体的关系;不是"主体间性关系",而是"主体际性关系",是教育主体与接受主体的主体际性关系。教育主体与接受主体之间的关系作为人与人之间的关系,是一种"人际"关系,一种"主体际性"关系,而不只是一种"人间"关系,更不是一种"主体间性"关系。正如国与国之间的关系,不是"国间"关系,而是"国际"关系。《现代汉语词典》《辞海》明确界定,"人间"是"世间""人世间"的意思,"人际"才是"人与人之间的","人际关系"是"人与人之间通过直接交往而形成、发展起来的心理关系"。② 论及胡塞尔晚年提出的,经萨特、哈贝马斯等西方哲学家推广的"inter-subjectivity",俞吾金主张译为"主体际性",而不是"主体间性"。俞吾金提出:"'主体间性'是一个似是而非的概念。它既没有增加任何新的知识,也没有超越传统的、旧的知识;它不但没有使复杂的问题简单化,反倒使简单的问题复杂化了。"③胡塞尔晚年提出的,经萨特、哈贝马斯等西方哲学家推广的"inter-subjectivity",实质是"主体性之间的关系"。而"主体性之间的关系",如"图4"所示,不是一个直接的"主体—主体"作用关系,而是一个

---

① 任平:《广义认识论原理》,江苏人民出版社1992年版,第43页。
② 中国社会科学院语言研究所词典编辑室编:《现代汉语词典》(第7版),商务印书馆2016年版,第1097页;夏征农、陈至立主编:《辞海:第六版彩图本》,上海辞书出版社2009年版,第1881页。
③ 俞吾金:《"主体间性"是一个似是而非的概念》,《华东师范大学学报》(哲学社会科学版)2002年第4期;俞吾金:《主体际性、客体际性和主客体际性——马克思实践唯物主义关系理论探要》,《河北学刊》2007年第2期。

通过语言、符号等客体中介的"主体—客体—主体"关系。正如美国著名传播学者韦尔伯·施拉姆所言:"两个人共用一个符号,借以传情达意。"①没有作为中介的这个"符号",两个人的"传情达意"是无法完成的。韦尔伯·施拉姆特别强调:"两个人共用一个符号,借以传情达意,就如两人各把自己的一生投入其中,带入各自储存的经验,各自脑中的价值观与态度。"②所以,"共有的是符号,而不是含义。含义始终是属于个人的,是各人根据自己的经验得来的,是反应的总和,任何两个人都肯定不会一样。"③韦尔伯·施拉姆所说的基于不同人生、不同经验的"两个人共用一个符号,借以传情达意"的主体际性精神交往关系,具体到以政治思想为核心内容的主体际性思想政治教育中,也就是教育主体—接受主体的信仰互动,以及"让有信仰的人讲信仰"的信仰互动而形成的接受主体情感共鸣和政治认同。在1972年提交给联合国教科文组织的报告——《学会生存:教育世界的今天和明天》中,国际教育发展委员会曾指出:"如果一个社会政治体系不能争取人们信仰某些原则、观点,某些共同关心的事情,甚至信仰某些联结一个民族的神话,那么这个社会政治体系就不能巩固它的基础。"④

一、教育主体—接受主体的信仰互动

个体政治品格的形成,是社会的政治品格素质、社会发展的政治品格要求、作为教育主体的教育者的政治品格传导、作为接受主体的受教育者的自主选择、主动接受,合力作用的结果。其中,社会的政治品格素质是条件,社会发展的政治品格要求是方向,作为教育主体的教育者的政治品格传导是基础,作为接受主体的受教育者的自主选择、主动接受是关键。作为接受主体的受教育者接受时代"新思想",内化国家主导价值观和时代政治价值观,改造"旧思想",是思想政治教育的出发点和落脚点。在作为方式和手段的"教育"上,思想政治教育的核心在于激发作为接受主体的受教育者的接受

---

① [美]韦尔伯·施拉姆:《人、信息和媒介:人类传播概览》,余也鲁译,转引自中国社会科学院新闻研究所、世界新闻研究室编:《传播学》(简介),人民日报出版社1983年版,第142页。

② [美]韦尔伯·施拉姆:《人、信息和媒介:人类传播概览》,余也鲁译,转引自中国社会科学院新闻研究所、世界新闻研究室编:《传播学》(简介),人民日报出版社1983年版,第142页。陈亮、周立方、李启译本为:"当两个人同用一个符号时,就是两种生活交叉在一起。我们给这种关系带去我们储存的经验,头脑中的构象,对价值的判断和态度。"([美]威尔伯·施拉姆、威廉·波特:《传播学概论》,陈亮、周立方、李启译,新华出版社1984年版,第72页。)

③ [美]威尔伯·施拉姆、威廉·波特:《传播学概论》,陈亮、周立方、李启译,新华出版社1984年版,第71~72页。

④ 联合国教科文组织国际教育发展委员会编著:《学会生存:教育世界的今天和明天》,教育科学出版社1996年版,第188页。

主体性、主动性和积极性。

  要想激发思想政治教育中作为接受主体的受教育者的接受主体性、主动性和积极性，作为方式和手段的"教育"，必须紧扣思想政治教育中作为核心内容的"政治价值观教育"。在《反对党八股》中，毛泽东特别强调："不提出问题，不分析问题，不解决问题""没有什么真切的内容"的方法，亦即"不去思考事物的本质，而满足于甲乙丙丁的现象罗列"的方法，"实在是一种最低级、最幼稚、最庸俗的方法"，是"形式主义的方法"。① 毛泽东强调："一篇文章或一篇演说，如果是重要的带指导性质的，总得要提出一个什么问题，接着加以分析，然后综合起来，指明问题的性质，给以解决的办法，这样，就不是形式主义的方法所能济事。"② 具体实际的、解决问题的方法一定是反映内容本质的方法。能够激发受教育者的接受主体性、主动性、积极性的思想政治教育方法，必须是反映思想政治教育内容本质，亦即作为核心内容的政治价值观教育的方法。

  作为思想政治教育的核心内容，政治价值观教育是什么呢？弄明白这一问题，得首先弄明白价值观。价值观是什么呢？第一，就其一般定义而言，亦即《现代汉语词典》和《辞海》的定义而言，价值观是人们对经济、政治、道德、金钱等所持有的总的看法，是人们对人生价值的认识和根本态度。这一价值观定义，是一种认识论的价值观定义，揭示了价值观不是一种客体性的知识，而是一种主体性的情感。第二，就其地位而言，价值观是人的思想意识的核心，是社会文化的核心。第三，就其功能而言，从社会的角度说，价值观具有社会导向功能；从个体的角度说，价值观具有行为取向功能。论及"动机与价值观"，彭聃龄主编的《普通心理学》一书从价值观的功能性角度提出："价值(values)观是指主体按照客观事物对其自身及社会的意义或重要性进行评价和选择的原则、信念和标准"，"价值观决定着动机的性质、方向和强度"。③ 彭聃龄提出的价值观定义是一种功能性的价值观定义。需要注意的是，正如这一价值观定义所表述的，作为价值观标准的"参照系"不是主体自身，而是包括主体自身和社会。更具体地说，以主体自身为"参照系"的价值观只是个人价值观，以社会为"参照系"的价值观才是社会价值观。第四，就其类型而言，根据价值观所属社会生活领域，可分为经济价

---

① 《毛泽东选集》第 3 卷，人民出版社 1991 年版，第 838、839、838 页。
② 《毛泽东选集》第 3 卷，人民出版社 1991 年版，第 839 页。
③ 彭聃龄主编：《普通心理学》（修订版），北京师范大学出版社 2001 年版，第 326 页。

值观①、政治价值观②、道德价值观、法律价值观等；根据价值观的指向层级，可分为中间性价值观和终极性价值观，或工具性价值观和目的性价值观③。第五，就其心理形式而言，彭聃龄主编的《普通心理学》一书提出："价值观的主要表现形式有兴趣、信念和理想等。"其中，"兴趣(interest)是人对事物的一种认识倾向，是价值观的初级形式"④；"信念(belief)是坚信某种观念、思想或知识的正确性，并调节控制自己行动的人格倾向性。信念是认知和情感的升华，也是认知转化为行动的中介"⑤；"理想(ideal)是个体对未来可能实现的奋斗目标的向往和追求。它与信念紧密相连，是信念指向的未来形象，比信念更具体、更丰富、更确定、更具有感染力"⑥。李德顺《价值论》一书提出："信念、信仰、理想，是三种最典型、最重要、也是最普遍的价值观念基本形式。"⑦其中，"'念'只是一种意念，'仰'则是一种整体性的精神姿态"⑧；"信念是人对某种现实或观念抱有深刻信任感的精神状态"，"信念的功能是价值定向，信念的内容是从价值角度对现实和观念所作的价值判断"⑨；"信仰是人们关于最高(或极高)价值的信念"，"信仰在人的价值意识中起着调节中枢的作用"，"构成信仰的内容使人的整个精神活动以它为核心，为它服务，围绕它形成一个完整的系统"⑩；"理想是信仰对象的未来形象，是具体实践着的信仰。理想的内容指向取决于信仰"⑪。

综合《普通心理学》和《价值论》的论述，不难确认：其一，价值观在心理

---

① 经济价值观，是关于如何谋求经济利益的价值观，内容上，与谋求经济利益紧密关联。德国心理学家施普兰格尔(Spranger,1928)所提出的"以谋求利益为最高价值"(彭聃龄主编：《普通心理学》(修订版)，北京师范大学出版社2001年版，第327页。)的经济价值观，只是利己主义的经济价值观，只是经济价值观中的一种，而不是经济价值观本身。

② 政治价值观，是关于如何掌握权力、运用权力的价值观，内容上，与掌握权力紧密关联。施普兰格尔所提出的"以掌握权力为最高价值"(彭聃龄主编：《普通心理学》(修订版)，北京师范大学出版社2001年版，第327页。)的政治价值观，只是权力狂的政治价值观，只是政治价值观中的一种，而不是政治价值观本身。

③ 罗克奇(Rokeach,1973)根据工具—目标维度把价值观分为工具性价值观和终极性价值观(彭聃龄主编：《普通心理学》(修订版)，北京师范大学出版社2001年版，第327、328页。)；从分类标准的同一性角度来说，工具性应该是和非工具性相对的，终极性应该是和非终极性相对的；工具性价值观和终极性价值观，不是基于同一标准的分类。应该说，依据价值观的指向层级，分为中间性价值观和终极性价值观，或工具性价值观和目的性价值观，是更准确的表述。

④ 彭聃龄主编：《普通心理学》(修订版)，北京师范大学出版社2001年版，第327页。

⑤ 彭聃龄主编：《普通心理学》(修订版)，北京师范大学出版社2001年版，第328页。

⑥ 彭聃龄主编：《普通心理学》(修订版)，北京师范大学出版社2001年版，第328页。

⑦ 李德顺：《价值论》(第2版)，中国人民大学出版社2007年版，第200页。

⑧ 李德顺：《价值论》(第2版)，中国人民大学出版社2007年版，第204页。

⑨ 李德顺：《价值论》(第2版)，中国人民大学出版社2007年版，第201、202页。

⑩ 李德顺：《价值论》(第2版)，中国人民大学出版社2007年版，第203、204页。

⑪ 李德顺：《价值论》(第2版)，中国人民大学出版社2007年版，第209页。

层面,作为前提和基础,首先是一个字,"信",然后在此基础上,接着是"信任",继而"坚信"。其二,在价值观的兴趣、信念、信仰、理想四种心理形式之间,从稳定性、整体性和关键性的角度来说,价值观教育核心是信仰教育,根本在于形成信仰。其三,相应地,政治价值观教育在思想政治教育目标和思想政治教育心理意义上,核心是政治信仰教育,根本在于引导受教育者形成政治信仰。具体到社会主义的中国,核心是形成对马克思主义的信仰。在1984年6月30日会见第二次中日民间人士会议日方委员会代表团时的谈话中,邓小平明确指出:"如果我们不是马克思主义者,没有对马克思主义的充分信仰,或者不是把马克思主义同中国自己的实际相结合,走自己的道路,中国革命就搞不成功,中国现在还会是四分五裂,没有独立,也没有统一。对马克思主义的信仰,是中国革命胜利的一种精神动力。"①在21世纪的今天,更完整地说,也就是形成"对马克思主义的信仰,对中国特色社会主义的信念,对实现中华民族伟大复兴中国梦的信心"。在庆祝改革开放40周年大会上的讲话中,习近平总书记特别强调:"信仰、信念、信心,任何时候都至关重要。小到一个人、一个集体,大到一个政党、一个民族、一个国家,只要有信仰、信念、信心,就会愈挫愈奋、愈战愈勇,否则就会不战自败、不打自垮。无论过去、现在还是将来,对马克思主义的信仰,对中国特色社会主义的信念,对实现中华民族伟大复兴中国梦的信心,都是指引和支撑中国人民站起来、富起来、强起来的强大精神力量。"②

从上引《普通心理学》和《价值论》的论述可知,作为以"信仰"为"核心"的"整体性的精神姿态",价值观不仅包括"信仰"本身,而且包括作为"信仰"基础的"信念"和作为"信仰对象"的"理想"。在今天的中国,作为马克思主义信仰的"未来形象"和"具体实践",不仅包括马克思主义信仰直接指向的共产主义远大理想,而且包括马克思主义信仰中国化、时代化所指向的中国特色社会主义共同理想和实现中华民族伟大复兴的中国梦。共产主义远大理想、中国特色社会主义共同理想、实现中华民族伟大复兴的中国梦,三者有机联系、不可分割、内在统一。历史和实践证明,中国特色社会主义是实现中华民族伟大复兴的必由之路,实现中华民族伟大复兴是社会主义优越性的生动证明,实现社会主义现代化和中华民族伟大复兴是实现共产主义的前提,没有实现社会主义现代化和中华民族伟大复兴,就不可能实现共产主义。这告诉我们,"对马克思主义的信仰,对中国特色社会主义的

---

① 《邓小平文选》第3卷,人民出版社1993年版,第63页。
② 习近平:《在庆祝改革开放40周年大会上的讲话》,《人民日报》2018年12月19日。

信念,对实现中华民族伟大复兴中国梦的信心",是一个以"对马克思主义的信仰"为核心的有机整体。这也告诉我们,价值观教育落脚点在信仰教育。以政治价值观教育为核心的思想政治教育,落脚点在政治信仰教育;就其过程而言,即教育者和受教育者的主体际性信仰互动。应该说,正是为了显明思想政治教育的政治信仰教育本质和主体际性信仰互动特性,2019年3月18日在学校思想政治理论课教师座谈会上的讲话中,习近平总书记强调:"让有信仰的人讲信仰。"①

需要强调的是,作为价值观心理形式尤其是政治价值观心理形式的"信仰",不是虚幻的、彼岸的、未经理性反思的盲目迷信,而是基于人的现实生活的生产和再生产的、科学的、理性的、崇高的历史唯物主义信仰。在今天的中国,也就是对以人民性为原则、以科学性为基础、以实践性为准则、以为人类求解放为追求的马克思主义的信仰。在纪念马克思诞辰200周年大会上的讲话中,习近平总书记明确指出:"马克思主义是人民的理论,第一次创立了人民实现自身解放的思想体系。马克思主义博大精深,归根到底就是一句话,为人类求解放。"②这也就告诉我们,作为马克思主义理论学科的思想政治教育专业,作为思想政治教育主体的教育者和作为思想政治接受主体的受教育者,不仅是从专业的角度"姓马",更需要从心理的角度"信马"。思想政治教育过程,就是以教育者的"真懂、真信、真用",引导推进受教育者的"真懂、真信、真用"的主体际性马克思主义信仰互动。

然而,信仰不是一蹴而就的,前文所引《普通心理学》和《价值论》明确表述,信仰是由"信"到"坚信"的"情感的升华"。这就意味着,在过程意义上,思想政治教育的信仰互动,就是激发受教育者的情感共鸣。

二、接受主体的情感共鸣

作为"态度"和"信仰",价值观源于认知。但需要注意的是,价值观的本质不是一种知识,而是一种情感,亦即"个体对客观事物所持有的比较稳定的、深刻的、具有社会意义的态度体验及相应的行为反应"③。而这正是混淆了认识论和知识论,并将认识论降低为知识论,同时又忽略情感论的传统知识论思想政治教育的根本缺陷所在。在价值领域,譬如人们日常直接感知的道德领域,大家看得非常清楚,有道德知识不等于有道德情感,是否是有道德的人,关键在于道德情感,而不是道德知识。同时需要注意的是,

---

① 《习近平谈治国理政》第3卷,外文出版社2020年版,第330页。
② 习近平:《在纪念马克思诞辰200周年大会上的讲话》,《人民日报》2018年5月5日。
③ 杨治良、郝兴昌主编:《心理学辞典》,上海辞书出版社2016年版,第352页。

价值观也不是一种情绪,即"个体对客观事物所持有的具有较大情景性、激动性和暂时性的态度体验及相应的行为反应"①。比较情感和情绪可知,情感是社会性的,情绪是个体性的;情感比较稳定,情绪则是暂时性的;人的社会性高级情感主要有道德感、理智感和美感等,人的个体性基本情绪主要有喜、怒、哀、惧等。由此可见,价值观教育源于认知教育,但核心不是一种知识教育,而是一种情感教育。以政治价值观教育为核心的思想政治教育,根本在于通过培养受教育者的道德感、理智感、美感,或者说理智性的道德感和美感,从而培养提升受教育者的政治品格和政治人格。在1972年提交给联合国教科文组织的报告——《学会生存:教育世界的今天和明天》中,国际教育发展委员会曾明确指出:"教育的一个特定目的就是要培养感情方面的品质,特别是在人和人的关系中的感情品质。"②

这就告诉我们,作为世界观、人生观、价值观教育,以政治价值观为核心内容的思想政治教育,需要基于认识论前提,但不是一种知识教育,而是一种情感教育。思想政治教育是以情感激发情感的教育。论及资本主义生产方式导致的"货币作为现存的和起作用的价值概念"对世界的"颠倒",对"一切自然的品质和人的品质的混淆和替换",马克思说得好:"人对世界的关系是一种人的关系",因而"只能用爱来交换爱,只能用信任来交换信任"。③ 换言之,"如果你想感化别人,那你就必须是一个实际上能鼓舞和推动别人前进的人。你对人和对自然界的一切关系,都必须是你的现实的个人生活的、与你的意志的对象相符合的特定表现。"④1957年2月27日在《关于正确处理人民内部矛盾的问题》的讲话中,针对意识形态领域的思想斗争和人民内部的思想问题,毛泽东特别指出:"思想斗争同其他的斗争不同,它不能采取粗暴的强制的方法,只能用细致的讲理的方法","对待人民内部的思想问题,对待精神世界的问题,用简单的方法去处理,不但不会收效,而且非常有害。不让发表错误意见,结果错误意见还是存在着。而正确的意见如果是在温室里培养出来的,如果没有见过风雨,没有取得免疫力,遇到错误意见就不能打胜仗。因此,只有采取讨论的方法,批评的方法,说理的方法,才能真正发展正确的意见,克服错误的意见,才能真正解决问题。"⑤2000年6月28日在中央思想政治工作会议上的讲话中,针对增强思

---

① 杨治良、郝兴昌主编:《心理学辞典》,上海辞书出版社2016年版,第352页。
② 联合国教科文组织国际教育发展委员会编著:《学会生存:教育世界的今天和明天》,教育科学出版社1996年版,第194页。
③ 《马克思恩格斯文集》第1卷,人民出版社2009年版,第247页。
④ 《马克思恩格斯文集》第1卷,人民出版社2009年版,第247页。
⑤ 《毛泽东文集》第7卷,人民出版社1999年版,第231、232页。

想政治工作的时代感,加强思想政治工作的针对性、实效性、主动性,创新和改进思想政治工作的"内容、形式、方式、方法、手段、机制等",江泽民特别强调:要使"马克思列宁主义、毛泽东思想、邓小平理论武装全党,教育人民","富有成效,必须大力弘扬理论联系实际的学风,敢于和善于分析、回答现实生活中和群众思想上迫切需要解决的问题。理论只有联系实际,正确回答和指导解决实际问题,才能发挥自己的威力和真正掌握群众。马克思主义具有强大生命力的奥秘,就在于它具有与时俱进的理论品质。马克思、恩格斯、列宁和毛泽东同志、邓小平同志,从来都不把理论研究当作书斋里的学问,总是紧密结合现实斗争的需要,努力回答实践不断提出的重大理论问题,从而不断丰富和发展理论。如果把马克思主义变成了一成不变和干巴巴的教条,变成了简单的说教,脱离了群众活生生的实践,那就不会有说服力,也就会丧失生命力"。[1] 在诸如此类的论述、讲话中,马克思、毛泽东、江泽民等马克思主义者反复提醒,思想政治教育强制无效、灌输无效。思想政治教育,关键在于用情感激发情感,用思想引领思想,用政治引导政治。这也正是前文强调思想政治教育的教育主体—接受主体"主体际性信仰互动"的意义所在。

严格意义上说,教育主体—接受主体"主体际性信仰互动",一是需要作为教育主体的教育者的信仰自觉,二是需要作为接受主体的受教育者的信仰确立。而思想政治教育的目的,就是培养形成受教育者的信仰。在今天的中国,也就是培养形成受教育者的马克思主义信仰。这就意味着,通常而言,受教育者,是暂时还没有形成教育者所传导的信仰的,或者说,尚处于形成教育者所传导的信仰过程之中。在今天的中国,受教育者,通常而言,是暂时还没有形成马克思主义信仰,或者说,尚处于马克思主义信仰的形成过程之中。因此,思想政治教育的教育主体—接受主体"主体际性信仰互动",主要是作为一种"情感"的信仰互动。在今天的中国,也就是对马克思主义信仰的情感互动。在最核心的意义上,思想政治教育,就是习近平总书记所强调的"让有信仰的人讲信仰"。

"让有信仰的人讲信仰",实现教育主体—接受主体"主体际性"信仰的情感互动,关键在于激发受教育者的情感共鸣。在今天的中国,关键在于,教育者用对马克思主义信仰的真情流露,刺激、引发、强化受教育者对马克思主义的信仰之情;具体在于,教育者用对马克思主义的信仰,对中国特色社会主义的信念,对实现中华民族伟大复兴中国梦的信心的真情流露,刺

---

[1] 《江泽民文选》第 3 卷,人民出版社 2006 年版,第 87 页。

激、引发、强化受教育者对马克思主义的信仰,对中国特色社会主义的信念,对实现中华民族伟大复兴中国梦的信心。《简明心理学辞典》"情感共鸣"词条这样界定:"在他人情感表现或造成他人情感变化的情境(或处境)的刺激作用下,所引起的情感或情绪上相同或相似的反应倾向。"①《社会心理学辞典》"情感共鸣"词条这样界定:"因他人某种情感表现的刺激,而引起自身相同情感的反应倾向,称之为情感共鸣。"②这就是说,激发情感共鸣一定是用情感激发情感,用知识不可能激发情感。这正是知识论思想政治教育低效甚至无效的根本所在。前引马克思所说的"用爱来交换爱","用信任来交换信任",就是教育者用"爱"和"信任"来激发受教育者的情感共鸣。毛泽东所说的"不能采取粗暴的强制的方法,只能用细致的讲理的方法"③,就是避免情感对抗,激发情感共鸣。江泽民所说的"如果把马克思主义变成了一成不变和干巴巴的教条,变成了简单的说教,脱离了群众活生生的实践,那就不会有说服力,也就会丧失生命力"④,即从反面说明,思想政治教育不能离开情感传导,思想政治教育核心是情感教育。在思想政治教育中,教育者没有注入情感和传递情感,没有情感的真实表达和真实呈现,除了引起受教育者的反感,不可能引起别的情感。

在思想政治教育中,教育者如何以自己的真情激发作为接受主体的共鸣与真情呢?《简明心理学辞典》"情感共鸣"词条这样说:"研究表明,生活经历相同、思想倾向一致、个性相似,特别是志趣相投的个体间,彼此容易发生情感共鸣;而作为引起共鸣的情感刺激,其本身的感染力、情境性和形象性等,则是引起情感共鸣的基本条件。"⑤这提醒我们要注意以下两点。

第一,在思想政治教育中,教育者不能以自己为中心,不能从自己的主观设想和主观想象出发,而是必须始终做到"三贴近",即贴近受教育者的时代实际、贴近受教育者的现实生活、贴近受教育者的思想困惑和成长期待。套用李长春关于"三贴近"——"贴近实际、贴近生活、贴近群众"——的内涵界定,即紧跟时代步伐,聚焦生活场景,想受教育者之所想,急受教育者之所急,传受教育者之所盼。⑥ 正如中共中央、国务院发出《关于进一步加强和改进大学生思想政治教育的意见》(中发〔2004〕16 号文)所提出的:"坚持解决思想问题与解决实际问题相结合。既讲道理又办实事,既以理服人

---

① 杨清主编:《简明心理学辞典》,吉林人民出版社 1985 年版,第 308 页。
② 费穗宇、张潘仕主编:《社会心理学辞典》,河北人民出版社 1988 年版,第 253 页。
③ 《毛泽东文集》第 7 卷,人民出版社 1999 年版,第 231 页。
④ 《江泽民文选》第 3 卷,人民出版社 2006 年版,第 87 页。
⑤ 杨清主编:《简明心理学辞典》,吉林人民出版社 1985 年版,第 309 页。
⑥ 参见李长春:《从"三贴近"入手改进和加强宣传思想工作》,《求是》2003 年第 10 期。

又以情感人。"①在《德意志意识形态》中,马克思明确指出:"思想、观念、意识的生产最初是直接与人们的物质活动,与人们的物质交往,与现实生活的语言交织在一起的。人们的想象、思维、精神交往在这里还是人们物质行动的直接产物。表现在某一民族的政治、法律、道德、宗教、形而上学等的语言中的精神生产也是这样。人们是自己的观念、思想等等的生产者,但这里所说的人们是现实的、从事活动的人们,他们受自己的生产力和与之相适应的交往的一定发展——直到交往的最遥远的形态——所制约。"②作为世界观、人生观、价值观教育,以政治价值观为核心内容的情感教育,不是煽情,不是说教,而是"解决实际问题"的利益途径和"解决思想问题"的价值途径的有机结合。比较而言,作为生存前提,"解决实际问题"的利益途径是作为接受主体的受教育者情感共鸣的基础,没有"解决实际问题"的切身体验和直接获得感,也就失去了情感共鸣的基本动力。作为价值引领,"解决思想问题"的价值途径是受教育者情感共鸣的根本,没有"解决思想问题"的价值提升,"解决实际问题"的利益途径也就止步于动物的生存,很难升华为人和人的关系中的情感品质。

第二,努力创设情境,开展情境教学和情感教育,增强情感表达的"感染力、情境性和形象性",提升受教育者的情感体验。需要注意的是,增强情感表达的"感染力、情境性和形象性",不是夸夸其谈,而是情真意切;不是故弄玄虚,而是实事求是;不是华而不实,而是发人深思。正如马克思在《摩泽尔记者的辩护》一文中论及《公益周刊》的报道时所说的:"我们在这里看到的只是对某些事实的质朴无华的叙述,有时在后面也附有感伤的简短的结束语。这种叙述正因为不加粉饰、质朴无华,所以能够打动人心。"③2000 年 6 月 28 日在中央思想政治工作会议上的讲话中,江泽民强调:"加强和改进思想政治工作,过去行之有效的好传统、好办法要坚持,更重要的是要适应新情况不断探索新的方式、方法、手段、机制。不创新、不改进,简单地沿用过去老一套的东西是不行的。开展思想政治工作,要力求做到生动活泼、群众喜闻乐见,切忌形式主义、教条主义,切忌简单生硬。不讲究方式、方法,不分对象、条件、场合,照本宣科,生搬硬套,老生常谈,空话套话连篇,绝对不会有成效。要特别警惕和防止形式主义的东西。……搞形式主义,不仅是自欺欺人,而且劳民伤财,对党的事业是十分有害的。思想工作必须讲求春

---

① 《十六大以来重要文献选编》(中),中央文献出版社 2006 年版,第 179 页。
② 《马克思恩格斯文集》第 1 卷,人民出版社 2009 年版,第 524~525 页。
③ 《马克思恩格斯全集》第 1 卷,人民出版社 1995 年版,第 383 页。

风化雨,润物无声,耐心细致,潜移默化。"①

三、接受主体的政治认同

作为世界观、人生观、价值观教育,以政治价值观为核心内容的思想政治教育,努力创设情境,开展情境教学和情感教育,不是为情感教育而情感教育,不是抽象的情感教育,而是具体的情感教育。以政治价值观为核心内容的思想政治教育,贴近受教育者的时代实际、贴近受教育者的现实生活、贴近受教育者的思想困惑和成长期待,努力创设情境,开展情境教学和情感教育,增强情感表达的"感染力、情境性和形象性",提升受教育者的情感体验,从个体的角度来说,是提升受教育者对自我政治存在的认知自觉,增进受教育者的政治归属感;从社会的角度来说,是在政治归属感的中介下,提升受教育者对自我政治存在的政治认同;从思想政治教育目的的角度来说,是在政治认同作用下,培养受教育者的政治品格和政治人格。《中国大百科全书》"政治学"卷"政治认同"词条明确界定:"政治认同(political identification)",是"人们在社会政治生活中产生的一种感情和意识上的归属感。"②

作为"人们在社会政治生活中产生的一种感情和意识上的归属感",亦即在家感、有家感,政治认同有几点内涵。其一,政治认同,不是人们生来就有的,而是在社会政治生活中逐步养成并且变化发展的。其二,政治认同,是政治归属感"中介"的结果;没有政治归属感,也就没有政治认同。其三,在社会政治生活中,政治认同具有十分重要的作用,"是把人们组织在一起的重要凝聚力量。任何一个政治组织"只有"得到了成员广泛的认同,才能获得充沛的生命力并能长期存在下去;一个人只有在产生认同感的基础上,才能对一个政治组织或一种政治信念表现出最大的热忱和忠诚"。③

这就意味着,在情感教育的内容上,以政治价值观为核心内容的思想政治教育,首先是增进作为接受主体的受教育者的政治归属感的教育。上述政治认同定义告诉我们,政治认同过程就是受教育者不断诘问"自我",明确价值,确立"身份",找到"归属",确认"我是谁"的过程。用埃里克森(Erikson E. H.)《同一性:青少年与危机》(Identity: Youth and Crisis)中的话说,就是解答受教育者的"自我同一性"(ego identity)问题的过程。

---

① 《江泽民文选》第 3 卷,人民出版社 2006 年版,第 93 页。
② 中国大百科全书总编辑委员会《政治学》编辑委员会、中国大百科全书出版社编辑部编:《中国大百科全书·政治学》,中国大百科全书出版社 1992 年版,第 501 页。
③ 中国大百科全书总编辑委员会《政治学》编辑委员会、中国大百科全书出版社编辑部编:《中国大百科全书·政治学》,中国大百科全书出版社 1992 年版,第 501 页。

作为"心理社会发展理论"的提出者,埃里克森所说的"自我同一性",不是自然生命意义上的"变化着的自身"的"身体自我"(body ego)同一性,而是社会意义上的"自我"(ego)与社会的同一性。针对"自我理想与自我同一性的关系问题",埃里克森明确指出:"自我同一性是一个人的自我疆界之一的,即在连续的童年危机期间被传导给儿童的社会现实那个'环境'的综合功能的结果。"①就其实质而言,正如马克思所说的:"以一定的方式进行生产活动的一定的个人,发生一定的社会关系和政治关系","他们是什么样的,这同他们的生产是一致的——既和他们生产什么一致,又和他们怎样生产一致"。②埃里克森特别强调:"自我(ego)如果作为一种中心的、部分潜意识的组织力量来理解的话,则在生命的任何阶段都肯定要对付一个变化着的自身,后者要求与被放弃的和预期的各种自身进行整合。……这种身体自我可说成一个人的身体的经验所提供给自身的那一部分,因此,称之为'身体自身'更贴切些。"③生命本身意义上的"自然必然性"的"身体自我"同一性,只是"自身同一性",还不是在"为社会所承认的角色整体中被成功地重新整合"的"自我同一性"。埃里克森主张:"自我理想的意象为自身(self)描述了一套为之奋斗却永远不能完全达到的理想目标","自我同一性"则是"在社会现实范围内确实达到了的却永远需要修正的一种自身的现实感"④;"最令人满意的同一感"就是"一种心理社会的安宁之感。它的最明显的伴随情况是一种个人身体上的自在之感,一种自知有'何去何从'之感,以及一种预期能获得有价值的人们承认的内心保证"。⑤与之相反,则是"同一性混乱",安宁感缺失,自我迷失,心无归依。

在社会政治生活、政治关系的政治存在中,埃里克森所说的"心理社会的安宁之感""身体上的自在之感""自知有'何去何从'之感",从社会的角度来说,在其"似本能""似天然"形态上,就是人们对社会政治组织"下意识的归属感,如血缘的认同,种族的认同,地域的认同等",亦即前现代"静态社会"下人们未经反思的自发的政治认同;就其自觉形态而言,就是"人们对社

---

① [美]埃里克·H.埃里克森:《同一性:青少年与危机》,孙名之译,浙江教育出版社1998年版,第202页。
② 《马克思恩格斯文集》第1卷,人民出版社2009年版,第523~524、520页。
③ [美]埃里克·H.埃里克森:《同一性:青少年与危机》,孙名之译,浙江教育出版社1998年版,第201页。
④ [美]埃里克·H.埃里克森:《同一性:青少年与危机》,孙名之译,浙江教育出版社1998年版,第201页。
⑤ [美]埃里克·H.埃里克森:《同一性:青少年与危机》,孙名之译,浙江教育出版社1998年版,第152页。

会政治组织所产生的热爱、信赖、追随、亲近、归属等"。① 用《中国大百科全书》"政治学"卷"政治认同"词条的话说,就是初级层次的政治认同和中级层次的政治认同。

以价值观导向为突出特性、以政治价值观为核心内容的学校思想政治教育,作为世界观、人生观、价值观教育的自觉,在政治认同教育意义上,不只是中级层次的认同,更不只是初级层次的认同,而应当是高级层次的认同。正如《中国大百科全书》"政治学"卷"政治认同"词条所划分的,亦即"人们在对全部自然及社会关系的把握中,在理性的指导之下所产生"的"理智上的认同"。② 需要强调的是,在人类社会发展到 21 世纪的今天,作为高级层次的理智上的政治认同对象的"政治",从其具体形态而言,不是前现代社会的专制政治,也不是资本主义的资本政治,更不是官僚主义的官僚政治,而是保障人民劳动生存利益、满足人民美好生活需要的民主政治,是列宁所说的国家建设的政治,是毛泽东所说的以人民性为核心特质的人民内部关系的政治,是邓小平所说的四个现代化建设的政治,是习近平所说的人心的政治、民生的政治,是以人民为中心、人民当家作主的人民民主政治。

以人民为中心、人民当家作主的人民民主的政治认同,在其现实性上,最重要的是国家认同、政党认同、政治理想认同、政治制度认同、人类命运共同体认同。当然,其中最基本的政治认同是国家认同。毕竟在今天,作为地球人的"球籍"还只是形式上的,作为国家公民的"国籍"才是实质上的。作为地球人的实质的生存权益保障,不是来自"球籍",而是来自"国籍"。

以价值观导向为突出特性、以政治价值观为核心内容的学校思想政治教育中的政治认同,根本在于对"为人类求解放"的马克思主义政治理想、马克思主义政党、社会主义国家和社会主义制度的认同。在《共产党宣言》中,马克思恩格斯明确指出:"从大工业和世界市场建立的时候起",资产阶级"在现代的代议制国家里夺得了独占的政治统治。现代的国家政权不过是管理整个资产阶级的共同事务的委员会罢了"。③ 马克思恩格斯强调:"资产阶级日甚一日地消灭生产资料、财产和人口的分散状态。它使人口密集起来,使生产资料集中起来,使财产聚集在少数人的手里。由此必然产生的结果就是政治的集中。各自独立的、几乎只有同盟关系的、各有不同利

---

① 中国大百科全书总编辑委员会《政治学》编辑委员会、中国大百科全书出版社编辑部编:《中国大百科全书·政治学》,中国大百科全书出版社 1992 年版,第 501 页。
② 中国大百科全书总编辑委员会《政治学》编辑委员会、中国大百科全书出版社编辑部编:《中国大百科全书·政治学》,中国大百科全书出版社 1992 年版,第 501 页。
③ 《马克思恩格斯文集》第 2 卷,人民出版社 2009 年版,第 33 页。

益、不同法律、不同政府、不同关税的各个地区,现在已经结合为一个拥有统一的政府、统一的法律、统一的民族阶级利益和统一的关税的统一的民族。"①基于全球化世界国家角色的历史变化,面向全球化时代"认同(identity)与归属(belonging)"之间的潜在差异,针对推进"消弭各个民族—国家之间爆发大规模战争之可能性"的"世界大同主义"以维护人类和平与发展的急切性,在《第三条道路:社会民主主义的复兴》中,安东尼·吉登斯从民族—国家的形成与变迁角度写道:"民族—国家的形成始于它们发展出明确的'边界'(borders),以取代更传统的国家所特有的那种模糊的'边疆'(frontiers)。边界是在地图上画出的精确界线,而且任何侵犯边界的行为都被看成对国家主权完整性的一种损害。现在,国家再一次拥有边疆而不是边界,但其中的原因与过去不同。早期的国家拥有边疆乃是因为它们缺乏足够的政治机器;它们无法使国家的权威直抵远离政治中心的边远地区。当代国家的边界之所以逐渐又演变为边疆,乃是因为它们与其他地区的联系越来越紧密,而且,它们越来越多地参与到与各种跨国集团的交往之中。"②从马克思恩格斯和吉登斯的论述来看,"民族—国家"是资本逻辑的政治表现形式,现代民族—国家的形成是资本逻辑的政治结果,民族—国家之间大规模战争的爆发,是不同资本之间利益冲突的外显。要想从根本上"消弭各个民族—国家之间爆发大规模战争之可能性",关键在于建立起代替那"虚假的共同体"的"真正的共同体",亦即建立起"代替那存在着阶级和阶级对立的资产阶级旧社会"③的"自由人联合体"。而建立起代替那"虚假的共同体"的"真正的共同体",亦即建立起"代替那存在着阶级和阶级对立的资产阶级旧社会"的"自由人联合体"的政治认同,是且只能是对"为人类求解放"的马克思主义政治理想、马克思主义政党、社会主义国家和社会主义制度的认同。

以人民为中心、人民当家作主的人民民主的政治认同,对"为人类求解放"的马克思主义政治理想、马克思主义政党、社会主义国家和社会主义制度的认同,就是对中华民族五千年文明古国和文明大国的认同,对中国共产党的认同,对中国特色社会主义理论、道路、制度、文化的认同,对人类命运共同体的认同。其中最核心的是对中国共产党领导的社会主义中国的认同。中共中央、国务院2019年11月印发的《新时代爱国主义教育实施纲

---

① 《马克思恩格斯文集》第2卷,人民出版社2009年版,第36页。
② [英]安东尼·吉登斯:《第三条道路:社会民主主义的复兴》,郑戈译,北京大学出版社2000年版,第134页。
③ 《马克思恩格斯文集》第2卷,人民出版社2009年版,第53页。

要》特别指出:"新中国是中国共产党领导的社会主义国家,祖国的命运与党的命运、社会主义的命运密不可分。当代中国,爱国主义的本质就是坚持爱国和爱党、爱社会主义高度统一。"①构建人类命运共同体理念,也正是社会主义中国的中国共产党人,直面人类当前的问题,解答"世界怎么了,我们怎么办"这一"世界之问"而提出和贡献的中国智慧、中国方案。

---

① 《中共中央国务院印发新时代爱国主义教育实施纲要》,《人民日报》2019年11月13日。

第四章　思想政治教育的本质:政治人格建构

马克思在《德意志意识形态》中指出,只要"按照事物的真实面目及其产生情况来理解事物,任何深奥的哲学问题……都可以十分简单地归结为某种经验的事实"①。思想政治教育是怎么产生的呢？从人的"政治存在"这一思想政治教育的"出场源",人的"政治品格建构"这一思想政治教育的"落脚点",思想政治教育由"文"而"化"的政治品格建构的政治文化机理,思想政治教育"建构·导向·主体际性"的教育机理来看,"三态共融"的思想政治教育作为一种客观存在的实践活动,既不是先天的"在场",也不是自生自长,而是因应"人的政治存在"这一现实及"政治人格建构"这一需求的"出场"。这就意味着,面向"思想政治教育科学"的思想政治教育本质解析,必须立足"人们的社会存在决定人们的意识"这一历史唯物主义实践诠释学、"为谁培养人、培养什么人、怎样培养人"这一思想政治教育根本问题论、马克思主义出场学、马克思主义"人是历史的目的"论,紧扣"人的政治存在—政治人格—政治品格—有灵魂的人—铸魂育人—思想政治教育"的思想政治教育"出场学"逻辑,跳出 1984 年思想政治教育专业设立以来的本质与属性概念比较式思想政治教育本质的阐释方式和论断式思想政治教育本质的阐释方式,在思想政治教育根本问题的解答和马克思主义的思想政治教育出场学中,科学揭示作为"铸魂育人"的政治范畴、人学范畴、活动范畴的思想政治教育"政治人格建构"本质。

第一节　1984 年以来思想政治教育本质论的主要范式及其阐释

本书导言——"思想政治教育本质:思想政治教育根本问题的解答"有言,思想政治教育"政治人格建构"本质的提出和阐释,不是突发奇想,也不

---

① 《马克思恩格斯文集》第 1 卷,人民出版社 2009 年版,第 528 页。

是主观臆断,而是建立在历史发展至今的哲学社会科学方法论和1984年以来思想政治教育本质研究的学术成果基础上,特别是建立在邱柏生主编的《思想教育接受学》的"受教育者主体论"、陈秉公《21世纪思想政治教育工作创新理论体系》的"思想政治教育工作对象接受过程分析"、王敏《思想政治教育接受论》的"接受:21世纪思想政治教育的关键"、张世欣《思想政治教育接受规律论》的"坚持思想政治教育为受者服务的本质"、沈壮海《思想政治教育的学科视域》(倪愫襄主编《思想政治教育元问题研究》第一章)的"'三态共融'思想政治教育论"的论述基础上;建立在张澍军《试论思想政治教育学科前沿的若干重大问题》对"思想政治教育的本质""有必要进一步探讨、规范"的主张、张耀灿《思想政治教育学科建设存在的若干问题》对寻求"思想政治教育本质问题"突破的急切呼唤、陈秉公《思想政治教育本质研究现状及建议》对当前"思想政治教育本质研究的问题和弱点"的归纳、宇文利《论思想政治教育本质:政治价值观的再生产》的"思想政治教育的本质是以受教育者思想政治素质的养成为指向的政治价值观再生产"[①]的主张及强调"人"是思想政治教育本质研究起点和终点的论述、李忠军《"铸魂育人"是思想政治教育本质核心内涵的探讨》的"思想政治教育的使命和任务不仅体现为与一般教育活动'立德树人'根本任务的一致性,更突显思想政治教育对人灵魂的引领性、塑造性,强调德中之'魂'的特殊功能,是对思想政治教育本质功能的准确表达"[②]的阐述基础上。没有历史发展至今的哲学社会科学方法论和1984年以来的思想政治教育本质的研究,本书的思想政治教育"政治人格建构"本质阐释,是很难完成的。由此,本章先在前两节梳理、勾勒1984年以来思想政治教育本质研究的主要范式与阐释、1984年以来思想政治教育本质论的主要阐释方式及其逻辑问题。

一、1984年以来"教育学、德育学"总范式下思想政治教育本质论的社会哲学、人学范式

在《科学革命的结构》一书中,托马斯·库恩指出:"一种范式通过革命向另一种范式的过渡,便是成熟科学通常的发展模式","取得了一个范式,取得了范式所容许的那类更深奥的研究,是任何一个科学领域在发展中达

[①] 宇文利:《论思想政治教育本质:政治价值观的再生产》,《马克思主义与现实》2013年第1期。

[②] 李忠军:《"铸魂育人"是思想政治教育本质核心内涵的探讨》,《思想理论教育导刊》2015年第10期。

到成熟的标志"。① 何谓范式(Paradigm)？在1962年写的"常规科学的本质"中,托马斯·库恩说:"按照其已确定的用法,一个范式就是一个公认的模型或模式(Pattern)。"②在1969年写的"后记"中,托马斯·库恩说:"在本书的大部分篇幅中,'范式'一词有两种意义不同的使用方式。一方面,它代表着一个特定共同体的成员所共有的信念、价值、技术等等构成的整体。另一方面,它指谓着那个整体的一种元素,即具体的谜题解答；把它们当作模型和范例,可以取代明确的规则以作为常规科学中其他谜题解答的基础。"③在《科学中的革命》一书中,I.伯纳德·科恩对托马斯·库恩的"范式"概念做了简洁而明确的概括:"所谓范式,就是一组共有的方法、标准、解释方式或理论,或者说是一系列共有的知识体。"④I.伯纳德·科恩强调:"在库恩看来,所谓科学中的革命,就是这样的一种范式向另外一种范式的转换。"⑤由此可见,成熟科学的研究或者说科学化的研究,是一定的科学范式指引下的研究。托马斯·库恩指出:常规科学的"前范式时期通常是以对合理的方法、问题和解答的标准的频繁而深入的争论为标志的,尽管这些争论主要是为了确定学派而不是为了达成一致"⑥。为此,托马斯·库恩专章单论"范式的优先性",从四个方面特别阐明,"范式比能从其中明白地抽象出来进行研究的任何一组规则更优先、更具约束力、更加完备"⑦。

综合I.伯纳德·科恩《科学中的革命》一书对"范式"的概括和托马斯·库恩《科学革命的结构》一书关于"范式"的阐释可知:相对于作为观点的结论而言,范式的变革是更为深刻、更为根本的变革；相对于作为结论的观点的综述而言,范式的综述是学术研究首先需要思考的综述；梳理、勾勒1984年以来的思想政治教育本质阐释,首先应该梳理、勾勒1984年以来思想政治教育本质阐释的主要范式。

---

① [美]托马斯·库恩:《科学革命的结构》,金吾伦、胡新和译,北京大学出版社2003年版,第11、10页。
② [美]托马斯·库恩:《科学革命的结构》,金吾伦、胡新和译,北京大学出版社2003年版,第21页。
③ [美]托马斯·库恩:《科学革命的结构》,金吾伦、胡新和译,北京大学出版社2003年版,第157页。
④ [美]I.伯纳德·科恩:《科学中的革命》,鲁旭东、赵培杰译,商务印书馆2017年版,第53页。
⑤ [美]I.伯纳德·科恩:《科学中的革命》,鲁旭东、赵培杰译,商务印书馆2017年版,第53页。
⑥ [美]托马斯·库恩:《科学革命的结构》,金吾伦、胡新和译,北京大学出版社2003年版,第44页。
⑦ [美]托马斯·库恩:《科学革命的结构》,金吾伦、胡新和译,北京大学出版社2003年版,第43页。

从作为"一组共有的方法、标准、解释方式或理论"①或者说"科学研究与发展进步的方法论模型"②的"范式"角度来看,当前思想政治教育本质阐释最大的特点,亦即当前思想政治教育本质阐释的总范式,或者说是第一层次的范式,就是前引沈壮海所说的"教育学、德育学"范式。在当前,思想政治教育的本质阐释,以"作为教育活动具体类别的思想政治教育"为阐释前提,"更多地聚焦于作为教育活动具体类别的思想政治教育,以'教育学''德育学'为基本底色"③来展开思想政治教育的本质阐释。而这正是当前思想政治教育本质阐释问题的根本所在。在《思想政治教育研究范式论纲——思想政治教育研究方法的基本问题》一文中,张耀灿、钱广荣曾指出:"思想政治教育实务,作为中国共产党领导下一切工作的'生命线'和'中心环节',其主要领域在社会,属于社会建设范畴。因此,思想政治教育研究的视野,不能因其学科列在高等教育体系而局限在高校,应有全社会思想政治教育的内涵,尤其是关涉理论框架、研究方式和范畴体系的部分更应有社会大视野。这就要求,立足于高校学科视域的思想政治教育研究范式,其优化建构有必要贯通思想政治教育的社会建设,具备某种'宏观思想政治教育学'的性质。"④

对当前"教育学、德育学"的思想政治教育本质研究总范式下的具体范式阐释最系统同时也是最早⑤且最有影响力⑥的,是张澍军所著的《德育哲学引论》一书。这里首先需要说明的是,张澍军《德育哲学引论》的"德育"是"大德育",亦即思想政治教育,不是"小德育"即"道德教育"。该书第二章"新时期德育思维的转换"第二节标题明确写明"现代大德育思维",并列

---

① [美]I.伯纳德·科恩:《科学中的革命》,鲁旭东、赵培杰译,商务印书馆2017年版,第53页。
② 张耀灿、钱广荣:《思想政治教育研究范式论纲——思想政治教育研究方法的基本问题》,《思想教育研究》2014年第7期。
③ 倪愫襄主编:《思想政治教育元问题研究》,中国社会科学出版社2014年版,第19页。
④ 张耀灿、钱广荣:《思想政治教育研究范式论纲——思想政治教育研究方法的基本问题》,《思想教育研究》2014年第7期。
⑤ 著名教育家王逢贤在《序》中写道:"对德育进行哲学思考,在古今中外的相关论著中,特别是在'教育哲学'和'德育原理'类著述中,并不少见,但将'德育哲学'作为独立的学科建设和对德育哲学问题开展集中研究,并出版专著,这在国外是罕见的,在国内尚属第一本。"(张澍军:《德育哲学引论》,人民出版社2002年版,"序"第3~4页。)
⑥ 譬如,李合亮《思想政治教育探本——关于其源起及本质的研究》(人民出版社2007年版)一书第三、四章,《解析与建构:当代中国思想政治教育的哲学反思》(人民出版社2010年版)一书第三章"思想政治教育的本质之思"第四节"思想政治教育的本质分析",应该说是张澍军《德育哲学引论》一书第二编"德育本体论:德育本质的哲学研究"第三、四章"社会哲学视野与德育的工具性本质""人学哲学视野与德育的目的性本质"的接续与发展。

明其依据:1994年8月31日的《中共中央关于进一步加强和改进学校德育工作的若干意见》、1999年9月29日的《中共中央关于加强和改进思想政治工作的若干意见》等。当然,如果是咬文嚼字,1994年8月31日的《中共中央关于进一步加强和改进学校德育工作的若干意见》,确实没有明确其中的"德育"是"大德育"还是"小德育"。但是,国家教委(现教育部)在1988年《中学德育大纲》(试行稿)和各地试行经验基础上,根据1994年8月31日《中共中央关于进一步加强和改进学校德育工作的若干意见》修订的1995年2月27日颁布施行的《中学德育大纲》,第一句话就明确:"德育即对学生进行政治、思想、道德和心理品质教育。"①显然,"对学生进行政治、思想、道德和心理品质教育"的"德育",不是"道德教育"的"小德育",而是"思想政治教育"的"大德育"。在《中国德育问题》一书中,陈桂生曾指出:"现代国际通用的'德育',作为'道德教育'的简称,是'德育'一词的狭义;我国现行'德育',其中除'道德教育'以外,还涵盖政治、思想等方面的教育,为'德育'一词的广义,或称之为'大德育'。"②陈桂生还特别强调:"如果试图具体考察德育问题,那就不宜以作为德育知识陈述体系的教科书框架为囿,又不为烦琐的'德目主义'所惑,而要直面广义'德育'所要解决的问题,梳理有关形成学生道德品质、注重学生纪律修养、提高学生社会—政治教养水平以及陶冶学生精神品格与情操之类问题的思路。"③

作为当前"教育学、德育学"总范式下的"德育问题"和"现代大德育思维"研究,张澍军《德育哲学引论》一书是全国教育科学"九五"规划重点项目"德育哲学研究"的最终成果,2002年、2008年先后由人民出版社、中国社会科学出版社出版。该书第二编"德育本体论:德育本质的哲学研究"分三章,即全书第三、四、五章具体阐释了当前"教育学、德育学"总范式下三种具体的思想政治教育本质研究范式,即社会哲学范式、人学范式、文化哲学范式。进一步对比张澍军《德育哲学引论》一书的"社会哲学范式"和"文化哲学范式",可以说,"文化哲学范式"只是"社会哲学范式"的"文化"表述,亦即强调"德育"的文化前提、文化背景、文化特性等。也就是说,实质意义上,"文化哲学范式"就是"社会哲学范式",或者是社会文化哲学范式。在《德育哲学引论》中,张澍军明确界定:"'社会哲学',顾名思义,是关于社会的哲学","我们这里说的'社会哲学视野',实质就是唯物史观视野。就此而论,我以为,所谓德育的社会哲学底蕴,主要在于阐释德育得以成立、生存、

---

① 《中学德育大纲》,《人民教育》1995年第4期。
② 陈桂生:《中国德育问题》,福建教育出版社2006年版,第24页。
③ 陈桂生:《中国德育问题》,福建教育出版社2006年版,第3页。

发展及其社会作用的唯物史观解读和支撑"①,"所谓'文化哲学视野',主要是指以文化自我反思的宏观视域、以穷根究底式的哲学视角去考察、认识文化的本质、功能、价值和意义等的思想方法、思维原则。换句话说,就是发掘、展示文化现象中的世界观、历史观、价值观、人生观的内在蕴涵并践行其方法论"②。

2012年5月,《思想教育研究》2012年第5期刊发的李月玲、王秀阁《思想政治教育范式再转换》一文认为:"'社会哲学范式'下的思想政治教育强调把社会政治的需要看作其出发点和归宿;'人学范式'下的思想政治教育强调把'现实的人'看作其出发点和归宿。这两种范式尽管都是为了克服思想政治教育的某种困境而建立的,然而其本身却又陷入新的困境之中而受到不同程度的批判和挑战"③,因而提出在思想政治教育本质研究范式经历了"社会哲学范式"到"人学范式"的转换基础上,再转换到"科学实践观范式"。该文还特别引用英国哲学家伯纳德·鲍桑葵《关于国家的哲学理论》一书中论述"社会和个人这两个概念是彻底地互相关联的","以个人为一方和以社会或政治统一体为另一方之间的区别是与人在社会中的'目的'何在这个问题无关的"一段中如下两句作为论据:"这个问题根本不涉及两种相互对立的含义;而是只有一种含义,就其整体而言是社会,就其差别而言则是个人。使整体成为部分的手段或使部分成为整体的手段,就好比使一出戏成为剧中人的手段或使剧中人成为这出戏的手段一样。"④从作为其论据的伯纳德·鲍桑葵的论述来看,《思想政治教育范式再转换》一文提出的"科学实践观范式",实际上不是"社会哲学范式"和"人学范式"之外的另一种范式,而是强调"社会哲学范式"和"人学范式"的统一,正如李合亮《解析与建构:当代中国思想政治教育的哲学反思》一书第三章"思想政治教育的本质之思"第四节"思想政治教育的本质分析"的"思想政治教育工具性和目的性的统一性"一样。

对照张澍军《德育哲学引论》一书关于"人学哲学"的阐释和《思想政治教育研究》2010年第7期刊发的张耀灿《推进思想政治教育研究范式的人学转换》一文,至少可以说,《思想政治教育范式再转换》一文没有完全理解思想政治教育本质阐释的"人学范式",甚至可以说,误解了思想政治教育本质阐释的"人学范式"。在《德育哲学引论》第四章"人学哲学视野与德育的

---

① 张澍军:《德育哲学引论》,人民出版社2002年版,第90、91页。
② 张澍军:《德育哲学引论》,人民出版社2002年版,第156页。
③ 李月玲、王秀阁:《思想政治教育范式再转换》,《思想教育研究》2012年第5期。
④ [英]鲍桑葵:《关于国家的哲学理论》,汪淑钧译,商务印书馆1996年版,第186、187页。

目的性本质"中,张澍军明确指出:"人学哲学的焦点是人与世界的关系问题,世界是'为我'的,所以归根到底是人本身的建设问题。这恰恰与德育的目的性本质直接同一。此其一。人与社会的关系,是人的德性修养的核心问题。但在人学哲学看来,它恰恰是人与世界关系的集中体现和最切近的存在方式。此其二。最后,德育的工具性与目的性,是德育不可或缺的双重本质。但前者只是后者不断生成、展开、演进的过程和表现。社会一旦进入如马克思所说的'人类社会或社会化了的人类'阶段,人即社会,社会即人,德育的本质便无所谓'工具性'与'目的性',两者达于直接同一性的回归,'建设人本身'便成为德育的终极本质存在状态。"① 显然,张澍军这里所表述的与上引伯纳德·鲍桑葵所表述的,完全是同一个意思。同样,张耀灿《推进思想政治教育研究范式的人学转换》一文,首先在标题上,第二部分的标题非常明确——"思想政治教育研究的人学范式是对社会哲学范式的继承和超越";其次在内容上,亦非常明确——"从主流研究范式来看,思想政治教育研究范式的人学转换,不是对社会哲学范式下研究成果的推倒重来,而是改革、创新、拓展、深化,使研究进一步回归和贴近生活世界,有了新视野、新思路、新话语。总之,是继承基础上的创新,在全面深化中实现超越"。② 可见,"从主流研究范式来看",思想政治教育本质阐释的"人学范式"没有《思想政治教育范式再转换》一文所认为的意思。这就是说,在作为"一组共有的方法、标准、解释方式或理论"③或者"科学研究与发展进步的方法论模型"④的"范式"意义上,当前"教育学、德育学"总范式下的思想政治教育本质阐释的具体范式,主要是"社会哲学范式"和"人学范式"。冯刚、郑永廷主编的《思想政治教育学科30年发展研究报告》一书第十八章"思想政治教育类型与范式研究"第二节"思想政治教育的范式研究"亦写道:"在思想政治教育研究范式的研究中,影响较大的是两种范式即'社会哲学范式'和'人学范式'。"⑤

关于思想政治教育本质阐释的"人学范式"与"社会哲学范式"之间的

---

① 张澍军:《德育哲学引论》,人民出版社2002年版,第117页。
② 张耀灿:《推进思想政治教育研究范式的人学转换》,《思想教育研究》2010年第7期。
③ [美]I.伯纳德·科恩:《科学中的革命》,鲁旭东、赵培杰译,商务印书馆2017年版,第53页。
④ 张耀灿、钱广荣:《思想政治教育研究范式论纲——思想政治教育研究方法的基本问题》,《思想教育研究》2014年第7期。
⑤ 冯刚、郑永廷主编:《思想政治教育学科30年发展研究报告》,光明日报出版社2014年版,第409页。

具体关系①，刊发于《思想教育研究》2010年第7期"纪念创刊25周年"的张耀灿《推进思想政治教育研究范式的人学转换》一文所列表格，全面，精要，明了。这里完整引用如下（如表1所示）：

表1 思想政治教育本质阐释的"人学范式"与"社会哲学范式"比较②

研究内容	社会哲学范式侧重点	人学范式视野拓展
思想政治教育学的理论基础	马克思主义意识形态理论	马克思主义人学（特别是生存论）
研究对象	思想政治教育规律	加强对思想品德的结构及形成发展规律的研究
思想政治教育概念界定	"施加论"	生成论、建构论
思想政治教育的功能	社会功能	个体功能
思想政治教育的目的任务	提高认识和改造世界的能力	推进人的生存、发展方式的优化
思想政治教育的核心内容	理想信念教育	加强全面发展的素质特别是主体能力素质的教育
思想政治教育方法	他教他律、显性教育	自教自律、生成建构、隐性渗透
研究方法	阶级分析法	马克思主义人学辩证法

从上引表格来看，继承和超越"社会哲学范式"的思想政治教育本质"人学范式"阐释，落脚点在"人"上，而且在"人的建构"上。

二、1984年以来"教育学、德育学"总范式下思想政治教育本质的社会哲学、人学阐释

"1984年思想政治教育学科建立以来，许多专家和学者始终关注思想政治教育本质的研究和探索，作出了重要贡献"③，陈秉公《思想政治教育本质研究现状及建议》一文如是说。冯刚、郑永廷主编的《思想政治教育学科30年发展研究报告》一书第四章"思想政治教育本质研究的深化"写道："据不完全统计，1984年以来，有关思想政治教育本质研究的论文近673篇，著作22本。专题对思想政治教育的本质进行研究的论著共计166篇（部）。"④关于思想政治教育本质的研究现状，陈秉公《思想政治教育本质研

---

① 张耀灿：《推进思想政治教育研究范式的人学转换》，《思想教育研究》2010年第7期。
② 表题为笔者自拟，所引原文无表题。
③ 陈秉公：《思想政治教育本质研究现状及建议》，《思想教育研究》2014年第6期。
④ 冯刚、郑永廷主编：《思想政治教育学科30年发展研究报告》，光明日报出版社2014年版，第93页。

究现状及建议》一文从观点的角度归纳为"十论"："意识形态论、价值主导论、人学目的论、人的社会化论、灌输论、掌握群众论、社会治理论、二重本质论、多重本质论、相对本质论。"①冯刚、郑永廷主编的《思想政治教育学科30年发展研究报告》一书第四章"思想政治教育本质研究的深化"从观点的角度归纳为"十一论"："意识形态论、政治价值观再生产论、价值引导论、超越论、灌输论、思想掌握群众论、人的社会化论、社会治理论、二重本质论、多重本质论、相对本质论"。②

基于本节的逻辑，本目关于"1984年以来思想政治教育本质研究的主要阐释"，不直接从观点层面进行观点式综述，而是基于前一目——"1984年以来思想政治教育本质研究的主要范式"，着重从当前"教育学、德育学"总范式下的两大子范式——思想政治教育"社会哲学范式"和"人学范式"的本质阐释进行综述。

关于思想政治教育的"社会哲学范式"本质阐释，代表性的有：（1）张澍军《德育哲学引论》一书第三章"社会哲学视野与德育的工具性本质"。基于德育的"社会哲学范式"阐释，张澍军提出，德育的工具性本质包括：①"维系人类社会生存"，②"规范人类社会运转"，③"促进社会文明发展"。③（2）李合亮《思想政治教育探本——关于其源起及本质的研究》一书第三章"思想政治教育的工具性分析"。该章提出："作为一种教育活动或教育形式，思想政治教育的本质自然体现、内含教育的本质，但思想政治教育毕竟是一种独特的教育活动，有其自身的特性——思想政治教育有为阶级、社会服务的一面，又有从政治化角度'建设人自身'的根本属性。由此，探讨思想政治教育的本质，既需要考察其满足阶级与社会需求的一面，更需要回到思想政治教育本身去追寻它的属人性，既看到它的工具性本质，也应看到它的目的性本质。"④其"思想政治教育的工具性"本质，体现为：①"维系社会生存"，②"推动社会发展"，③"实现社会管理"。⑤（3）李合亮《解析与建构：当代中国思想政治教育的哲学反思》一书第三章"思想政治教育的本质

---

① 陈秉公：《思想政治教育本质研究现状及建议》，《思想教育研究》2014年第6期。
② 冯刚、郑永廷主编：《思想政治教育学科30年发展研究报告》，光明日报出版社2014年版，第96~105页。
③ 张澍军：《德育哲学引论》，人民出版社2002年版，第97~107页。
④ 李合亮：《思想政治教育探本——关于其源起及本质的研究》，人民出版社2007年版，第120页；李合亮：《解析与建构：当代中国思想政治教育的哲学反思》，人民出版社2010年版，第136页。
⑤ 李合亮：《思想政治教育探本——关于其源起及本质的研究》，人民出版社2007年版，第140~154页。

之思"第四节"思想政治教育的本质分析"。具体为:①"思想政治教育的工具性本质:政治工具性与社会服务性",②"思想政治教育的目的性本质:从政治化的角度建设人自身",③"思想政治教育工具性与目的性的一体性"。① 严格意义上说,李合亮所表述的是一个"教育学、德育学"总范式下的思想政治教育"社会哲学范式"本质和"人学范式"本质的统一性本质阐释。

关于思想政治教育的"人学范式"本质阐释,代表性的有:(1)张澍军《德育哲学引论》一书第四章"人学哲学视野与德育的目的性本质"。基于德育的"人学范式"阐释,张澍军提出,德育的目的性本质包括:①"促进人从动物性存在不断提升到人性存在",②"导引人们自觉占有自己的本质",③"追求人的终极关怀",④"学会追求觉悟:崇高精神境界的自我塑造生成"。② (2)李合亮《思想政治教育探本——关于其源起及本质的研究》一书第四章"思想政治教育的目的性分析"。该章写道:"作为人类的一项教育实践活动,思想政治教育必然涉及'培养人'这一根本问题,但简单地做这样的概括,'只是教育的现象的描绘,而不是理论的抽象,是同义语的反复,而不是对教育内涵的揭示与阐明'。事实上,单就'培养人'而言,也存在着一个从外界规定思想政治教育应该如何培养人,和从思想政治教育本身出发认识其怎样培养人的问题。这是两个不同层面的问题。"③ "探讨思想政治教育的目的应从其自身出发,不但要看到思想政治教育的确满足了统治阶级维护统治,培养需要的人才,实现社会稳定的需要,从而具有明显的功利性价值,而且更要清醒地意识到思想政治教育是人的教育,在教育过程中满足人的需要,促进或实现人的发展与完善才是最根本的事情。"④ 基于此,该章提出,"提升人性,促进人的发展:思想政治教育目的性的本质表现",具体为:①"'规约'人的类属性,提升人性",②"从思想上把握人,实现人的精神塑造与建构",③"促进人的全面发展"。⑤ (3)刊发于《学校党建与思想教育》2015年第5期的梅萍、杨珍妮《人学范式下思想政治教育本质新探》一文。该文认为:"在人学范式下进行思想政治教育本质的探讨,是理论基础

---

① 李合亮:《解析与建构:当代中国思想政治教育的哲学反思》,人民出版社2010年版,第136~150页。
② 张澍军:《德育哲学引论》,人民出版社2002年版,第134~145页。
③ 李合亮:《思想政治教育探本——关于其源起及本质的研究》,人民出版社2007年版,第155~156页。
④ 李合亮:《思想政治教育探本——关于其源起及本质的研究》,人民出版社2007年版,第156~157页。
⑤ 李合亮:《思想政治教育探本——关于其源起及本质的研究》,人民出版社2007年版,第174~191页。

转换、时代条件变化和思想政治教育学科自身建设的需要。"① "用本质要素法对思想政治教育的本质要素进行剥离和分析",该文还提出:"人学范式下思想政治教育的本质为意识形态教化和交往的一切精神生产实践活动"。②

关于思想政治教育"社会哲学范式"本质与"人学范式"本质的关系,张澍军从"社会哲学视野下的德育工具性本质""人学哲学视野下的德育目的性本质""文化哲学视野下的德育载体性本质"角度提出:"依照哲学本体论思维考察德育现象","德育活动主要有三种理论指向和三重本质形态:一是,以社会哲学的视野揭示德育的工具性本质。二是,以人学哲学的视野揭示德育的目的性本质。三是,以文化哲学的视野揭示德育的载体性本质。其中,德育的目的性本质是最为深层、最为根本的本质。它有一个逐渐形成、逐步显露并经历了从自在到自为的过程,但它是终极性的。德育的工具性本质是伴随人类始终的'次级'本质。它在社会生存发展中影响巨大,亦是人类生活中不可或缺的,甚至可以说至今仍然统治着我们许多人的德育思维。德育的载体性本质是中介性质的。作为人类特有的文化积淀、德性进步和素质提升的传承方式之一,德育活动在人类精神文化发展,乃至在整个社会历史发展中的载体性效应,是不可也不能忽视的。"③

对于上述"教育学、德育学"总范式下的思想政治教育"社会哲学范式"和"人学范式"本质阐释,在沈壮海关于"思想政治教育的整体视野"的阐释中已有相关评述,这里只从本节逻辑的角度作出综述,不对其进行更多的评析。

学术的进步需要多元的探讨,需要学术的争鸣;对"本质"的认识,更是如此。在《黑格尔〈逻辑学〉一书摘要》批语和《黑格尔〈哲学史讲演录〉一书摘要》批语中,列宁特别写道:"人对事物、现象、过程等等的认识深化的无限过程,从现象到本质、从不甚深刻的本质到更深刻的本质"④,"人的思想由现象到本质,由所谓初级本质到二级本质,不断深化,以至无穷"⑤。对于思想政治教育的本质阐释,只要是基于马克思历史唯物主义的"合逻辑的论证"得出的"本质阐释",就是对思想政治教育本质科学化阐释的推进,就是对思想政治教育本质科学揭示的贡献,我们没必要苛求,也不能苛求。在

---

① 梅萍、杨珍妮:《人学范式下思想政治教育本质新探》,《学校党建与思想教育》2015年第5期。
② 梅萍、杨珍妮:《人学范式下思想政治教育本质新探》,《学校党建与思想教育》2015年第5期。
③ 张澍军:《德育哲学引论》,人民出版社2002年版,第89页。
④ 《列宁全集》第55卷,人民出版社1990年版,第191页。
⑤ 《列宁全集》第55卷,人民出版社1990年版,第213页。

《〈政治经济学批判〉序言》中,马克思明确指出:"人类始终只提出自己能够解决的任务,因为只要仔细考察就可以发现,任务本身,只有在解决它的物质条件已经存在或者至少是在生成过程中的时候,才会产生。"①在《评经济浪漫主义 西斯蒙第和我国的西斯蒙第主义者》一文中,论及民粹主义者对西斯蒙第的批评,列宁亦曾指出:"决不能因为西斯蒙第没有进行这种分析而责备他。判断历史的功绩,不是根据历史活动家没有提供现代所要求的东西,而是根据他们比他们的前辈提供了新的东西。"②在这里,马克思、列宁提醒我们,对思想政治教育本质研究的综述,在"观点"和"作为观点前提的方法论逻辑"之间,重点应该放在"作为观点前提的方法论逻辑"上,即彻底贯彻历史唯物主义,并在历史唯物主义方法论基础上做出严密的逻辑论证。

在《什么是"人民之友"以及他们如何攻击社会民主党人》一文中,论及唯物主义历史观从《〈政治经济学批判〉序言》到《资本论》的历史,列宁指出:"社会学中这种唯物主义思想(即通常所说的《〈政治经济学批判〉序言》中的唯物史观'经典表述'——引者注)本身已经是天才的思想。当然,这在那时暂且还只是一个假设,但是,是一个第一次使人们有可能以严格的科学态度对待历史问题和社会问题的假设"③,"这个假设之所以第一次使科学的社会学的出现成为可能,还由于只有把社会关系归结于生产关系,把生产关系归结于生产力的水平,才能有可靠的根据把社会形态的发展看做自然历史过程"④,"现在,自从《资本论》问世以来,唯物主义历史观已经不是假设,而是科学地证明了的原理"⑤。在这里,列宁明确指出:同自然科学一样,没有经过"科学地证明"的"思想",即便是"天才的思想",也"还只是一个假设";只有经过"科学地证明了"的"思想",才是"原理"。也就是说,关于思想政治教育本质的阐释,只有"科学地证明了"的"论点"才是推进思想政治教育本质阐释科学化的"观点",没有经过"科学地证明"的"论点",作为个人的思想政治教育本质观,亦即个人对思想政治教育本质的理解,"还只是一个假设"。关于思想政治教育本质阐释的综述,在"论点""观点""作为观点前提的方法论逻辑"三者之间,重点应该考察"作为观点前提的方法论逻辑"。就像马克思所说的"主要的困难不是答案,而是问题。因此,真正

---

① 《马克思恩格斯文集》第2卷,人民出版社2009年版,第592页。
② 《列宁全集》第2卷,人民出版社1984年版,第154页。
③ 《列宁专题文集·论辩证唯物主义和历史唯物主义》,人民出版社2009年版,第160页。
④ 《列宁专题文集·论辩证唯物主义和历史唯物主义》,人民出版社2009年版,第161页。
⑤ 《列宁专题文集·论辩证唯物主义和历史唯物主义》,人民出版社2009年版,第163页。

的批判要分析的不是答案,而是问题",就像"每个问题只要已成为现实的问题,就能得到答案"①一样,重要的不是提出了什么样的思想政治教育本质观,而是思想政治教育本质观是怎样论证的。具体而言,即:首先,彻底地贯彻历史唯物主义;其次,从思想政治教育现象分析,到思想政治教育概念提炼,再到思想政治教育本质揭示的逻辑,而不是相反;最后,体现从确定的前提到合逻辑的论证,再到合逻辑地得出作为"结论"的思想政治教育本质的论证逻辑。只要彻底贯彻了历史唯物主义,遵循了从思想政治教育现象分析,到思想政治教育概念提炼,再到思想政治教育本质揭示的逻辑,并有从确定的前提到合逻辑的论证,再到合逻辑地得出作为"结论"的思想政治教育本质阐释,就是值得肯定的,就是思想政治教育科学化所需要的,就是应该鼓励的学术争鸣。

第二节　1984年以来思想政治教育本质论的主要阐释方式及其逻辑问题

在刊发于《思想教育研究》2014年第6期的《思想政治教育本质研究现状及建议》一文中,陈秉公指出:"关于思想政治教育本质的研究""存在某些问题和弱点。如:(1)研究方法处于起步阶段,尚未形成属于本学科的特殊研究方法;(2)将思想政治教育本质与思想政治教育属性相混淆、与思想政治教育概念相混淆、与思想政治教育功能相混淆、与思想政治教育原则和方法相混淆等;(3)只提出自己的关于思想政治教育本质的观点和看法,缺乏充分的论证和说明,有的甚至没有论证和说理;(4)缺乏关于思想政治教育本质问题的深入讨论和交锋,各说各的话,一孔之见多于'共识'等等。"②从阐释方式的角度论,其中,"(2)"和"(3)"各强调了当前思想政治教育本质阐释的一种阐释方式,"(2)"可以称为本质与属性概念比较式思想政治教育本质阐释方式,"(3)"可以称为论断式思想政治教育本质阐释方式。

这里用"论断式阐释方式"作为思想政治教育本质阐释方式的类型化表述,借鉴的是蔡圣伟翻译的英格博格·普珀《法学思维小学堂:法律人的6堂思维训练课》一书对法律概念分类中的"论断式概念"的类型化思路。在《法学思维小学堂:法律人的6堂思维训练课》一书中,英格博格·普珀将法律概念分为描述性概念、评价性概念、论断式概念:"描述性概念的特性在

---

① 《马克思恩格斯全集》第1卷,人民出版社1995年版,第203页。
② 陈秉公:《思想政治教育本质研究现状及建议》,《思想教育研究》2014年第6期。

于,那些含有描述性概念并将之运用到某种情形上的语句有真伪(假)之别。也就是说,描述性的概念是在描述事实"①,"那些表达评价的概念,都不是描述性的。这些概念,也常被称作规范的概念"②,"除了描述性以及评价性的概念运用之外,还有第三种概念运用的方式,也就是论断式的概念。这类概念存在于,人们基于某个事实的确认来认定另一个事实,或者如一般所称,另一个事实被论断"③。基于某个"确认"的事实来"认定另一个事实",无疑是一种重要的论证方式,并且是所有论证中最常用、最基本、最可靠且最重要的论证方式。自然科学中基于"公理"得出"推论"的过程,就是基于"公理"这一"确认"的事实来认定"推论"这一新的事实的"论断式"论证和"论断式"阐释过程。英格博格·普珀特别指出:"论断式的概念和评价性概念的共同处在于,此二者都显示了两个意义成分:一是被论断的概念内容,另一则是论断(Zuschreibung)的前提。论断式概念和描述性概念的共同之处则在于,被论断的不是评价,而是事实。"④从这一意义上说,严谨的"论断式"论证和"论断式"阐释得出的"论断式概念",兼具了"描述性概念"和"评价性概念"的共同优点,即可靠前提下的客观结论。严谨的"论断式"论证和"论断式"阐释是可靠且科学的论证和阐释。

一、本质与属性概念比较式思想政治教育本质阐释方式及其逻辑问题

"对于'本质'的界定是解读'思想政治教育的本质'的前提","新世纪以来,关于思想政治教育本质问题的探讨一直是思想政治教育原理研究的热点之一,但是学术界对于这个问题的讨论并没有得出统一的结论。究其原因,……主要分歧在于对'本质'这个核心范畴的理解和解读上",⑤李辽宁《关于思想政治教育本质研究的思考》一文如是说。石书臣《思想政治教育的本质规定及其把握》一文说:"事物的本质和属性既有联系又有区别。事物的本质即事物的根本性质,是事物本身所固有的、决定事物性质、面貌和发展的根本属性。而事物的属性也即事物所具有的性质、特点。一般而

---

① [德]英格博格·普珀:《法学思维小学堂:法律人的6堂思维训练课》,蔡圣伟译,北京大学出版社2011年版,第10页。
② [德]英格博格·普珀:《法学思维小学堂:法律人的6堂思维训练课》,蔡圣伟译,北京大学出版社2011年版,第10页。
③ [德]英格博格·普珀:《法学思维小学堂:法律人的6堂思维训练课》,蔡圣伟译,北京大学出版社2011年版,第15页。
④ [德]英格博格·普珀:《法学思维小学堂:法律人的6堂思维训练课》,蔡圣伟译,北京大学出版社2011年版,第20页。
⑤ 李辽宁:《关于思想政治教育本质研究的思考》,《学校党建与思想教育》2017年第1期。

言,思想政治教育具有意识形态性和非意识形态性两个方面性质,而思想政治教育的本质规定主要在于思想政治教育的意识形态性,因为只有这一属性才满足了上述三个基本条件(即:'第一,它是类的本质,是同类事物共同具有的最一般、最普遍、最稳定的属性;第二,它是该事物不同于其他事物的特有属性;第三,它是由事物的根本矛盾所决定的根本属性。'——引者注)。"①综观1984年以来思想政治教育本质研究的阐释方式,总体上可以说,"长期以来,人们一般是从思想政治教育的属性或本质属性的视角来认识思想政治教育的本质"②。换言之,从阐释方式的角度来看,当前的思想政治教育本质阐释,最典型的是本质与属性概念比较式阐释方式,即以本质与属性的概念比较为逻辑前提来阐释思想政治教育本质。

综合著作"书名"、论文"题名"和被下载次数、被引用次数等社会评价指标,本质与属性概念比较式思想政治教育本质阐释方式,代表性的论述有:(1)宋锡辉《思想政治教育学元理论研究》第二章"思想政治教育本质论",(2)侯勇《思想政治教育学理论前沿问题研究》第四章"本质论争"中"思想政治教育的'政治性'本质属性考查"之"(三)哲学考查:思想政治教育政治性本质逻辑关系把握",(3)周琪、靳玉军、王永友等著《思想政治教育基础理论前沿问题研究》专题五"思想政治教育过程与本质的前沿发展"中的"三、思想政治教育本质之'争'"和"四、思想政治教育本质之'解'"等。代表性论文有:(1)石书臣《思想政治教育的本质规定及其把握》,(2)王学俭、郭绍均《思想政治教育本质问题再探讨》,(3)徐雅芬、王银中、黄玉莹《科学认识思想政治教育的本质》,(4)李辽宁《关于思想政治教育本质研究的思考》等。

思想政治教育本质是思想政治教育的"元问题""元理论",这是学界公认的。本书对思想政治教育本质问题的专门阐释,无疑是思想政治教育的"元问题""元理论"阐释。从明确命名为"元理论"的《思想政治教育学元理论研究》第二章"思想政治教育本质论"来看,本质与属性概念比较式思想政治教育本质阐释方式突出的特点有:(1)阐释的角度,是从概念思辨式哲学角度对思想政治教育本质进行阐释。(2)阐释的基本逻辑:首先,界定"本质",其次,比较本质与属性,然后阐释思想政治教育的属性,继而阐释思想政治教育的本质或本质属性。譬如,《思想政治教育学元理论研究》第二章"思想政治教育本质论","节"层次,分为三节——第一节"主要学术观点

---

① 石书臣:《思想政治教育的本质规定及其把握》,《马克思主义与现实》2009年第1期。
② 褚凤英:《思想政治教育本质新论》,《学校党建与思想教育》2012年第3期。

述评"、第二节"事物的属性与本质属性"、第三节"思想政治教育的本质属性"。其中第二节"事物的属性与本质属性"、第三节"思想政治教育的本质属性",是该章的思想政治教育本质阐释。该章第二节"事物的属性与本质属性"首先提出:"要对某种关于思想政治教育本质的学术观点做出正确的评价,要正确揭示思想政治教育的本质,必须从哲学层面进一步搞清楚什么是本质?本质与现象之间的关系怎样?本质有哪些基本特征?人们把握事物本质的方法有哪些?从而夯实思想政治教育本质论的哲学基础,才能更好地认识和揭示思想政治教育的本质。"①然后,第二节的"目"层次,分为:"一、事物的本质和现象""二、事物的本质与本质的特性""三、思想政治教育的科学属性"。第三节"思想政治教育的本质属性","目"层次,分为:"一、思想政治教育的本质属性是人们思想和行为的互动""二、思想政治教育的本质属性是思想和行为互动的科学依据"。其中,"二、思想政治教育的本质属性是思想和行为互动的科学依据"项下,列出的"科学依据"有四:"(一)思想行为互动是思想政治教育与其他人类活动的根本区别所在""(二)思想行为互动是一切思想政治教育的共同属性""(三)思想行为互动是思想政治教育其他一切特性的基础""(四)思想行为互动是组成思想政治教育基本要素的内在联系"。②

从《思想政治教育学元理论研究》第二章"思想政治教育本质论"的上述阐释来看,本质与属性概念比较式思想政治教育本质阐释方式是一种从"概念"到"概念"的概念思辨式哲学阐释。在阐释方式的根本方法论上,如果是以马克思的历史唯物主义为指南的话,至少没有完全理解和运用好恩格斯1895年3月11日致韦尔纳·桑巴特的信中对"马克思的世界观"的方法论界说:"马克思的整个世界观不是教义,而是方法。它提供的不是现成的教条,而是进一步研究的出发点和供这种研究使用的方法。"③毫无疑问,作为"方法"的"本质理论"与作为"论证前提"的"本质界定",是完全不同的两码事。作为"方法"的"本质理论",体现在思想政治教育本质的阐释中,是贯穿于思想政治教育本质阐释始终的"线",而不是显现在思想政治教育本质阐释面上的"言",就像文学作品的"明线""暗线"和文学作品的"文字"一样。从恩格斯关于"马克思的世界观"的强调来看,本质与属性概念比较式思想政治教育本质阐释方式,根本上混淆了作为"方法"的"本质理论"与作为"论证前提"的"本质界定",因而在逻辑上至少导致了以下三个

---

① 宋锡辉:《思想政治教育学元理论研究》,中国书籍出版社2017年版,第48~49页。
② 宋锡辉:《思想政治教育学元理论研究》,中国书籍出版社2017年版,第61~66页。
③ 《马克思恩格斯文集》第10卷,人民出版社2009年版,第691页。

方面的问题。

第一，本质与属性概念比较式思想政治教育本质阐释方式，脱离了"本质论"的前提——"存在论"，因而使思想政治教育的本质阐释变成了从"本质"的概念界定到"思想政治教育本质"的概念演绎，从而难以科学揭示思想政治教育的本质。如果是彻底地而不是半彻底地甚至只是口号上地贯彻历史唯物主义的话，思想政治教育的本质阐释必须是以思想政治教育的"存在论"为前提的本质阐释，亦即基于现实的思想政治教育"实存"的本质阐释。无论是在通说的唯物史观"经典表述"中，还是在包括"经典表述"在内的"大唯物史观"中，马克思都明确表述："不是人们的意识决定人们的存在，相反，是人们的社会存在决定人们的意识"①，"意识在任何时候都只能是被意识到了的存在"②。人们的社会存在是什么呢？马克思特别指明："人们的存在就是他们的现实生活过程"③，从而避免对"存在"的理解的抽象化、形而上学化。这就告诉我们：首先，研究、阐释思想政治教育本质，需要明确思想政治教育的本质阐释，作为对"思想政治教育"社会现象和实践活动的"根本特质"的揭示，是一种理论揭示，一种意识，一种认识。其次，作为对"思想政治教育"社会现象和实践活动的"根本特质"的理论揭示和理论认识，科学的思想政治教育本质阐释，必须建立在现实的思想政治教育"实存"基础上，而不是建立在"本质的概念"基础上，也不是建立在"思想政治教育本质的概念"基础上。正因为如此，在被恩格斯称为"包含着新世界观的天才萌芽的第一个文献"④——《关于费尔巴哈的提纲》中，马克思明确指出："人的思维是否具有客观的[gegenständliche]真理性，这不是一个理论的问题，而是一个实践的问题。人应该在实践中证明自己思维的真理性，即自己思维的现实性和力量，自己思维的此岸性。关于思维——离开实践的思维——的现实性或非现实性的争论，是一个纯粹经院哲学的问题。"⑤单就逻辑论，实际上，即便是基于黑格尔的逻辑学，思想政治教育的"本质论"也必须建立在思想政治教育的"存在论"基础上，而不是建立在"本质的概念"基础上，亦不是建立在"思想政治教育本质的概念"基础上。在《哲学全书》第一部《逻辑学》中，黑格尔明确主张："逻辑学可分为三部分：1. 存在论。2. 本质论。3. 概念论和理念论。"⑥中译本《小逻辑》一书目录显示得非

---

① 《马克思恩格斯文集》第 2 卷，人民出版社 2009 年版，第 591 页。
② 《马克思恩格斯文集》第 1 卷，人民出版社 2009 年版，第 525 页。
③ 《马克思恩格斯文集》第 1 卷，人民出版社 2009 年版，第 525 页。
④ 《马克思恩格斯文集》第 4 卷，人民出版社 2009 年版，第 266 页。
⑤ 《马克思恩格斯文集》第 1 卷，人民出版社 2009 年版，第 500 页。
⑥ [德]黑格尔：《小逻辑》，贺麟译，商务印书馆 2014 年版，第 185 页。

常清楚,在黑格尔那里,"本质论"是"第二篇","第一篇"是"存在论"。"本质论"建立在"存在论"的基础上。在第二篇"本质论"中,黑格尔明确写道:"本质是一个反思的存在,一个映现他物的存在,也可以说,一个映现在他物中的存在。"①在黑格尔看来,"本质"和"存在"一样,也是一种"存在"。从现象呈现的角度来说,"存在"是"本质"的"映现"。具体到思想政治教育的本质阐释,也就是说,我们阐释的思想政治教育本质应该和现实的思想政治教育一样,也是一种"存在",我们阐释的思想政治教育本质应该能够完整映现现实的思想政治教育。黑格尔说:"我们常认为哲学的任务或目的在于认识事物的本质,这意思只是说,不应当让事物停留在它的直接性里,而须指出它是以别的事物为中介或根据的。"②考察"思想政治教育"的"出场学"可知,作为"实践活动",思想政治教育不是因自己想"出场"而"出场"的,而是因"映现"在"思想政治教育"实践中的"根本特质"的需要和"中介"而"出场"的。

第二,本质与属性概念比较式思想政治教育本质阐释方式突出表现为从思想政治教育的"完整的表象蒸发为抽象的规定"③,因而难以完整显明作为思想政治教育"根本特质"的"思想政治教育本质"的"具体总体""思想总体""思想具体"。作为思想政治教育的"根本特质","思想政治教育本质"是和"思想政治教育"同时存在的。"思想政治教育本质"和"思想政治教育"一样,都是完整的、总体的而不是部分的。比较而言,"思想政治教育"是"关于整体的一个混沌的表象"或者说"表象中的具体"④,而"思想政治教育本质"则是"具体总体""思想总体""思想具体"。在为计划中的经济学巨著《政治经济学批判》写的"总的导言"中,马克思明确指出:"具体之所以具体,因为它是许多规定的综合,因而是多样性的统一。因此它在思维中表现为综合的过程,表现为结果,而不是表现为起点,虽然它是现实的起点,因而也是直观和表象的起点。"⑤从思想政治教育本质的"具体总体""思想总体""思想具体"特性来看,本质与属性概念比较式思想政治教育本质阐释方式,难当此大任。因为:"事物的质及其本身所具有的属性是多方面的,所以属性只能反映该事物与他事物的特定关系,只能局限于反映事物某方面、某部分的规定性,而不能反映事物的普遍联系,不能反映事物所具有的

---

① [德]黑格尔:《小逻辑》,贺麟译,商务印书馆2014年版,第247页。
② [德]黑格尔:《小逻辑》,贺麟译,商务印书馆2014年版,第243页。
③ 《马克思恩格斯文集》第8卷,人民出版社2009年版,第25页。
④ 《马克思恩格斯文集》第8卷,人民出版社2009年版,第24页。
⑤ 《马克思恩格斯文集》第8卷,人民出版社2009年版,第25页。

多种规定性及其内在联系。即是说,属性不能反映事物的整体规定性,更不能成为整个事物实存的根据。即使是所谓的'本质属性',也最多只能体现重要的、对事物起决定作用的质,而不是事物全部'实存'的根据。况且,'本质属性'本身就是一个有歧义的概念。更重要的是,属性作为事物的内在规定性(质)的反映,是直接呈现出来的、在现象层面上的、可以为我们感官直接把握的规定性"①,"因而从属性或本质属性的角度,也还只是对思想政治教育现象的认识,而不是对思想政治教育'本质'的认识","从事物属性或本质属性的角度来把握事物的本质,则只见个别维度上的'实存'和规定性,不见该事物全部'实存'和多方面的规定性;只见事物'实存'的现象,而不能窥见事物'实存'的根据即本质"。②

第三,从"本质"的概念界定到"思想政治教育本质"的概念演绎的"本质与属性概念比较式思想政治教育本质阐释方式",形式逻辑上存在明显的"三段论谬误"。从"本质"的概念界定到"思想政治教育本质"的概念演绎的"本质与属性概念比较式思想政治教育本质阐释方式",逻辑上应该基于"三段论规则"。而三段论规则是:(1)"避免四项",(2)"中项至少在一个前提中周延",(3)"在结论中周延的项在前提中也必须周延",(4)"避免出现两个否定前提",(5)"如果有一个前提是否定的,那么结论必须是否定的",(6)"两个全称前提得不出特称结论"。③ 按照三段论规则,思想政治教育本质阐释的逻辑应该是:

思想政治教育本质是 a_1、a_2、a_3……
A 是 a_1、a_2、a_3……
∴ A 是思想政治教育的本质。

然而,本质与属性概念比较式思想政治教育本质阐释方式的表述,通常是:

本质是 a_1、a_2、a_3……
思想政治教育本质是 b_1、b_2、b_3……
∴ 思想政治教育本质是 b_1、b_2、b_3……

显然,本质与属性概念比较式思想政治教育本质阐释方式,形式逻辑上违反了"三段论规则",表现出明显的"三段论谬误"。

---

① 褚凤英:《思想政治教育本质新论》,《学校党建与思想教育》2012 年第 3 期。
② 褚凤英:《思想政治教育本质新论》,《学校党建与思想教育》2012 年第 3 期。
③ [美]欧文·M.柯匹、[美]卡尔·科恩:《逻辑学导论》(第 13 版),张建军、潘天群、顿新国等译,中国人民大学出版社 2014 年版,第 262~266 页。

二、论断式思想政治教育本质阐释方式及其逻辑问题

如前所述,从刊发于《思想教育研究》2014 年第 6 期的陈秉公《思想政治教育本质研究现状及建议》一文对"关于思想政治教育本质的研究"存在的问题和弱点的概括来看,1984 年以来思想政治教育本质阐释的主要方式,一是上述本质与属性概念比较式思想政治教育本质阐释方式,二是论断式思想政治教育本质阐释方式。

在当前备受学界关注特别是近年来被广泛引用的思想政治教育本质阐释中,论断式阐释方式比较明显的是"思想掌握群众"的思想政治教育本质阐释。需要说明的是,这里重点分析"思想掌握群众"的思想政治教育本质阐释方式及其逻辑问题,目的是推进思想政治教育本质阐释的科学化。这也是学术研究的基本路径、基本常识与必要选择。只有正视而不是回避当前思想政治教育本质阐释中的问题,尤其是其中具有广泛影响力的阐释中的问题,才能推进思想政治教育本质阐释问题的解决,才能推进思想政治教育本质阐释的科学化。

"思想掌握群众"的思想政治教育本质系统阐释,最早且最有影响力的是《马克思主义研究》2012 年第 9 期刊发的《思想政治教育的本质在于思想掌握群众》一文。截至 2022 年 1 月 22 日,该文被下载 11591 次,被引用 214 次。直接赞成性意义上,有张渊雨 2016 年 8 月 15 日发表的同名论文——《思想政治教育的本质在于思想掌握群众》,孙旭荣、董爱华 2016 年 10 月 25 日发表的同名论文——《思想政治教育的本质在于思想掌握群众》,浙江师范大学 2014 级硕士研究生陈琴 2017 年 5 月提交的硕士学位论文《论作为"思想政治教育"本质的"思想掌握群众"》。改进性或者说批判性意义上:(1)《思想政治教育研究》2014 年第 1 期刊发的李兴建、王滨《思想政治教育的本质:政治家用理论掌握群众的一种政治活动》一文。该文提出:"思想政治教育原本是指中国共产党的一种政治活动,它符合政治活动的根本特性,本质上思想政治教育是一种政治活动。政治家是思想政治教育真正的具体主体,思想政治教育是政治家用理论掌握群众的一种政治活动,这是思想政治教育的具体本质。在现实中,思想政治教育工作者应该努力成长为政治家,站在政治家的立场上,才能做好思想政治教育工作。"①(2)《重庆邮电大学学报》(社会科学版)2017 年第 3 期刊发的陶磊、王永益《"思想

---

① 李兴建、王滨:《思想政治教育的本质:政治家用理论掌握群众的一种政治活动》,《思想政治教育研究》2014 年第 1 期。

掌握群众",还是"群众掌握思想"？——思想政治教育本质规定的思与所思》一文。该文提出："'思想掌握群众'这一思想政治教育本质判定,不仅加剧了思想政治教育工具化,而且这种非历史的、形而上学的观点势必造成党的思想政治教育和思想自由的尖锐对立,以及对人民群众作为历史创造者地位的遮蔽。"①(3) 在《思想政治教育本质研究现状及建议》中,陈秉公将"思想掌握群众"归纳为当前思想政治教育本质研究的第六论——"掌握群众论",同时针对当前思想政治教育本质研究现状的"十论",在总体意义上提出"思想政治教育本质研究再系统化"的研究建议。(4) 在《思想政治教育学科建设存在的若干问题》中,张耀灿指出："'理论掌握群众'的观点,不仅意味着领导集体既要重视主流意识形态的灌输教化,用科学理论武装群众,而且意味着思想政治教育要符合受众的接受心理、遵循教育规律,还要求真理的力量与领导集体人格力量的统一,否则理论掌握群众便难以实现。"②张耀灿特别强调："这一理论是否能更全面、更丰富、更深刻,究竟如何表述更好、更科学、更准确,尚有待于进一步开展理论交锋,深入比较论证,实现综合创新。"③修正意义上,有倪愫襄主编的《思想政治教育元问题研究》(中国社会科学出版社 2014 年版)第五章"思想政治教育的本质特征"。

"思想掌握群众"的思想政治教育本质阐释代表性论文——刊发于《马克思主义研究》2012 年第 9 期的《思想政治教育的本质在于思想掌握群众》不同于本质与属性概念比较式阐释方式,以本质与属性的概念比较为逻辑前提展开递进阐释,该论文的第一层次,并列式地解释为："一、思想掌握群众揭示了思想政治教育的深刻本质","二、思想掌握群众强调了思想政治教育的本质内容","三、思想掌握群众体现了思想政治教育的本质特征"。论文的第二层次,即为什么"一、思想掌握群众揭示了思想政治教育的深刻本质"？并列式地解释为："1. 思想掌握群众反映了思想政治教育的深刻内涵","2. 思想掌握群众反映了思想政治教育的根本属性","3. 思想掌握群众反映了思想政治教育同其他实践活动的本质区别"。为什么"二、思想掌握群众强调了思想政治教育的本质内容"呢？并列式地解释为："1. 思想政治教育是思想掌握本阶级群众的活动","2. 思想政治教育是思想掌握其他阶级群众的活动","3. 党的思想政治教育是先进思想掌握群众的活动"。

---

① 陶磊、王永益:《"思想掌握群众",还是"群众掌握思想"？——思想政治教育本质规定的思与所思》,《重庆邮电大学学报》(社会科学版)2017 年第 3 期。
② 张耀灿:《思想政治教育学科建设存在的若干问题》,《思想理论教育》2015 年第 5 期。
③ 张耀灿:《思想政治教育学科建设存在的若干问题》,《思想理论教育》2015 年第 5 期。

为什么"三、思想掌握群众体现了思想政治教育的本质特征"呢？并列式地解释为："1. 思想掌握群众体现了思想政治教育的政治性"，"2. 思想掌握群众体现了思想政治教育的群众性"，"3. 思想掌握群众体现了思想政治教育的实践性"，"4. 思想掌握群众体现了思想政治教育的超越性"。① 从上述第一、二层次的阐释方式来看，《思想政治教育的本质在于思想掌握群众》一文，与英格博格·普珀界定的"基于某个事实的确认来认定另一个事实，或者如一般所称，另一个事实被论断"②的"论断式概念"所强调的一样，是典型的论断式阐释方式。

需要注意的是，论断式阐释方式与英格博格·普珀所强调的"论断式概念"一样：首先，内在构成上，内含"两个意义成分"：一是"被论断的内容"，二是"该论断的前提"，并且"被论断的内容"与"该论断的前提"必须存在逻辑上的紧密关联。其次，逻辑要求上，"无论是应被论断的事实还是该论断的事实前提，这两个成分必须尽可能清楚地确定，并且尽可能精确地划分"。③ 否则，或者导致逻辑上的同义反复④，或者导致逻辑上的断裂。

第三节　铸魂育人范畴：思想政治教育本质论的关键

如上所述，思想政治教育本质阐释的方法论逻辑应该是：第一，彻底地贯彻历史唯物主义；第二，从思想政治教育现象分析到思想政治教育概念提炼，再到思想政治教育本质揭示；第三，从确定的前提到合逻辑的论证，再到合逻辑地得出作为"结论"的思想政治教育本质。基于此，本节在前述 1984 年以来思想政治教育本质阐释的人学范式及其相关阐释、导言和前三章的论述基础上，从范畴学的角度对"思想政治教育"的"铸魂育人"特质做一归纳，以期进一步阐释思想政治教育的"政治人格建构"本质。《辞海》"范畴"

---

① 骆郁廷：《思想政治教育的本质在于思想掌握群众》，《马克思主义研究》2012 年第 9 期。
② [德]英格博格·普珀：《法学思维小学堂：法律人的 6 堂思维训练课》，蔡圣伟译，北京大学出版社 2011 年版，第 15 页。
③ [德]英格博格·普珀：《法学思维小学堂：法律人的 6 堂思维训练课》，蔡圣伟译，北京大学出版社 2011 年版，第 20~21 页。
④ 同义反复，是一种修辞方式，不是一种论证方式。作为修辞方式，形式上，同义反复，前呼后应，有助于增强语言的气势和表现力；语义上，同义反复，重言刺激，有助于强化信息，增强语言表述和信息传递的效果（马彪：《浅谈同义反复辞格》，《求是学刊》2005 年第 6 期。）从逻辑角度论，"同义反复语的典型结构"，用汉语表示，即"名词 i 是名词 i"；用英语表示，即"A is A"，其逻辑形式为 $\forall x(A(x) \to A(x))$（文旭：《同义反复话语的特征及其认知语用解释》，《外国语言文学》2003 年第 3 期。）如果作为论证方式，则导致整个论证，或者成了无前提的结论陈述，或者成了无结论的前提陈述。

词条这样界定:"范畴"是"反映事物本质和普遍联系的基本概念。"①在《黑格尔〈逻辑学〉一书摘要》批语中,列宁写道:"在人面前是自然现象之网。本能的人,即野蛮人,没有把自己同自然界区分开来。自觉的人则区分开来了,范畴是区分过程中的梯级,即认识世界的过程中的梯级,是帮助我们认识和掌握自然现象之网的网上纽结。"②在《哲学的终结和思的任务》一文中,海德格尔亦曾指出:"任何一门科学都依赖于范畴来划分和界定它的对象领域。"③

一、思想政治教育是一个政治范畴

导言和前三章从"思想政治教育"与"思想道德教育"的语词比较、基于实践的"三态共融"的思想政治教育内涵解析两个角度,对思想政治教育的"政治范畴"特性做了明确阐释,这里先简要归纳,然后再从思想政治教育本质阐释的人学范式和思想政治教育的"铸魂育人"功能角度,对思想政治教育的"政治范畴"特性进行论证。

比较"教育"与"思想政治教育"语词本身,完全可以确认"思想政治教育"的特性在"思想政治"。比较"思想道德教育"与"思想政治教育"语词本身,同样完全可以确认"思想道德教育"的核心在"道德","思想政治教育"的核心在"政治"。在"思想道德教育"和"思想政治教育"中,"教育"都只是方式和手段。从范畴学的角度界定,"教育"属于"教育学"范畴或者说"教育"范畴,"思想道德教育"属于"道德"范畴,"思想政治教育"属于"政治"范畴。

面向实践不难发现,在"作为教育活动具体类别的思想政治教育"中,教育者不是想讲什么就可以讲什么的,教育者只是教学活动的发起者或发动者,亦即只是教学活动的主导者,而不是作为"思想政治教育内容"的"政治思想"的主导者。作为"思想政治教育内容"的"政治思想"的主导者,在现代社会是政党主体和国家主体。在现代社会的现实的思想政治教育中,教育者实际上只是作为主导主体的政党主体和国家主体与受教育者的"中介"。现实的思想政治教育过程,是一个由政党主体和国家主体发起或发动经教育者"中介"到受教育者接受的过程。现实的思想政治教育,是沈壮海所说的"三态共融"的思想政治教育,即"作为政治实践特殊形态的思想政治教育;作为党和国家事业重要方面的思想政治教育;作为教育活动具体类

---

① 夏征农、陈至立主编:《辞海》(第六版彩图本),上海辞书出版社 2009 年版,第 572 页。
② 《列宁全集》第 55 卷,人民出版社 1990 年版,第 78 页。
③ [德]海德格尔:《面向思的事情》,陈小文、孙周兴译,商务印书馆 2005 年版,第 71 页。

别的思想政治教育"①。在"三态共融"的思想政治教育中,"作为政治实践特殊形态的思想政治教育"具有统领地位。因而从范畴学的角度论,现实的"三态共融"的思想政治教育是一个政治范畴。面向实践不难确认,作为思想政治工作的主体构成,思想政治教育和思想政治工作一样,是政治工作的一部分,是政党的思想政治工作和思想政治教育,是国家的思想政治工作和思想政治教育。正如沈壮海在《宏观思想政治教育学初论》一文中所提出的:"就本质而言,思想政治教育即一个社会主流意识形态建构、维护与发展的特殊政治实践活动。"②李兴建、王滨《思想政治教育的本质:政治家用理论掌握群众的一种政治活动》一文更是在摘要中明确指出:"本质上思想政治教育是一种政治活动。政治家是思想政治教育真正的具体主体。"③

从思想政治教育本质阐释的人学范式来看,在与思想政治教育密切相关的范畴中,落脚在"人"和"人的建构"的范畴有两个:一个是"立德树人",另一个是"铸魂育人"。那么,这两个范畴都是思想政治教育的本质范畴还是只有其中一个是思想政治教育的本质范畴?如果只有其中一个是思想政治教育的本质范畴,又是哪一个呢?综合习近平总书记在2014年10月31日全军政治工作会议、2016年12月7日全国高校思想政治工作会议、2018年9月10日全国教育大会、2019年3月18日学校思想政治理论课教师座谈会四次会议上的重要讲话来看,比较而言,"立德树人"范畴强调的是"思想道德教育"和"思想政治教育"的相同点,未涉及"思想政治教育"与"思想道德教育"的本质差异,是"思想道德教育"的本质范畴和"思想政治教育"的基础范畴;"铸魂育人"范畴强调了"思想政治教育"与"思想道德教育"的本质差异,因而是"思想政治教育"的本质范畴。

2014年10月31日在全军政治工作会议上的讲话中,习近平总书记明确指出:"崇高的理想、坚定的信念,是革命军人的灵魂","要适应强军目标要求,把握新形势下铸魂育人的特点和规律,着力培养有灵魂、有本事、有血性、有品德的新一代革命军人。有灵魂就是要信念坚定、听党指挥,有本事就是要素质过硬、能打胜仗,有血性就是要英勇顽强、不怕牺牲,有品德就是要情趣高尚、品行端正"。④ 在这里,习近平总书记至少指出了这样三重信息:第一,"铸魂育人"对应的是"有灵魂","铸魂育人"就是铸就"有灵魂"

---

① 倪愫襄主编:《思想政治教育元问题研究》,中国社会科学出版社2014年版,第19页。
② 沈壮海:《宏观思想政治教育学初论》,《思想理论教育导刊》2011年第12期。
③ 李兴建、王滨:《思想政治教育的本质:政治家用理论掌握群众的一种政治活动》,《思想政治教育研究》2014年第1期。
④ 《习近平谈治国理政》第2卷,外文出版社2017年版,第402页。

的人,"立德树人"对应的是"有品德","立德树人",就是树立"有品德"的人。第二,在"有灵魂、有本事、有血性、有品德""四有"之间,"有灵魂"是统帅。亦即是说,在"铸魂育人"与"立德树人"之间,"立德树人"是"铸魂育人"的基础,"铸魂育人"的要求高于"立德树人"的要求,"铸魂育人"统领"立德树人"。毫无疑问,只有首先是"一个纯粹的人,一个有道德的人,一个脱离了低级趣味的人",然后才能是"一个高尚的人","一个有益于人民的人",①一个合格的政治共同体人。第三,"铸魂育人"就是铸就"崇高的理想、坚定的信念",铸就"信念坚定、听党指挥"的人。可见,"铸魂育人"核心是铸就崇高的政治品格。

怎样才能"立德树人"？怎样才能"铸魂育人"？怎样才能铸就崇高的政治品格？2018年9月10日在全国教育大会上的讲话中,习近平总书记曾指出:"党的十八大以来,我们围绕培养什么人、怎样培养人、为谁培养人这一根本问题,全面加强党对教育工作的领导,坚持立德树人,加强学校思想政治工作,推进教育改革,加快补齐教育短板。"②习近平总书记这里的"坚持立德树人,加强学校思想政治工作"显然不是并列关系,而是递进关系。在"立德树人"与"思想政治工作"之间,"立德树人"是前提,"思想政治工作"是更高的要求。习近平总书记特别强调:"社会主义建设者和接班人,定语就是'社会主义',这是我们对培养什么人的本质规定。我们培养的人,必须树立共产主义远大理想和中国特色社会主义共同理想。没有这一条,培养社会主义建设者和接班人就不成立了。"③可见,思想政治教育"培养什么人"的问题,不只是解决道德人格的培养问题,还需要解决政治人格的培养问题。2019年3月18日在学校思想政治理论课教师座谈会上的讲话中,习近平总书记指出:"思想政治理论课是落实立德树人根本任务的关键课程","我们办中国特色社会主义教育,就是要理直气壮开好思政课,用新时代中国特色社会主义思想铸魂育人,引导学生增强中国特色社会主义道路自信、理论自信、制度自信、文化自信,厚植爱国主义情怀,把爱国情、强国志、报国行自觉融入坚持和发展中国特色社会主义事业、建设社会主义现代化强国、实现中华民族伟大复兴的奋斗之中"。④ 在这里,习近平总书记明确指出,"思想政治理论课是落实立德树人根本任务的关键课程",但是,比较而言,

---

① 《毛泽东选集》第2卷,人民出版社1991年版,第660页。
② 《习近平在全国教育大会上强调 坚持中国特色社会主义教育发展道路 培养德智体美劳全面发展的社会主义建设者和接班人》,《人民日报》2018年9月11日。
③ 《十九大以来重要文献选编》(上),中央文献出版社2019年版,第648页。
④ 《习近平谈治国理政》第3卷,外文出版社2020年版,第329页。

旨在树立崇高道德品格的"立德树人"范畴,没有完全阐释以思想政治理论课为典型形式的"思想政治教育"的全部。"理直气壮开好思政课",不仅在"立德树人",还要在"立德树人"的基础上,用习近平新时代中国特色社会主义思想铸魂育人。也就是说,旨在铸就"四个自信"和"爱国主义情怀"政治品格的"铸魂育人"范畴,才阐释了以思想政治理论课为典型形式的"思想政治教育"的全部。

综合上引习近平总书记2018年9月10日在全国教育大会上的讲话和2019年3月18日在学校思想政治理论课教师座谈会上的讲话,不难发现:第一,"作为教育活动具体类别的思想政治教育",和所有教育一样,都是"围绕培养什么人、怎样培养人、为谁培养人这一根本问题"展开的。第二,"培养什么人、怎样培养人、为谁培养人这一根本问题"的具体内涵,在"三态共融"的思想政治教育中,同一般教育是不一样的。第三,在一般教育中,"培养什么人、怎样培养人、为谁培养人这一根本问题"的具体内涵是"立德树人",亦即培养社会共同体人的道德人格。从导言所述基于"培养什么人、怎样培养人、为谁培养人"三者之间的内在逻辑而调整的表述顺序——"为谁培养人、培养什么人、怎样培养人"的角度说,也就是社会共同体人的道德人格建构。第四,在"三态共融"的思想政治教育中,"培养什么人、怎样培养人、为谁培养人这一根本问题"的具体内涵是"铸魂育人",亦即铸就政治共同体人的政治人格。从基于内在逻辑表述的"为谁培养人、培养什么人、怎样培养人"的角度说,也就是政治共同体人的政治人格建构。

由此来看:(1)思想政治教育是一个"铸魂育人"范畴。(2)作为铸就崇高政治品格的"铸魂育人"范畴,思想政治教育核心不是在"教育"上,也不是在"思想"上,而是在"政治"上。从范畴学的角度论,思想政治教育首先是一个政治范畴。

需要强调的是,"思想政治教育之'政治',显然不能作为'经济集中表现'的政治实体及其建构方式来理解,也不能作为一般的抽象概念来理解。它主要是通过'思想'来体现政治价值与政治意义"①。早在古希腊时期,亚里士多德就明确指出:"世上一切学问(知识)和技术,其终极(目的)各有一善;政治学术(亚里士多德这里的'政治学术',不是实证主义的'价值中立'的政治科学,而是包含价值论的政治哲学——引者注)本来是一切学术中最重要的学术,其终极(目的)正是为大家所最重视的善德,也就是人间的至

---

① 张耀灿、钱广荣:《思想政治教育研究范式论纲——思想政治教育研究方法的基本问题》,《思想教育研究》2014年第7期。

善。政治学(同样,这里的'政治学',也不是政治科学,而是政治哲学——引者注)上的善就是'正义',正义以公共利益为依归。"①借用温家宝2010年3月5日在十一届全国人大三次会议上所作的政府工作报告中关于"努力建设人民满意的服务型政府"的话,"思想政治教育"的"政治"是全心全意为人民服务的"服务型政府"的政治,是"为各类市场主体创造公平的发展环境,为人民群众提供良好的公共服务"的政治,是"让人民生活得更加幸福、更有尊严,让社会更加公正、更加和谐"②的政治,亦即积极的、建构性的、人民民主的政治,不是消极的、控制型、掠夺型专制政治、官僚政治、资本政治。

二、思想政治教育是一个人学范畴

作为"铸魂育人"范畴,思想政治教育在"铸魂"意义上是一个政治范畴,在"育人"意义上是一个人学范畴。

2019年3月18日在学校思想政治理论课教师座谈会上的讲话中,习近平总书记强调:"办好思想政治理论课,最根本的是要全面贯彻党的教育方针,解决好培养什么人、怎样培养人、为谁培养人这个根本问题。新时代贯彻党的教育方针,要坚持马克思主义指导地位,贯彻新时代中国特色社会主义思想,坚持社会主义办学方向,落实立德树人的根本任务,坚持教育为人民服务、为中国共产党治国理政服务、为巩固和发展中国特色社会主义制度服务、为改革开放和社会主义现代化建设服务,扎根中国大地办教育,同生产劳动和社会实践相结合,加快推进教育现代化、建设教育强国、办好人民满意的教育,努力培养担当民族复兴大任的时代新人,培养德智体美劳全面发展的社会主义建设者和接班人。"③无论是从思想政治教育"培养什么人、怎样培养人、为谁培养人"的根本问题来看,还是从"立德树人"基础上的思想政治教育"铸魂育人"核心功能来看,抑或是从思想政治教育"培养担当民族复兴大任的时代新人,培养德智体美劳全面发展的社会主义建设者和接班人"目的来看,思想政治教育都是一个人学范畴。这是其一。

在从受教育者的"社会存在本质"出发,着眼于受教育者的自由全面发展的思想政治教育中,受教育者的政治品格建构,是目的,不是手段。从受教育者的"社会存在本质"出发,着眼于受教育者的自由全面发展的思想政治教育,不是也不应该是着重"技术"或"工艺"的"教育技术学",而是强调

---

① [古希腊]亚里士多德:《政治学》,吴寿彭译,商务印书馆1983年版,第148页。
② 《十七大以来重要文献选编》(中),中央文献出版社2011年版,第581、582页。
③ 《习近平谈治国理政》第3卷,外文出版社2020年版,第328页。

人学内涵和人学意义的"育人树人"的"成人"之学。从受教育者的"社会存在本质"出发，着眼于受教育者的自由全面发展的思想政治教育，不是一个停留于"教育技术"层次的"技术学"或"工艺学"范畴，而是一个"人学"范畴。这是其二。

需要注意的是：从上述两大方面得出的"思想政治教育是一个人学范畴"中的"人"，不是一个脱离了社会存在的抽象的人，不是一种脱离了历史的非历史存在物。从上述两大方面得出的"思想政治教育是一个人学范畴"中的"人学"，不是一种浪漫主义的人本主义价值悬设，更不是一种"人学范式"与"社会哲学范式"二元对立、非此即彼的知性形而上学思维，而是一种基于人的存在和人的发展的思想政治教育价值分析与价值揭示；更确切地说，是基于当代中国以马克思主义为指导思想的、中国共产党领导的社会主义建构性思想政治教育实践而揭示的思想政治教育价值本质。正如前引张耀灿《推进思想政治教育研究范式的人学转换》一文所说的："从主流研究范式来看，思想政治教育研究范式的人学转换，不是对社会哲学范式下研究成果的推倒重来，而是改革、创新、拓展、深化，使研究进一步回归和贴近生活世界，有了新视野、新思路、新话语。总之，是继承基础上的创新，在全面深化中实现超越。"①

作为人学范畴，思想政治教育的人的培养，在其社会意义上是培养、完善人格，特别是培养、完善政治人格。2018 年 9 月 10 日在全国教育大会上的讲话中，习近平总书记指出："推进教育现代化、建设教育强国、办好人民满意的教育"，"以凝聚人心、完善人格、开发人力、培育人才、造福人民为工作目标，培养德智体美劳全面发展的社会主义建设者和接班人"。②"凝聚人心、完善人格、开发人力、培育人才、造福人民"的中国特色社会主义教育工作"目标"，落到人的培养上，根本在"完善人格"，并且是完善政治人格。习近平总书记明确指出："从历史和现实的角度看，任何国家、任何社会，其维护政治统治、维系社会稳定的基本途径无一不是通过教育。我国是中国共产党领导的社会主义国家，这就决定了我们的教育必须把培养社会主义建设者和接班人作为根本任务，培养一代又一代拥护中国共产党领导和我国社会主义制度、立志为中国特色社会主义奋斗终身的有用人才。我们的教育绝不能培养社会主义破坏者和掘墓人，绝不能培养出一些'长着中国脸，不是中国心，没有中国情，缺少中国味'的人！那将是教育的失败。教育

---

① 张耀灿：《推进思想政治教育研究范式的人学转换》，《思想教育研究》2010 年第 7 期。
② 《习近平在全国教育大会上强调 坚持中国特色社会主义教育发展道路 培养德智体美劳全面发展的社会主义建设者和接班人》，《人民日报》2018 年 9 月 11 日。

的失败是一种根本性失败。我们决不能犯这种历史性错误！这是推进教育现代化、建设教育强国必须把握的大是大非问题，没有什么可隐晦、可商榷、可含糊的。"①在这里，习近平总书记明确指出：思想政治教育的人的培养不只是培养、完善道德人格，更是在培养、完善道德人格的基础上培养、完善政治人格，并且重点在培养、完善政治人格，亦即必须"培养社会主义建设者和接班人"，"绝不能培养社会主义破坏者和掘墓人"，自然也不能培养"事不关己，高高挂起；明知不对，少说为佳；明哲保身，但求无过"②的"自由主义""局外人"。

当然，培养、完善受教育者的政治人格，促进受教育者的自由全面发展，作为思想政治教育"人学"本质的现实呈现，在人类历史实践上，只有在以马克思主义为指导思想的科学社会主义的实践中才能成为现实。在前现代阶级社会和现代资本主义阶级社会中，培养受教育者的政治人格，促进受教育者的自由全面发展，只是，也只能是一种浪漫主义的人本主义价值悬设。1945 年 5 月 24 日在中国共产党第七次全国代表大会上所作的《第七届中央委员会的选举方针》的报告中，毛泽东特别指出："我们是马克思主义者，我们相信工具论。政府是什么东西呢？国家是什么东西呢？马克思和恩格斯认为，国家是一个阶级压迫另外一个阶级的机关，是个机器，是个工具。我们的政府是什么呢？是压迫反革命的工具。反革命的政府是什么呢？是压迫革命的工具。总之，都是一种工具，这是马克思主义者的看法。党是阶级斗争的工具，政府也是工具，党的中央委员会、党的领导机关，也是党的工具，都是阶级斗争的工具。我们党是阶级的领袖，中央是全党的领袖，我们都当作工具来看。"③针对"过去我们有许多同志不了解这个问题，认为自己是英雄，出来是干革命的，很有一番自豪"的问题，毛泽东强调："有一番自豪是对的，但应该是作为工具的一番自豪。我们是阶级使用的武器，我们阶级要胜利，就要选出先锋队来。群众是从实践中来选择他们的领导工具、他们的领导者。被选的人，如果自以为了不得，不是自觉地作工具，而以为'我是何等人物'！那就错了。"④毛泽东直言："我们党要使人民胜利，就要当工具，自觉地当工具。各个中央委员，各个领导机关都要有这样的认识。这是唯物主义的历史观。"⑤1956 年 9 月 16 日在中国共产党第八次全国代表大

---

① 《十九大以来重要文献选编》（上），中央文献出版社 2019 年版，第 647 页。
② 《毛泽东选集》第 2 卷，人民出版社 1991 年版，第 359 页。
③ 《毛泽东文集》第 3 卷，人民出版社 1996 年版，第 373 页。
④ 《毛泽东文集》第 3 卷，人民出版社 1996 年版，第 373 页。
⑤ 《毛泽东文集》第 3 卷，人民出版社 1996 年版，第 373~374 页。

会上所作的《关于修改党的章程的报告》中,邓小平更从比较意义上指明:"同资产阶级的政党相反,工人阶级的政党不是把人民群众当作自己的工具,而是自觉地认定自己是人民群众在特定的历史时期为完成特定的历史任务的一种工具。"①众所周知,在前现代阶级社会和现代资本主义阶级社会,正好相反,最广大人民群众是统治阶级的工具,是资本的工具,是资产阶级政党的工具,是虚假的政治共同体的工具。换言之,前现代阶级社会和现代资本主义阶级社会的政治人格建构,是一种工具性的政治人格建构,而不是一种目的性的政治人格建构,不是一种旨在促进作为接受主体的受教育者的自由全面发展的政治人格建构。

三、思想政治教育是一个活动范畴

作为"铸魂育人"范畴,思想政治教育在"魂"的意义上是一个政治范畴,在"人"的意义上是一个人学范畴,在"铸"和"育"的意义上是一个活动范畴。

以"铸"和"育"为特征的"思想政治教育是一个活动范畴",应该是学界公认的,是没有任何疑义的。这里引用以下成果中有关"思想政治教育"的概念界定,作为例证。

(1)在教育部"高等师范教育面向21世纪教学内容和课程体系改革计划"研究成果、面向21世纪课程教材和教育部部级重点项目"思想政治教育专业"主干教材——张耀灿、陈万柏主编的《思想政治教育学原理》中,"思想政治教育"概念是这样界定的:"概括地说,思想政治教育是指社会或社会群体用一定的思想观念、政治观点、道德规范,对其成员施加有目的、有计划、有组织的影响,使他们形成符合一定社会或一定阶级所需要的思想品德的社会实践活动。"②在刊发于《思想教育研究》2010年第7期"纪念创刊25周年"的《推进思想政治教育研究范式的人学转换》一文中,张耀灿写道:"按照马克思主义人学范式,我认为对'思想政治教育'这个核心概念应当优化。可以这样表述:思想政治教育是一定阶级、社会、组织、群体与其成员,通过多种方式开展思想、情感的交流互动,引导其成员吸纳、认同一定社会的思想观念、政治观点、道德规范,促进其成员知、情、意、信、行均衡协调发展和思想品德自主建构的社会实践活动。"③这两种"思想政治教育"概念界定:其一,都强调"思想政治教育"是一种"社会实践活动",是一个"活动范畴";其二,明确了不断完善"思想政治教育"概念界定的必要性、重要性、

---

① 《邓小平文选》第1卷,人民出版社1994年版,第217~218页。
② 张耀灿、陈万柏主编:《思想政治教育学原理》,高等教育出版社2001年版,第4页。
③ 张耀灿:《推进思想政治教育研究范式的人学转换》,《思想教育研究》2010年第7期。

可能性；其三，相比2001年"思想政治教育"概念界定的"施加论"，2010年的"思想政治教育"概念界定，指明了"思想政治教育"是一种思想、情感"互动性""引导性""认同性""建构性"的"社会实践活动"，亦即指明了"思想政治教育"是一个思想、情感"互动性""引导性""认同性""建构性"的"活动范畴"。

（2）在普通高等教育"十一五"国家级规划教材、教育部学位管理与研究生教育司推荐的研究生教学用书——张耀灿、郑永廷、吴潜涛、骆郁廷等著的《现代思想政治教育学》中，"思想政治教育"概念是这样界定的："我们认为：思想政治教育是指一定的阶级、政党、社会群体遵循人们思想品德形成发展规律，用一定的思想观念、政治观点、道德规范，对其成员施加有目的、有计划、有组织的影响，使他们形成符合一定社会、一定阶级所需要的思想品德的社会实践活动。"①这一"思想政治教育"概念界定：其一，指明了"思想政治教育"是一种"社会实践活动"，是一个"活动范畴"；其二，突出了作为现代思想政治教育主导主体的"政党主体"；其三，突出了"思想政治教育"中"人们思想品德形成发展规律"的前提性，亦即思想政治教育不是想怎么教育就怎么教育的，而是必须以"人们思想品德形成发展规律"为前提，必须"遵循人们思想品德形成发展规律"。

（3）在教育部学位管理与研究生教育司推荐的研究生教学用书——陈秉公《思想政治教育学原理》中，"思想政治教育"概念是这样界定的："所谓思想政治教育，就是一定阶级或政治集团，为了实现其政治目标和任务而进行的，以政治思想教育为核心与重点的，思想、道德和心理综合教育实践。"②该教材还指出："我们所从事的是马克思主义的思想政治教育，与历史上一切剥削阶级的思想政治教育均有本质差别。因此，需要对马克思主义思想政治教育做进一步解释和说明。"③基于此，该教材指出："马克思主义思想政治教育的具体含义是，为了保证党和中华民族奋斗目标的实现，以宣传和传播社会主义和共产主义思想体系，引导人们的政治态度，解决各类思想问题，提高思想、道德和心理素质，完善人格和调动积极性为根本任务，对人们进行的以政治思想教育为核心与重点的，思想教育、道德教育和心理教育的综合教育实践。"④这里的"思想政治教育"概念界定：其一，指明了

---

① 张耀灿、郑永廷、吴潜涛、骆郁廷等：《现代思想政治教育学》，人民出版社2006年版，第50页。
② 陈秉公：《思想政治教育学原理》，高等教育出版社2006年版，第2页。
③ 陈秉公：《思想政治教育学原理》，高等教育出版社2006年版，第2页。
④ 陈秉公：《思想政治教育学原理》，高等教育出版社2006年版，第2~3页。

"思想政治教育"作为"活动"范畴的"综合教育实践"特性;其二,区分了"思想政治教育"的"一般"与"特殊",即区分了一般形态的"思想政治教育"和特殊形态的"马克思主义思想政治教育""一切剥削阶级的思想政治教育",区分了作为"思想政治教育"不同特殊形态的"马克思主义思想政治教育"与"一切剥削阶级的思想政治教育";其三,将"政治思想教育"明确为"思想政治教育"的"核心和重点";其四,将"完善人格"明确为"马克思主义思想政治教育"的"根本任务"之一。

(4)在马克思主义理论研究和建设工程重点教材——《思想政治教育学原理》编写组编的《思想政治教育学原理》(第二版)中,"思想政治教育"概念是这样界定的:"思想政治教育,归根结底是为了满足社会和人的发展需要,因而'思想政治教育是教育者与受教育者根据社会和自身发展的需要,以正确的思想、政治、道德理论为指导,在适应与促进社会发展的过程中,不断提高思想、政治、道德素质和促进全面发展的过程'。"[①]这一"思想政治教育"概念界定:其一,是一种基于"教育学"理论的"思想政治教育"概念界定,亦即对"作为教育活动具体类别的思想政治教育"的概念界定;其二,指明了"思想政治教育"作为"活动"范畴的"过程"特性;其三,指明了"思想政治教育""满足社会和人的发展需要"特性,即"思想政治教育"既需要"适应与促进社会发展",也需要"促进人的全面发展"。

(5)在武汉大学马克思主义理论系列学术丛书、武汉大学"985工程"项目"中国特色社会主义理论创新基地"和"211工程"项目"马克思主义基本理论及其中国化研究"成果、教育部人文社会科学规划一般项目"思想政治教育元问题研究"最终成果——倪愫襄主编的《思想政治教育元问题研究》一书第一章第二节中,论及"思想政治教育的整体视野",沈壮海提出:"从整体上把握学科研究的对象","我们应当对思想政治教育学科得以确立的独特的研究对象'思想政治教育'做出科学的、整体性的把握。应当看到,思想政治教育作为一种客观存在的实践活动,至少有三个现实的存在形态:作为政治实践特殊形态的思想政治教育;作为党和国家事业重要方面的思想政治教育;作为教育活动具体类别的思想政治教育。在现实存在中,思想政治教育的这三种形态虽然共融一体,难以剥离,但是,在理论研究中,我们却既需要从这三种形态共融一体的角度对思想政治教育做出整体的理论反映,也需要对这三种形态中的思想政治教育做出分别的理论反映。这就

---

① 《思想政治教育学原理》编写组编:《思想政治教育学原理》(第二版),高等教育出版社2018年版,第4页。

需要我们从整体上而非局部上来把握我们学科得以确立的独特的研究对象"。① 这里的"思想政治教育"概念界定:其一,指明了"思想政治教育"是一种"客观存在的实践活动",是一个"活动范畴";其二,指明了现实的"思想政治教育"的"三态共融"整体特性;其三,指明了"科学的、整体性"的"思想政治教育"研究,需要"从整体上而非局部上来把握""思想政治教育"。这也同时表明,思想政治教育本质的科学阐释,必须是对"三态共融"的整体形态的思想政治教育本质的阐释。

从上述思想政治教育的"铸魂育人"特质和思想政治教育的范畴学性质——政治范畴、人学范畴、活动范畴——可知以下四点。

首先,"铸魂育人范畴"是思想政治教育本质论的关键,思想政治教育的本质阐释必须完整阐释思想政治教育的"铸魂育人"功能。

其次,作为"铸魂育人范畴",思想政治教育是"政治范畴""人学范畴""活动范畴"的统一,思想政治教育的本质阐释必须完整阐释思想政治教育的政治特性、人学特性、活动特性。从张耀灿的两种"思想政治教育"概念界定,亦即"社会哲学范式"的"思想政治教育"概念界定和"马克思主义人学范式"的"思想政治教育"概念界定来看,思想政治教育的本质阐释必须阐释思想政治教育的思想、情感"互动性""引导性""认同性""建构性"。这就意味着,思想政治教育本质作为思想政治教育"实存"之"存在论""映现",其"科学的、整体性"的把握,亦即"从整体上而非局部上"的把握,应该完整阐释思想政治教育的政治特性、人学特性、建构性活动特性。思想政治教育本质,在其表述形式上应该和思想政治教育一样,也表现为一种实践活动而不是一种属性。单从形式逻辑论就知道,只有思想政治教育本质是"什么"实践活动的表述,才能阐释作为"实践活动"的思想政治教育的本质。思想政治教育本质是"什么"特性的表述,阐释的只是思想政治教育的某种"特性",而没有阐释作为"实践活动"的思想政治教育的本质。将"什么"特性界定为作为"实践活动"的"思想政治教育"的本质,单从最基本的主语、宾语间语法逻辑上,就解释不通。

再次,思想政治教育本质,作为思想政治教育"实存"之"存在论""映现",其"科学的、整体性"的把握,亦即"从整体上而非局部上"的把握,必须是基于"三态共融"的整体形态的思想政治教育,而不只是基于其形态之一的"作为教育活动具体类别的思想政治教育"。

最后,思想政治教育的本质表述,必须完整阐释思想政治教育的"铸魂

---

① 倪愫襄主编:《思想政治教育元问题研究》,中国社会科学出版社2014年版,第19页。

育人"功能,但又不能停留于"铸魂育人"这一表述。"铸魂育人"只是回答了"培养人"的问题,而没有回答"培养什么人"的问题。如果只是停留于"铸魂育人"这一表述,也就如孙喜亭主编的《教育学问题研究概述》一书论及"教育是培养人的活动,或者说是培养人的过程"这一说法时所指出的:"这个说法尽管是对的,但它只是教育的现象的描绘,而不是理论的抽象,是同义语的反复,而不是对教育内涵的揭示与阐明。"①

第四节 政治人格建构:思想政治教育根本问题的解答

从前三章来看,完整阐释思想政治教育的"铸魂育人"功能和思想政治教育的政治特性、人学特性、建构性活动特性,且又较"铸魂育人"表述更精确、更明晰的"三态共融"整体形态的思想政治教育本质表述,是"政治人格建构"。进一步从导言和前三章来看,思想政治教育本质的"政治人格建构"表述,不仅完整阐释了思想政治教育的"铸魂育人"功能和思想政治教育的政治特性、人学特性、建构性活动特性,而且全面解答了思想政治教育的根本问题——"为谁培养人、培养什么人、怎样培养人"。

一、政治人格建构的"政治",解答思想政治教育"为谁培养人"的问题

1942 年 5 月 23 日在延安文艺座谈会上的讲话"结论"中,针对革命的文艺必须是"为革命的工农兵群众服务","为革命的工农兵群众服务"的文艺,"必须站在无产阶级的立场上,而不能站在小资产阶级的立场上","坚持个人主义的小资产阶级立场的作家是不可能真正地为革命的工农兵群众服务的"②等问题,毛泽东特别强调:"为什么人的问题,是一个根本的问题,原则的问题"③,"这个根本问题不解决,其他许多问题也就不易解决"④,甚至是不可能解决。这就告诉我们,在思想政治教育的根本问题——"为谁培养人、培养什么人、怎样培养人"中,"为谁培养人"的问题又是"根本问题"中的"根本问题"。这也同时告诉我们,解决思想政治教育的根本问题——"为谁培养人、培养什么人、怎样培养人",首先必须解决其中的"为谁培养人"问题。

在"为谁培养人、培养什么人、怎样培养人"三者之间,正是"为谁培养

---

① 孙喜亭主编:《教育学问题研究概述》,天津教育出版社 1989 年版,第 139 页。
② 《毛泽东选集》第 3 卷,人民出版社 1991 年版,第 856 页。
③ 《毛泽东选集》第 3 卷,人民出版社 1991 年版,第 857 页。
④ 《毛泽东选集》第 3 卷,人民出版社 1991 年版,第 858 页。

人"的问题,决定了"培养什么人","培养什么人"的问题决定了"怎样培养人",而不是"培养什么人"决定"为谁培养人",也不是"怎样培养人"决定"培养什么人"。进一步对思想政治教育的根本问题——"为谁培养人、培养什么人、怎样培养人"三者之间的关系加以明确,可以界定为:(1)"为谁培养人"的问题是"根本问题"中的"根本问题"。(2)"培养什么人"的问题是"根本问题"中的"核心问题"。没有解决"培养什么人"的问题,"为谁培养人"的问题就无法落地,"怎样培养人"的问题就无法展开。(3)"怎样培养人"的问题是"根本问题"中的"保障问题"。如同没有解决"培养什么人"的问题,"为谁培养人"的问题就无法落地一样,没有解决"怎样培养人"的问题,"培养什么人"的问题也只是纸上谈兵。

作为"根本问题"中的"根本问题",上引毛泽东论述说得清楚,"为谁培养人"的问题,就其性质而言,是"培养人"的"阶级立场"问题。从政治共同体的"经济建设、政治建设、文化建设、社会建设、生态文明建设五位一体"①角度来说,作为"培养人"的"阶级立场"问题,"为谁培养人"的问题是一个政治领域的问题,更具体地说,是"政治立场"问题。在《关于正确处理人民内部矛盾的问题》的讲话中,毛泽东明确指出:"没有正确的政治观点,就等于没有灵魂。"②在《工作方法六十条(草案)》的第二十二条中,毛泽东写道:"红与专、政治与业务的关系,是两个对立物的统一",在其中,"思想和政治又是统帅,是灵魂","不注意思想和政治,成天忙于事务,那会成为迷失方向的经济家和技术家,很危险"。③ 因此,毛泽东强调:"一方面要反对空头政治家,另一方面要反对迷失方向的实际家。"④可见,政治问题核心是立场问题,方向问题。政治的价值和意义突出表现为"举旗定向"。在《政治的概念》一文中,20世纪德国政治思想家卡尔·施米特亦曾提出:"与人类思想和活动中其他各种相对独立的成就相比,尤其与道德、审美和经济方面的成就相比,政治具有某种以自身特定方式表现出来的标准。所以,政治必须以自身的最终划分为基础。"⑤这样的最终划分"在道德领域是善与恶,在审美领域是美与丑,在经济领域则是利与害",相较而言,"所有政治活动和政治动机所能归结成的具体政治性划分便是朋友与敌人",亦即"划分敌友是政

---

① 《十八大以来重要文献选编》(上),中央文献出版社2014年版,第7页。
② 《毛泽东文集》第7卷,人民出版社1999年版,第226页。
③ 《毛泽东文集》第7卷,人民出版社1999年版,第351页。
④ 《毛泽东文集》第7卷,人民出版社1999年版,第351页。
⑤ [德]卡尔·施米特:《政治的概念》(增订本),刘宗坤、朱雁冰等译,上海人民出版社2018年版,第32页。

治的标准"。① 作为"国际学界公认的政治学—法学经典",《政治的概念》"划分敌友"的"政治的标准"是备受争议的,但是,作为对最基本的"政治常识"的揭示,亦即对"政治"中具有决定性意义的"政治立场"的揭示,其深刻性是毋庸置疑的。在《什么是政治哲学》一书中,施特劳斯指出:"政治事物的精髓不是中立,而是对人们的服从、效忠、决定或判断提出主张。如果一个人没有从好或坏、正义或不义的角度严肃对待他们或直白或含蓄的主张,也就是说,如果没有根据好或正义的标准衡量他们的主张,他就没有理解这些主张作为政治事物的真实面目。要做出健全的判断,人必须知道真正的标准。"②

这告诉我们,在政治共同体的"经济建设、政治建设、文化建设、社会建设、生态文明建设五位一体"③中,解决"为谁培养人"这一思想政治教育根本问题中的"根本问题",是且只能是其中"政治建设"的"政治",亦即以"立场"和"方向"为突出特征的"政治"。2003年7月1日在"三个代表"重要思想理论研讨会上的讲话中,胡锦涛指出:"相信谁、依靠谁、为了谁,是否始终站在最广大人民的立场上,是区分唯物史观和唯心史观的分水岭,也是判断马克思主义政党的试金石。"④2013年12月26日在纪念毛泽东同志诞辰120周年座谈会上的讲话中,习近平总书记强调:"全心全意为人民服务,是我们党一切行动的根本出发点和落脚点,是我们党区别于其他一切政党的根本标志。"⑤2016年7月1日在庆祝中国共产党成立95周年大会上的讲话中,习近平总书记明确指出:"人民立场是中国共产党的根本政治立场,是马克思主义政党区别于其他政党的显著标志。"⑥2017年10月18日在党的十九大报告中,习近平总书记亦从政党价值观、政权价值观角度强调:"为什么人的问题,是检验一个政党、一个政权性质的试金石。"⑦2018年5月4日在纪念马克思诞辰200周年大会上的讲话中,习近平总书记再次强调:"始终同人民在一起,为人民利益而奋斗,是马克思主义政党同其他政党的根本区别。"⑧在诸如此类的论述中,毛泽东、胡锦涛、习近平等马克思主义者明

---

① [德]卡尔·施米特:《政治的概念》(增订本),刘宗坤、朱雁冰等译,上海人民出版社2018年版,第32页。
② [美]施特劳斯:《什么是政治哲学》,李世祥等译,华夏出版社2011年版,第3页。
③ 《十八大以来重要文献选编》(上),中央文献出版社2014年版,第7页。
④ 《十六大以来重要文献选编》(上),中央文献出版社2005年版,第369页。
⑤ 《习近平谈治国理政》,外文出版社2014年版,第28页。
⑥ 《习近平谈治国理政》第2卷,外文出版社2017年版,第40页。
⑦ 《习近平谈治国理政》第3卷,外文出版社2020年版,第35页。
⑧ 《十九大以来重要文献选编》(上),中央文献出版社2019年版,第432页。

确指出,"为什么人的问题",亦即立场问题,是政治的根本性问题。这同时表明,思想政治教育"政治人格建构"本质表述中的"政治",解答了思想政治教育根本问题中"为谁培养人"的问题。

"三态共融"的整体形态的思想政治教育"为谁培养人"呢？在 2016 年 12 月 7 日全国高校思想政治工作会议上的讲话和 2019 年 3 月 18 日学校思想政治理论课教师座谈会上的讲话中,习近平总书记两次强调"全面贯彻党的教育方针",坚持教育"为人民服务、为中国共产党治国理政服务、为巩固和发展中国特色社会主义制度服务、为改革开放和社会主义现代化建设服务"。① 这就是说,新时代中国思想政治教育的"政治人格建构",是为人民培养人,为中国共产党治国理政培养人,为巩固和发展中国特色社会主义制度培养人,为改革开放和社会主义现代化建设培养人。

二、政治人格建构的"政治人格",解答思想政治教育"培养什么人"的问题

比较事实与价值,价值以"立场"和"方向"为突出特征,或者说强调"立场性"和"方向性"。比较经济、政治、文化、社会、生态,政治以"立场"和"方向"为突出特征,或者说强调"立场性"和"方向性"。从"立场"与"方向"意义上说,在政治共同体的"经济建设、政治建设、文化建设、社会建设、生态文明建设五位一体"②的价值观中,亦即在经济价值观、政治价值观、文化价值观、社会价值观、生态价值观中,具有核心"定向"意义的,是政治价值观。如上所述,"为谁培养人"的问题,核心在于"培养人"的"立场"和"方向"问题,亦即在于"培养人"的政治价值观取向问题。

而在"为谁培养人"和"培养什么人"之间,如前所述,正是"为谁培养人"的问题决定了"培养什么人",而不是"培养什么人"决定"为谁培养人"。这也表明,在政治共同体的思想政治教育意义上,由"为谁培养人"的政治价值观取向决定"培养什么人"的问题,基础是培养人的道德价值观,核心是培养人的政治价值观。更具体地说,是在培养人的道德品格基础上培养人的政治品格,亦即培养政治接班人。

2018 年 9 月 10 日在全国教育大会上的讲话中,习近平总书记明确指出:"培养什么人"的问题之所以是"教育的首要问题",是因为,"从历史和现实的角度看,任何国家、任何社会,其维护政治统治、维系社会稳定的基本

---

① 《习近平谈治国理政》第 2 卷,外文出版社 2017 年版,第 377 页;《习近平谈治国理政》第 3 卷,外文出版社 2020 年版,第 328 页。

② 《十八大以来重要文献选编》(上),中央文献出版社 2014 年版,第 7 页。

途径无一不是通过教育"①,亦即无一不是通过教育培养国家和社会可持续发展所需要的人。可见,无论是从第一章——"人的政治存在与政治品格建构:思想政治教育的'出场源'与'落脚点'"来看,还是从国家和社会可持续发展的角度来说,思想政治教育"培养人"的首要特性都是其政治价值观特性,亦即其政治品格特性,或者说政治接班人特性。习近平总书记一再强调:"我国是中国共产党领导的社会主义国家,这就决定了我们的教育必须把培养社会主义建设者和接班人作为根本任务,培养一代又一代拥护中国共产党领导和我国社会主义制度、立志为中国特色社会主义奋斗终身的有用人才。我们的教育绝不能培养社会主义破坏者和掘墓人,绝不能培养出一些'长着中国脸,不是中国心,没有中国情,缺少中国味'的人!"②"社会主义建设者和接班人,定语就是'社会主义',这是我们对培养什么人的本质规定。我们培养的人,必须树立共产主义远大理想和中国特色社会主义共同理想。没有这一条,培养社会主义建设者和接班人就不成立了。"③习近平总书记在2016年12月7日全国高校思想政治工作会议上的讲话和2019年3月18日学校思想政治理论课教师座谈会上的讲话中两次明确指出,教育"为人民服务、为中国共产党治国理政服务、为巩固和发展中国特色社会主义制度服务、为改革开放和社会主义现代化建设服务"④,落实到"培养什么人"的问题上,就是培养中国人的社会主义政治价值观和社会主义政治品格,培养中国特色社会主义的政治接班人。正如党的十九大报告所强调的:"党的政治建设是党的根本性建设,决定党的建设方向和效果。"⑤同样,"人的培养"的政治价值观和政治品格培养是"人的培养"的根本性培养,决定"人的培养"的方向和效果。

怎样培养政治接班人呢? 或者说,中国特色社会主义建设的"人的培养"是怎样培养中国特色社会主义的政治接班人的呢? 从第一章的论证可知,"政治人"只是人的政治存在维度,政治人格才是人的政治存在的社会尺度,政治品格又是政治人格的价值尺度。这就意味着,在可评价、可操作的意义上,不是也不可能是直接培养出"政治人"或者说"政治接班人",而是只能从政治人格和政治品格这一人的政治存在的社会尺度和价值尺度意义

---

① 《十九大以来重要文献选编》(上),中央文献出版社2019年版,第647页。
② 《十九大以来重要文献选编》(上),中央文献出版社2019年版,第647页。
③ 《十九大以来重要文献选编》(上),中央文献出版社2019年版,第648页。
④ 《习近平谈治国理政》第2卷,外文出版社2017年版,第377页;《习近平谈治国理政》第3卷,外文出版社2020年版,第328页。
⑤ 《习近平谈治国理政》第3卷,外文出版社2020年版,第48页。

上来培养"政治人"或者说"政治接班人",亦即培养人的政治存在维度的政治人格和政治品格。这就表明,基于政治共同体前提的思想政治教育的"培养什么人",是且只能是培养人的政治存在维度的政治人格和政治品格。中国特色社会主义的思想政治教育的"培养什么人",是且只能是培养中国人的社会主义政治存在维度的社会主义政治人格和社会主义政治品格。这同时表明,思想政治教育"政治人格建构"本质表述中的"政治人格",解答了思想政治教育根本问题中"培养什么人"的问题。

在中华民族"比历史上任何时期都更接近、更有信心和能力"实现伟大复兴目标、"中国特色社会主义进入新时代的关键时期"①,"三态共融"的整体形态的新时代中国特色社会主义思想政治教育,其"政治人格建构""培养什么人"呢?总览党的十九大报告提出的"培养担当民族复兴大任的时代新人""培养德智体美全面发展的社会主义建设者和接班人",习近平总书记2018年9月10日在全国教育大会上的重要讲话中提出的"培养德智体美劳全面发展的社会主义建设者和接班人",2019年3月18日在学校思想政治理论课教师座谈会上的讲话中完整表述的"培养担当民族复兴大任的时代新人,培养德智体美劳全面发展的社会主义建设者和接班人"可知,"三态共融"的整体形态的新时代中国特色社会主义思想政治教育,其"政治人格建构",在整体表述上就是培养"一体两面"的"担当民族复兴大任的时代新人""德智体美劳全面发展的社会主义建设者和接班人"。

三、政治人格建构的"建构",解答思想政治教育"怎样培养人"的问题

在"培养什么人"和"怎样培养人"之间,从功能的角度论,"怎样培养人"是"培养什么人"的保障,没有解决"怎样培养人"的问题,"培养什么人"的问题只是纸上谈兵,而从培养方式的具体特性角度论,"怎样培养人"服从和服务于"培养什么人",因而其特性由"培养什么人"所决定。

政治共同体中的思想政治教育"培养什么人"呢?如前所述,从一般意义上说,核心在培养"政治接班人"。从中国特色社会主义现代化建设和实现中华民族伟大复兴的具体实际来说,核心在于培养担当中国特色社会主义现代化建设大任和中华民族伟大复兴大任的社会主义政治接班人、民族复兴政治接班人。作为"政治接班人",毫无疑问,其首要特性在政治主体性。在今天的中国,也就是自觉担当中国特色社会主义现代化建设大任的政治主体性,自觉担当中华民族伟大复兴大任的政治主体性。而培养"政治

---

① 《习近平谈治国理政》第3卷,外文出版社2020年版,第12、1页。

接班人"的"政治主体性",无疑不能是"解构",因为"解构"就像后现代解构主义所表现出来的一样,最终导致虚无主义,也不能是"灌输",因为"灌输"有其不可避免的"强制性",最终培养出来的基本上是主体性缺失的"臣民"。因而只能是"建构",理由有三。

其一,从思想政治教育的"思想"特点和"思维"特点来看,思想政治教育培养人的方式,是且只能是一种建构性的方式,而不能是一种灌输性的方式,更不能是一种解构性的方式。

本书第二章"由'文'而'化'的政治品格建构:思想政治教育的政治文化机理"的阐释表明,在作为学校思想政治教育背景的思想文化空间的自发政治价值观熏染中,亦即在"作为政治实践特殊形态的思想政治教育"的"思想文化空间"中,社会成员的政治品格养成,是作为社会历史前提的社会政治品格熏染和作为主体的社会成员自主选择、内化的结果。用教育中的建构主义的话来说,是社会建构和个体建构"双向建构"的结果。正是为了解决"行为主义者把学习的概念定义为在刺激和反应间建立联结的过程",因而导致行为主义的教育"把注意力集中在学生的行为上,而不是集中在促使学生做出反应或以某种特殊方式行动的原因上",从而"忽略了行为主体对问题的理解,也忽略了主体内在固有的逻辑能力"[①]等问题,教育中的建构主义学习理论才在20世纪80年代末兴起。"根据建构主义的观点,知识是发展的,是内在建构的,是以社会和文化的方式为中介的。学习者在认知、解释、理解世界的过程中建构自己的知识,学习者在人际互动中通过社会性的协商进行知识的社会建构。"[②]也正是基于建构主义的知识观,教育关注的焦点"从教师的教学转移到学习和学生知识的形成"[③]。"从教师的教学转移到学习和学生知识的形成",也就意味着从"灌输"转向"建构"。

本书第三章"建构·导向·主体际性:思想政治教育的教育机理"的阐释表明,在"作为教育活动具体类别的思想政治教育"中,亦即在学校思想政治教育中,思想政治教育的关键环节——"内化""接受"的完成,是作为接受主体的受教育者内在思想矛盾运动的结果。从思维的角度来说,是作为接受主体的受教育者自觉的思想政治教育思维建构和反思的结果。正如陈

---

① [美]莱斯利·P.斯特弗等编:《教育中的建构主义》,高文等译,华东师范大学出版社2002年版,"总序"第1页。
② [美]莱斯利·P.斯特弗等编:《教育中的建构主义》,高文等译,华东师范大学出版社2002年版,"总序"第2页。
③ [美]莱斯利·P.斯特弗等编:《教育中的建构主义》,高文等译,华东师范大学出版社2002年版,"总序"第2页。

志良《思维的建构和反思:重新理解马克思主义认识论》一书所指出的:"思维一方面以自身已形成的概念、判断、推理、思维框架、模式、概念结构去观念地把握客体,形成思维的建构方面";"另一方面,思维又反思思维本身,即对思维和知识体系进行思维,它对自身的前提、关系、体系、内在结构不断提出怀疑、批判、否定和再建,这就构成了思维的反思方面"。① 也就是说,"思维是建构与反思的统一,由此形成思维的间断性与连续性、层次性与跳跃性的统一,思维在这一过程中,由简单走向复杂,由'群'到'系列'再到'体系'地自己构成自己"②。陈志良还特别从"人类认识史"的角度指出:"认识到思维的建构作用,概念、判断、推理、范畴、'图式'对客体的构造作用,这是思维史上对主体能动性认识的飞跃,它远远超出纯粹感觉论、经验论、直观论和思维组合论的水平,这是康德和皮亚杰所达到的水平。而认识到反思、矛盾、悖论在思维中的作用,又高于建构论的水平,它已经把思维看作不断创造和超越,不断在矛盾中自己破坏和建设自己的过程,这是黑格尔达到的水平。马克思总结了人类全部的思维成果,包括对思维反思的成果,提出了'实践反思观',认为高级形式'只有在它的自我批判在一定程度上',才能对过去的形式'作客观的理解',这是划时代的贡献。"③在"自我批判"的"反思"性思维中解构"旧我"、建构"新我"的过程,无疑正是作为接受主体的受教育者的内在思想矛盾运动过程,也正是决定作为接受主体的受教育者能否"内化"及"内化"的程度如何的关键过程。

其二,从马克思主义物质交往与精神交往的内在关系及马克思主义思想政治教育"精神生产"基础的"精神交往"特性来看,思想政治教育培养人的方式,是且只能是一种建构性的方式,而不能是一种灌输性的方式,更不能是一种解构性的方式。

马克思主义是一个整体,必须从整体性的角度来理解。这是马克思主义作为社会科学的科学性所在,也是马克思主义理论学科建立以来特别强调的。这意味着,对列宁在革命时期强调的"灌输"的理解,必须放到马克思主义的整体中。从马克思主义的整体来看,列宁1900年11月初、1901年秋至1902年2月在《我们运动的迫切任务》和《怎么办?(我们运动中的迫切问题)》中强调的"把社会主义思想和政治自觉性灌输到无产阶级群众中

---

① 陈志良:《思维的建构和反思:重新理解马克思主义认识论》,北京师范大学出版社2017年版,第205~206页。
② 陈志良:《思维的建构和反思:重新理解马克思主义认识论》,北京师范大学出版社2017年版,第206页。
③ 陈志良:《思维的建构和反思:重新理解马克思主义认识论》,北京师范大学出版社2017年版,第207页。

去,组织一个和自发工人运动有紧密联系的革命政党"①中的"灌输",实质是解决无产阶级的阶级意识问题,更确切地说,是解决无产阶级的政治主体性问题。而解决无产阶级的政治主体性问题,从其取向来说,无疑是一种建设性的建构取向;从其前提来说,更是建立在经济地位的解放基础上的,建立在生产资料的所有权基础上的。在写于1919年6月28日的《伟大的创举(论后方工人的英雄主义。论"共产主义星期六义务劳动")》一文中,列宁指出:"所谓阶级,就是这样一些大的集团,这些集团在历史上一定的社会生产体系中所处的地位不同,同生产资料的关系(这种关系大部分是在法律上明文规定了的)不同,在社会劳动组织中所起的作用不同,因而取得归自己支配的那份社会财富的方式和多寡也不同。所谓阶级,就是这样一些集团,由于它们在一定社会经济结构中所处的地位不同,其中一个集团能够占有另一个集团的劳动。"②从列宁这一"阶级"的定义来看,无产阶级的政治主体性,不是"灌输"就有的,而是建立在经济地位的解放基础上的,建立在生产资料的所有权基础上的。离开了无产阶级经济地位的解放和生产资料所有权的获得,无论怎样"灌输"无产阶级的阶级意识,其"灌输"的结果,如果不是引起排斥和反感,充其量只能是聊胜于无。这一点,在近代中国革命中"土地问题"的根本性、关键性、决定性上表现得非常清楚。1927年4月19日在土地委员会第一次扩大会议上的发言中,毛泽东明确指出:"政权问题,不过是形式的问题"③;"要增加生力军保护革命,非解决土地问题不可","兵士能否永久参加革命,亦即在土地问题解决"④;"如何解决土地问题,即没收土地有何标准,如何分配土地,此点实为问题的中心问题"⑤。1932年9月中共苏区中央局宣传部编的《土地问题》一文指出:"土地问题是目前中国革命的根本问题","土地革命正是进攻地主阶级,捣毁帝国主义在中国剥削基础的唯一办法"。⑥ 1947年9月10日在全国土地会议上的报告中,叶剑英指出:"土地问题,是农民的基本问题,也是中国革命的基本问题。"⑦1947年12月25日在陕北米脂县杨家沟会议上的报告中,毛泽东用事实说话:"现在,比较十八个月以前,人民解放军的后方也巩固得多了。这

---

① 《列宁选集》第1卷,人民出版社2012年版,第285页。
② 《列宁专题文集·论社会主义》,人民出版社2009年版,第145页。
③ 《毛泽东文集》第1卷,人民出版社1993年版,第42页。
④ 《毛泽东文集》第1卷,人民出版社1993年版,第43页。
⑤ 《毛泽东文集》第1卷,人民出版社1993年版,第42页。
⑥ 《建党以来重要文献选编(1921—1949)》第九册,中央文献出版社2011年版,第514页。
⑦ 《建党以来重要文献选编(1921—1949)》第二十四册,中央文献出版社2011年版,第348页。

是由于我党坚决地站在农民方面实行土地改革的结果"①;同时再次强调:"全党必须明白,土地制度的彻底改革,是现阶段中国革命的一项基本任务。如果我们能够普遍地彻底地解决土地问题,我们就获得了足以战胜一切敌人的最基本的条件"②。由此不难确认,近代中国革命的成功,首先是因为解决了农民的土地问题。思想政治教育的政治主体性建构的成功,正是建立在农民土地问题解决的基础上,而不是离开土地问题的解决这一基础上的"灌输"。作为马克思主义思想政治教育的基本原理,在1844年9—11月合写的第一部哲学著作——《神圣家族,或对批判的批判所做的批判。驳布鲁诺·鲍威尔及其伙伴》中,马克思恩格斯早已明确指出:"'思想'一旦离开'利益'就一定会使自己出丑。"③

其三,从前现代中国"灌输"型思想政治教育下的"臣民"人格来看,旨在培养"政治接班人"的"政治主体性"的思想政治教育,培养人的方式,也是且只能是一种建构性的方式,而不能是一种灌输性的方式,更不能是一种解构性的方式。

首刊于《中国文化报》2008年7月6日第3版、《党建》2008年第8期选刊的戴逸《18世纪中叶以来中国与世界各大国国力的比较》一文告诉我们:1750年,也就是中国古代三大盛世之一的"康乾盛世"高峰时期,"中国GDP占世界份额32%,居世界首位"。这一时期,中国经济繁荣,国力强大,清王朝平定准噶尔,实现疆域统一,奠定了中国今天的版图。1830年,中国GDP的世界份额下降了3个百分点,占世界的29%,但仍居世界首位。④ 然而,仅仅10年后的1840年,英国就以坚船利炮打开了中国的大门,中国"这个世界上最古老国家的腐朽的半文明制度"⑤陷入了绝望的、半瓦解的状态。在《中国革命与欧洲革命》一文中,马克思写道:"1830年以前,中国人在对外贸易上经常是出超,白银不断地从印度、英国和美国向中国输出"⑥;1840年,"英国用大炮强迫中国输入名叫鸦片的麻醉剂。满族王朝的声威一遇到英国的枪炮就扫地以尽,天朝帝国万世长存的迷信破了产,野蛮的、闭关自守的、与文明世界隔绝的状态被打破,开始同外界发生联系"⑦。到1900年,

---

① 《毛泽东选集》第4卷,人民出版社1991年版,第1250页。
② 《毛泽东选集》第4卷,人民出版社1991年版,第1252页。
③ 《马克思恩格斯文集》第1卷,人民出版社2009年版,第286页。
④ 戴逸:《18世纪中叶以来中国与世界各大国国力的比较》,《中国文化报》2008年7月6日;戴逸:《18世纪中叶以来中国与世界各大国国力的比较》,《党建》2008年第8期。
⑤ 《马克思恩格斯文集》第2卷,人民出版社2009年版,第622页。
⑥ 《马克思恩格斯文集》第2卷,人民出版社2009年版,第608页。
⑦ 《马克思恩格斯文集》第2卷,人民出版社2009年版,第607~608页。

"中国的 GDP 一落千丈","只占世界 6%",人均 GDP 更是"当时世界上最穷最弱的国家"。① 也就是 1900 年,英国、美国、法国、德国、俄国、日本、奥匈帝国、意大利八国联军侵入北京,中国彻底沦为半殖民地半封建社会。

  为什么 1750 年至 1900 年的 150 年,中国从 GDP 总额的"世界首位"变成了"当时世界上最穷最弱的国家"?为什么清政府 19 世纪 60 年代到 90 年代中期开展的洋务运动、1898 年进行的戊戌变法,最终都归于失败?为什么 1840 年至 1900 年间,当时的中国"也开设了军火厂、工厂、矿山、造船厂,但是发展非常缓慢"②?为什么 1750 年至 1900 年,中国的"政治领域、文化教育领域、科学技术领域几乎毫无进展"③?这些问题的答案,应该说,从近代中国的亲历者、参与者、在场者、奋进者、爱国者、思想家、政治家梁启超 1900 年写下的《中国积弱溯源论》一文,可见一斑。文章一开篇,梁启超写道:"中国之弱,至今日而极矣。居今日而懵然不知中国之弱者,可谓无脑筋之人也。居今日而恝然不思救中国之弱者,可谓无血性之人也。乃或虽略知之而不察其所以致弱之原,则亦虽欲救之而不得所以为救之道。"④近代中国积弱"病源之繁难而深远者",在梁启超看来,主要有四:一是"积弱之源于理想";二是"积弱之源于风俗";三是"积弱之源于政术";四是"积弱之源于近事"。梁启超特别指出:"数千年民贼,既以国家为彼一姓之私产,于是凡百经营,凡百措置,皆为保护己之私产而设,此实中国数千年来政术之总根源也!"⑤"遍读二十四朝之政史,遍历现今之政界,于参伍错综之中,而考得其要领之所在。盖其治理之成绩有三:曰愚其民,柔其民,涣其民是也。而所以能收此成绩者,其持术有四:曰驯之之术,曰饵之之术,曰役之之术,曰监之之术是也。"⑥本来,"天生人而使之有求智之性也,有独立之性也,有合群之性也",然在数千年来"教民"的"驯之之术""愚首"下,"夫奴性也,愚昧也,为我也,好伪也,怯懦也,无动也,皆天下最可耻之事。今不惟不耻之而已,遇有一不具奴性、不甘愚昧、不专为我、不甚好伪、不安怯懦、不乐无动者,则举国之人,视之为怪物,视之为大逆不道。是非易位,憎尚反常,

---

  ① 戴逸:《18 世纪中叶以来中国与世界各大国国力的比较》,《中国文化报》2008 年 7 月 6 日;戴逸:《18 世纪中叶以来中国与世界各大国国力的比较》,《党建》2008 年第 8 期。
  ② 戴逸:《18 世纪中叶以来中国与世界各大国国力的比较》,《中国文化报》2008 年 7 月 6 日;戴逸:《18 世纪中叶以来中国与世界各大国国力的比较》,《党建》2008 年第 8 期。
  ③ 戴逸:《18 世纪中叶以来中国与世界各大国国力的比较》,《中国文化报》2008 年 7 月 6 日;戴逸:《18 世纪中叶以来中国与世界各大国国力的比较》,《党建》2008 年第 8 期。
  ④ 梁启超:《梁启超全集》第一册,北京出版社 1999 年版,第 412 页。
  ⑤ 梁启超:《梁启超全集》第一册,北京出版社 1999 年版,第 420 页。
  ⑥ 梁启超:《梁启超全集》第一册,北京出版社 1999 年版,第 420 页。

人之失其本性,乃至若是"①,于是,也就"不自知其国之为国也",亦即"不知国家与天下之差别也","不知国家与朝廷之界限也","不知国家与国民之关系也"。② 在这里,梁启超认为,以"灌输"为特性的"驯之之术"不仅没有培养出人的主体性,更没有培养出国民的政治主体性,而且还使人失去了"求智之性""独立之性""合群之性"的"本性"。这也从"反面"告诉我们,旨在培养"政治接班人"的"政治主体性"的思想政治教育,培养人的方式,不能是一种灌输性的方式。

综上可知,无论是从"正面"的思想政治教育的"思想"特点、"思维"特点来看,还是从马克思主义物质交往与精神交往的内在关系及马克思主义思想政治教育"精神生产"基础的"精神交往"特性来看,抑或从"反面"的前现代中国"灌输"型思想政治教育下的"臣民"人格来看,旨在培养"政治接班人"的"政治主体性"的思想政治教育,培养人的方式,都是且只能是一种建构性的方式。这也同时表明,思想政治教育"政治人格建构"本质表述中的"建构",解答了思想政治教育根本问题中"怎样培养人"的问题。试想,作为对人的"栽培、养育和造就","培养"的本质,不是"建构",又是什么呢?

至此,总览导言、前三章、本章第三节和本节,特别是导言和本节,不难确认,本书的"三态共融"的整体形态的思想政治教育"政治人格建构"本质阐释,论证逻辑是:

思想政治教育本质是思想政治教育根本问题的解答。

政治人格建构是思想政治教育根本问题的解答。

∴ 政治人格建构是思想政治教育的本质(思想政治教育的本质是政治人格建构)。

---

① 梁启超:《梁启超全集》第一册,北京出版社1999年版,第420、421页。
② 梁启超:《梁启超全集》第一册,北京出版社1999年版,第413、414页。

第五章　新时代中国思想政治教育：担当复兴大任的社会主义政治人格建构形态

从思想政治教育实践的具体形态来看，在前现代阶级社会，思想政治教育是统治阶级意识形态家和统治阶级主导的思想政治教育。在现代社会，思想政治教育是政党主体和国家主体主导的思想政治教育。在"实现社会主义现代化和中华民族伟大复兴"的社会主义中国，思想政治教育是中国共产党领导的中国特色社会主义的思想政治教育。基于此，在前四章从理论层面系统阐明思想政治教育的一般本质——"政治人格建构"基础上，接下来进一步阐释思想政治教育"政治人格建构"的当代中国实践——新时代中国思想政治教育的社会主义政治人格建构。从沈壮海提出的"三态共融"的思想政治教育意义上说，也就是在前四章阐释思想政治教育的一般形态——"作为政治实践特殊形态的思想政治教育""作为教育活动具体类别的思想政治教育"的"政治人格建构"本质基础上，进一步阐释思想政治教育的特殊形态的特殊本质，即"作为党和国家事业重要方面的思想政治教育"的新时代特殊本质——担当复兴大任的社会主义政治人格建构。

由此，在结构上，确保了本书的思想政治教育"政治人格建构"本质阐释的完整性；在实践上，解答了思想政治教育"政治人格建构"的整体方式问题。作为马克思主义理论学科中最具应用性、最需可操作性的学科，思想政治教育学科高度强调理论与实践相结合。从科学研究角度而言，思想政治教育学科的理论与实践相结合，不仅是指思想政治教育理论研究不要总是在理论中兜圈子，不要停留于概念思维，而是要从实践出发，要来源于实践，而且是指思想政治教育理论研究要落脚于实践。思想政治教育理论研究不只是对一般思想政治教育问题做出理论解答，而且要落脚于思想政治教育的具体时代实践，解决思想政治教育的具体时代课题。具体到新时代中国的思想政治教育本质阐释，不仅需要从"元理论"层面回答思想政治教育的"政治人格建构"本质这一思想政治教育的"元问题"，而且需要从时代实践层面回答新时代中国思想政治教育的"政治人格建构"这一思想政治教育本质特殊形态的具体实践问题,亦即回答新时代中国思想政治教育建构什么样的政治人格、怎样建构政治人格的问题。

为了保证篇章结构的相对均衡,本书政治人格建构阐释分第五章、第六章两部分。第五章基于第四章的思想政治教育政治人格建构本质结论和"把思想政治工作作为治党治国的重要方式"的新时代战略部署,具体阐释新时代中国思想政治教育建构什么样的政治人格问题。第六章基于第二、三章阐述的思想政治教育政治人格建构一般原理,具体阐释新时代中国思想政治教育怎样建构政治人格问题。

第一节 "作为党和国家事业重要方面的思想政治教育"的新时代界定:治党治国的重要方式

"人们往往把思想政治教育归结为一种教育活动,其实不然。思想政治教育是一种政治活动。"①作为政治人格建构的自觉形态、积极形态、公开形态,思想政治教育原本是中国共产党加强自身建设的重要方式,原本是中国共产党领导中国人民进行新民主主义革命和社会主义革命、建设、改革的重要方式。在中国共产党的百年奋斗、百年成就、百年辉煌中,以思想政治教育为主体构成的思想政治工作,发挥了重要的生命线作用,是中国共产党的"优良传统、鲜明特色和突出政治优势"。在中国共产党成立100周年之际,赓续优良传统,彰显政治优势,"更好发挥思想政治工作传家宝和生命线作用,动员全党全国各族人民满怀信心投身全面建设社会主义现代化国家新征程、推进中华民族伟大复兴历史伟业"②,中共中央、国务院印发《关于新时代加强和改进思想政治工作的意见》,明确"把思想政治工作作为治党治国的重要方式"③,即作为中国共产党政党治理和中国特色社会主义国家治理的重要方式。这正是思想政治教育的政党治理和国家治理内涵的彰显。政党治理、国家治理呼唤思想政治教育"软治理",呼唤思想政治教育制度"硬治理"。

"把思想政治工作作为治党治国的重要方式"虽然是《关于新时代加强和改进思想政治工作的意见》的"新界定",但是这一"新界定"不是主观设

---

① 李兴建、王滨:《思想政治教育的本质:政治家用理论掌握群众的一种政治活动》,《思想政治教育研究》2014年第1期。
② 《使新时代思想政治工作始终保持生机活力——中央宣传部负责人就〈关于新时代加强和改进思想政治工作的意见〉答记者问》,《人民日报》2021年7月27日。
③ 《中共中央国务院印发〈关于新时代加强和改进思想政治工作的意见〉》,《人民日报》2021年7月13日。

定,而是中国共产党百年奋斗、百年成就、百年经验的理论总结和实践抽象。因此,接下来的阐释从"作为党的事业重要方面的思想政治教育:中国共产党政党治理的重要方式"和"作为国家事业重要方面的思想政治教育:社会主义中国国家治理的重要方式"两个方面展开;并且对"作为党的事业重要方面的思想政治教育:中国共产党政党治理的重要方式"和"作为国家事业重要方面的思想政治教育:社会主义中国国家治理的重要方式"的阐释,不只是从新时代加强和改进思想政治工作的应然角度来阐释,还应将其置于中国共产党的百年历史中,从中国共产党百年思想政治教育实践和治理实践的实然角度来阐释。其中,"作为国家事业重要方面的思想政治教育:社会主义中国国家治理的重要方式"的阐释,不只是从《关于新时代加强和改进思想政治工作的意见》提出的新时代中国特色社会主义国家治理的角度来阐释,也不只是从社会主义革命和建设时期开始的社会主义国家治理的角度来阐释,还应从新民主主义革命时期中国共产党的治理实践来阐释。

一、作为党的事业重要方面的思想政治教育:中国共产党政党治理的重要方式

考察民主政治的现代实践,绝大多数国家的权力主要由政党掌握,并且通过政党来运行。比较前现代专制政治、官僚政治与现代民主政治、政党政治,政党在现代国家政治生活中发挥着关键作用,是现代民主政治舞台的主角。国家范围内的治理不仅包括国家治理,而且包括政党治理,并且是通过政党治理来实现国家治理的。在政党政治中,政党治理是国家治理的前提和基础,国家治理建基于政党治理。

"政党的基本特征或要素主要是:(1)有明确、具体的政纲,即政治主张和方针政策;(2)有定型的从中央到基层的组织系统;(3)有一定数量的党员和各级领导人;(4)有约束党员行为规范的纪律;(5)通过党组织和党员的各种活动,广泛争取非党群众的支持,竭力争取执掌或参与国家政权,以实现自己的政纲。"[①]从《中国大百科全书》"政治学"卷"政党"词条的这一解析来看,政党作为政治组织,政党治理至少包含两大方面:一是政党的政治思想治理,基于其内在性和潜隐性,可以称之为"软治理";二是政党的政治制度治理,基于其显在性和强制力,可以称之为"硬治理"。

政党的政治思想治理,基于其对政党共同体内、外部的不同要求,又可

---

① 中国大百科全书总编辑委员会《政治学》编辑委员会、中国大百科全书出版社编辑部编:《中国大百科全书·政治学》,中国大百科全书出版社1992年版,第470页。

以分为政党共同体内部政治思想治理和政党共同体外部政治思想治理。政党共同体内部政治思想治理，即明确政党共同体的政治立场，形成政党共同体的政治理想、政治信念和政党意志，进而用作为政党共同体意志的政治理想、政治信念统一全党的思想，确保全党思想上的团结统一和齐心协力。政党共同体外部政治思想治理，即通过政党的政治宣传和号召，"广泛争取非党群众的支持"，形成政党参政、执政的群众基础，从而"竭力争取执掌或参与国家政权，以实现自己的政纲"。从"竭力争取执掌或参与国家政权，以实现自己的政纲"的角度来说，政党共同体外部政治思想治理属于政党治理的范畴。从凝聚思想政治共识、推动国家治理的角度来说，政党共同体外部政治思想治理属于国家治理的范畴。政党治理和国家治理是政党共同体外部政治思想治理的"一体两面"，政党共同体外部政治思想治理是政党治理—国家治理一体化的桥梁和纽带。

无论是政党共同体内部的政治思想治理，还是政党共同体外部的政治思想治理，其方式都是思想政治教育，或者是显性的思想政治教育，或者是隐性的思想政治教育。"苏共拥有20万党员时夺取了政权，拥有200万党员时打败了希特勒，而拥有近2000万党员时却失去了政权。……什么原因？就是理想信念已经荡然无存了"①。

与苏联共产党不同，中国共产党始终把以理想信念教育为核心的思想政治教育作为党的事业的重要方面，作为政党治理的重要方式。1985年3月7日在全国科技工作会议上的讲话中，邓小平现身说法："为什么我们过去能在非常困难的情况下奋斗出来，战胜千难万险使革命胜利呢？就是因为我们有理想，有马克思主义信念，有共产主义信念。"②总结革命经验和革命智慧，邓小平提醒大家："我们在建设具有中国特色的社会主义社会时"，一定要"教育全国人民做到有理想、有道德、有文化、有纪律"③，并且特别指明："这四条里面，理想和纪律特别重要。我们一定要经常教育我们的人民，尤其是我们的青年，要有理想"④。1987年3月3日在会见时任美国国务卿舒尔茨的谈话中，邓小平强调："我们历来提倡有理想、有道德、有文化、有纪律，其中最重要的是有理想、有纪律。"⑤2000年6月28日在中央思想政治工作会议上的讲话中，江泽民进一步指出："理想信念教育，是党的思

---

① 习近平：《推进党的建设新的伟大工程要一以贯之》，《求是》2019年第19期。
② 《邓小平文选》第3卷，人民出版社1993年版，第110页。
③ 《邓小平文选》第3卷，人民出版社1993年版，第110页。
④ 《邓小平文选》第3卷，人民出版社1993年版，第110页。
⑤ 《邓小平文选》第3卷，人民出版社1993年版，第209页。

想政治工作的核心内容。只有在全党同志和全体人民中牢固确立正确的理想信念,才能不断增加凝聚力和战斗力,我们的事业才能不断取得成功。"①

进入新时代,以习近平同志为主要代表的中国共产党人不断彰显马克思主义政党的理想信念共同体本质,不断深化以思想政治教育为主体构成的思想政治工作,不断明确理想信念教育的核心地位、政治建设的首要地位、思想建设的基础地位。2018年1月5日在"新进中央委员会的委员、候补委员和省部级主要领导干部学习贯彻习近平新时代中国特色社会主义思想和中共十九大精神研讨班"开班式上的讲话中,习近平总书记特别指明中国共产党的理想信念共同体本质——"马克思主义政党不是因利益而结成的政党,而是以共同理想信念而组织起来的政党",强调"建设坚强的马克思主义执政党,首先要从理想信念做起",重申"对马克思主义的信仰,对社会主义和共产主义的信念,是共产党人的政治灵魂,是共产党人经受任何考验的精神支柱"。②中共中央、国务院2021年印发的《关于新时代加强和改进思想政治工作的意见》明确:"坚持党要管党、全面从严治党,以党的政治建设为统领,坚持思想建党和制度治党相统一,把思想政治工作落实到党的各项建设之中。"③

二、作为国家事业重要方面的思想政治教育:社会主义中国国家治理的重要方式

在党的十九大报告中,习近平总书记指出:"一百年前,十月革命一声炮响,给中国送来了马克思列宁主义。中国先进分子从马克思列宁主义的科学真理中看到了解决中国问题的出路,在近代以后中国社会的剧烈运动中,在中国人民反抗封建统治和外来侵略的激烈斗争中,在马克思列宁主义同中国工人运动的结合过程中,一九二一年中国共产党应运而生。从此,中国人民谋求民族独立、人民解放和国家富强、人民幸福的斗争就有了主心骨,中国人民就从精神上由被动转为主动。"④中国人民之所以能在1921年中国共产党应运而生后"从精神上由被动转为主动",根本原因在于中国共产党不仅将"建构性"的马克思主义思想政治教育自觉运用于党的建设中,而且将"建构性"的马克思主义思想政治教育自觉运用于新民主主义革命时期局

---

① 《江泽民文选》第3卷,人民出版社2006年版,第89页。
② 习近平:《推进党的建设新的伟大工程要一以贯之》,《求是》2019年第19期。
③ 《中共中央国务院印发〈关于新时代加强和改进思想政治工作的意见〉》,《人民日报》2021年7月13日。
④ 《习近平谈治国理政》第3卷,外文出版社2020年版,第10~11页。

部执政的局部治理中,自觉运用于社会主义革命和建设时期开始的社会主义国家治理中,自觉将"建构性"的马克思主义思想政治教育作为国家事业的重要方面,自觉将"建构性"的马克思主义思想政治教育作为推进、完成民族民主革命和国家治理的重要方式。正如习近平总书记2015年5月5日在中央全面深化改革领导小组第十二次会议上的讲话中所强调的:"思想是行动的先导,要高度重视做好思想政治工作,改革推进到哪一步,思想政治工作就要跟进到哪一步,有的放矢开展思想政治工作,引导大家争当改革促进派。"①

中国共产党自觉将"建构性"的马克思主义思想政治教育作为推进、完成民族民主革命和国家治理的重要方式,集中表现就是,自觉将"建构性"的马克思主义思想政治教育作为民族民主革命主体建构和国家治理主体建构的基本方式。

近代中国的民族民主革命,是作为革命主体的国家主人对革命客体的"封建统治和外来侵略"的革命。社会主义中国的国家治理,是作为治理主体的国家主人对治理客体的"国家"的治理。如何培养激发国民的国家主人翁精神,建构作为国民的民族民主革命主体意识,是中国共产党推进、完成民族民主革命首先必须解决的问题;建构国民的国家治理主体意识,是社会主义中国国家治理首先必须解决的问题。在具有重要思想解放意义的南方谈话中,邓小平指出:"中国的事情能不能办好,社会主义和改革开放能不能坚持,经济能不能快一点发展起来,国家能不能长治久安,从一定意义上说,关键在人。"②"少年中国的国民性改造方案"——《新民说》开篇,梁启超写道:"国也者,积民而成,国之有民,犹身之有四肢、五脏、筋脉、血轮也。未有四肢已断,五脏已瘵,筋脉已伤,血轮已涸,而身犹能存者;则亦未有其民愚陋、怯弱、涣散、混浊,而国犹能立者。故欲其身之长生久视,则摄生之术不可不明。欲其国之安富尊荣,则新民之道不可不讲。"③"苟有新民,何患无新制度? 无新政府? 无新国家?"④在《人的现代化》一书中,阿历克斯·因格尔斯提出:"在整个国家向现代化发展的进程中,人是一个基本的因素。一个国家,只有当它的人民是现代人,它的国民从心理和行为上都转变为现代的人格,它的现代政治、经济和文化管理机构中的工作人员都获得了某种

---

① 《习近平主持召开中央全面深化改革领导小组第十二次会议强调 把握改革大局自觉服从服务改革大局 共同把全面深化改革这篇大文章做好》,《人民日报》2015年5月6日。
② 《邓小平文选》第3卷,人民出版社1993年版,第380页。
③ 梁启超:《梁启超全集》第二册,北京出版社1999年版,第655页。
④ 梁启超:《梁启超全集》第二册,北京出版社1999年版,第655页。

与现代化发展相适应的现代性,这样的国家才可真正称为现代化的国家。"①"如果一个国家的人民缺少一种能赋予这些制度以真实生命力的广泛的现代心理基础,如果执行和运用着这些现代制度的人,自身还没有从心理、思想、态度和行为方式上都经历一个向现代化的转变,失败和畸形发展的悲剧结局是不可避免的。"②充分发挥马克思主义思想政治教育"铸魂育人"的建构性功能,将马克思列宁主义的科学真理转化为中国人民的思想武器和精神武器,激发中国人民的主体意识和主人翁精神,促进中国人民完成从"臣民"到"主人"的转换,培养建构主体性现代政治人格,正是新民主主义革命时期中国共产党的根本治理任务,也是中国共产党领导中国人民取得新民主主义革命胜利的根本原因。

新中国成立后,中国共产党始终把马克思主义思想政治教育作为社会主义中国国家治理主体建构的基本方式,高度强调思想政治教育"铸魂育人"、培养社会主义建设者和接班人的建构性功能。社会主义革命和建设时期,以毛泽东同志为主要代表的中国共产党人强调思想政治教育旨在培养"又红又专"的无产阶级革命事业接班人和社会主义事业建设者。改革开放和社会主义现代化建设新时期,以邓小平同志为主要代表的中国共产党人强调思想政治教育旨在培养社会主义"四有"("有理想、有道德、有文化、有纪律")新人。中国特色社会主义新时代,以习近平同志为主要代表的中国共产党人强调思想政治教育旨在"培养担当民族复兴大任的时代新人,培养德智体美劳全面发展的社会主义建设者和接班人"③。

从形式逻辑上说,中国共产党自觉将马克思主义思想政治教育作为民族民主革命和国家治理的重要方式,还可以从中国共产党自觉将马克思主义思想政治教育作为凝聚思想政治共识、建构民族民主革命的思想政治基础和国家治理的思想政治基础的基本方式角度来分析,亦可以从中国共产党自觉将马克思主义思想政治教育作为价值观治理和意识形态治理的基本方式角度来分析。但无论是凝聚思想政治共识、建构民族民主革命的思想政治基础和国家治理的思想政治基础,还是价值观治理和意识形态治理,都是通过思想政治主体的人来实现的。发挥马克思主义思想政治教育"铸魂育人"的建构性功能,变马克思列宁主义和中国马克思主义科学真理为中国

---

① 殷陆君编译:《人的现代化——心理·思想·态度·行为》,四川人民出版社1985年版,第8页。
② 殷陆君编译:《人的现代化——心理·思想·态度·行为》,四川人民出版社1985年版,第4页。
③ 《习近平谈治国理政》第3卷,外文出版社2020年版,第328页。

人民的思想武器和精神武器,培养激发国民的主体意识和主人翁精神,建构民族民主革命主体力量和国家治理主体力量的过程,同时就是凝聚思想政治共识、建构民族民主革命的思想政治基础和国家治理的思想政治基础的过程,就是价值观治理和意识形态治理的过程,就是变马克思列宁主义和中国马克思主义精神力量为民族民主革命和国家治理物质力量的过程。自觉将马克思主义思想政治教育作为凝聚思想政治共识、建构民族民主革命的思想政治基础和国家治理的思想政治基础的基本方式,自觉将马克思主义思想政治教育作为价值观治理和意识形态治理的基本方式,以及自觉将马克思主义思想政治教育作为民族民主革命主体建构和国家治理主体建构的基本方式,实质上是自觉将马克思主义思想政治教育作为民族民主革命和国家治理的重要方式的"一体两面"。基于此,这里暂不对中国共产党自觉将马克思主义思想政治教育作为凝聚思想政治共识、建构民族民主革命的思想政治基础和国家治理的思想政治基础的基本方式,以及自觉将马克思主义思想政治教育作为价值观治理和意识形态治理的基本方式进行进一步阐释。

第二节 新时代中国思想政治教育的政治人格建构形态: 担当复兴大任的社会主义政治人格

新时代中国思想政治教育建构什么样的政治人格?新时代中国思想政治教育怎样建构政治人格?回答这两个问题,首先需要全面把握党的十九大报告中关于"培养新人"的两段论述:一是"要以培养担当民族复兴大任的时代新人为着眼点,强化教育引导、实践养成、制度保障,发挥社会主义核心价值观对国民教育、精神文明创建、精神文化产品创作生产传播的引领作用,把社会主义核心价值观融入社会发展各方面,转化为人们的情感认同和行为习惯"[①];二是"要全面贯彻党的教育方针,落实立德树人根本任务,发展素质教育,推进教育公平,培养德智体美全面发展的社会主义建设者和接班人"[②]。

这两段论述告诉我们:新时代中国思想政治教育的落脚点和根本任务是"培养担当民族复兴大任的时代新人""培养德智体美劳全面发展的社会主义建设者和接班人"。新时代中国思想政治教育的"政治人格建构",必

---

① 《习近平谈治国理政》第3卷,外文出版社2020年版,第33页。
② 《习近平谈治国理政》第3卷,外文出版社2020年版,第36页。

须紧扣"一体两面"的"培养担当民族复兴大任的时代新人""培养德智体美劳全面发展的社会主义建设者和接班人"(如图5所示)。2019年3月18日在学校思想政治理论课教师座谈会上的讲话中,习近平总书记明确指出:"办好思想政治理论课,最根本的是要全面贯彻党的教育方针,解决好培养什么人、怎样培养人、为谁培养人这个根本问题。新时代贯彻党的教育方针,要坚持马克思主义指导地位,贯彻新时代中国特色社会主义思想,坚持社会主义办学方向,落实立德树人的根本任务,坚持教育为人民服务、为中国共产党治国理政服务、为巩固和发展中国特色社会主义制度服务、为改革开放和社会主义现代化建设服务,扎根中国大地办教育,同生产劳动和社会实践相结合,加快推进教育现代化、建设教育强国、办好人民满意的教育,努力培养担当民族复兴大任的时代新人,培养德智体美劳全面发展的社会主义建设者和接班人。"①

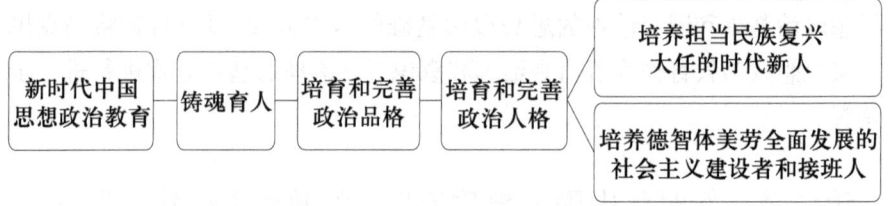

图5　新时代中国思想政治教育的目的

新时代中国思想政治教育建构的政治人格就是担当复兴大任的社会主义政治人格。从前四章相关阐释来看,担当复兴大任的社会主义政治人格的基本构成,至少包括:作为"旗帜"的信仰信念信心"三信"的社会主义理想信念,作为"根基"的齐家爱国的社会主义家国情怀,作为"核心"的为民服务的社会主义政治品格,以及作为"志行"的敢于担当的社会主义政治操守。

一、信仰信念信心"三信"的社会主义理想信念

新时代中国思想政治教育的政治人格建构是一个理论问题,更是一个实践问题。

新时代中国特色社会主义的实际是什么?党的十八大报告明确:"我们必须清醒认识到,我国仍处于并将长期处于社会主义初级阶段的基本国情没有变"②,"在任何情况下都要牢牢把握社会主义初级阶段这个最大国情,

---

① 《习近平谈治国理政》第3卷,外文出版社2020年版,第328页。
② 《十八大以来重要文献选编》(上),中央文献出版社2014年版,第12页。

推进任何方面的改革发展都要牢牢立足社会主义初级阶段这个最大实际"①。党的十九大报告明确:"必须认识到,我国社会主要矛盾的变化,没有改变我们对我国社会主义所处历史阶段的判断,我国仍处于并将长期处于社会主义初级阶段的基本国情没有变"②,"全党要牢牢把握社会主义初级阶段这个基本国情,牢牢立足社会主义初级阶段这个最大实际"③。同党的路线、方针、政策一样,新时代中国思想政治教育的政治人格建构,必须"牢牢立足社会主义初级阶段这个最大实际"。

作为新时代中国思想政治教育的政治人格建构的最大实际,社会主义初级阶段是一个什么样的阶段?总结党的十一届六中全会、十二大、十二届六中全会关于中国还处于社会主义的初级阶段的认识,党的十三大前夕在会见意大利共产党领导人约蒂和赞盖里的谈话中,邓小平指出:"我们党的十三大要阐述中国社会主义是处在一个什么阶段,就是处在初级阶段,是初级阶段的社会主义。社会主义本身是共产主义的初级阶段,而我们中国又处在社会主义的初级阶段,就是不发达的阶段。"④党的十三大报告指出:"我国正处在社会主义的初级阶段","这个论断,包括两层含义。第一,我国社会已经是社会主义社会。我们必须坚持而不能离开社会主义。第二,我国的社会主义社会还处在初级阶段。我们必须从这个实际出发,而不能超越这个阶段"。⑤ 党的十三大报告特别强调:"正确认识我国社会现在所处的历史阶段,是建设有中国特色的社会主义的首要问题,是我们制定和执行正确的路线和政策的根本依据"⑥;"在近代中国的具体历史条件下,不承认中国人民可以不经过资本主义充分发展阶段而走上社会主义道路,是革命发展问题上的机械论,是右倾错误的重要认识根源;以为不经过生产力的巨大发展就可以越过社会主义初级阶段,是革命发展问题上的空想论,是'左'倾错误的重要认识根源"⑦。这也就告诉我们,新时代中国思想政治教育建构的政治人格,在根本性质上,是社会主义的政治人格。在社会主义初级阶段—共产主义初级阶段—共产主义高级阶段的历史时序中,作为面向未来共产主义初级阶段和共产主义高级阶段的社会主义初级阶段政治人格,中国特色社会主义理想信念,不仅是担当复兴大任的社会主义政治人格

---

① 《十八大以来重要文献选编》(上),中央文献出版社2014年版,第13页。
② 《习近平谈治国理政》第3卷,外文出版社2020年版,第10页。
③ 《习近平谈治国理政》第3卷,外文出版社2020年版,第10页。
④ 《邓小平文选》第3卷,人民出版社1993年版,第252页。
⑤ 《十三大以来重要文献选编》(上),人民出版社1991年版,第9页。
⑥ 《十三大以来重要文献选编》(上),人民出版社1991年版,第9页。
⑦ 《十三大以来重要文献选编》(上),人民出版社1991年版,第9~10页。

的首要构成,而且是担当复兴大任的社会主义政治人格的"旗帜"。

党的十九大报告明确:"从十九大到二十大,是'两个一百年'奋斗目标的历史交汇期。我们既要全面建成小康社会、实现第一个百年奋斗目标,又要乘势而上开启全面建设社会主义现代化国家新征程,向第二个百年奋斗目标进军"①;紧接着擘画:"从二〇二〇年到本世纪中叶可以分两个阶段来安排",其中"第一个阶段,从二〇二〇年到二〇三五年,在全面建成小康社会的基础上,再奋斗十五年,基本实现社会主义现代化"②,"第二个阶段,从二〇三五年到本世纪中叶,在基本实现现代化的基础上,再奋斗十五年,把我国建成富强民主文明和谐美丽的社会主义现代化强国"③。在走向建成"社会主义现代化强国"和"共产主义的初级阶段"的一个"不发达的阶段",社会主义和马克思阐述的共产主义一样,是今天中国的"社会制度",是今天中国的主导性"思想体系",同时,也是今天中国"推翻一切旧的生产关系和交往关系"的"消灭现存状况的现实的运动"④,是今天中国走向建成"社会主义现代化强国"和"共产主义的初级阶段"的价值观。

在作为"社会制度"的社会主义、作为"思想体系"的社会主义、作为"现实运动"的社会主义、作为"价值观"的社会主义四者之间,社会主义价值观是其中的核心和灵魂。正如吴向东《重构现代性:当代社会主义价值观研究》一书所提出的:"社会主义价值观是社会主义思想体系的内核,社会主义运动的核心,社会主义制度的灵魂,因此,也是社会主义的本质内容。社会主义通过价值观对自身进行自我认同,即自我确认和肯定,回答'我是谁',并在与他者的关系中,显现自身的特殊性、差异性和自身的同一性。社会主义价值观是社会主义的生命之魂,也是社会主义的精神自我。没有社会主义价值观上的自觉,我们就不能真正懂得社会主义。对社会主义价值观的任何忽视和淡漠,不仅在理论上是错误的,而且在实践上是有害的。"⑤彭聃龄主编的《普通心理学》一书提出:"价值观的主要表现形式有兴趣、信念和理想等。"其中,"兴趣是人对事物的一种认识倾向,是价值观的初级形式"⑥;"信念是坚信某种观念、思想或知识的正确性,并调节控制自己行动

---

① 《习近平谈治国理政》第3卷,外文出版社2020年版,第22页。
② 《习近平谈治国理政》第3卷,外文出版社2020年版,第22页。
③ 《习近平谈治国理政》第3卷,外文出版社2020年版,第23页。
④ 《马克思恩格斯文集》第1卷,人民出版社2009年版,第574、539页。
⑤ 吴向东:《重构现代性:当代社会主义价值观研究》(修订版),北京师范大学出版社2009年版,第61页。
⑥ 彭聃龄主编:《普通心理学》(修订版),北京师范大学出版社2001年版,第327页。

的人格倾向性。信念是认知和情感的升华,也是认知转化为行动的中介"①;"理想是个体对未来可能实现的奋斗目标的向往和追求。它与信念紧密相连,是信念指向的未来形象,比信念更具体、更丰富、更确定、更具有感染力"②。李德顺《价值论》一书提出:"信念、信仰、理想,是三种最典型、最重要、也是最普遍的价值观念基本形式。"③其中,"'念'只是一种意念,'仰'则是一种整体性的精神姿态"④;"信念是人对某种现实或观念抱有深刻信任感的精神状态","信念的功能是价值定向,信念的内容是从价值角度对现实和观念所作的价值判断"⑤;"信仰是人们关于最高(或极高)价值的信念","信仰在人的价值意识中起着调节中枢的作用","构成信仰的内容使人的整个精神活动以它为核心,为它服务,围绕它形成一个完整的系统"⑥;"理想是信仰对象的未来形象,是具体实践着的信仰。理想的内容指向取决于信仰"⑦。

在新时代的中国,具体内容上,基于"社会主义初级阶段这个最大实际"的中国特色社会主义理想信念,是面向"实现社会主义现代化和中华民族伟大复兴"这个"总任务"的理想信念,亦即共产主义远大理想、中国特色社会主义共同理想、实现中华民族伟大复兴的中国梦三者有机融合的理想信念。共产主义远大理想是中国特色社会主义和中华民族伟大复兴的根本指引;中国特色社会主义是实现中华民族伟大复兴的必由之路;实现中华民族伟大复兴是社会主义优越性的生动证明;实现社会主义现代化和中华民族伟大复兴是实现共产主义的必然前提。没有共产主义远大理想的指引,社会主义现代化和中华民族伟大复兴难免面临发展动力的边际递减;没有社会主义现代化和中华民族伟大复兴,共产主义的实现很难获得最广大人民群众持续的动力支持。

正因如此,2012年11月17日在主持十八届中共中央政治局第一次集体学习时的讲话中,习近平总书记指出:"坚定理想信念,坚守共产党人精神追求,始终是共产党人安身立命的根本。对马克思主义的信仰,对社会主义和共产主义的信念,是共产党人的政治灵魂,是共产党人经受住任何考验的精神支柱。形象地说,理想信念就是共产党人精神上的'钙',没有理想信

---

① 彭聃龄主编:《普通心理学》(修订版),北京师范大学出版社2001年版,第328页。
② 彭聃龄主编:《普通心理学》(修订版),北京师范大学出版社2001年版,第328页。
③ 李德顺:《价值论》(第2版),中国人民大学出版社2007年版,第200页。
④ 李德顺:《价值论》(第2版),中国人民大学出版社2007年版,第204页。
⑤ 李德顺:《价值论》(第2版),中国人民大学出版社2007年版,第201、202页。
⑥ 李德顺:《价值论》(第2版),中国人民大学出版社2007年版,第203、204页。
⑦ 李德顺:《价值论》(第2版),中国人民大学出版社2007年版,第209页。

念,理想信念不坚定,精神上就会'缺钙',就会得'软骨病'。现实生活中,一些党员、干部出这样那样的问题,说到底是信仰迷茫、精神迷失。"①2015年12月11日在全国党校工作会议上的讲话中,习近平总书记强调:"我们共产党人的本,就是对马克思主义的信仰,对中国特色社会主义和共产主义的信念,对党和人民的忠诚。我们要固的本,就是坚定这份信仰、坚定这份信念、坚定这份忠诚。……马克思主义政党一旦放弃马克思主义信仰、社会主义和共产主义信念,就会土崩瓦解。共产党人如果没有信仰、没有理想,或信仰、理想不坚定,精神上就会'缺钙',就会得'软骨病',就必然导致政治上变质、经济上贪婪、道德上堕落、生活上腐化。"②2018年12月18日在庆祝改革开放40周年大会上的讲话中,习近平总书记强调:"信仰、信念、信心,任何时候都至关重要。小到一个人、一个集体,大到一个政党、一个民族、一个国家,只要有信仰、信念、信心,就会愈挫愈奋、愈战愈勇,否则就会不战自败、不打自垮。无论过去、现在还是将来,对马克思主义的信仰,对中国特色社会主义的信念,对实现中华民族伟大复兴中国梦的信心,都是指引和支撑中国人民站起来、富起来、强起来的强大精神力量。"③基于"社会主义初级阶段这个最大实际"的中国特色社会主义理想信念,其核心的意义就是信仰信念信心"三信"的社会主义理想信念。

需要强调的是,社会主义现代化强国的成就和中华民族伟大复兴的成就,不只是中国共产党人享有,而是每一个中国人享有。从共同建设—共同享有的社会正义逻辑来说,建设社会主义现代化强国和实现中华民族伟大复兴的使命,也不只是中国共产党人的使命,而是每一个中国人的使命。相应地,信仰信念信心"三信"的社会主义理想信念,也不只是中国共产党人的社会主义初级阶段的理想信念,不只是中国共产党人的社会主义初级阶段政治人格的首要构成,不只是中国共产党人担当复兴大任的社会主义政治人格的"旗帜",而且同样是每一个中国人的社会主义初级阶段的理想信念、每一个中国人的社会主义初级阶段政治人格的首要构成、每一个中国人担当复兴大任的社会主义政治人格的"旗帜"。2013年8月19日在全国宣传思想工作会议上的讲话中,习近平总书记特别指出:"理想信念教育不仅要在党员干部中开展,而且要面向全社会开展。"④

---

① 《习近平谈治国理政》,外文出版社2014年版,第15页。
② 习近平:《在全国党校工作会议上的讲话》,《求是》2016年第9期。
③ 习近平:《在庆祝改革开放40周年大会上的讲话》,《人民日报》2018年12月19日。
④ 中共中央文献研究室编:《习近平关于社会主义文化建设论述摘编》,中央文献出版社2017年版,第23页。

二、齐家爱国的社会主义家国情怀

今天新时代中国特色社会主义的政治人格，作为面向"社会主义现代化强国"和"共产主义的初级阶段"的政治人格，信仰信念信心"三信"的社会主义理想信念是其旗帜，齐家爱国的社会主义家国情怀是其根基。

为什么齐家爱国的社会主义家国情怀是担当复兴大任的社会主义政治人格的"根基"？一般社会前提——"家"的社会共同体层面，与一般政治前提——"国"的政治共同体层面，在《德意志意识形态》和1882年2月7日致卡尔·考茨基的信中，马克思恩格斯说得透彻。在《德意志意识形态》中，马克思恩格斯指出，就个体的社会身份，亦即个体的社会存在而言，"只有在共同体中，个人才能获得全面发展其才能的手段，也就是说，只有在共同体（当然，这里的共同体必须是真实的共同体、真正的共同体，而不是冒充的共同体、虚假的共同体、虚幻的共同体——引者注）中才可能有个人自由"①。在致卡尔·考茨基的信中，恩格斯进一步指出：就个体的国民身份，亦即个体的政治共同体存在而言，"排除民族压迫是一切健康而自由的发展的基本条件"，"无产阶级的国际运动，无论如何只有在独立民族的范围内才有可能"②；"一个大民族，只要还没有实现民族独立，历史地看，就甚至不能比较严肃地讨论任何内政问题"③。换言之，每一个民族"只有真正成为国家的民族时，才更能成为国际的民族"；每一个民族都"有义务在成为国际的民族以前先成为国家的民族"。④ 作为人的政治存在的社会前提，"家"是其社会学基础；作为人的政治存在的"社会尺度"，现实的"政治人"的现实的政治人格，是建基于政治共同体——国家的政治人格。正是在这一意义上，梁启超提出："一国者，团体之最大圈，而竞争之最高潮也"，并且主张："国也者，私爱之本位，而博爱之极点，不及焉者野蛮也。过焉者亦野蛮也。"⑤

政治人格，在民族国家时代，"根基"意义上，在于对"国格""国权"的关注和维护。在民族国家时代，离开了对"国格""国权"的关注和维护，无所谓政治人格。从《党建》2008年第8期选刊的戴逸《18世纪中叶以来中国与世界各大国国力的比较》一文关于"GDP（国内生产总值）指标"的对比可知，近代中国的失败，根源在于前现代专制社会和专制教育导致政治主体性

---

① 《马克思恩格斯文集》第1卷，人民出版社2009年版，第571页。
② 《马克思恩格斯文集》第10卷，人民出版社2009年版，第472页。
③ 《马克思恩格斯文集》第10卷，人民出版社2009年版，第471页。
④ 《马克思恩格斯文集》第10卷，人民出版社2009年版，第473页。
⑤ 梁启超：《梁启超全集》第二册，北京出版社1999年版，第664页。

缺失的"臣民"人格,进而由政治主体性缺失的"臣民"人格导致近代中国国格缺失的失败。近代中国人"人权"的缺失,根源在近代中国"国权"的缺失。《春秋左传·僖公十四年》篇早有言:"皮之不存,毛将安傅。"也正是为了保障和增强维护"国家政权、主权、统一和领土完整、人民福祉、经济社会可持续发展和国家其他重大利益相对处于没有危险和不受内外威胁的状态,以及保障持续安全状态的能力"①,保障和增强持续维护中华人民共和国"国格"和"国权"的能力,进而"实现中华民族伟大复兴"。第十二届全国人民代表大会常务委员会第十五次会议 2015 年 7 月 1 日审议通过《中华人民共和国国家安全法》,并在《中华人民共和国国家安全法》"总则"中专设第十四条——"每年 4 月 15 日为全民国家安全教育日",定期加强国家安全教育和社会主义家国情怀教育。

或许有人疑问:既然现实的"政治人"的现实的政治人格,是建基于政治共同体——国家的政治人格,那为什么担当复兴大任的社会主义政治人格的"根基"又是"社会主义家国情怀",而不是"社会主义国家情怀"或"爱国主义"呢?

先来比较"家国情怀"与"爱国主义"。在刊发于《学校党建与思想教育》2004 年第 11 期的《爱国主义精神及其在公民道德建设体系中的地位》一文中,吴潜涛提出:"爱国主义这一概念比爱国这一概念虽然只多了'主义'两个字,但含义就有了根本的不同。主义,是关于客观世界、历史发展、人生价值等的系统的理论和主张,是一种理想、感情、道德和行为相统一的完整体系。社会生活中人们的爱国情感、爱国思想或爱国行为,往往是感性的、具体的、零散的。爱国主义则不同,它是爱国情感、心理、思想和行为的理性升华,是一种关于个人与祖国关系的理性认识系统。"②在《民族与民族主义》一书中,埃里克·霍布斯鲍姆写道:"爱国主义最原初、最革命性的概念,乃是以国家为基础而不是以民族主义为基础,因为这种概念系来自主权人民,也就是说,国家是以人民之名来行使治权"③;"一旦国家能顺利将民族主义融入爱国主义当中,能够使民族主义成为爱国主义的中心情感,那么,它将成为政府最强有力的武器"④。从吴潜涛、霍布斯鲍姆对"爱国主

---

① 《中华人民共和国国家安全法》,《人民日报》2015 年 12 月 24 日。
② 吴潜涛:《爱国主义精神及其在公民道德建设体系中的地位》,《学校党建与思想教育》2004 年第 11 期。
③ [英]埃里克·霍布斯鲍姆:《民族与民族主义》,李金梅译,上海人民出版社 2000 年版,第 103 页。
④ [英]埃里克·霍布斯鲍姆:《民族与民族主义》,李金梅译,上海人民出版社 2000 年版,第 106 页。

义"的阐释，特别是吴潜涛关于"爱国"与"爱国主义"的区分可知，相对于"理性升华"和"理性认识系统"的"爱国主义"，"家国情怀"作为对自己国家、民族和人民的深情大爱，对国家富强、民族振兴、人民幸福的理想追求，对国家和国族的高度认同感、责任感和使命感，是一种更基础的情感。在"家国情怀"和"爱国主义"之间，正是"家国情怀"孕育了"爱国主义"。"爱国主义"是"家国情怀"的"理性升华"。综合《中国大百科全书》"政治学"卷"政治认同"词条关于"大众"的"中级层次"的"情感上的认同"和"先进分子"的"高级层次"的"理智上的认同"[①]的区分来看，作为担当复兴大任的社会主义政治人格的"根基"，亦即面向绝大多数人的"政治人格建构"的政治人格"根基"，"社会主义家国情怀"是更准确的定位。

作为建基于政治共同体——社会主义中国的政治人格，担当复兴大任的社会主义政治人格的"根基"，不宜定位于"爱国主义"。那为什么又不宜定位于"社会主义国家情怀"，而是必须定位于"社会主义家国情怀"呢？这就涉及中华优秀传统文化的"人的培养"路径和中华文明特质及人的生存的本真状态——作为"家"之成员的社会存在和作为"国"之成员的政治存在的不可分性。

《礼记·大学》有云："古之欲明明德于天下者，先治其国。欲治其国者，先齐其家。欲齐其家者，先修其身。欲修其身者，先正其心。欲正其心者，先诚其意。欲诚其意者，先致其知。致知在格物。物格而后知至，知至而后意诚，意诚而后心正，心正而后身修，身修而后家齐，家齐而后国治，国治而后天下平。自天子以至于庶人，壹是皆以修身为本。"可见，中华优秀传统文化的"人的培养"是由内而外的"内圣外王"的主体性和合。中华优秀传统文化的"人的培养"不仅没有停留于作为"内圣外王"交接点的"修身"，而且在"外王"层面，不只是"治国"，而是"齐家""治国""平天下"三统一，亦即"家国天下"的和谐共生，家族治理、国家治理、天下治理的一体共担。对比中西文化，在《中国文化要义》中，梁漱溟写道："团体与个人，在西洋俨然两个实体，而家庭几若为虚位。中国人却从中间就家庭关系推广发挥，而以伦理组织社会消融了个人与团体这两端（这两端好像俱非他所有）。"[②]在梁漱溟《中国文化要义》的"中国西洋文化对照图"基础上，在《家哲学——

---

① 中国大百科全书总编辑委员会《政治学》编辑委员会、中国大百科全书出版社编辑部编：《中国大百科全书·政治学》，中国大百科全书出版社1992年版，第501页。
② 陈来编：《梁漱溟选集》，吉林人民出版社2005年版，第183页。

西方人的盲点》一书中,笑思提出如下"中西文明历史大框架对比图"①(如图 6 所示):

> 东亚:个人**家庭**国家天下上帝自然
> 西方:个人家庭**国家**天下上帝自然

图 6　中西文明历史大框架对比图

笑思主张:"家文化是中华文明、东亚文明的特长,是东亚世界达成俗世化的秘诀,是中华文化的命根子,是东亚人为人类作出的主要贡献。"②从《礼记·大学》阐释的中华优秀传统文化的"人的培养"路径和梁漱溟、笑思阐释的中华文明"家基点"特质来看,"家"是中华优秀传统文化的一个基础性范畴;中华优秀传统文化的"家文化"是带有浓厚的家国情怀的文化;孕育于中华优秀传统文化的担当复兴大任的社会主义政治人格的"根基",是"社会主义家国情怀",而不只是"国家情怀"。同时,相比于"国家情怀"的"国"的限定,内含"家"和"国"的"家国情怀"也更好地完整呈现了人的生存的本真状态——作为"家"之成员的社会存在和作为"国"之成员的政治存在的不可分性。

需要注意的是,"家国情怀"是具体的,而不是抽象的。作为担当复兴大任的社会主义政治人格"根基"的"家国情怀",不是古代中国宗法制"一家一姓""家国"结构下的"家国情怀",而是现代社会主义"国家"结构下的"家国情怀",亦即"全国各族人民团结奋斗、不断创造美好生活、逐步实现全体人民共同富裕"的"家国情怀","全体中华儿女勠力同心、奋力实现中华民族伟大复兴中国梦"③的"家国情怀"。2018 年 9 月 10 日在全国教育大会上的讲话中,习近平总书记强调:"只有坚持爱国和爱党爱社会主义相统一,爱国主义才是鲜活的、真实的,这是当代中国爱国主义精神最重要的体现。"④同样,在今天中国共产党领导的"奋力实现中华民族伟大复兴"的社会主义中国,只有坚持齐家爱国和爱党爱社会主义相统一的"社会主义家国情怀",才是"鲜活的、真实的"。

---

① 笑思:《家哲学——西方人的盲点》,商务印书馆 2010 年版,"自序"第 2 页;参见陈来编:《梁漱溟选集》,吉林人民出版社 2005 年版,第 184 页。
② 笑思:《家哲学——西方人的盲点》,商务印书馆 2010 年版,第 67 页。
③ 《习近平谈治国理政》第 3 卷,外文出版社 2020 年版,第 9 页。
④ 《十九大以来重要文献选编》(上),中央文献出版社 2019 年版,第 649 页。

三、为民服务的社会主义政治品格

2013年1月5日在新进中央委员会的委员、候补委员学习贯彻党的十八大精神研讨班上的讲话中,习近平总书记明确指出:"没有远大理想,不是合格的共产党员;离开现实工作而空谈远大理想,也不是合格的共产党员。衡量一名共产党员、一名领导干部是否具有共产主义远大理想,是有客观标准的,那就要看他能否坚持全心全意为人民服务的根本宗旨,能否吃苦在前、享受在后,能否勤奋工作、廉洁奉公,能否为理想而奋不顾身去拼搏、去奋斗、去献出自己的全部精力乃至生命。"①从中国共产党人的角度来说,无论是作为担当复兴大任的社会主义政治人格"旗帜"的信仰信念信心"三信"的社会主义理想信念,还是作为担当复兴大任的社会主义政治人格"根基"的齐家爱国的社会主义家国情怀,在现实生活的生产和再生产中,都必须体现为"坚持全心全意为人民服务"这一根本宗旨。作为信仰信念信心"三信"的社会主义理想信念和齐家爱国的社会主义家国情怀的落脚点,在担当复兴大任的社会主义政治人格的基本构成中,"为民服务"是担当复兴大任的社会主义政治人格的"政治品格",是担当复兴大任的社会主义政治人格的"根本特质"和"核心要件"。

为什么"为民服务"是担当复兴大任的社会主义政治人格的"政治品格""根本特质"和"核心要件"? 理由有三:一是本书第一章阐明的"政治品格"之于"政治人格"的"价值尺度"关系。作为人的政治存在和政治人格的价值规定和意义设定,"政治品格"在"政治人格"的构成中,无疑具有核心意义。二是"为民服务"对社会主义政治人格的"社会主义"特性的显明。社会主义政治人格之所以是"社会主义"政治人格,而不是"资本主义"政治人格,更不是前现代的"官僚主义"政治人格,根本在于社会主义政治人格,是"为民服务"的政治人格,而不是"为资本服务"的政治人格,也不是"为官僚服务"的政治人格。在《共产党宣言》中,马克思恩格斯明确指出,共产党人"没有任何同整个无产阶级的利益的不同利益。他们不提出任何特殊的原则,用以塑造无产阶级的运动"②。1933年8月12日在中央革命根据地南部十七县经济建设大会上所作的报告中,毛泽东明确指出:"官僚主义的领导方式,是任何革命工作所不应有的","要把官僚主义方式这个极坏的家伙抛到粪缸里去";"动员群众的方式,不应该是官僚主义的","应该是群众

---

① 《习近平谈治国理政》,外文出版社2014年版,第23~24页。
② 《马克思恩格斯文集》第2卷,人民出版社2009年版,第44页。

化的方式"。① 1978年12月13日在中共中央工作会议闭幕会上的讲话、后来实际上成为随即召开的党的十一届三中全会的主题报告的《解放思想,实事求是,团结一致向前看》中,邓小平特别指出:"官僚主义是小生产的产物,同社会化的大生产是根本不相容的。要搞四个现代化,把社会主义经济全面地转到大生产的技术基础上来,非克服官僚主义这个祸害不可。"②三是"为民服务"所强调的社会主义政治人格"立场"和"方向"的明确性、具体性、实践性。1942年5月23日在延安文艺座谈会上的讲话中,毛泽东明确表述:"为什么人的问题,是一个根本的问题,原则的问题"③,"我们的问题基本上是一个为群众的问题和一个如何为群众的问题"④。

"为民服务"是中国共产党提出、《中国共产党章程》规定的,是中国共产党的政治承诺。那是不是"为民服务的社会主义政治品格",只是中国共产党人的政治人格的"核心",而不是中国共产党人之外的其他中国人的政治人格的"核心"? 显然不是。

对中国共产党人来说,自1945年6月11日中国共产党第七次全国代表大会通过的《中国共产党章程》起,《中国共产党章程》"总纲"中就写得明明白白:"全心全意为人民服务。"1945年4月24日在中国共产党第七次全国代表大会上的政治报告中,毛泽东亦讲得清清楚楚:"我们共产党人区别于其他任何政党的又一个显著的标志,就是和最广大的人民群众取得最密切的联系。全心全意地为人民服务,一刻也不脱离群众;一切从人民的利益出发,而不是从个人或小集团的利益出发;向人民负责和向党的领导机关负责的一致性;这些就是我们的出发点"⑤,"共产党人的一切言论行动,必须以合乎最广大人民群众的最大利益,为最广大人民群众所拥护为最高标准"⑥。对中国共产党人来说,这也意味着,其政治人格的"核心"不只是一个"为民服务"的问题,而是必须履诺"全心全意为人民服务"的问题。这里之所以将"社会主义"的"政治品格"界定为"为民服务",而不是界定为"全心全意为人民服务",正是从新时代中国特色社会主义的所有中国人的政治品格特质和政治人格"核心"角度来说的。

首先,由公职人员和领导干部的职业特点、职业身份、职业责任所决定,

---

① 《毛泽东选集》第1卷,人民出版社1991年版,第124页。
② 《邓小平文选》第2卷,人民出版社1994年版,第150页。
③ 《毛泽东选集》第3卷,人民出版社1991年版,第857页。
④ 《毛泽东选集》第3卷,人民出版社1991年版,第853页。
⑤ 《毛泽东选集》第3卷,人民出版社1991年版,第1094~1095页。
⑥ 《毛泽东选集》第3卷,人民出版社1991年版,第1096页。

"为民服务的社会主义政治品格",是包括领导干部在内的所有公职人员担当复兴大任的社会主义政治人格的核心。公职人员区别于非公职人员的首要特性,在于公职人员占有公共资源、行使公共权力、维护公共利益,其本质属性突出表现为公共性。公职人员的工作属性在"公"。公职人员的日常工作场所叫"办公室"。公职人员的公职行为必须"为公",而不能"为私"。在社会主义的中国,也就是必须"为人民服务",而不能为自己牟取私利。《中华人民共和国宪法》第22、27、29、76条明确规定:国家发展"为人民服务"的社会主义文化事业;一切国家机关和国家工作人员、中华人民共和国的武装力量、全国人民代表大会代表都必须"努力为人民服务"。在社会主义中国,领导干部应该怎样领导?怎样"努力为人民服务"?毛泽东、邓小平说得清楚:"所谓领导权,不是要一天到晚当作口号去高喊,也不是盛气凌人地要人家服从我们,而是以党的正确政策和自己的模范工作,说服和教育党外人士,使他们愿意接受我们的建议"①;"领导就是服务。……领导者必须多干实事。那种只靠发指示、说空话过日子的坏作风,一定要转变过来"②。2018年3月20日在第十三届全国人民代表大会第一次会议上的讲话中,习近平总书记强调:"人民是历史的创造者,人民是真正的英雄。波澜壮阔的中华民族发展史是中国人民书写的!博大精深的中华文明是中国人民创造的!历久弥新的中华民族精神是中国人民培育的!中华民族迎来了从站起来、富起来到强起来的伟大飞跃是中国人民奋斗出来的!"③"我国是工人阶级领导的、以工农联盟为基础的人民民主专政的社会主义国家,国家一切权力属于人民。"④"一切国家机关工作人员,无论身居多高的职位,都必须牢记我们的共和国是中华人民共和国,始终要把人民放在心中最高的位置,始终全心全意为人民服务,始终为人民利益和幸福而努力工作。"⑤

其次,由公众人物的公众性身份特点、社会风尚引领特点、社会公共资源和社会大众赋予的社会收益带来的维护社会公共利益的客观要求所决定,"为民服务的社会主义政治品格",也是公众人物担当复兴大任的社会主义政治人格的核心。关于公众人物的概念及界定,通说认为源起于1964年美国联邦最高法院的"《纽约时报》诉沙利文案"中的"公共官员"概念,明确于1967年美国联邦最高法院的"柯蒂斯出版公司诉巴茨案"。在"柯蒂斯出

---

① 《毛泽东选集》第2卷,人民出版社1991年版,第742页。
② 《邓小平文选》第3卷,人民出版社1993年版,第121页。
③ 《十九大以来重要文献选编》(上),中央文献出版社2019年版,第386~387页。
④ 《十九大以来重要文献选编》(上),中央文献出版社2019年版,第389页。
⑤ 《十九大以来重要文献选编》(上),中央文献出版社2019年版,第386页。

版公司诉巴茨案"中,首席大法官沃伦代表多数意见对公众人物概念的界定是:"公众人物是指其在关系到公共问题和公共事件的观点与行为上涉及公民的程度,常常与政府官员对于相同问题和事件的态度和行为上涉及公民的程度相当。"①哈兰大法官代表少数意见对公众人物的解释是:"卷入被证明为正当和重要的公共利益问题的人。"②这里依据安东尼·刘易斯《言论的边界:美国宪法第一修正案简史》一书的相关记载和论述,对"公众人物"概念进行补充。从安东尼·刘易斯《言论的边界:美国宪法第一修正案简史》一书来看,"公众人物"一词最早见于1798年詹姆斯·麦迪逊推动、杰斐逊起草、弗吉尼亚州议会通过的《弗吉尼亚提案》中。该提案认为,1798年美国联邦通过的《反对煽动叛乱法案》行使了"一种宪法没有授予的权力,一种为宪法修正案明确禁止的权力,一种比其他权力更应当引起我们普遍警觉的权力。因为,这一权力,与自由检查公众人物与公共事务的权利,与人民自由沟通的权利——这是其他所有权利的唯一有效的保障,处于对立的地位"③。在系统梳理从麦迪逊所定义的"自由检查公众人物与公共事务的权利"到沙利文案及其后的判决基础上,安东尼·刘易斯写道:"无论是政府官员还是'公众人物',若要赢得诽谤侵权的损害赔偿,就必须证明刊出的文字属于故意或者完全放任的虚假陈述。最高法院界定的'公众人物',包括社会名流,比如影视明星,或者那些在热点议题上掌握话语权的'意见领袖'——举例而言,在本地城市规划讨论中发挥主导作用的精英分子。"④综合《弗吉尼亚提案》中麦迪逊所定义的"自由检查公众人物与公共事务的权利"、"柯蒂斯出版公司诉巴茨案"中沃伦和哈兰的"公众人物"界定、安东尼·刘易斯对美国联邦法院界定的"公众人物"的概括来看。第一,公众人物不同于公共官员,公众人物概念是在区别于公共官员意义上提出的。在前文专门阐释了包括领导干部在内的所有公职人员的"为民服务的社会主义政治品格"基础上,进一步阐释"在关系到公共问题和公共事件的观点与行为上涉及公民的程度,常常与政府官员对于相同问题和事件的态度和行为上涉及公民的程度相当"⑤的"人物类型"时,界定为"公众人物"才是准

---

① 转引自王利明:《公众人物人格权的限制和保护》,《中州学刊》2005年第2期。
② 转引自萧翰:《"公共人物"登录判决书及陪审团制度萌芽——范志毅诉文汇新民联合报业集团名誉侵权案评析》,《清华法学》2003年第2期。
③ [美]安东尼·刘易斯:《言论的边界:美国宪法第一修正案简史》,徐爽译,法律出版社2009年版,第23页。
④ [美]安东尼·刘易斯:《言论的边界:美国宪法第一修正案简史》,徐爽译,法律出版社2009年版,第59页。
⑤ 转引自王利明:《公众人物人格权的限制和保护》,《中州学刊》2005年第2期。

确的表述，界定为"公共人物"是不准确的。正如《清华法学》2003年第2期刊发的《"公共人物"登录判决书及陪审团制度萌芽——范志毅诉文汇新民联合报业集团名誉侵权案评析》中的"概念辨析：公共人物还是公众人物"部分所提出的："当人们谈及公众利益时，往往并不包含政府权力作为一种利益的含义，而当我们说到公共利益的时候，多少包含了一些政府权力与普遍公民权之间的平衡及两者交叉同质的利益性因素。"①第二，相比于公共官员的"公共性"特性，公众人物表现为"公众性"。公众人物对"公共问题和公共事件"的责任程度低于公共官员。以"公众性"为特征的"公众人物"，其"为民服务"的要求低于以"公共性"为特征的"公职人员"。第三，公众人物之所以成为公众人物，同公共官员一样，主要来自公共资源和社会大众的赋予。公众人物之所以能获得与公共官员相当的社会影响力，并由此获得巨大的经济利益，是公共资源和社会大众赋权的结果。这意味着，公众人物同代表人民行使公共权力的公共官员一样，承担着与其公众性相当的社会公共责任。从其政治人格的角度来说，在社会主义中国，公众人物同包括领导干部在内的所有公职人员一样，应有"为民服务"的政治品格，"为民服务的社会主义政治品格"也是公众人物担当复兴大任的社会主义政治人格的"核心"。

最后，从《公民道德建设实施纲要》《新时代公民道德建设实施纲要》来看，"为民服务的社会主义政治品格"，同样是社会大众担当复兴大任的社会主义政治人格的核心。当然，同公众人物的"为民服务"要求低于公职人员的"为民服务"要求一样，社会大众的"为民服务"要求也低于公众人物的"为民服务"要求。中共中央2001年9月20日印发的《公民道德建设实施纲要》，中共中央、国务院2019年10月印发的《新时代公民道德建设实施纲要》都明确要求："坚持以为人民服务为核心"，"始终保持公民道德建设的社会主义方向"。②中共中央2001年9月20日印发的《公民道德建设实施纲要》还特别阐明："为人民服务作为公民道德建设的核心，是社会主义道德区别和优越于其它（他）③社会形态道德的显著标志。它不仅是对共产党员和领导干部的要求，也是对广大群众的要求。每个公民不论社会分工如何、能力大小，都能够在本职岗位，通过不同形式做到为人民服务。"④这里的

---

① 萧翰：《"公共人物"登录判决书及陪审团制度萌芽——范志毅诉文汇新民联合报业集团名誉侵权案评析》，《清华法学》2003年第2期。
② 《公民道德建设实施纲要》，《新华每日电讯》2001年10月25日；《中共中央国务院印发新时代公民道德建设实施纲要》，《人民日报》2019年10月28日。
③ 括号及括号中字为引者加。
④ 《公民道德建设实施纲要》，《新华每日电讯》2001年10月25日。

"为人民服务"，不只是对社会主义中国公民的道德人格要求，也是对社会主义中国公民的政治人格要求。同样，"为民服务的社会主义政治品格"，不只是"共产党员和领导干部"的社会主义政治人格的核心，也是社会大众的社会主义政治人格的核心。为什么在党群、干群关系中是服务对象的"广大群众"，其社会主义政治人格的核心，也是"为民服务的社会主义政治品格"？这是因为，"为人民服务"中的"人民"是一个质和量相统一的概念。从质的方面说，是推动社会发展进步的"现实的人"；从量的方面来说，是最广大人民群众，而不是指某一个人、某一些人、某一部分人。同样，"广大群众"中的"群众"，虽然既是一个集合性的概念，也是一个个体性的概念，但是其中的"个体性"，不是指某一个人、某一些人、某一部分人，而是指"从事实际活动"的"每一个人"。用党的十八大、十八届五中全会、十九大报告的话说，作为社会大众担当复兴大任的社会主义政治人格"核心"的"为民服务的社会主义政治品格"，也就是人人有责、人人尽责，"人人参与、人人尽力、人人享有"①。

综上，为民服务的社会主义政治品格，不只是中国共产党人的社会主义政治人格的核心，不只是包括领导干部在内的所有公职人员的社会主义政治人格的核心，同时也是公众人物的社会主义政治人格的核心，并且还是社会大众担当复兴大任的社会主义政治人格的核心。当然，对于领导干部，即便是非党员领导干部，其政治品格，也不应该只是"为人民服务"，而是必须"全心全意为人民服务"。至于党员领导干部，那就不只是"全心全意为人民服务"，而更应该是"全心全意为人民服务"的"模范"。

四、敢于担当的社会主义政治操守

无论是作为人的政治存在的社会尺度的政治人格，还是作为政治人格的价值尺度的政治品格，都必须体现为具体的行动和现实的实践，并且也只有通过具体的行动和现实的实践，政治人格和政治品格才能得到生动的呈现和证明。这就意味着，担当复兴大任的社会主义政治人格的基本构成，有了作为"旗帜"的信仰信念信心"三信"的社会主义理想信念、作为"根基"的齐家爱国的社会主义家国情怀、作为"核心"的为民服务的社会主义政治品格，还不够，还必须有能够呈现和证明信仰信念信心"三信"的社会主义理想信念、齐家爱国的社会主义家国情怀、为民服务的社会主义政治品格的"志行"。只有有了能够呈现和证明信仰信念信心"三信"的社会主义理想信

---

① 《十八大以来重要文献选编》（中），中央文献出版社2016年版，第811页。

念、齐家爱国的社会主义家国情怀、为民服务的社会主义政治品格的"志行",新时代中国特色社会主义的政治人格才能具有实践性,才能真正落地,才是完整的。《荀子·劝学》有言:"权利不能倾也,群众不能移也,天下不能荡也。生乎由是,死乎由是,夫是之谓德操。德操然后能定,能定然后能应,能定能应,夫是之谓成人。"《孟子·滕文公下》亦有言:"居天下之广居,立天下之正位,行天下之大道,得志与民由之,不得志独行其道,富贵不能淫,贫贱不能移,威武不能屈,此之谓大丈夫。"一句话,只有落地为日常行为和操守的人格,才是真正的现实的人格。

以"为民服务的社会主义政治品格"为"核心"的担当复兴大任的社会主义政治人格,从日常行为和操守的角度来看,其"志行"是什么?在2012年3月1日中央党校春季学期开学典礼上的讲话和2014年2月7日接受俄罗斯电视台专访时的回答,习近平总书记给了明确答案。2012年3月1日在中央党校春季学期开学典礼上的讲话中,习近平总书记明确指出:"是否具有担当精神,是否能够忠诚履责、尽心尽责、勇于担责,这是检验每一个领导干部身上是否真正体现了共产党人先进性和纯洁性的重要方面。"①2014年2月7日在接受俄罗斯电视台专访时,习近平总书记这样回答俄罗斯电视台主持人的提问:"我的执政理念,概括起来说就是:为人民服务,担当起该担当的责任。"②在这里,习近平总书记明确指出:服务的实质,就是负责,就是担当;为人民服务,实质上就是对人民负责,为人民担当。用"服务"是无法评价"服务"的,这是同义反复。只有用"是否担当",才能评价"是否做到服务"。只有用"是否为人民担当",才能评价"是否做到为人民服务"。综合上引习近平总书记的讲话和专访时的回答可知,以"为民服务的社会主义政治品格"为"核心"的担当复兴大任的社会主义政治人格的"志行",是"敢于担当"的社会主义政治操守。

或许有人会提出,"担当"不是党员、干部的"政治品格"吗?怎么又变成了"政治操守"?是的,2019年5月31日在"不忘初心、牢记使命"主题教育工作会议上的讲话中,习近平总书记强调:要"牢牢把握深入学习贯彻新时代中国特色社会主义思想、锤炼忠诚干净担当的政治品格、团结带领全国各族人民为实现伟大梦想共同奋斗的根本任务"③。2019年10月31日党的十九届四中全会通过的《中共中央关于坚持和完善中国特色社会主义制

---

① 习近平:《扎实做好保持党的纯洁性各项工作》,《求是》2012年第6期。
② 《习近平谈治国理政》,外文出版社2014年版,第101页。
③ 《习近平在"不忘初心、牢记使命"主题教育工作会议上强调 守初心担使命找差距抓落实 确保主题教育取得扎扎实实的成效》,《人民日报》2019年6月1日。

度、推进国家治理体系和治理能力现代化若干重大问题的决定》的第一项具体制度——"建立不忘初心、牢记使命的制度"明确部署："把不忘初心、牢记使命作为加强党的建设的永恒课题和全体党员、干部的终身课题，形成长效机制，坚持不懈锤炼党员、干部忠诚干净担当的政治品格。"①这里之所以将"敢于担当"界定为担当复兴大任的社会主义政治人格的"政治操守"，原因有以下三点。

第一，将"敢于担当"界定为"政治操守"，与习近平总书记和党的十九届四中全会决定将"担当"明确为"政治品格"，本质上是不矛盾的。《现代汉语词典》（第 7 版）"操守"词条的解释是："指人平时的行为、品德。"②《辞海》（第六版彩图本）"操守"词条的解释是："平素所执持。指志行品德。"③《辞源》（修订本）"操守"词条的解释是："平素的品行志节。"④从《现代汉语词典》《辞海》《辞源》关于"操守"的解释可知，这里将"敢于担当"界定为"政治操守"，正是从作为一种"政治品格"的"担当"意义上讲的，并且进一步明确了作为"政治品格"的"担当"的"日常志行"意义。

第二，将"敢于担当"界定为"政治操守"，是基于担当复兴大任的社会主义政治人格的"核心"——"为民服务的社会主义政治品格"这一前提的。在"为民服务"与"敢于担当"之间，"为民服务"是核心，"敢于担当"服从和服务于"为民服务"。因而在"政治品格"之于"政治人格"的"价值尺度"意义上，将"为民服务"界定为担当复兴大任的社会主义政治人格的"政治品格"，将担当复兴大任的社会主义政治人格不可或缺的"敢于担当"界定为"政治操守"，是比较合适的。

第三，同信仰信念信心"三信"的社会主义理想信念、齐家爱国的社会主义家国情怀、为民服务的社会主义政治品格是所有中国人担当复兴大任的社会主义政治人格的基本构成一样，这里将"敢于担当"界定为"政治操守"，也是就新时代所有中国人的社会主义政治人格而言的，亦即上文所述党的十八大、十九大报告所说的，人人有责，人人尽责。如果是单就党员、干部而言，就不只是"敢于担当"，而是必须"勤政务实、敢于担当、清正廉洁"。2013 年 6 月 28 日在全国组织工作会议上的讲话中，习近平总书记明确指出："好干部的标准，大的方面说，就是德才兼备。同时，好干部的标准又是

---

① 《十九大以来重要文献选编》（中），中央文献出版社 2021 年版，第 273 页。
② 中国社会科学院语言研究所词典编辑室编：《现代汉语词典》（第 7 版），商务印书馆 2016 年版，第 128 页。
③ 夏征农、陈至立主编：《辞海：第六版彩图本》，上海辞书出版社 2009 年版，第 223 页。
④ 广东、广西、湖南、河南辞源修订组、商务印书馆编辑部编：《辞源》（修订本），商务印书馆 2007 年版，第 1318 页。

具体的、历史的。……现在,我们提出政治上靠得住、工作上有本事、作风上过得硬、人民群众信得过等具体要求,突出了好干部标准的时代内涵。概括起来说,好干部要做到信念坚定、为民服务、勤政务实、敢于担当、清正廉洁。"①2016年6月28日在主持召开中共中央政治局会议审议通过《中国共产党问责条例》的讲话中,习近平总书记强调:"权力就是责任,责任就要担当,忠诚干净担当是党对领导干部提出的政治要求。我们党95年奋斗取得的伟大成就,充分展现了共产党人的担当精神。实现'两个一百年'奋斗目标、实现中华民族伟大复兴的中国梦,关键是各级党组织尤其是党员领导干部要担当责任,做到在党忧党,为党尽职,为民尽责。"②正是在"忠诚干净担当"的"政治品格"意义和"信念坚定、为民服务、勤政务实、敢于担当、清正廉洁"的"好干部标准"意义上,中共中央2019年3月3日印发的《党政领导干部选拔任用工作条例》将"忠诚干净担当"写入第一章"总则"第一条,将2014年1月14日印发的《党政领导干部选拔任用工作条例》第一条中的"信念坚定、为民服务、勤政务实、敢于担当、清正廉洁"调到第七条,即第二章"选拔任用条件"中作为"总条件"的"第一句"。

  何谓"敢于担当"？2013年6月28日在全国组织工作会议上的讲话中,习近平总书记指出:"敢于担当",就是"党的干部必须坚持原则、认真负责,面对大是大非敢于亮剑,面对矛盾敢于迎难而上,面对危机敢于挺身而出,面对失误敢于承担责任,面对歪风邪气敢于坚决斗争。"③习近平总书记的这一界定,虽然是针对"党的干部"专门作出的,但总体上,应该说,除了适用于党员、领导干部外,也适用于上文"为民服务的社会主义政治品格"部分所阐述的"公众人物",适用于"社会大众"。毕竟,"有多大担当才能干多大事业,尽多大责任才会有多大成就"④,作为一种社会公平正义条件下的"贡献与报偿"机制,或者说一条社会公平正义条件下的"贡献与报偿"规律,不只作用于党员、干部,也作用于公众人物,同样作用于社会大众。当然,在不同群体类型的具体"担当"要求上,同上文的"为民服务的社会主义政治品格"一样,对党员、领导干部的"担当"要求高于对"公众人物"的"担当"要求,对"公众人物"的"担当"要求高于对社会大众的"担当"要求。尤其是对党的十九大报告的"担当"论述特别显明的四个群体——党员、干部、军人、

---

  ① 《习近平谈治国理政》,外文出版社2014年版,第412页。
  ② 《习近平总书记关于责任担当重要论述摘录》(2012年11月—2016年7月),《中国纪检监察》2016年第14期。
  ③ 《习近平谈治国理政》,外文出版社2014年版,第413页。
  ④ 《习近平谈治国理政》(第2卷),外文出版社2017年版,第145页。

青年——中的"青年"的"有担当",一定要准确把握。中共中央、国务院2017年4月印发的《中长期青年发展规划(2016—2025年)》明确:"本规划所指的青年,年龄范围是14—35周岁。"①综合《中长期青年发展规划(2016—2025年)》《中华人民共和国民法典》《中华人民共和国未成年人保护法》来看,对于年龄范围在14—18周岁的这一部分青年来说,他们是未成年人和限制民事行为能力人,"有担当"主要指的是有担当意识和担当能力,而不是指一定要有担当行为。即便是指有担当行为,也应该是以"保护"为前提的担当行为,并且主要是对16周岁以上且以自己的劳动收入为主要生活来源的那一部分被视为有完全民事行为能力人的青年而言。

---

① 《中共中央国务院印发〈中长期青年发展规划(2016—2025年)〉》,《光明日报》2017年4月14日。

第六章 新时代中国思想政治教育:担当复兴大任的社会主义政治人格建构路径

新时代中国思想政治教育建构的政治人格,是以信仰信念信心"三信"的社会主义理想信念为"旗帜"、以齐家爱国的社会主义家国情怀为"根基"、以为民服务的社会主义政治品格为"核心"、以敢于担当的社会主义政治操守为"志行"的"四维"政治人格。新时代中国思想政治教育的"四维"政治人格建构,作为"三态共融"的整体形态的思想政治教育政治人格建构在新时代的具体化,其建构方式,在机理上和"三态共融"的整体形态的思想政治教育的政治文化机理和教育机理相同,特殊在于其具体的政治文化内容和制度保障。因此,本章对新时代中国思想政治教育怎样建构政治人格问题进行阐释,在第二、三章阐述的思想政治教育政治人格建构一般原理基础上,着重从新时代中国特色社会主义政治文化的"四重"协同(即中国梦价值激励与价值统领、社会主义核心价值观培育、中国精神孕育、中国优秀政治文化涵育的协同)与制度体系保障展开。

第一节 新时代中国思想政治教育政治人格建构的中国梦价值激励与价值统领

从本书前四章阐明的"思想政治教育—铸魂育人—有灵魂的人—政治品格—政治人格—人的政治存在"的思想政治教育"政治人格建构"的逻辑来看,新时代中国思想政治教育的"四维"政治人格建构是通过"铸魂"达到"育人","培养担当民族复兴大任的时代新人,培养德智体美劳全面发展的社会主义建设者和接班人"的系统工程。作为系统工程,新时代中国思想政治教育的"四维"政治人格建构,正如习近平总书记2014年2月7日接受俄罗斯电视台专访时所指出的,"必须登高望远,同时必须脚踏实地"①,必须

---

① 《习近平谈治国理政》,外文出版社2014年版,第102页。

要素协同。

很明确,要素协同就是各要素在纵向协同前提下的横向协同。从习近平总书记2019年3月18日在学校思想政治理论课教师座谈会上所强调的用习近平新时代中国特色社会主义思想铸魂育人来看,在今天的中国,也就是各要素在"实现社会主义现代化和中华民族伟大复兴""总任务"总领下的协同。因而问题的关键是,新时代中国思想政治教育的"四维"政治人格建构,怎样才能既登高望远,同时又脚踏实地?亦即怎样才能既"培养担当民族复兴大任的时代新人",同时又"培养德智体美劳全面发展的社会主义建设者和接班人"?

回答这一问题,我们可以从邓小平1978年阐明的历史唯物主义逻辑——"社会主义制度优越性"与"社会生产力的发展"和"人民物质文化生活的改善"的关系——开始。1978年9月16日在听取中共吉林省委常委汇报工作时的谈话——《高举毛泽东思想旗帜,坚持实事求是的原则》中,邓小平明确指出:"社会主义制度优越性的根本表现,就是能够允许社会生产力以旧社会所没有的速度迅速发展,使人民不断增长的物质文化生活需要能够逐步得到满足。按照历史唯物主义的观点来讲,正确的政治领导的成果,归根结底要表现在社会生产力的发展上,人民物质文化生活的改善上。如果在一个很长的历史时期内,社会主义国家生产力发展的速度比资本主义国家慢,还谈什么优越性?"①从邓小平阐明的"社会主义制度优越性"与"社会生产力的发展"和"人民物质文化生活的改善"之间的历史唯物主义逻辑来看,在社会主义制度优越性与中华民族伟大复兴的关系上,社会主义制度优越性归根结底要表现在中华民族伟大复兴上,如果在一个很长的历史时期内,中华民族没有实现伟大复兴,又怎么证明社会主义制度的优越性呢?

新时代中国特色社会主义建设的登高望远、脚踏实地,就是立足脚踏实地的登高望远,是从脚踏实地出发的登高望远。从党的十九大报告明确的习近平新时代中国特色社会主义思想中作为"总领"的"两位一体"的"总任务"——"实现社会主义现代化和中华民族伟大复兴"来看,就是以"中华民族伟大复兴"为"着眼点"的"社会主义现代化"。只有有了"中华民族伟大复兴"的实践体验和"价值体认",才能激发最广大人民群众的社会主义情感共鸣,从而形成最广大人民群众的社会主义政治认同。有了"中华民族伟大复兴"的实践体验和"价值体认",也必然会激发最广大人民群众的社会

---

① 《邓小平文选》第2卷,人民出版社1994年版,第128页。

主义情感共鸣,形成最广大人民群众的社会主义政治认同。1938年10月在中国共产党扩大的六届六中全会报告中,毛泽东明确指出:"在中国,任何忠实的马克思主义者,他是同时具有现时实际任务与将来远大理想两种责任的。并且应该懂得:只有现时的实际任务获得尽可能彻底的完成,才能有根据有基础地发展到将来的远大理想那个阶段去。"①2013年1月5日在新进中央委员会的委员、候补委员学习贯彻党的十八大精神研讨班上,习近平总书记亦强调:"没有远大理想,不是合格的共产党员;离开现实工作而空谈远大理想,也不是合格的共产党员。"②

新时代中国思想政治教育"四维"政治人格建构的登高望远、脚踏实地,首先是面向"中华民族近代以来最伟大的梦想"——"实现中华民族伟大复兴的中国梦"的政治人格建构,亦即首先是党的十九大报告明确的"以培养担当民族复兴大任的时代新人为着眼点"的政治人格建构。2013年12月30日在主持十八届中共中央政治局第十二次集体学习时的讲话中,习近平总书记明确表述:作为"中国人民和中华民族的价值体认和价值追求","实现中华民族伟大复兴的中国梦","意味着每一个人都能在为中国梦的奋斗中实现自己的梦想,意味着中华民族团结奋斗的最大公约数,意味着中华民族为人类和平与发展作出更大贡献的真诚意愿"。③ 实现中华民族伟大复兴是中华民族最大的集体共识,是激励中国人民团结奋斗最切实的目标;实现中华民族伟大复兴中国梦的"价值体认和价值追求",是最好的爱国主义、集体主义、社会主义教育,是中国社会异常生机勃勃的根本动因。

由此看来,新时代中国思想政治教育"四维"政治人格建构的要素协同,就是实现中华民族伟大复兴的中国梦价值激励和价值统领下的"中国价值"、中国精神、中国文化的协同。回答新时代中国思想政治教育的"四维"政治人格建构问题,首先必须讲清楚担当复兴大任的社会主义政治人格建构的中国梦价值激励与价值统领。具体而言,就是通过讲清楚近代以来中国人民和中华民族的中国梦"价值体认"激励和"价值追求"统领,激发最广大人民群众的社会主义情感共鸣,增进最广大人民群众的社会主义政治认同。

一、实现中华民族伟大复兴中国梦的"价值体认"激励

2012年11月29日,在参观"复兴之路"展览时的讲话中,习近平总书记从国家指导思想层面提出:"现在,大家都在讨论中国梦,我以为,实现中

---

① 《建党以来重要文献选编(1921—1949)》第十五册,中央文献出版社2011年版,第627页。
② 《习近平谈治国理政》,外文出版社2014年版,第23页。
③ 《习近平谈治国理政》,外文出版社2014年版,第161页。

华民族伟大复兴,就是中华民族近代以来最伟大的梦想。这个梦想,凝聚了几代中国人的夙愿,体现了中华民族和中国人民的整体利益,是每一个中华儿女的共同期盼。"①2017 年 10 月 24 日,"实现中华民族伟大复兴的中国梦"写进《中国共产党章程》。2018 年 3 月 11 日,"实现中华民族伟大复兴"写进《中华人民共和国宪法》。"培养担当民族复兴大任的时代新人,培养德智体美劳全面发展的社会主义建设者和接班人","实现中华民族伟大复兴的中国梦",既是中国共产党的主张,也是中华人民共和国的国家意志。新时代中国思想政治教育的"四维"政治人格建构,必须首先讲清楚作为中国共产党的主张和中华人民共和国国家意志的"实现中华民族伟大复兴的中国梦"。

新时代中国思想政治教育的"四维"政治人格建构,讲清楚作为中国共产党的主张和中华人民共和国国家意志的"实现中华民族伟大复兴的中国梦",核心在于全面把握习近平总书记 2012 年 11 月 29 日在参观"复兴之路"展览时的讲话、2013 年 3 月 17 日在第十二届全国人民代表大会第一次会议上的讲话、2017 年 10 月 18 日在党的十九大报告中关于"实现中华民族伟大复兴的中国梦"的阐释。

首先,"实现中华民族伟大复兴的中国梦",作为中国共产党的主张和中华人民共和国的国家意志,是中华民族意志和中国人民意志的表达和反映。与"美国梦"——表述形式上为"让我们所有阶层的公民过上更好、更富裕和更幸福的生活的美国梦,这是我们迄今为止为世界的思想和福利作出的最伟大的贡献"②、实质上是时任美国总统特朗普挑明的"美国优先"——基于 1931 年詹姆斯·特拉斯洛·亚当斯《美国的史诗》一书的学术阐释而为人所知不同,习近平总书记揭示的实现中华民族伟大复兴中国梦这一"中国人民和中华民族的价值体认和价值追求",是历史提出的,是中华文明的古代贡献、近代遭遇和现代发展历史提出的。如果不全面了解实现中华民族伟大复兴中国梦的历史,如果将历史的、立体的中国梦平面化,就很难深切理解实现中华民族伟大复兴这一中华民族近代以来最伟大的梦想,很难正确把握中国梦的精神实质及其未来"走向"。

其次,"实现中华民族伟大复兴的中国梦",作为中国共产党的主张、中国人民意志、中华民族意志、中华人民共和国国家意志,其总体内涵是"实现中华民族伟大复兴"。这方面,单从《党建》2008 年第 8 期选刊的戴逸《18

---

① 《习近平谈治国理政》,外文出版社 2014 年版,第 36 页。
② 转引自石毓智:《中国梦区别于美国梦的七大特征》,《人民论坛》2013 年第 15 期。

世纪中叶以来中国与世界各大国国力的比较》一文就看得非常明白。1750年,也就是中国古代三大盛世之一的"康乾盛世"高峰时期,"中国 GDP 占世界份额32%,居世界首位"。这一时期,中国经济繁荣,国力强大,清王朝平定准噶尔,实现疆域统一,奠定了中国今天的版图。1900 年,"中国的 GDP 一落千丈","只占世界 6%",人均 GDP 更是"当时世界上最穷最弱的国家"。也就是 1900 年,英国、美国、法国、德国、俄国、日本、奥匈帝国、意大利八国联军侵入北京,中国彻底沦为半殖民地半封建社会。1900 年至 1945 年45 年间,中国历经血与火的洗礼。经 1919 年五四运动,诞生了中国共产党。经国民革命、北伐战争、土地革命、14 年抗日战争,取得了中国人民反帝反侵略战争的伟大胜利。新中国成立后,特别是改革开放后,中国的发展进入历史的快车道。2006 年,中国 GDP 位居世界第四位,中华民族日益走向伟大复兴。① 与 15 世纪以来葡萄牙、西班牙、荷兰、英国、法国、德国、日本、俄罗斯、美国的相继崛起不同,中华民族今天的发展和兴盛,不是"崛起",而是"复兴"。因为"崛起"只是强调了向上兴起的趋势,不能展现曾经强盛的历史。而曾经强盛的历史,正是中华民族的现代兴盛与 15 世纪以来葡萄牙、西班牙、荷兰、英国、法国、德国、日本、俄罗斯、美国的崛起的根本差异所在。基于"崛起"与"复兴"的根本区别,在接受人民论坛记者采访时,赵汀阳指出:"目前仍在流行或者前不久还在流行的'中国威胁'和'中国崛起'的说法代表着关于'中国'这个概念的典型误解。'威胁'和'崛起'本质上是同样的或者说对应的说法,只不过'威胁'是他者的一种缺乏善意的消极看法,而'崛起'是自己的一种积极看法。"②

再次,"实现中华民族伟大复兴的中国梦",作为中国共产党的主张、中国人民意志、中华民族意志、中华人民共和国国家意志,其精神实质,是习近平总书记在 2013 年 3 月 17 日第十二届全国人民代表大会第一次会议上的讲话和 2013 年 3 月 23 日莫斯科国际关系学院的演讲中指出的"国家富强、民族振兴、人民幸福"③。从习近平总书记 2018 年 4 月 8 日在会见联合国秘书长古特雷斯时的谈话——"我们所做的一切都是为人民谋幸福,为民族谋复兴,为世界谋大同",我们追求的发展是"高质量的发展,衡量标准就是以人民为中心。不论是国内治理、还是全球治理,都要以人民的获得为

---

① 戴逸:《18 世纪中叶以来中国与世界各大国国力的比较》,《中国文化报》2008 年 7 月 6 日;戴逸:《18 世纪中叶以来中国与世界各大国国力的比较》,《党建》2008 年第 8 期。
② 赵汀阳:《"中国"这个概念的积极意义》,《人民论坛》2009 年第 20 期。
③ 2013 年 3 月 23 日在莫斯科国际关系学院的演讲中,习近平总书记指出:"实现中华民族伟大复兴,是近代以来中国人民最伟大的梦想,我们称之为'中国梦',基本内涵是实现国家富强、民族振兴、人民幸福。"(《习近平谈治国理政》,外文出版社 2014 年版,第 274 页。)

目标,要不断为民众提供信心和稳定预期。"①——可知,"为人民谋幸福、为民族谋复兴、为世界谋大同,是深刻理解和全面把握习近平新时代中国特色社会主义思想的金钥匙"②,也是深刻理解和全面把握中国梦的精神品格和精神实质的金钥匙。基于这一金钥匙,中国梦的精神实质,其完整阐释是党的十六届四中全会和十六届六中全会所表述的"国家富强、民族振兴、社会和谐、人民幸福"。2006年10月11日党的十六届六中全会通过的《中共中央关于构建社会主义和谐社会若干重大问题的决定》明确界定:"社会和谐是中国特色社会主义的本质属性,是国家富强、民族振兴、人民幸福的重要保证。"③"社会和谐"是中国特色社会主义和谐社会的直接表征,也是中国"和"文化的直接体现和直接要求。中国共产党"对自己民族和人民愿望的深切理解,就是要摆脱贫穷落后,实现国家富强、民族振兴、社会和谐、人民幸福"④。

最后,"实现中华民族伟大复兴的中国梦",作为中国共产党的主张、中国人民意志、中华民族意志、中华人民共和国国家意志,是以习近平同志为主要代表的中国共产党人对中华民族伟大复兴"夙愿"的自觉,是以习近平同志为主要代表的中国共产党人对近代以来的中华民族伟大复兴史的总结、提炼与升华,是以习近平同志为主要代表的中国共产党人对中国特色社会主义建设规律的科学揭示与深化。"中华民族有五千多年的文明历史,创造了灿烂的中华文明,为人类作出了卓越贡献,成为世界上伟大的民族。鸦片战争后,中国陷入内忧外患的黑暗境地,中国人民经历了战乱频仍、山河破碎、民不聊生的深重苦难。为了民族复兴,无数仁人志士不屈不挠、前仆后继,进行了可歌可泣的斗争,进行了各式各样的尝试,但终究未能改变旧中国的社会性质和中国人民的悲惨命运"⑤,"中国共产党一经成立,就把实现共产主义作为党的最高理想和最终目标,义无反顾肩负起实现中华民族伟大复兴的历史使命,团结带领人民进行了艰苦卓绝的斗争,谱写了气吞山河的壮丽史诗"⑥。总结1956年至1987年30余年间中国社会主义建设正反两方面的经验,党的十三大报告不仅明确提出了"社会主义初级阶段"理论和社会主义初级阶段"基本路线",而且明确将"我国社会主义初级阶段"

---

① 杨晔:《习近平会见联合国秘书长古特雷斯》,《人民日报》2018年4月9日。
② 中共中央宣传部编:《习近平新时代中国特色社会主义思想学习纲要》,学习出版社、人民出版社2019年版,第10页。
③ 《十六大以来重要文献选编》(下),中央文献出版社2008年版,第648页。
④ 郑必坚:《中国共产党在21世纪的走向》,《人民日报海外版》2005年11月22日。
⑤ 《习近平谈治国理政》第3卷,外文出版社2020年版,第11页。
⑥ 《习近平谈治国理政》第3卷,外文出版社2020年版,第11页。

界定为"全民奋起,艰苦创业,实现中华民族伟大复兴的阶段"①。在此基础上,党的十五大报告进一步表述为:"社会主义初级阶段"是"逐步缩小同世界先进水平的差距,在社会主义基础上实现中华民族伟大复兴的历史阶段"②。中国共产党这两次全国代表大会的报告的表述,尤其是党的十五大报告的表述,明确阐释了中国特色社会主义道路与实现中华民族伟大复兴的关系,即中国特色社会主义是实现中华民族伟大复兴的必由之路。进入21世纪,在中国特色社会主义道路上实现中华民族伟大复兴,不仅成为中国共产党人的"历史"自觉,而且成为中国共产党人的"使命"自觉。党的十六大报告前言即指出:"在中国特色社会主义道路上实现中华民族的伟大复兴"是"历史和时代赋予我们党的庄严使命"③;结语又强调:"党从成立那一天起"就"肩负着实现中华民族伟大复兴的庄严使命","全面建设小康社会,开创中国特色社会主义事业新局面"就是要"推进中华民族的伟大复兴"④;而且还特别指明:"在新民主主义革命时期,我们党团结和带领全国各族人民完成民族独立和人民解放的历史任务,为实现中华民族伟大复兴创造了前提。新中国成立后,我们党创造性地完成由新民主主义到社会主义的过渡,实现中国历史上最伟大最深刻的社会变革,开始了在社会主义道路上实现中华民族伟大复兴的历史征程。十一届三中全会以来,我们党找到建设中国特色社会主义的正确道路,赋予民族复兴新的强大生机。中华民族的伟大复兴展现出灿烂的前景"⑤。而后,党的十八大报告进一步将"实现社会主义现代化和中华民族伟大复兴"明确界定为"建设中国特色社会主义"的"总任务",党的十九大正式将"实现社会主义现代化和中华民族伟大复兴"这一"坚持和发展中国特色社会主义"的"一体两面""总任务"明确为习近平新时代中国特色社会主义思想"八个明确"的"第一个明确"的主要内容。这也就表明,建设中国特色社会主义的"总任务"不是"一个"而是"两个",不是"双重变奏"而是"二重协奏",是实现社会主义现代化、实现中华民族伟大复兴"一体两面、齐头并进"的"二重协奏"。用党的十九大报告的话说,就是使科学社会主义在21世纪的中国焕发出强大生机活力、在世界上高高举起中国特色社会主义现代化强国旗帜,就是使近代以来久经磨难的中华民族实现"从站起来、富起来到强起来的伟大飞跃",实现中华民

---

① 《十三大以来重要文献选编》(上),人民出版社1991年版,第13页。
② 《江泽民文选》第2卷,人民出版社2006年版,第15页。
③ 《江泽民文选》第3卷,人民出版社2006年版,第529页。
④ 《江泽民文选》第3卷,人民出版社2006年版,第574页。
⑤ 《江泽民文选》第3卷,人民出版社2006年版,第574页。

族伟大复兴。从人类文明发展的角度说,就是实现人类文明的社会主义化,实现中华文明的现代化。用一句话概括,就是实现中华文明的社会主义现代化。

二、实现中华民族伟大复兴中国梦的"价值追求"统领

"实现中华民族伟大复兴的中国梦",还在"实现"的"路上"。对于中国人民和中华民族来说,同共产主义、社会主义一样,"实现中华民族伟大复兴的中国梦",同时还是今天中国"推翻一切旧的生产关系和交往关系"的"消灭现存状况的现实的运动"①。作为今天中国的主导性"思想体系",同共产主义、社会主义一样,"实现中华民族伟大复兴的中国梦",是今天的中华民族和中国人民走向未来中华民族伟大复兴"实现"所不可或缺的价值观,是今天的中华民族和中国人民的"价值追求"。

从习近平总书记2013年12月30日在主持十八届中共中央政治局第十二次集体学习时的讲话中所说的中国梦的"五个意味着"②,2013年3月17日在第十二届全国人民代表大会第一次会议上的讲话中所说的"实现中华民族伟大复兴的中国梦,就是要实现国家富强、民族振兴、人民幸福"③,2013年3月23日在莫斯科国际关系学院的演讲中所说的"'中国梦',基本内涵是实现国家富强、民族振兴、人民幸福"④,2013年5月在接受特立尼达和多巴哥、哥斯达黎加、墨西哥等拉美三国媒体联合书面采访时所说的"中国梦的本质是国家富强、民族振兴、人民幸福",实现中国梦"不仅造福中国人民,而且造福世界人民"⑤,2018年4月8日在会见联合国秘书长古特雷斯时的谈话中所强调的为人民谋幸福、为民族谋复兴、为世界谋大同等来看,新时代中国思想政治教育的"四维"政治人格建构,讲清楚实现中华民族伟大复兴中国梦的"价值追求",至少需要讲清楚以下三个问题。

第一,需要讲清楚中国梦的精神品格:"和合共生","穷则独善其身,达则兼善天下"(《孟子·尽心上》)。"当代中国是历史中国的延续和发展,当

---

① 《马克思恩格斯文集》第1卷,人民出版社2009年版,第574、539页。
② 2013年12月30日在主持十八届中共中央政治局第十二次集体学习时的讲话中,习近平总书记指出:"中国梦意味着中国人民和中华民族的价值体认和价值追求,意味着全面建成小康社会、实现中华民族伟大复兴,意味着每一个人都能在为中国梦的奋斗中实现自己的梦想,意味着中华民族团结奋斗的最大公约数,意味着中华民族为人类和平与发展作出更大贡献的真诚意愿。"(《习近平谈治国理政》,外文出版社2014年版,第161页。)
③ 《习近平谈治国理政》,外文出版社2014年版,第39页。
④ 《习近平谈治国理政》,外文出版社2014年版,第274页。
⑤ 《习近平谈治国理政》,外文出版社2014年版,第56、57页。

代中国思想文化也是中国传统思想文化的传承和升华,要认识今天的中国、今天的中国人,就要深入了解中国的文化血脉,准确把握滋养中国人的文化土壤。"①2017 年 12 月 1 日在《携手建设更加美好的世界——在中国共产党与世界政党高层对话会上的主旨讲话》中,习近平总书记强调:"支撑我们这个古老民族走到今天的,支撑 5000 多年中华文明绵延至今的,是植根于中华民族血脉深处的文化基因。"②讲清楚实现中华民族伟大复兴中国梦的"价值追求",必须基于而不能离开中国梦的文化土壤、文化血脉、文化基因。中国梦的文化土壤、文化血脉、文化基因是什么?2014 年 5 月 15 日在中国国际友好大会暨中国人民对外友好协会成立 60 周年纪念活动上的讲话中,习近平总书记明确指出:"中华民族历来是爱好和平的民族。中华文化崇尚和谐,中国'和'文化源远流长,蕴涵着天人合一的宇宙观、协和万邦的国际观、和而不同的社会观、人心和善的道德观。在 5000 多年的文明发展中,中华民族一直追求和传承着和平、和睦、和谐的坚定理念。以和为贵,与人为善,己所不欲、勿施于人等理念在中国代代相传,深深植根于中国人的精神中,深深体现在中国人的行为上。"③中国梦的"和"文化土壤、"和"文化血脉、"和"文化基因表明,相比于"美国梦""欧洲梦","实现中华民族伟大复兴的中国梦"在精神品格上,突出表现为习近平总书记 2013 年 6 月 19 日在会见时任联合国秘书长潘基文时的谈话中所说的"和衷共济、合作共赢"④,突出表现为孟子所说的"穷则独善其身,达则兼善天下"。2014 年 3 月 27日在中法建交 50 周年纪念大会上的讲话中,习近平总书记明确指出:"中国梦是奉献世界的梦。'穷则独善其身,达则兼善天下。'这是中华民族始终崇尚的品德和胸怀。"⑤实现中华民族伟大复兴的中国梦,对中华民族而言,总是在没有能力"兼善天下"时就修己"自善";在有能力"兼善天下"时就协同"共善";无论怎样,都竭力追求自身能力范围内的"至善"。

第二,需要讲清楚中国梦精神实质的民族维度——"国家富强、民族振兴、社会和谐、人民幸福",需要讲清楚中国梦精神实质的人类维度——"人类和平发展"。作为"人群中的大块头"和维护世界和平的重

---

① 习近平:《在纪念孔子诞辰 2565 周年国际学术研讨会暨国际儒学联合会第五届会员大会开幕会上的讲话》,《人民日报》2014 年 9 月 25 日。
② 习近平:《携手建设更加美好的世界——在中国共产党与世界政党高层对话会上的主旨讲话》,《人民日报》2017 年 12 月 2 日。
③ 习近平:《在中国国际友好大会暨中国人民对外友好协会成立 60 周年纪念活动上的讲话》,《人民日报》2014 年 5 月 16 日。
④ 《习近平谈治国理政》,外文出版社 2014 年版,第 250 页。
⑤ 习近平:《在中法建交五十周年纪念大会上的讲话》,《人民日报》2014 年 3 月 29 日。

要力量,以和为贵、协和万邦的中华民族伟大复兴,本身就是对世界和平的重大贡献。以"和合共生"为精神品格的中国梦,精神实质上,不只表现为前文所述的民族维度的"国家富强、民族振兴、社会和谐、人民幸福",而且表现为人类维度的"人类和平发展"。讲清楚中国梦的"价值追求",不仅必须讲清楚中国梦精神实质的民族维度,而且必须讲清楚中国梦精神实质的人类维度。2017年12月1日在中国共产党与世界政党高层对话会上的主旨讲话中,习近平总书记明确告诉世界:"中国共产党是为中国人民谋幸福的党,也是为人类进步事业而奋斗的党"①,"中国共产党所做的一切,就是为中国人民谋幸福、为中华民族谋复兴、为人类谋和平与发展。我们要把自己的事情做好,这本身就是对构建人类命运共同体的贡献"②。

第三,需要讲清楚中国梦的终极"价值追求":"以人民为中心",以不断提高人民的获得感、幸福感、安全感为目标。无论是中国梦精神品格的"和合共生""穷则独善其身,达则兼善天下",还是中国梦精神实质民族维度的"国家富强、民族振兴、社会和谐、人民幸福",人类维度的"人类和平发展",其终极"价值追求"都是"以人民为中心",以不断提高人民的获得感、幸福感、安全感为目标。2013年3月17日在第十二届全国人民代表大会第一次会议上的讲话中,习近平总书记明确指出:"中国梦归根到底是人民的梦,必须紧紧依靠人民来实现,必须不断为人民造福。"③党的十九大报告阐述的新时代坚持和发展中国特色社会主义基本方略"十四条"的第八条明确定位为"坚持在发展中保障和改善民生",并指明"增进民生福祉是发展的根本目的"。④ 2017年10月25日在十九届中共中央政治局常委同中外记者见面时的讲话中,习近平总书记在重申"我们要牢记人民对美好生活的向往就是我们的奋斗目标"的同时,强调"坚持以人民为中心的发展思想,努力抓好保障和改善民生各项工作,不断增强人民的获得感、幸福感、安全感,不断推进全体人民共同富裕"。⑤ 2017年12月1日在中国共产党与世界政党高层对话会上的主旨讲话中,习近平总书记进一步指明:"中国共产党从人民中走来、依靠人民发展壮大,历来有着深厚的人民情怀,不仅对中国人民有着

---

① 习近平:《携手建设更加美好的世界——在中国共产党与世界政党高层对话会上的主旨讲话》,《人民日报》2017年12月2日。
② 习近平:《携手建设更加美好的世界——在中国共产党与世界政党高层对话会上的主旨讲话》,《人民日报》2017年12月2日。
③ 《习近平谈治国理政》,外文出版社2014年版,第40页。
④ 《习近平谈治国理政》第3卷,外文出版社2020年版,第18页。
⑤ 《习近平谈治国理政》第3卷,外文出版社2020年版,第66页。

深厚情怀，而且对世界各国人民有着深厚情怀，不仅愿意为中国人民造福，也愿意为世界各国人民造福。"①中国梦的终极"价值追求"是"以人民为中心"、"为人民造福"。中国梦的"以人民为中心"、"为人民造福"，不只是"为中国人民造福"，也是"为世界各国人民造福"。

第二节　新时代中国思想政治教育政治人格建构的社会主义核心价值观培育

中华民族伟大复兴是在中国特色社会主义道路上实现的伟大复兴。没有社会主义现代化，就无法实现中华民族伟大复兴。新时代中国思想政治教育的"四维"政治人格建构，在脚踏实地讲清楚中国梦的价值激励和价值统领基础上，还需登高望远，讲清楚新时代社会主义政治人格建构的社会主义核心价值观培育。新时代中国思想政治教育的"四维"政治人格建构，铸魂育人，"培养担当民族复兴大任的时代新人，培养德智体美劳全面发展的社会主义建设者和接班人"，不仅需要实现中华民族伟大复兴中国梦的"价值体认"激励，需要实现中华民族伟大复兴中国梦的"价值追求"统领，还需要社会主义核心价值观的培育。

中共中央办公厅2013年12月11日印发的《关于培育和践行社会主义核心价值观的意见》指出："培育和践行社会主义核心价值观，是推进中国特色社会主义伟大事业、实现中华民族伟大复兴中国梦的战略任务。"②党的十九大报告进一步指明："社会主义核心价值观是当代中国精神的集中体现，凝结着全体人民共同的价值追求。要以培养担当民族复兴大任的时代新人为着眼点，强化教育引导、实践养成、制度保障，发挥社会主义核心价值观对国民教育、精神文明创建、精神文化产品创作生产传播的引领作用，把社会主义核心价值观融入社会发展各方面，转化为人们的情感认同和行为习惯。"③在系统阐释新时代中国思想政治教育"四维"政治人格建构的中国梦价值激励与价值统领后，系统阐释新时代中国思想政治教育"四维"政治人格建构的中国精神孕育前，必须系统阐释新时代中国思想政治教育"四维"政治人格建构的社会主义核心价值观培育，亦即阐释新时代中国思想政治教育"四维"政治人格建构的社会主义核心价值观的"教育引导"培育、

---

①　习近平：《携手建设更加美好的世界——在中国共产党与世界政党高层对话会上的主旨讲话》，《人民日报》2017年12月2日。
②　《十八大以来重要文献选编》（上），中央文献出版社2014年版，第578页。
③　《习近平谈治国理政》第3卷，外文出版社2020年版，第33页。

"实践示范"培育、"制度转化"培育。

一、社会主义核心价值观的"教育引导"培育

新时代中国思想政治教育"四维"政治人格建构的社会主义核心价值观培育,首先需要解决一个从"不知道"社会主义核心价值观到"知道"社会主义核心价值观的问题。只有解决了"知道"的问题,才有转化为"情感认同和行为习惯"的可能。这就意味着,新时代中国思想政治教育"四维"政治人格建构的社会主义核心价值观的"教育引导"培育,不仅是必不可少的,而且是第一步需要做的工作。问题的关键是,要弄清楚"怎样教育引导"。

弄清楚新时代中国思想政治教育"四维"政治人格建构的社会主义核心价值观"怎样教育引导"的问题,首先必须弄清楚新时代中国思想政治教育"四维"政治人格建构的社会主义核心价值观"教育引导场域",其次必须弄清楚"教育引导场域"中受教育者的思想特点。

新时代中国思想政治教育"四维"政治人格建构的社会主义核心价值观"教育引导场域",是一个什么样的场域?本书第二、三两章已有涉及,在"作为教育活动具体类别的思想政治教育"和"作为政治实践特殊形态的思想政治教育"之间,新时代中国思想政治教育"四维"政治人格建构的社会主义核心价值观"教育引导场域",是且只能是"作为教育活动具体类别的思想政治教育场域",亦即"学校思想政治教育场域",而不可能是"作为政治实践特殊形态的思想政治教育场域",特别是其中作为学校思想政治教育背景的社会环境场域。在"作为政治实践特殊形态的思想政治教育场域",特别是其中作为学校思想政治教育背景的社会环境场域中,其"施教空间"是不特定的,教育对象或者说受教育者也是不特定的。解决"作为政治实践特殊形态的思想政治教育场域",特别是其中作为学校思想政治教育背景的社会环境场域中的社会主义核心价值观的"知道"问题,是且只能是通过"宣传引导"的方式,而不可能是"教育引导"的方式。正如习近平总书记 2014 年 2 月 24 日在主持十八届中共中央政治局第十三次集体学习时的讲话中所指出的:"要通过教育引导、舆论宣传、文化熏陶、实践养成、制度保障等,使社会主义核心价值观内化为人们的精神追求,外化为人们的自觉行动。"[①]比较而言,其中的"教育引导",指向的是"作为教育活动具体类别的思想政治教育场域";"舆论宣传"指向的是

---

① 《习近平谈治国理政》,外文出版社 2014 年版,第 164 页。

"作为政治实践特殊形态的思想政治教育场域",特别是其中作为学校思想政治教育背景的社会环境场域。

解决新时代中国思想政治教育"四维"政治人格建构的社会主义核心价值观的"教育引导"培育问题,明确了其"教育引导"培育的"学校思想政治教育场域",还需明确其"教育引导"培育的"学校思想政治教育场域"中受教育者的思想特点。

在新时代中国思想政治教育"四维"政治人格建构的"学校思想政治教育场域"中,受教育者是谁呢?从一般意义上讲,是青少年;从具体意义上讲,当前是"90后""00后""10后"。作为新时代中国思想政治教育"四维"政治人格建构的社会主义核心价值观"教育引导"的接受主体,"90后""00后""10后"有什么样的思想特点呢?从一般意义上讲,作为青少年,早在1900年的《少年中国说》中,梁启超就说得很透彻,"如朝阳","如乳虎","如长江之初发源","常思将来","常敢破格","常好行乐","常喜事","能造世界"。① 1955年在《中山县新平乡第九农业生产合作社的青年突击队》一文按语中,毛泽东同样明确指出:"青年是整个社会力量中的一部分最积极最有生气的力量。他们最肯学习,最少保守思想,在社会主义时代尤其是这样。"② 基于此,毛泽东特别写道:"希望各地的党组织,协同青年团组织,注意研究如何特别发挥青年人的力量,不要将他们一般看待,抹杀了他们的特点。"③ 从具体意义上讲,成长于中国改革开放日益全面深化,"实践是检验真理的唯一标准"日益深入人心,社会主义市场经济体制逐步建立和完善,物质生活日渐丰裕,创新创业意识日渐增强,网络新媒体、自媒体日益普及的时代,"90后""00后""10后",不仅和"90前"一样,有着强烈的爱国热情、高度的社会责任感、崇高的奉献精神,而且更趋理性务实、更显独立自信、更富于创新意识。在2020年3月15日给北京大学援鄂医疗队全体"90后"党员的回信中,习近平总书记明确写道:"在新冠肺炎疫情防控斗争中,你青年人同在一线英勇奋战的广大疫情防控人员一道,不畏艰险、冲锋在前、舍生忘死,彰显了青春的蓬勃力量,交出了合格答卷。广大青年用行动证明,新时代的中国青年是好样的,是堪当大任的!"④

---

① 梁启超:《梁启超全集》第一册,北京出版社1999年版,第409页。
② 《毛泽东文集》第6卷,人民出版社1999年版,第466页。
③ 《毛泽东文集》第6卷,人民出版社1999年版,第466页。
④ 《习近平回信勉励北京大学援鄂医疗队全体"90后"党员 让青春在党和人民最需要的地方绽放绚丽之花》,《人民日报》2020年3月17日。

由此来看,激发诸如"90后""00后""10后"青少年的积极性、主动性、创造性,"发挥青年人的力量",新时代中国思想政治教育"四维"政治人格建构的社会主义核心价值观的"教育引导",应当是一种基于"积极心理学范式"(即以人固有的积极健康品质为出发点,强调有意识地为全体社会成员创造一种积极的社会组织制度系统,增进社会成员积极的情感体验,扩充和培育社会成员的积极人格)的教育引导,而不是类似于病理学性质的传统灌输式价值观教育的"消极心理学范式"(即将重心置于"传统经验视域的问题"之上,其关注的重点是"传统经验视域的问题矫治",而非人的积极品质和积极人格培育)的教育灌输。① 早在1918年5月30日在天津中华书局"直隶全省小学会议欢迎会"上的演说词——《新教育与旧教育之歧点》中,蔡元培就指出:"夫新教育所以异于旧教育者,有一要点焉,即教育者非以吾人教育儿童,而吾人受教于儿童之谓也。"② 蔡元培强调:"吾国之旧教育","教者预定一目的,而强受教者以就之;故不问其性质之动静,资禀之锐钝,而教之止有一法,能者奖之,不能者罚之,如吾人之处置无机物然,石之凸者平之,铁之脆者煅之;如花匠编松柏为鹤鹿焉;如技者教狗马以舞蹈焉;如凶汉之割折幼童,而使为奇形怪状焉;追想及之,令人不寒而慄。新教育则否,在深知儿童身心发达之程序,而择种种适当之方法以助之"。③

"积极心理学范式",正是以"富强、民主、文明、和谐,自由、平等、公正、法治,爱国、敬业、诚信、友善"为基本内容的社会主义核心价值观之建构性价值导向的基本逻辑,也是中华民族社会文化—心理的"扬善"价值观取向的基本逻辑。中国传统启蒙读本《三字经》开篇即言:"人之初,性本善。"孟子说:"恻隐之心,仁之端也;羞恶之心,义之端也;辞让之心,礼之端也;是非之心,智之端也。人之有是四端也,犹其有四体也"(《孟子·公孙丑上》);"仁义礼智,非由外铄我也,我固有之也,弗思耳矣"(《孟子·告子上》);人的政治伦理和道德政治实践,即是将此四端的"良知良能"(《孟子·尽心上》载:"人之所不学而能者,其良能也;所不虑而知者,其良知也。")逐步"扩而充之"(《孟子·公孙丑上》)。荀子直言:"迫胁于乱时,穷居于暴国,而无所避之,则崇其美,扬其善,违其恶,隐其败,言其所长,不称其所短,以为成俗"(《荀子·臣道》)。在中国共产党的价值理念和价值观中,同中华

---

① 李金和:《"90后"大学生社会主义核心价值观教育的范式转换》,《思想教育研究》2011年第9期。
② 高平叔编:《蔡元培全集》第三卷,中华书局1984年版,第173页。
③ 高平叔编:《蔡元培全集》第三卷,中华书局1984年版,第173~174页。

优秀传统文化一样,无论是作为中国共产党的"根本宗旨"的"全心全意为人民服务",还是作为社会主义本质特性的"共同富裕",其背后的逻辑都是"积极心理学范式"的"扬善"。"全心全意为人民服务"的"根本宗旨",首先是对"全心全意为人民服务的心境"之客观存在的确认,其次是对"全心全意为人民服务的心境"之能够弘扬的确信。"共同富裕"的"社会主义本质论",其逻辑前提,亦是对"先富起来的地区和先富起来的人愿意带动后富的地区和后富的人"的坚信。①

基于"积极心理学范式",新时代中国思想政治教育"四维"政治人格建构的社会主义核心价值观的"教育引导"应考虑以下几个方面。

作为前提,应当抛弃传统居高临下式的价值观说教,代之以主体际性的对话与交流,在对话与交流中深化"90后""00后""10后"对自我发展潜力和美德等的自知、自觉,并在积极心理暗示的作用下升华"90后""00后""10后"的积极品质。

作为关键,重在增进物质生活日渐丰裕的"90后""00后""10后"日常生活中本有的诸如对过去的满意感、对现在的福乐感和对将来的乐观和希望等积极情感体验,引导他们更加满意地体会过去,更加快乐地感受现在,进而满怀希望地面对将来。深入考察社会主义核心价值观的内化过程可知,由"知道"到"情感认同和行为习惯"的转化,一般需要经验事实的比照性支撑、情感信念的导向性支撑和思想理论的逻辑性支撑。而贯穿这三大支撑并起融通化合作用的深层心理要素,亦即在其中扮演关键角色的因素,就是体验。② 新民主主义革命时期,"读过马克思主义'本本'的许多人,成了革命叛徒,那些不识字的工人常常能够很好地掌握马克思主义"③,出现这种情况的原因固然是多方面的,但其中最根本的,是因为工人有着身受三座大山压迫的直接而深刻的体验。

作为目的,核心在于培育"90后""00后""10后"的积极人格。人格心理学认为,每一个人的内心深处都存在两股相互抗争的对立力量:一股是消极的,诸如压抑、恐惧、自卑、自私等;另一股是积极的,譬如福乐、希望、负责任等。哪一股力量都可以战胜对方,关键取决于个体自身在给哪一股力量不断注入新的能量,在给哪一股力量创造适宜的生存心理环境。

---

① 李金和:《"90后"大学生社会主义核心价值观教育的范式转换》,《思想教育研究》2011年第9期。

② 李金和:《"90后"大学生社会主义核心价值观教育的范式转换》,《思想教育研究》2011年第9期。

③ 《毛泽东选集》第1卷,人民出版社1991年版,第111页。

传统消极心理学,因其过度强调"传统经验视域的问题矫治",因而强化的是消极心理暗示。这样反而在一定程度上,从反向角度强化了消极心理刺激。积极心理学,则与之相反,强调致力于人的良好人格特质及其形成的积极因素的研究,着重培育人所固有的积极力量,消除或抑制人性的消极方面。①

二、社会主义核心价值观的"实践示范"培育

新时代中国思想政治教育的"四维"政治人格建构,在社会主义核心价值观培育中,需要经由"实践"才能完成其"养成"。如前所述,基于"积极心理学范式"的新时代中国思想政治教育"四维"政治人格建构的社会主义核心价值观的"教育引导",其中的关键在于增进作为接受主体的"90后""00后""10后"的"积极情感体验"。"积极情感体验"就是实践体验。如前所引,新民主主义革命时期,"读过马克思主义'本本'的许多人,成了革命叛徒,那些不识字的工人常常能够很好地掌握马克思主义"②,根本原因就是因为工人有着身受三座大山压迫的直接而深刻的实践体验。所以,在新时代中国思想政治教育"四维"政治人格建构的社会主义核心价值观培育中,问题的关键,不是"要不要""实践养成",而是"实践养成"的"具体内涵是什么"以及"怎样实践养成"。

"实践养成"的"具体内涵是什么"?从本书第二章第三节的"主体生成:社会成员的政治品格养成"一目对"养成"一词的具体阐释可知,从"养"和"成"的各自意义上看,"养"突出的是过程,"成"强调的是结果,因而在"实践养成"的整体意义上,既包含作为过程的"实践养成",也包含作为结果的"实践养成"。在作为过程的"实践养成"和作为结果的"实践养成"之间,思想政治教育能做的,只能是作为过程的"实践养成"。因为作为结果的"实践养成",必须经过接受主体的"内在思想矛盾运动过程",亦即本书第三章第二节所阐述的接受主体"接受新思想—反思旧思想—解构旧思维—重构新思维"的"内在思想矛盾运动过程"。接受主体的这一"内在思想矛盾运动过程",是接受主体的"自我思想政治教育"过程,不是通常所说的"教育与自我教育"意义上的"他我思想政治教育"过程。通常所说的"教育与自我教育"意义中的"他我思想政治教育"过程,是本书第三章第二节所阐述的"教育主体传导新思想—接受主体接受新思想"的过程。这一过程是

---

① 李金和:《"90后"大学生社会主义核心价值观教育的范式转换》,《思想教育研究》2011年第9期。

② 《毛泽东选集》第1卷,人民出版社1991年版,第111页。

在接受主体的"自我思想政治教育"过程之外的。由此看来,在新时代中国思想政治教育"四维"政治人格建构的社会主义核心价值观培育中,"实践养成"的"具体内涵"是作为过程的"实践养成"。

作为过程的"实践养成",核心在"实践",在"养",亦即通过"实践"的过程来"养"。在新时代中国思想政治教育"四维"政治人格建构的社会主义核心价值观培育中,通过"实践"的过程来"养"的"实践养成",在可操作、可评价的意义上,是且应该是"实践示范",即通过社会主义核心价值观的"实践示范"达到社会主义核心价值观的"养成"。这就意味着,党的十九大报告提出的社会主义核心价值观"实践养成"培育,在新时代中国思想政治教育的"四维"政治人格建构中,是且应该是"实践示范"培育。2014年2月24日在主持十八届中共中央政治局第十三次集体学习时的讲话中,习近平总书记指出:"要通过教育引导、舆论宣传、文化熏陶、实践养成、制度保障等,使社会主义核心价值观内化为人们的精神追求,外化为人们的自觉行动。"①紧接着,习近平总书记强调:"榜样的力量是无穷的,广大党员、干部必须带头学习和弘扬社会主义核心价值观,用自己的模范行为和高尚人格感召群众、带动群众。"②应该说,在习近平总书记的讲话中,作为"后一句"的"广大党员、干部必须带头学习和弘扬社会主义核心价值观,用自己的模范行为和高尚人格感召群众、带动群众",正是对"前一句"中的"实践养成"的具体阐释。从习近平总书记这"后一句"的阐释来看,作为社会主义核心价值观培育方式的"实践养成",其核心内涵,也就是"实践示范"。毫无疑问,用"高尚人格"培养"高尚人格",是最生动、最直接、最有效的方式。

明确了新时代中国思想政治教育"四维"政治人格建构的社会主义核心价值观"实践示范"培育,那么,谁来"实践示范"?通过谁的"实践"来"示范"?亦即谁"该来示范"?谁"能来示范"?谁有"示范义务"和"示范效用"?

从《中国共产党章程》第一章"党员"和第六章"党的干部"的规定、上引习近平总书记重要讲话、本书第五章第二节第三目对中国共产党人、公职人员、公众人物的阐释可知:新时代中国思想政治教育"四维"政治人格建构的社会主义核心价值观"实践示范"培育要做到以下三点。

首先,作为公职人员的广大党员干部特别是党员领导干部应当发挥模

---

① 《习近平谈治国理政》,外文出版社2014年版,第164页。
② 《习近平谈治国理政》,外文出版社2014年版,第164页。

范带头作用,"用自己的模范行为和高尚人格""实践示范"。《中国共产党章程》第六章"党的干部"第三十五条明确规定:"党的干部是党的事业的骨干,是人民的公仆,要做到忠诚干净担当"①;第三十六条明确规定:"党的各级领导干部必须信念坚定、为民服务、勤政务实、敢于担当、清正廉洁,模范地履行本章程第三条所规定的党员的各项义务"②,并且必须同时具备六项基本条件。其中第五项列明:"正确行使人民赋予的权力,坚持原则,依法办事,清正廉洁,勤政为民,以身作则,艰苦朴素,密切联系群众,坚持党的群众路线,自觉地接受党和群众的批评和监督,加强道德修养,讲党性、重品行、作表率,做到自重、自省、自警、自励,反对形式主义、官僚主义、享乐主义和奢靡之风,反对特权思想和特权现象,反对任何滥用职权、谋求私利的行为。"③2013 年 6 月 28 日在全国组织工作会议上的讲话中,习近平总书记特别强调:"从严管理的要求能不能落到实处,领导机关和领导干部带头非常重要。领导机关和领导干部做出样子,下面就会跟着来、照着做。各级领导机关和领导干部,尤其是中央机关和中央国家机关、高级领导干部要强化带头意识,时时处处严要求、作表率。"④一句话:干部干部,先干一步。领导领导,示范引导。如果广大干部特别是领导干部大搞"权力本位""特权主义",想要通过社会主义核心价值观培育来实现新时代中国思想政治教育的"四维"政治人格建构,是不可能的。

  其次,作为"先锋队"的中国共产党的广大党员应当发挥先锋模范作用,"用自己的模范行为和高尚人格""实践示范"。党的十八大倡导的社会主义核心价值观,核心是 21 世纪的中国化马克思主义价值观。新时代的中国特色社会主义政治人格,核心是 21 世纪的中国化马克思主义政治人格。"用自己的模范行为和高尚人格""实践示范"新时代中国思想政治教育"四维"政治人格建构的社会主义核心价值观培育,是广大党员的义务,是广大党员"入党宣誓"的具体要求。如果在中国共产党内部,还有人"赞成马克思主义,但是不准备实行之,或不准备完全实行之",或者"说的是马克思主义,行的是自由主义;对人是马克思主义,对己是自由主义"⑤,换言之,不是将以"马克思主义"为灵魂的社会主义核心价值观当作为人民谋利益的价值理性,而是当作为个人谋取私利的工具,对人高喊培育践行社会

---

① 《中国共产党章程》,人民出版社 2022 年版,第 26 页。
② 《中国共产党章程》,人民出版社 2022 年版,第 26 页。
③ 《中国共产党章程》,人民出版社 2022 年版,第 27 页。
④ 《十八大以来重要文献选编》(上),中央文献出版社 2014 年版,第 351 页。
⑤ 《毛泽东选集》第 2 卷,人民出版社 1991 年版,第 361 页。

主义核心价值观,自己却不践行社会主义核心价值观。可以说,想要通过社会主义核心价值观培育来实现新时代中国思想政治教育的"四维"政治人格建构,是很困难的。

最后,以"公众性"为特征的"公众人物"应当发挥积极的公众示范作用,"用自己的模范行为和高尚人格""实践示范"。本书第五章第二节第三目阐述得很明白,公众人物之所以成为公众人物,主要来自公共资源和社会大众的赋予。公众人物之所以能获得与公共官员相当的社会影响力,并由此获得巨大的经济收益,是公共资源和社会大众赋权的结果。与此相对应,作为公众人物,承担着与其公众性相当的社会公共责任。早在1864年写成的《临时协会章程》、1866年审校的《国际工人协会章程和条例》、1871年修订的《国际工人协会共同章程》中,马克思就明确指出:"没有无义务的权利,也没有无权利的义务(没有无权利的义务,也没有无义务的权利)。"[①]电视媒体时代以来,特别是网络新媒体时代以来,时代新人培养中遭遇的不少新问题,不能说与公众人物没有承担起与其"公众性"相当的社会公共责任没有关系。

三、社会主义核心价值观的"制度转化"培育

国家主导价值观不等于社会主流价值观。"一种价值观尽管很合理先进,但它仅仅为一少部分人所持有,尚未成为绝大多数人所认同的共同利益和意志的自觉表达,甚至在实践中还离不开政治和行政权力推行的时候,就还不能说是完全意义上的主流价值观。"[②]国家主导价值观要想真正发挥作用,必须转化为社会主流价值观。国家主导价值观怎样才能转化为社会主流价值观呢?除了上述"教育引导"和"实践示范"外,还必须实现"制度转化"。新时代中国思想政治教育"四维"政治人格建构的社会主义核心价值观培育,除了社会主义核心价值观的"教育引导"培育、社会主义核心价值观的"实践示范"培育外,还需要社会主义核心价值观的"制度转化"培育。

2014年2月24日下午在主持十八届中共中央政治局就"培育和弘扬社会主义核心价值观、弘扬中华传统美德"进行第十三次集体学习时的讲话中,习近平总书记明确指出:"一种价值观要真正发挥作用,必须融入社会生

---

① 《马克思恩格斯全集》第21卷,人民出版社2003年版,第17、535页;《马克思恩格斯文集》第3卷,人民出版社2009年版,第227页。

② 李德顺:《当前的价值冲突与主导价值观到位——从"主流价值观边缘化"的危机谈起》,《学习时报》2010年3月29日。

活",亦即实现价值观的日常生活化,"让人们在实践中感知它、领悟它"。①怎样才能实现价值观的日常生活化?亦即怎样才能使价值观"融入社会生活,让人们在实践中感知它、领悟它"?简言之,就是"注意把我们所提倡的与人们日常生活紧密联系起来,在落细、落小、落实上下功夫"。② 怎样才能"落细、落小、落实"?习近平总书记明确表述:第一,"要按照社会主义核心价值观的基本要求,健全各行各业规章制度,完善市民公约、乡规民约、学生守则等行为准则,使社会主义核心价值观成为人们日常工作生活的基本遵循"③。第二,"要建立和规范一些礼仪制度,组织开展形式多样的纪念庆典活动,传播主流价值,增强人们的认同感和归属感"④。第三,"要把社会主义核心价值观的要求融入各种精神文明创建活动之中,吸引群众广泛参与,推动人们在为家庭谋幸福、为他人送温暖、为社会作贡献的过程中提高精神境界、培育文明风尚"⑤。一句话,就是"要利用各种时机和场合,形成有利于培育和弘扬社会主义核心价值观的生活情景和社会氛围,使核心价值观的影响像空气一样无所不在、无时不有"⑥。

从上引习近平总书记论述可知:其一,党的十九大报告和习近平总书记2014年2月24日下午在主持十八届中共中央政治局第十三次集体学习时的讲话中所说的社会主义核心价值观培育的"制度保障",是就制度在培育和践行社会主义核心价值观中的功能而言的。其二,在新时代中国思想政治教育的"四维"政治人格建构中,社会主义核心价值观培育的"制度保障",具体内涵是社会主义核心价值观的"制度转化"。只有实现社会主义核心价值观的"制度转化",才能发挥制度在培育和践行社会主义核心价值观中的保障功能。新时代中国思想政治教育"四维"政治人格建构的社会主义核心价值观制度培育,不是社会主义核心价值观的"制度保障"培育,而是社会主义核心价值观的"制度转化"培育。

在新时代中国思想政治教育的"四维"政治人格建构中,社会主义核心价值观怎样才能实现"制度转化"培育?从中国共产党在中国特色社会主义事业中的领导核心地位和领导核心作用、党内法规与国家法律的关系、上引

---

① 《习近平谈治国理政》,外文出版社2014年版,第165页。
② 《习近平谈治国理政》,外文出版社2014年版,第165页。
③ 《习近平谈治国理政》,外文出版社2014年版,第165页。
④ 《习近平谈治国理政》,外文出版社2014年版,第165页。
⑤ 《习近平谈治国理政》,外文出版社2014年版,第165页。
⑥ 《习近平谈治国理政》,外文出版社2014年版,第165页。

习近平总书记论述可知需要实现以下几点。

首先，必须实现社会主义核心价值观的党内法规转化。总结中国的法治历史和法治实践，习近平总书记特别指出："依法治国是我们党提出来的，把依法治国上升为党领导人民治理国家的基本方略也是我们党提出来的。"①实现国家治理体系和治理能力的现代化，实现社会主义中国的现代化，必须实现社会主义的法治化。实现社会主义法治化，首先是实现作为领导核心的中国共产党的法治化。只有中国共产党自身的党内法治自觉和法治践履，才能以党的实际行动有效引领中国特色社会主义的法治实践。早在1938年10月14日的中国共产党第六届中央委员会扩大的第六次全体会议上，谈到"党的纪律"问题，毛泽东指出："必须对党员进行有关党的纪律的教育，既使一般党员能遵守纪律，又使一般党员能监督党的领袖人物也一起遵守纪律"，"为使党内关系走上正轨，……须制定一种较详细的党内法规，以统一各级领导机关的行动"。② 在1978年12月13日中共中央工作会议闭幕会上的讲话、实际上是党的十一届三中全会的主题报告中，邓小平更明确指出："国要有国法，党要有党规党法。党章是最根本的党规党法。没有党规党法，国法就很难保障。"③党的十八届四中全会通过的《中共中央关于全面推进依法治国若干重大问题的决定》进一步强调："党内法规既是管党治党的重要依据，也是建设社会主义法治国家的有力保障。"④

其次，必须实现社会主义核心价值观的国家法律转化。从制度保障的角度来说，新时代中国思想政治教育"四维"政治人格建构的社会主义核心价值观培育，要获得全民培育的正当性，形成全民践行的拘束力，只是转化为党内法规还远远不够，还必须转化为国家法律。何谓依法治国？怎样全面推进依法治国？党的十五大界定得很清楚。依法治国，核心是"实现社会主义民主的制度化、法律化"。2014年9月5日在庆祝全国人民代表大会成立60周年大会上的讲话中，习近平总书记进一步指出，全面推进依法治国，核心是实现作为"社会主义的生命"的"人民民主"的制度化、法律化。"发展人民民主必须坚持依法治国、维护宪法法律权威，使民主制度化、法律化"，"要通过人民代表大会制度，弘扬社会主义法治精神，依照人民代表大会及其常委会制定的法律法规来展开和推进国家各项事业和各项工作，保

---

① 《习近平谈治国理政》第2卷，外文出版社2017年版，第114页。
② 《毛泽东选集》第2卷，人民出版社1991年版，第528页。
③ 《邓小平文选》第2卷，人民出版社1994年版，第147页。
④ 《十八大以来重要文献选编》(中)，中央文献出版社2016年版，第178页。

证人民平等参与、平等发展权利,维护社会公平正义,尊重和保障人权,实现国家各项工作法治化"。① 2020年5月28日第十三届全国人民代表大会第三次会议,明确将弘扬社会主义核心价值观作为立法目的写入《中华人民共和国民法典》第一条。

最后,必须实现社会主义核心价值观的非正式制度转化。从制度的强制性和非强制性角度看,可以分为正式制度和非正式制度。相对于正式制度的强制性规范,非正式制度通常表现为倡导性规范。现实生活中,以强制性规范为内容的正式制度只占整个制度很少的一部分,人们生活的大部分空间依靠以倡导性规范为内容的非正式制度来调节。譬如上引习近平总书记2014年2月24日下午在主持十八届中共中央政治局第十三次集体学习时的讲话中所说的"各行各业规章制度、市民公约、乡规民约、学生守则、礼仪制度"等,基本上都是以倡导性规范为主要内容的非正式制度。新时代中国思想政治教育"四维"政治人格建构的社会主义核心价值观的"制度转化"培育,不仅需要社会主义核心价值观的党内法规转化培育,以及社会主义核心价值观的国家法律转化培育,还需要社会主义核心价值观的非正式制度转化培育。

需要注意的是,新时代中国思想政治教育"四维"政治人格建构的社会主义核心价值观的"制度转化"培育,虽然实现了社会主义核心价值观的党内法规转化、国家法律转化、非正式制度转化,但只是实现了社会主义核心价值观的制度化、法律化,还没有实现社会主义核心价值观的法治化。新时代中国思想政治教育"四维"政治人格建构的社会主义核心价值观的"制度转化"培育,在社会主义核心价值观的党内法规转化、国家法律转化、非正式制度转化基础上,还必须实现社会主义核心价值观的法治化,亦即实现制度和法律的全面实施。2013年2月23日在主持十八届中共中央政治局第四次集体学习时的讲话中,习近平总书记明确指出:"法律的生命力在于实施。如果有了法律而不实施,或者实施不力,搞得有法不依、执法不严、违法不究,那制定再多法律也无济于事"②,"现在,我们社会生活中发生的许多问题,有的是因为立法不够、规范无据,但更多是因为有法不依、失于规制乃至以权谋私、徇私枉法、破坏法治"③。2014年1月7日在中央政法工作会议

---

① 《十八大以来重要文献选编》(中),中央文献出版社2016年版,第55页。
② 中共中央文献研究室编:《习近平关于全面依法治国论述摘编》,中央文献出版社2015年版,第57页。
③ 中共中央文献研究室编:《习近平关于全面依法治国论述摘编》,中央文献出版社2015年版,第57页。

上的讲话中，习近平总书记特别强调："有了法律不能有效实施，那再多法律也是一纸空文，依法治国就会成为一句空话。"①

第三节　新时代中国思想政治教育政治人格建构的中国精神孕育

面对帝国主义列强的侵略，对比明治日本与晚清中国，梁启超痛声叱问："中国魂安在乎？""天下岂有无魂之国哉？"为此，梁启超疾呼："今日所最要者，则制造中国魂是也。"②1902 年，八国联军侵华后两年，《辛丑条约》后一年，梁启超再次呐喊："凡一国之能立于世界，必有其国民独具之特质，上自道德法律，下至风俗习惯、文学美术，皆有一种独立之精神，祖父传之，子孙继之，然后群乃结，国乃成。"③为此，梁启超撰写《新民说》，以求独立、自由、进取、爱国的"新人格"和独立、自治、进步、富强的"新国家"。2013年，中国超过日本、成为仅次于美国的世界第二大经济体后三年，在第十二届全国人民代表大会第一次会议上的讲话中，习近平总书记掷地有声地，代表中国共产党和中国人民，对一个世纪前的"梁启超之问"给出了跨世纪的明确回答："爱国主义始终是把中华民族坚强团结在一起的精神力量，改革创新始终是鞭策我们在改革开放中与时俱进的精神力量"，中华民族形成了"以爱国主义为核心的民族精神，以改革创新为核心的时代精神。这种精神是凝心聚力的兴国之魂、强国之魂"。④ 也正是在"以爱国主义为核心的民族精神和以改革创新为核心的时代精神"的"中国精神"的"凝心聚魂"意义上，中共中央、国务院 2004 年 8 月 26 日印发的《关于进一步加强和改进大学生思想政治教育的意见》明确提出："要把民族精神教育与以改革创新为核心的时代精神教育结合起来，引导大学生在中国特色社会主义事业的伟大实践中，在时代和社会的发展进步中汲取营养，培养爱国情怀、改革精神和创新能力，始终保持艰苦奋斗的作风和昂扬向上的精神状态。"⑤由此可见，新时代中国思想政治教育的"四维"政治人格建构，在中国梦"价值体认"激励和"价值追求"统领下，在社会主义核心价值观培育引领下，还需要"以爱国主义为核心的民族精神和以改革创新为核心的时代精神"的"中国

---

① 《十八大以来重要文献选编》（上），中央文献出版社 2014 年版，第 717 页。
② 梁启超：《梁启超全集》第一册，北京出版社 1999 年版，第 357 页。
③ 梁启超：《梁启超全集》第二册，北京出版社 1999 年版，第 657 页。
④ 《习近平谈治国理政》，外文出版社 2014 年版，第 40 页。
⑤ 《十六大以来重要文献选编》（中），中央文献出版社 2006 年版，第 180 页。

精神孕育"。

一、伟大民族精神的"爱国主义"孕育

无论是党的十六大报告所说的,作为"一个民族赖以生存和发展的精神支撑"和高尚品格的"民族精神"①,或者如弗里德尼希·卡尔·冯·萨维尼所说的,作为一个"民族所特有的根本不可分割的禀赋和取向",亦即"这个民族的共同信念,对其内在必然性的共同意识"②的"民族精神",还是如《民族研究》2003年第4期刊发的王希恩《关于民族精神的几点分析》一文所说的,作为"一个民族所普遍表现出来的精神活力和个性特征,普遍遵守和奉行的有利于社会进步和民族利益的社会信念、价值追求、道德风尚"③,亦即一个民族的"民族活力、民族积极的价值取向和社会信念、健康的民族意识、鲜明的民族性格四者有机的统一"④的"民族精神",都古已有之。但是,作为一个专门概念和一种现代话语,"民族精神"是18世纪后期,随着资本主义的"生产资料集中"产生的"政治的集中"和"统一的民族",以及伴随而来的"民族"概念的政治意义和法权意义的彰显,以"民族国家主义"为内容的民族主义理论的形成,而首先在西方出现的。据王希恩《关于民族精神的几点分析》一文的论述,在中国古代文献中找不到"民族精神"这个词,"民族精神概念的提出是西方民族主义理论形成过程中的一个重要成果,并且从一开始就与对国家利益的追求和推崇联系了起来"⑤。对中国人而言,如同"民族概念"是近代中国被迫打开国门而由西方经日本传入中国一样,中国人的"民族精神的自觉"也始于近代。1921年,中国共产党成立之年,在"双十节"天津学界全体纪念会上的讲演——《辛亥革命之意义与十年双十节之乐观》中,梁启超这样说:"辛亥革命有什么意义呢,简单说:一面是现代中国人自觉的结果,一面是将来中国人自发的凭借。自觉,觉些什么呢? 第一,觉得凡不是中国人都没有权来管中国的事。第二,觉得凡是中国人都有权来管中国的事。第一件叫做民族精神的自觉,第二件叫做民主精神的自觉。"⑥梁启超还特别强调:"这两种精神,原是中国人所固有,到最近二三十年间,受了国外环境和学说的影响,于是多年的'潜在本能',忽然爆发,便把

---

① 《江泽民文选》第3卷,人民出版社2006年版,第559页。
② [德]弗里德尼希·卡尔·冯·萨维尼:《论立法与法学的当代使命》,许章润译,中国法制出版社2001年版,第7页。
③ 王希恩:《关于民族精神的几点分析》,《民族研究》2003年第4期。
④ 王希恩:《关于民族精神的几点分析》,《民族研究》2003年第4期。
⑤ 王希恩:《关于民族精神的几点分析》,《民族研究》2003年第4期。
⑥ 梁启超:《梁启超全集》第六册,北京出版社1999年版,第3379页。

这回绝大的自觉产生出来。"①这就告诉我们,准确把握新时代中国思想政治教育"四维"政治人格建构的"中国精神孕育"之"民族精神孕育",首先必须准确把握"中国精神"中的"民族精神",必须准确区分"中国精神"中的"民族精神"与西方民族主义理论中的"民族精神"。

"知他人以帝国主义来侵之可畏,而速养成我所固有之民族主义以抵制之,斯今日我国民所当汲汲者也。"②1901年,《辛丑条约》签订之年,在《国家思想变迁异同论》一文结尾,梁启超这样大声疾呼。现代意义的中国人的"民族精神的自觉",是在帝国主义列强的侵略下产生的。明确了帝国主义侵略这一中国人的"民族精神自觉"的背景,就不难理解和确认,"中国精神"中的"民族精神",不是"族群"意义上的"民族精神",而是"国族"意义上的"民族精神",亦即不是汉族的民族精神,也不是某个或某些少数民族的民族精神,而是由汉族和各少数民族共同组成的"中华民族大家庭"的"民族精神"。帝国主义侵略中国,显然不只是侵略汉族,也不只是侵略某个或某些少数民族,而是侵略中华民族。正如中华人民共和国国歌——《义勇军进行曲》所唱,是"中华民族到了最危险的时候",而不只是汉族到了最危险的时候,不只是某个或某些少数民族到了最危险的时候。正因为如此,1924年1月至8月在国立广州高等师范学校礼堂的"三民主义""十六讲"的第一讲中,孙中山明确讲道:"民族主义就是国族主义。"孙中山还特别指出:"中国人最崇拜的是家族主义和宗族主义,所以中国只有家族主义和宗族主义,没有国族主义。"③

为什么"中国人最崇拜的是家族主义和宗族主义"?为什么"中国只有家族主义和宗族主义,没有国族主义"?在《中国思想通史》第一卷中,侯外庐这样说:"如果我们用'家族、私有、国家'三项来做文明路径的指标,那么,'古典的古代'是从家族到私产再到国家,国家代替了家族;'亚细亚的古代'是由家族到国家,国家混合在家族里面,叫做'社稷'。"④正因为在中国的文明路径上,"国家混合在家族里面",因而中华优秀传统文化主张修身齐家治国平天下,强调"大道之行也,天下为公"(《礼记·礼运》),强调"以身观身,以家观家,以乡观乡,以国观国,以天下观天下"(《道德经·第五十四章》)。这样,消极方面,很长一段时间,造成了中国人国家思想、国民品格的欠缺,亦即国家之国民的政治主体性的欠缺。梁启超指出,国家思想为国

---

① 梁启超:《梁启超全集》第六册,北京出版社1999年版,第3379页。
② 梁启超:《梁启超全集》第一册,北京出版社1999年版,第460页。
③ 孙中山:《三民主义》,中国长安出版社2011年版,第5页。
④ 侯外庐、赵纪彬、杜国庠:《中国思想通史》第一卷,人民出版社1980年版,第11页。

民所不可或缺,没有国家思想就称不上国民。从作为国家主体的国民的角度来说,很长一段时间内中国人的政治主体性的欠缺,不能不说是近代中国一次次民族失败的根本原因。正因为如此,"近代中国思想史的大部分时期",如美国汉学家列文森所说,"是一个使'天下'成为'国家'的过程"。①积极方面,中华优秀传统文化的"天下"思维,虽然在腐朽的晚清中国遭遇了西方"国家"的冲击,但是为人类反思两次世界大战中西方"国家"的缺陷,走出西方"民族帝国主义"带来的两次世界大战的灾难,走向"后民族""去国界"的全球化和"人类命运共同体"时代提供了思想资源和中国智慧。也正是在这一意义上,1970年诺贝尔物理学奖获得者汉内斯·阿尔文博士提出,人类要生存下去,就必须回到二十五个世纪以前,去汲取孔子的智慧(《堪培拉时报》1988年1月24日载)。马克思突出"无产阶级"思维,呼唤"全世界无产者,联合起来",根本上是基于对资本与雇佣劳动之间的全球性剥削关系的政治经济学批判,同时,在一定意义上,也是基于对西方民族主义"国家"思维的批判性改造。

于是,由中华优秀传统文化的"天下"思维所决定的"中国精神",其"民族精神"与西方民族主义理论中的"民族精神",不仅在具体内容上是完全不同的,而且在其性质上也可以说是完全不同的。"中国精神"中的"民族精神",其特质和品格,如梁启超所言,是一种"不使他族侵我之自由,我亦毋侵他族之自由"的"世界最光明正大公平之主义"的民族精神,是一种"其在于本国也,人之独立;其在于世界也,国之独立"的"世界最光明正大公平之主义"②的民族精神;其具体内容,党的十六大报告明确指出:"在五千多年的发展中,中华民族形成了以爱国主义为核心的团结统一、爱好和平、勤劳勇敢、自强不息的伟大民族精神"③;其内在维度,2018年3月20日在第十三届全国人民代表大会第一次会议上的讲话中,习近平总书记特别强调:"中国人民在长期奋斗中培育、继承、发展起来的伟大民族精神",包括以"辛勤劳动、发明创造"为标识的"伟大创造精神",以"革故鼎新、自强不息"为标识的"伟大奋斗精神",以"团结一心、同舟共济"为标识的"伟大团结精神",以"心怀梦想、不懈追求"为标识的"伟大梦想精神"。④

新时代中国思想政治教育"四维"政治人格建构的"民族精神孕育",在

---

① [美]约瑟夫·列文森:《儒教中国及其现代命运》,郑大华、任菁译,广西师范大学出版社2009年版,第84页。
② 梁启超:《梁启超全集》第一册,北京出版社1999年版,第459页。
③ 《江泽民文选》第3卷,人民出版社2006年版,第559页。
④ 《十九大以来重要文献选编》(上),中央文献出版社2019年版,第387~388页。

讲清楚"中国精神"中的"民族精神"的历史由来,讲清楚"中国精神"中的"民族精神"与西方民族主义理论中的"民族精神"的本质区别基础上,还需要讲清楚"爱国主义"在中华民族精神中的核心地位,亦即不仅要讲清楚"爱国主义"在"团结统一、爱好和平、勤劳勇敢、自强不息"中的核心地位,而且要讲清楚"爱国主义"在伟大创造精神、伟大奋斗精神、伟大团结精神、伟大梦想精神的核心地位,进而讲清楚"爱国主义"本身。

无论是在"爱国主义"与"团结统一、爱好和平、勤劳勇敢、自强不息"的关系中,还是在"爱国主义"与伟大创造精神、伟大奋斗精神、伟大团结精神、伟大梦想精神的关系中,"爱国主义"都是贯穿其中的主线和灵魂。"爱国"首先意味着保持团结和统一。以"团结统一"为内容的"伟大团结精神",是"爱国主义"在国内关系上的基本要求。"勤劳勇敢"是中华民族立国兴国的基础。以"勤劳勇敢"为内容的"伟大创造精神",是"爱国主义"在生产生活实践中的具体体现。"自强不息"是中华文明绵延不绝的根本。以"自强不息"为内容的"伟大奋斗精神",是"爱国主义"在文明发展维度的直接表征。在全球化的"地球村",作为"人群中的大块头",中国不可能"独善其身"。"爱好和平"是"不仅造福中国人民,而且造福世界人民"①的"伟大梦想精神",也是"爱国主义"在国际关系上的拓展和延伸。

由此来看,"爱国主义"不仅是"一种思想",而且是"一种信仰","一种力量"②,一种行动。正如吴潜涛所说:"主义,是关于客观世界、历史发展、人生价值等的系统的理论和主张,是一种理想、感情、道德和行为相统一的完整体系"③,"爱国主义"是"爱国情感、心理、思想和行为的理性升华,是一种关于个人与祖国关系的理性认识系统"④。作为"一种关于个人与祖国关系的理性认识系统","爱国主义"不仅要有"爱国情",而且要有"强国志",更要有"报国行"。

二、伟大时代精神的"改革创新"孕育

对中国人民和中华民族来说,无论是中国特色社会主义共同理想,还是实现中华民族伟大复兴中国梦的"价值追求",都和共产主义远大理想一样,都还在"实现"的"路上",都还是今天中国"推翻一切旧的生产关系和交往

---

① 《习近平谈治国理政》,外文出版社2014年版,第57页。
② 孙中山:《三民主义》,中国长安出版社2011年版,第5页。
③ 吴潜涛:《爱国主义精神及其在公民道德建设体系中的地位》,《学校党建与思想教育》2004年第11期。
④ 吴潜涛:《爱国主义精神及其在公民道德建设体系中的地位》,《学校党建与思想教育》2004年第11期。

关系"的"消灭现存状况的现实的运动"①。"实现社会主义现代化和中华民族伟大复兴"这"两位一体"的"总任务",党的十九大报告说得非常明白,"绝不是轻轻松松、敲锣打鼓就能实现的"。"实现社会主义现代化和中华民族伟大复兴",既需要"把中华民族坚强团结在一起",也需要"在改革开放中与时俱进"。这就意味着,新时代中国思想政治教育"四维"政治人格建构的"中国精神孕育",既需要讲清楚新时代中国思想政治教育"四维"政治人格建构的"民族精神孕育",也需要讲清楚新时代中国思想政治教育"四维"政治人格建构的"时代精神孕育"。2013年3月17日在第十二届全国人民代表大会第一次会议上的讲话中,习近平总书记明确指出:作为民族精神核心的"爱国主义","始终是把中华民族坚强团结在一起的精神力量",作为时代精神核心的"改革创新","始终是鞭策我们在改革开放中与时俱进的精神力量"。②

历史唯物主义作为一种科学的社会科学方法论,核心在于以"现实的人"的"现实存在",亦即以"现实的人"的"现实生活过程"的"历史"为解释原则。从思维的角度论,核心就是"历史思维""人民群众思维""劳动生产思维"。而"历史思维"也就是以"时代思维"为前提的"过程思维"。在1873年写的《资本论》第一卷第二版"跋"中,马克思明确指出:"辩证法在对现存事物的肯定的理解中同时包含对现存事物的否定的理解,即对现存事物的必然灭亡的理解;辩证法对每一种既成的形式都是从不断的运动中,因而也是从它的暂时性方面去理解;辩证法不崇拜任何东西,按其本质来说,它是批判的和革命的。"③从"暂时性方面去理解",也就是从"历史"方面去理解,亦即从以"时代性"为前提的"过程性"方面去理解。从"暂时性方面去理解",也就意味着"在它面前,除了生成和灭亡的不断过程、无止境地由低级上升到高级的不断过程,什么都不存在"④。这是"现实的人"的"现实存在",是"现实的人"的"现实生活过程"。在《有的人》开篇,臧克家说得非常生动、形象、深刻:"有的人活着,他已经死了;有的人死了,他还活着。""现实的人"的"现实存在",就是一个从生到死的"现实生活过程"。作为"现实的人"的历史结果的"存在",不在于是"活着"还是"死了",而在于"活着"的过程做了什么,在于"活着"的过程是否推动了人类"由低级上升到高级的不断过程"。因此,恩格斯特别指出:"一个伟大的基本思想,即认

---

① 《马克思恩格斯文集》第1卷,人民出版社2009年版,第574、539页。
② 《习近平谈治国理政》,外文出版社2014年版,第40页。
③ 《马克思恩格斯文集》第5卷,人民出版社2009年版,第22页。
④ 《马克思恩格斯文集》第4卷,人民出版社2009年版,第270页。

为世界不是既成事物的集合体,而是过程的集合体。"①同时,恩格斯还特别指明,机械唯物主义的第一个特有的局限性在于"用纯粹机械的原因来解释","第二个特有的局限性在于:它不能把世界理解为一种过程,理解为一种处在不断的历史发展中的物质"②;同样,"旧的研究方法和思维方法,黑格尔称之为'形而上学的'方法",其根本缺陷,也在于"主要是把事物当做一成不变的东西去研究"③,亦即从"事物"来研究"事物",而不是从"事物"产生、发展的过程来研究"事物",因而是一种"静止"的研究,而不是一种"动态"的研究。与之相比,"黑格尔第一次——这是他的伟大功绩——把整个自然的、历史的和精神的世界描写为一个过程,即把它描写为处在不断的运动、变化、转变和发展中,并企图揭示这种运动和发展的内在联系"④。恩格斯还特别强调:"从这个观点来看,人类的历史已经不再是乱七八糟的、统统应当被这时已经成熟了的哲学理性的法庭所唾弃并最好尽快被人遗忘的毫无意义的暴力行为,而是人类本身的发展过程,而思维的任务现在就是要透过一切迷乱现象探索这一过程的逐步发展的阶段,并且透过一切表面的偶然性揭示这一过程的内在规律性。"⑤从马克思、恩格斯阐释的历史唯物主义的"时代思维"和"过程思维",恩格斯揭示的机械唯物主义和"形而上学"的根本缺陷、黑格尔的"伟大功绩"来看,正如列宁在《黑格尔〈哲学史讲演录〉一书摘要》批语中所说:"聪明的唯心主义比愚蠢的唯物主义更接近聪明的唯物主义。"⑥

在《路德维希·费尔巴哈和德国古典哲学的终结》中,恩格斯还特别指出:"口头上承认这个思想(即上引作为"一个伟大的基本思想"的"过程思维"的思想——引者注)是一回事,实际上把这个思想分别运用于每一个研究领域,又是一回事。"⑦也就是说,"实际上把这个思想分别运用于每一个研究领域",不仅要有"过程思维",而且要有"时代思维",并且要有始终立足于"新的时代"的"新的时代思维"。用列宁的话说,就"大的历史时代"而言,"只有首先分析从一个时代转变到另一个时代的客观条件,才能理解我们面前发生的各种重大历史事件"⑧,即只有知道"哪一个阶级是这个或那

---

① 《马克思恩格斯文集》第 4 卷,人民出版社 2009 年版,第 298 页。
② 《马克思恩格斯文集》第 4 卷,人民出版社 2009 年版,第 282 页。
③ 《马克思恩格斯文集》第 4 卷,人民出版社 2009 年版,第 299 页。
④ 《马克思恩格斯文集》第 9 卷,人民出版社 2009 年版,第 26 页。
⑤ 《马克思恩格斯文集》第 9 卷,人民出版社 2009 年版,第 26~27 页。
⑥ 《列宁全集》第 55 卷,人民出版社 1990 年版,第 235 页。
⑦ 《马克思恩格斯文集》第 4 卷,人民出版社 2009 年版,第 299 页。
⑧ 《列宁专题文集·论资本主义》,人民出版社 2009 年版,第 91 页。

个时代的中心,决定着时代的主要内容、时代发展的主要方向、时代的历史背景的主要特点等等。只有在这个基础上,亦即首先考虑到各个'时代'的不同的基本特征(而不是个别国家的个别历史事件),我们才能够正确地制定自己的策略;只有了解了某一时代的基本特征,才能在这一基础上去考虑这个国家或那个国家的更具体的特点"①。

这意味着:彻底地而不是半彻底地甚至只是口号上地坚持和贯彻历史唯物主义,新时代中国思想政治教育的"四维"政治人格建构,必须基于而不能离开当今中国的"时代精神孕育";新时代中国思想政治教育"四维"政治人格建构的"时代精神孕育",需要竭力"把握时代脉搏,承担时代使命,聆听时代声音,勇于回答时代课题"②。

当今中国的"时代脉搏""时代使命""时代声音""时代课题"是什么?回答这一问题,我们需要先回到"构成《共产党宣言》核心的基本思想"的历史唯物主义基本原理:"每一历史时代主要的经济生产方式和交换方式以及必然由此产生的社会结构,是该时代政治的和精神的历史所赖以确立的基础,并且只有从这一基础出发,这一历史才能得到说明。"③当今中国"主要的经济生产方式和交换方式以及必然由此产生的社会结构"是什么?就其基本性质而言,是社会主义的生产方式、社会主义的交换方式和社会主义的社会结构;就其具体形态而言,是一种社会主义市场经济体制型生产方式、社会主义市场经济体制型交换方式和由"总体性社会"经"分化性社会"走向"均衡型社会"的动态社会结构;就其阶段性特点而言,处于"社会主义现代化"的过程之中,亦即处于"全面深化改革","加快完善社会主义市场经济体制"的过程之中。正如恩格斯1890年8月21日在致奥托·冯·伯尼克的信中所说的:"所谓'社会主义社会'不是一种一成不变的东西,而应当和任何其他社会制度一样,把它看成是经常变化和改革的社会。它同现存制度(即资本主义制度——引者注)的具有决定意义的差别当然在于,在实行全部生产资料公有制(先是国家的)基础上组织生产。"④于是,由当今中国"主要的经济生产方式和交换方式以及必然由此产生的社会结构"的特点和改革要求所决定,由改革开放以来中国特色社会主义现代化建设的历史性成就所证明,由改革开放以来中国特色社会主义的时代风貌、精神品格所呈现,当今中国的"时代脉搏""时代使命""时代声音""时代课题",核心就

---

① 《列宁专题文集·论资本主义》,人民出版社2009年版,第91~92页。
② 《习近平谈治国理政》第2卷,外文出版社2017年版,第350页。
③ 《马克思恩格斯文集》第2卷,人民出版社2009年版,第14页。
④ 《马克思恩格斯文集》第10卷,人民出版社2009年版,第588页。

是四个字——"改革创新",亦即"改革"基础上的"创新","创新"引导下的"改革","改革"和"创新"的有机统一。2014年11月9日在亚太经合组织工商领导人峰会开幕式上的演讲中,习近平总书记特别指出:"惟改革者进,惟创新者强,惟改革创新者胜。"①具体而言:"改革"就是改进不适应社会主义现代化要求的"旧的生产方式和交换方式",改进不适应社会主义现代化要求的"旧的生产关系和交往关系","坚决破除各方面体制机制弊端"(党的十八届三中全会语);"创新"就是创造社会主义现代化发展要求的"新的生产方式和交换方式",创造社会主义现代化发展要求的"新的生产关系和交往关系","坚持和完善中国特色社会主义制度、推进国家治理体系和治理能力现代化"(党的十九届四中全会语)。

新时代中国思想政治教育"四维"政治人格建构的"时代精神孕育",单有作为时代精神"核心"的"改革创新"是远远不够的,还需要相关内容的支撑。为此,参照"以爱国主义为核心的团结统一、爱好和平、勤劳勇敢、自强不息的伟大民族精神"的表述,这里且将"中国精神"的"时代精神"表述为"以改革创新为核心的解放思想,求真务实,开拓进取,真抓实干的伟大时代精神"。之所以将"解放思想,求真务实,开拓进取,真抓实干"表述为"以改革创新为核心的时代精神"的支撑性内容,有以下几点考虑。一是因为这四种精神和改革创新精神一样,都是改革开放以来的时代性精神品格,并且都是改革开放以来中国特色社会主义建设历史性成就取得的决定性精神品格,同时又不存在与"以爱国主义为核心的团结统一、爱好和平、勤劳勇敢、自强不息的伟大民族精神"概括的"交叉""重叠"问题。二是因为在"以改革创新为核心的时代精神"整体中,亦即在"改革创新"与"时代精神"中其他内容的关系上,应该是其他内容"支撑"或"拓展"作为"核心"的"改革创新",而不能反过来"统领"作为"核心"的"改革创新"。而这四种精神,分别从思想前提、工作作风、精神品质、实践品格四个方面为"改革创新"提供了支撑,同时又从这四个方面拓展了"改革创新",而没有哪一种精神反过来"统领"作为"核心"的"改革创新"。三是尽管"求真务实"和"真抓实干"可能因为在形式上都含"真"和"实"而被认为存在形式上的瑕疵,但是,实质上,"求真务实"和"真抓实干"各自的侧重点是完全不同的,并且作为整体的"求真务实、真抓实干"是"做好党和国家各项工作"的"关键"。在纪念刘华清同志诞辰100周年座谈会上,习近平总书记明确指出:"求真务实是

---

① 习近平:《谋求持久发展 共筑亚太梦想——在亚太经合组织工商领导人峰会开幕式上的演讲》,《人民日报》2014年11月10日。

共产党人的重要思想和工作方法。"在 2017 年春节团拜会上的讲话中,习近平总书记又特别指出:"做好党和国家各项工作,关键在求真务实、真抓实干。"①由此来看,"求真务实"和"真抓实干"同为"以改革创新为核心的时代精神"的支撑性内容,是没有问题的。

有了"解放思想,求真务实,开拓进取,真抓实干"的支撑,新时代中国思想政治教育"四维"政治人格建构的伟大时代精神的"改革创新"孕育,也就有了孕育新时代社会主义"四维"政治人格的可能了。

第四节　新时代中国思想政治教育政治人格建构的中国优秀政治文化涵育

论及"古代中国文明的起源",阿诺尔德·汤因比写道:"人类在这里所要应付的自然环境的挑战要比两河流域和尼罗河的挑战严重得多。人们把它变成古代中国文明摇篮地方的这一片原野,除了沼泽、丛林和洪水的灾难之外,还有更大得多的气候上的灾难,它不断地在夏季的酷热和冬季的严寒之间变换。"②在"所要应付的自然环境的挑战要比两河流域和尼罗河的挑战严重得多"的地方,伟大的中国人民不仅创造了伟大的中华文明,而且伟大的中国人民创造的伟大的中华文明成了人类历史上唯一未曾中断、绵延至今、自成体系的自源性、原生型文明,并在经历 19 世纪、20 世纪的"百年苦难"后又在 21 世纪日益走近了中华民族伟大复兴、日益走近了世界舞台的中央,靠的是什么?靠的就是中华文化,靠的就是"讲仁爱、重民本、守诚信、崇正义、尚和合、求大同"③的中华优秀传统文化,靠的就是敢于斗争、敢于胜利的革命文化,靠的就是"以人民为中心""全心全意为人民服务"的社会主义先进文化。2017 年 1 月 6 日在十八届中央纪委七次全会上的讲话中,习近平总书记明确指出:"要依靠文化自信坚定理想信念。领导干部要不忘初心、坚守正道,必须坚定文化自信。没有中华优秀传统文化、革命文化、社会主义先进文化的底蕴和滋养,信仰信念就难以深沉而执着。"④

正是在中华优秀传统文化、革命文化、社会主义先进文化的"底蕴"上和

---

① 《习近平总书记关于求真务实真抓实干重要论述摘录(2012 年 12 月~2017 年 4 月)》,《中国纪检监察》2017 年第 10 期。
② [英]汤因比著、[英]索麦维尔节录:《历史研究》(上册),曹未风译,上海人民出版社 1986 年版,第 92 页。
③ 《习近平谈治国理政》,外文出版社 2014 年版,第 164 页。
④ 《习近平在十八届中央纪委七次全会上发表重要讲话强调　全面贯彻落实党的十八届六中全会精神　增强全面从严治党系统性创造性实效性》,《光明日报》2017 年 1 月 7 日。

"滋养"中,形成了"以爱国主义为核心的民族精神和以改革创新为核心的时代精神"为基本构成的"中国精神",形成了以"富强、民主、文明、和谐,自由、平等、公正、法治,爱国、敬业、诚信、友善"为基本内容的社会主义核心价值观,形成了实现中华民族伟大复兴中国梦的"价值体认和价值追求"。这意味着,新时代中国思想政治教育的"四维"政治人格建构,需要中国梦"价值体认"激励和"价值追求"统领,需要社会主义核心价值观培育,需要中国精神孕育,还需要中国优秀政治文化涵育。更具体地说,新时代中国思想政治教育的"四维"政治人格建构,需要"中华民族五千多年文明历史所孕育"的中华优秀传统政治文化的政治品格奠基,需要"党领导人民在革命、建设、改革中创造"的革命文化的政治主体性建构,需要"党领导人民在革命、建设、改革中创造"的社会主义先进政治文化的政治先进性导向。党的十九大报告深刻指出:"文化是一个国家、一个民族的灵魂。文化兴国运兴,文化强民族强。没有高度的文化自信,没有文化的繁荣兴盛,就没有中华民族伟大复兴。"①中共中央、国务院印发的《关于新时代加强和改进思想政治工作的意见》明确要求:"更加注重以文化人以文育人。"②从上引习近平总书记的讲话、党的十九大报告的论断、《关于新时代加强和改进思想政治工作的意见》的要求来看,可以说,没有中华优秀传统政治文化、革命文化、社会主义先进政治文化的"底蕴和滋养",新时代的中国思想政治教育不太可能建构起以信仰信念信心"三信"的社会主义理想信念为"旗帜"、以齐家爱国的社会主义家国情怀为"根基"、以为民服务的社会主义政治品格为"核心"、以敢于担当的社会主义政治操守为"志行"的担当复兴大任的社会主义政治人格。

一、中华优秀传统政治文化的政治品格奠基

新时代中国思想政治的"四维"政治人格建构,是作为社会历史前提的"历史质性奠基"和"时代体系阐释"合力作用的结果。讲清楚新时代中国思想政治"四维"政治人格建构的中国优秀政治文化涵育,首先必须讲清楚中华优秀传统政治文化的政治品格奠基。正如美国前国务卿亨利·基辛格在《论中国》一书中所指出的:"中国是独一无二的,没有哪个国家享有如此悠久的连绵不断的文明,抑或与其古老的战略和政治韬略的历史及传统如

---

① 《习近平谈治国理政》第3卷,外文出版社2020年版,第32页。
② 《中共中央国务院印发〈关于新时代加强和改进思想政治工作的意见〉》,《人民日报》2021年7月13日。

此一脉相承。"①

中华优秀传统政治文化为新时代中国思想政治教育"四维"政治人格建构奠定了什么样的政治品格根基？在十八届中共中央政治局第十三次集体学习时的讲话中，习近平总书记指出："要认真汲取中华优秀传统文化的思想精华和道德精髓，大力弘扬以爱国主义为核心的民族精神和以改革创新为核心的时代精神，深入挖掘和阐发中华优秀传统文化讲仁爱、重民本、守诚信、崇正义、尚和合、求大同的时代价值，使中华优秀传统文化成为涵养社会主义核心价值观的重要源泉。"②在《先秦政治思想史》中，梁启超讲道："中国学术，以研究人类现世生活之理法为中心，古今思想家皆集中精力于此方面之各种问题"，"吾国人对于此方面诸问题之解答，往往有独到之处，为世界任何部分所莫能逮"，③"专言政治哲学，我国自春秋战国以还，学术勃兴，而所谓'百家言'者，盖罔不归宿于政治。其政治思想有大特色三：曰世界主义，曰平民主义或民本主义，曰社会主义（即'以裁抑豪强兼并为职志''以国民生计为中心''以分配论为首位'，彰显'社会政策之精神'，强调'全国人在比较的平等组织及条件之下以遂其生计之发展'——引者注）。……此三种主义，为我国人夙所信仰。无论何时代何派别之学者，其论旨皆建设于此基础之上"④。论及"中国政治学"，钱穆提出："中国文化传统极重政治"⑤，"中国经史之学，可谓即中国之政治学"，"中国孔子儒家之学以心性为基本，治平为标的，一切学问必以政治治平大道为归宿"⑥，"中国政治不专为治国，亦求平天下"⑦。在《中国文化要义》中，梁漱溟提出，中国既不是个人本位的社会，也不是社会本位的社会，亦不是家族本位的社会，而是伦理本位的社会。"伦理社会所贵者，一言以蔽之曰：尊重对方。……所谓伦理者无他义，就是要人认清楚人生相关系之理，而于彼此相关系中，互以对方为重而已"⑧，亦即"不把重点固定放在任何一方，而乎其关系，彼此相交换；其重点实在放在关系上了。伦理本位者，关系本位也"⑨。在《家哲学——西方人的盲点》中，笑思提出，因为西方文化的成人中心主义

---

① [美]基辛格：《论中国》，胡利平等译，中信出版社 2012 年版，"前言"第Ⅻ页。
② 《习近平谈治国理政》，外文出版社 2014 年版，第 164 页。
③ 梁启超：《梁启超全集》第六册，北京出版社 1999 年版，第 3604 页。
④ 梁启超：《梁启超全集》第六册，北京出版社 1999 年版，第 3604 页。
⑤ 钱穆：《现代中国学术论衡》，生活·读书·新知三联书店 2005 年版，第 172 页。
⑥ 钱穆：《现代中国学术论衡》，生活·读书·新知三联书店 2005 年版，第 174 页。
⑦ 钱穆：《现代中国学术论衡》，生活·读书·新知三联书店 2005 年版，第 189 页。
⑧ 陈来编：《梁漱溟选集》，吉林人民出版社 2005 年版，第 192 页。
⑨ 陈来编：《梁漱溟选集》，吉林人民出版社 2005 年版，第 194 页。

倾向,"西方文明自始至终存在关于家庭的盲点和弱点,其中型团体文化的强大与家文化的薄弱一直互为因果,并且这种互为因果还使西方人对自己的家盲点和家弱点,迄今缺乏明确的意识、改善的动机。东亚文明家文化则很早便高度发达,使人家成为秦汉式的天下政治之下,均衡地再生产着人自身及其文化的人类存在基本形式"①。从上引习近平总书记、梁启超、钱穆、梁漱溟、笑思的论述可知,中华优秀传统政治文化至少在以下三个方面为新时代中国思想政治教育"四维"政治人格建构奠定了政治品格根基。

第一,家国情怀。《礼记·大学》有云:"古之欲明明德于天下者,先治其国。欲治其国者,先齐其家。欲齐其家者,先修其身。欲修其身者,先正其心。欲正其心者,先诚其意。欲诚其意者,先致其知。致知在格物。物格而后知至,知至而后意诚,意诚而后心正,心正而后身修,身修而后家齐,家齐而后国治,国治而后天下平。自天子以至于庶人,壹是皆以修身为本。"孔子说:"君子务本,本立而道生。孝弟也者,其为仁之本与!"(《论语·学而》)孟子说:"人有恒言,皆曰'天下国家'。天下之本在国,国之本在家,家之本在身。"(《孟子·离娄上》)墨子亦言:"治天下之国若治一家。"(《墨子·尚同》)在农耕文明的中华传统伦理型政治文化中,无论是其基本政治单位,还是其基本道德单位,都和其基本生产单位一样,是家庭而不是个人。作为家庭的一员,个人"注重自我约束,超越自我中心,积极参与集体的福利、教育、个人的进步、工作伦理和共同的努力"②。正如梁启超所说:"儒家之言政治,其唯一目的与唯一手段,不外将国民人格提高。以目的言,则政治即道德,道德即政治。以手段言,则政治即教育,教育即政治。道德之归宿,在以同情心组成社会,教育之次第,则就各人同情心之最切近最易发动者而浚启之。"③在家庭与国家的关系上,同样是组织,自然也就不是个人与国家之间的"成员与组织之间的关系",也不是科层制政治结构中的"上下级关系",而是"小家"与"大家"的关系。自先秦至今,与西方文化的个体—家庭—个体逻辑导致的"成人中心主义"不同,中华文化始终强调从每一个个体进入现实生活世界的"第一种社会形式"——家,以及"第一种社会关系"——亲子关系出发,主张对每一个个体"从生到终"的完整生命的平等保护,主张"一心装满国,一手撑起家;家是最小国,国是千万家"(王久平填词《国家》)。笑思认为:"由于缺乏一种像样的家道主义,

---

① 笑思:《家哲学:西方人的盲点》,商务印书馆2010年版,"自序"第1页。
② 郭齐勇、郑文龙编:《杜维明文集》第二卷,武汉出版社2002年版,第100页。
③ 梁启超:《梁启超全集》第六册,北京出版社1999年版,第3645页。

西方人迄今仍然不能确立离不开人家的俗世价值,无法确立一种真正的人道主义。西方至今只有一部分人得到启蒙。其余相当多的人,仍然沉浸于宗教迷信之中,执迷于神道主义,尚未被最终启蒙出来。"①在他看来:"西方文明,需要接受东亚文明之中长期存在的家文化、家道主义与天下一家政治文化的启蒙。"②

第二,养民为本。《尚书·大禹谟》云:"德惟善政,政在养民。"孔子说:"君子之道四焉:其行己也恭,其事上也敬,其养民也惠,其使民也义。"(《论语·公冶长》)孟子直言:"民为贵,社稷次之,君为轻"(《孟子·尽心下》);"明君制民之产,必使仰足以事父母,俯足以畜妻子;乐岁终身饱,凶年免于死亡"(《孟子·梁惠王上》)。《荀子·礼论》载,"礼起于何也?曰:人生而有欲,欲而不得,则不能无求,求而无度量分界,则不能不争。争则乱,乱则穷。先王恶其乱也,故制礼义以分之,以养人之欲,给人之求。使欲必不穷乎物,物必不屈于欲,两者相持而长,是礼之所起也。故礼者,养也"。怎样"养人之欲,给人之求"?《尚书·大禹谟》回答得很明确:"水、火、金、木、土、谷,惟修;正德、利用、厚生、惟和",即正德、利用、厚生三者协调配合。《尚书孔传》有言:"正德以率下,利用以阜财,厚生以养民,三者和,所谓善政。"《晏子春秋·内篇问下》指出:"卑而不失尊,曲而不失正者,以民为本也。苟持民矣,安有遗道?苟遗民矣,安有正行焉?"被称为"春秋第一相"的管仲提出:"所谓霸王之所始也,以人为本。本理则国固,本乱则国危。"(《管子·霸言》)基于此,2006 年 4 月 21 日在美国耶鲁大学的演讲中,胡锦涛特别指出:"中华文明历来注重以民为本,尊重人的尊严和价值。早在千百年前,中国人就提出了'民惟邦本,本固邦宁'、'天地之间,莫贵于人',强调要利民、裕民、养民、惠民"③,作为"中华优秀传统文化的忠实传承者和弘扬者"(党的十七届六中全会语),"现时代中国强调的以人为本、与时俱进、社会和谐、和平发展,既有着中华文明的深厚根基,又体现了时代发展的进步精神"④,"今天,我们坚持以人为本,就是要坚持发展为了人民、发展依靠人民、发展成果由人民共享,关注人的价值、权益、自由,关注人的生活质量、发展潜能和幸福指数"⑤。

第三,天下大同。《尚书·虞书·尧典》曰:"百姓昭明,协和万邦。"《尚

---

① 笑思:《家哲学:西方人的盲点》,商务印书馆 2010 年版,"自序"第 3 页。
② 笑思:《家哲学:西方人的盲点》,商务印书馆 2010 年版,"自序"第 3 页。
③ 《胡锦涛文选》第 2 卷,人民出版社 2016 年版,第 438 页。
④ 《胡锦涛文选》第 2 卷,人民出版社 2016 年版,第 438 页。
⑤ 《胡锦涛文选》第 2 卷,人民出版社 2016 年版,第 438 页。

书·周书·周官》云:"庶政惟和,万国咸宁。"《礼记·礼运》曰:"大道之行也,天下为公。选贤与能,讲信修睦,故人不独亲其亲,不独子其子,使老有所终,壮有所用,幼有所长,鳏寡孤独废疾者,皆有所养。男有分,女有归。货,恶其弃于地也,不必藏于己;力,恶其不出于身也,不必为己。是故,谋闭不兴,盗窃乱贼而不作,故外户而不闭,是谓大同。"《礼记·礼运》特别强调:"圣人耐以天下为一家,以中国为一人者。"正如前引钱穆所说:"中国政治不专为治国,亦求平天下。"①正因为如此,中华优秀传统政治品格的"家国情怀",与西方的"国家主义"是完全不同的。在《先秦政治思想史》中,梁启超指出:西方"一切政治论"皆孕育于古代市府式或中世堡聚式组织之下,"此种组织,以向内团结、向外对抗为根本精神。其极也,遂至以仇嫉外人为奖励爱国冲动之唯一手段"②。与西方政治论不同,中国"政治论常以全人类为其对象,故目的在平天下",中华优秀传统政治品格的"家国情怀",不是西方"以向内团结、向外对抗为根本精神"的"国家主义",更不是西方"以仇嫉外人为奖励爱国冲动之唯一手段"的"帝国主义",而是一种"平天下主义、世界主义、非向外妒忌对抗主义"的"超国家主义"。③ 一言以蔽之,与殖民主义、霸权主义、强权政治不同,"中华民族历来讲求'天下一家',主张民胞物与、协和万邦、天下大同,憧憬'大道之行,天下为公'的美好世界"④。

二、革命文化的政治主体性建构

何谓政治主体性?为什么需要建构政治主体性?革命文化怎样建构政治主体性?新时代思想政治教育"四维"政治人格建构为什么离不开革命文化的政治主体性建构?回答这些问题,需要先从"主体性"说起。

何谓主体性?《辞海》(第六版彩图本)"主体性"词条这样解释:"主体性,是人在主体与客体关系中的地位、能力、作用和性质。常与'实体性'相对。其核心是人的能动性问题。"⑤简言之,主体性,其形式是人之作为主体的规定性,其内容是人之作为主体的能动性。在为《政治经济学批判》写的"总的导言"中,马克思特别指明:"主体是人,客体是自然。"⑥在历史唯物主

---

① 钱穆:《现代中国学术论衡》,生活·读书·新知三联书店2005年版,第189页。
② 梁启超:《梁启超全集》第六册,北京出版社1999年版,第3604页。
③ 梁启超:《梁启超全集》第六册,北京出版社1999年版,第3604页。
④ 习近平:《携手建设更加美好的世界——在中国共产党与世界政党高层对话会上的主旨讲话》,《人民日报》2017年12月2日。
⑤ 夏征农、陈至立主编:《辞海:第六版彩图本》,上海辞书出版社2009年版,第3028页。
⑥ 《马克思恩格斯文集》第8卷,人民出版社2009年版,第9页。

义中,现实的主体性,也就是"人的主体性"。

人的主体性是什么?在《主体性哲学:人的存在及其意义》中,郭湛写道,学界公认的"大体一致的看法"是:"人的主体性是人作为活动主体的质的规定性,是在与客体相互作用中得到发展的人的自觉、自主、能动和创造的特性。"①郭湛特别强调,"不能把人的属性同人作为主体的本质规定相混淆","人的主体性"是"人性中最集中地体现着人的本质的部分,是人性之精华所在"。②

作为人之为活动主体的规定性和"人性中最集中地体现着人的本质的部分",人的主体性是怎么来的?是先天就有的吗?不是的。无论是斯芬克斯之谜——"一种动物早晨四条腿,中午两条腿,晚上三条腿"的谜语,还是传统中国的"臣民人格"——"明明会站,却偏偏要跪下"的事实,都清楚表明,现实中的人的主体性不是一种事实性存在,而是一种价值性存在,既不是从来就有的,也不是固定不变的。在《1844年经济学哲学手稿》中,马克思指出:"生产生活就是类生活。这是产生生命的生活。一个种的整体特性、种的类特性就在于生命活动的性质,而自由的有意识的活动恰恰就是人的类特性。"③在《德意志意识形态》中,马克思进一步指出:"可以根据意识、宗教或随便别的什么来区别人和动物。一当人开始生产自己的生活资料,即迈出由他们的肉体组织所决定的这一步的时候,人本身就开始把自己和动物区别开来。"④马克思特别强调:"这种生产方式(即人们用以生产自己的生活资料的方式——引者注)不应当只从它是个人肉体存在的再生产这方面加以考察。更确切地说,它是这些个人的一定的活动方式,是他们表现自己生命的一定方式、他们的一定的生活方式。个人怎样表现自己的生命,他们自己就是怎样。因此,他们是什么样的,这同他们的生产是一致的——既和他们生产什么一致,又和他们怎样生产一致。"⑤在这里,马克思明确指出,人是生命的存在,作为"生命存在"的人的存在,是"生成性"的存在,而不是"现成性"的存在。面向"从生到终"的现实的人的存在过程,马克思关于人的"生成性"存在的阐释,才是对"人的真实存在"的反映和揭示,才是科学的人的"存在论""生存论"。人的存在是"生成性"的存在,不是"现成性"的存在,作为人之为活动主体的规定性和"人性中最集中地体

---

① 郭湛:《主体性哲学:人的存在及其意义》,云南人民出版社2002年版,第30~31页。
② 郭湛:《主体性哲学:人的存在及其意义》,云南人民出版社2002年版,第31页。
③ 《马克思恩格斯文集》第1卷,人民出版社2009年版,第162页。
④ 《马克思恩格斯文集》第1卷,人民出版社2009年版,第519页。
⑤ 《马克思恩格斯文集》第1卷,人民出版社2009年版,第520页。

现着人的本质的部分",人的主体性也是且只可能是"生成性"的存在,而不可能是"现成性"的存在。作为人之为活动主体的规定性和"人性中最集中地体现着人的本质的部分",人的主体性不是"现成的",而是"生成的",不是从来就有的,而是培育建构而成的。

从上述"人的主体性"及"人的主体性"的"生成性"阐释可知,政治主体性,也就是人之作为政治主体的规定性,亦即人之作为政治共同体的主体的自觉性、自主性、能动性、担当性。这也正是中华优秀传统政治品格——"家国情怀"的内在本质和内在要求。家国情怀实质是个体作为家庭成员和家庭主体对家庭共同体的自觉和担当,是个体作为国民和国家主体对国家共同体的自觉和担当。用梁启超的话说,就是"对于一身而知有国家","对于朝廷而知有国家","对于外族而知有国家","对于世界而知有国家"。① 怎样证明有"家国情怀"? 就是有维护家庭共同体利益、增进家庭共同体权益、促进家庭共同体发展的行动自觉和责任担当,就是有维护国家共同体利益、增进国家共同体权益、促进国家共同体发展的行动自觉和责任担当。顾炎武深刻指出:"天下兴亡,匹夫有责。"家国情怀,核心在"责"上,在责任的自觉担当上。

1840年鸦片战争后的晚清中国,之所以一再遭遇失败,最终导致民族危亡,从主体的角度来说,根本原因就是自秦至清两千余年宗法制君主专制压制、摧残导致的中华优秀传统政治文化本有的政治主体性的消逝。1900年,八国联军侵华之年,梁启超奋笔疾书写下《中国积弱溯源论》,痛陈中国积弱根源。梁启超指出:"国家之强弱,一视其国民之志趣品格以为差","爱国心之薄弱,实为积弱之最大根源","推究其所以薄弱之由","一曰,不知国家与天下之差别也","二曰,不知国家与朝廷之界限也","三曰,不知国家与国民之关系也"。② 为什么晚清中国的中国人爱国心薄弱? 为什么晚清中国的中国人"不知国家与天下之差别""不知国家与朝廷之界限""不知国家与国民之关系"? 梁启超指出,原因在于,"数千年之民贼,既攘国家为己之产业,縶国民为己之奴隶,曾无所于怍,反得援大义以文饰之。以助其凶焰,遂使一国之民,不得不转而自居于奴隶,性奴隶之性,行奴隶之行,虽欲爱国而有所不敢,有所不能焉"③。于是,"吾中国人之无国家思想也,其下焉者,惟一身一家之荣瘁是问,其上焉者,则高谈哲理以乖实用也。其不肖者且以他族为虎,而自为其伥;其贤者亦仅以尧跖为主,而自为其狗

---

① 梁启超:《梁启超全集》第二册,北京出版社1999年版,第663页。
② 梁启超:《梁启超全集》第一册,北京出版社1999年版,第413、414页。
③ 梁启超:《梁启超全集》第一册,北京出版社1999年版,第414页。

也"①。基于此,梁启超疾呼:"今而不欲救中国则已耳,苟欲救之,非从此处拨其本,塞其源,变数千年之学说,改四百兆之脑质。"②1902 年,梁启超撰写《新民说》,以其笔端常带感情的文字重构中国人作为中国国民的政治主体性。作为"少年中国的国民性改造方案",梁启超《新民说》的核心就是对近代中国国民的政治主体性建构。也正是在政治主体性建构的意义上,杜维明强调:"政治化的儒家就是国家权力高于社会;政治高于经济;官僚政治高于个人的创造性。这种形式的儒学,作为一种政治意识形态,必须加以彻底批判,才能释放一个国家的活力。"③

辛亥革命之所以能够推翻统治中国几千年的君主专制制度,就在于有了以孙中山及其组织和领导的中国同盟会为代表的少数中国人的政治主体性自觉。同样,辛亥革命之所以没能取得彻底的成功,也正是在于辛亥革命前后,只有以孙中山及其组织和领导的中国同盟会为代表的少数中国人的政治主体性自觉,而没有绝大多数近代中国人的政治主体性自觉,特别是没有作为"农民中国"主体的"农民"的政治主体性自觉。在《湖南农民运动考察报告》中,毛泽东特别强调:"宗法封建性的土豪劣绅,不法地主阶级,是几千年专制政治的基础,帝国主义、军阀、贪官污吏的墙脚"④,"打翻这个封建势力","国民革命需要一个大的农村变动。辛亥革命没有这个变动,所以失败了"。⑤

与辛亥革命建基于以孙中山及其组织和领导的中国同盟会为代表的少数中国人的政治主体性自觉不同,中国共产党领导的中国革命,强调"普及政治宣传"和"农会的政治教育",培育建构作为"农民中国"主体的"农民"的政治主体性自觉。在《湖南农民运动考察报告》中,针对一些人对农会的指摘,毛泽东特别总结了"农民在农民协会领导之下"做了的"十四件大事",其中,"将农民组织在农会里""政治上打击地主""推翻土豪劣绅的封建统治""推翻地主武装,建立农民武装""推翻县官老爷衙门差役的政权""推翻祠堂族长的族权和城隍土地菩萨的神权以至丈夫的男权"等,无不是对"农民"政治主体性的培育和建构,至于第八件——"普及政治宣传",则更是专门、直接培育和建构"农民"政治主体性。毛泽东总结道:"开一万个法政学校,能不能在这样短时间内普及政治教育于穷乡僻壤的男女老少,像

---

① 梁启超:《梁启超全集》第二册,北京出版社 1999 年版,第 664 页。
② 梁启超:《梁启超全集》第一册,北京出版社 1999 年版,第 414 页。
③ 郭齐勇、郑文龙编:《杜维明文集》第二卷,武汉出版社 2002 年版,第 100 页。
④ 《毛泽东选集》第 1 卷,人民出版社 1991 年版,第 15 页。
⑤ 《毛泽东选集》第 1 卷,人民出版社 1991 年版,第 16 页。

现在农会所做的政治教育一样呢？我想不能吧。打倒帝国主义,打倒军阀,打倒贪官污吏,打倒土豪劣绅,这几个政治口号,真是不翼而飞,飞到无数乡村的青年壮年老头子小孩子妇女们的面前,一直钻进他们的脑子里去,又从他们的脑子里流到了他们的嘴上。"①"一直钻进他们的脑子里去,又从他们的脑子里流到了他们的嘴上",不就是建构了农民的政治主体性吗？毛泽东特别指明:"政治宣传的普及乡村,全是共产党和农民协会的功绩。很简单的一些标语、图画和讲演,使得农民如同每个都进过一下子政治学校一样,收效非常之广而速","引动了整个农村,效力很大"。②

中国共产党之所以能一次次化危为机、由小到大,中国共产党领导的中国革命之所以能以弱胜强、取得最终的胜利,从中国共产党自身的角度来说,核心在于中国共产党始终代表最广大人民群众的根本利益,始终坚持"全心全意为人民服务",从中国共产党依靠力量的角度来说,核心在于培育建构起了"农民中国"以"农民"为主体的最广大人民群众的政治主体性,从而使得帝国主义、封建主义、官僚资本主义陷于人民战争的汪洋大海之中。"作为党和国家事业重要方面的思想政治教育",其核心就是对作为中国共产党主体的"党员"和作为中华人民共和国主体的"人民"的政治主体性建构。革命文化本身就是一种先进的政治文化。其思想政治教育,归纳为一句话,就是对作为国家主体的"国民"和作为革命主体的"群众"的政治主体性建构。由此而论,革命文化的政治主体性建构,不仅为新时代思想政治教育的"四维"政治人格建构所必需,而且为马克思主义思想政治教育的政治人格建构永远所必需。缺失了革命文化的政治主体性建构,无论是中国共产党的伟大自我革命,还是中国特色社会主义的伟大社会革命,都很难取得彻底的成功。

三、社会主义先进政治文化的政治先进性导向

政治主体性是中华优秀传统政治品格——"家国情怀"的内在本质和内在要求,然而,在自秦至清两千余年宗法制君主专制的压制、摧残下,作为"农民中国"主体的"农民"的政治主体性几近消逝。中华优秀传统政治品格——"重民本""以民为本""养民为本",在自秦至清两千余年间,仅仅只是理论,并且只是一种服从和服务于君主专制的工具性理论,对"农民中国"主体的"农民"而言,丝毫没有从理论转化为现实。离开了社会主义先进政

---

① 《毛泽东选集》第1卷,人民出版社1991年版,第34页。
② 《毛泽东选集》第1卷,人民出版社1991年版,第35页。

治文化的引领和政治先进性导向,中华优秀传统政治品格——家国情怀、养民为本、天下大同,不仅难以生成作为新时代"四维"政治人格"前提"的"政治主体性",同时也难以汇聚成一个有机的整体,形成一种政治品格的合力。这就意味着,讲清楚新时代中国思想政治教育"四维"政治人格建构的中国优秀政治文化涵育,不仅必须讲清楚中华优秀传统政治文化的政治品格奠基,必须讲清楚革命文化的政治主体性建构,而且还必须讲清楚社会主义先进政治文化的政治先进性导向。

社会主义先进政治文化是什么?就其性质而言,是社会主义的政治文化,亦即以马克思主义为指导的、旨在促进每一个人的自由全面发展的政治文化。就其一般意义而言,是站在时代潮头、走在时代前列、代表前进方向的政治文化。就其具体内容而言,是以"人民性"为核心价值取向的政治文化,亦即"全心全意为人民服务"的政治文化,坚持"以人民为中心"的政治文化。

考察人类政治文明发展史,不难发现:人类政治文化,其发展方向从内容的角度论,是一个从专制到民主,从不平等到平等,从抽象到具体,从柏拉图的"等级制正义"到罗尔斯的"作为公平的正义",从卢梭所说的"枷锁"、马克思恩格斯所说的"锁链"到《共产党宣言》的"每个人的自由发展是一切人的自由发展的条件"①的过程;从主体的角度论,是一个从"神本""官本""物本"到"人本"的过程。

在这一过程中,作为政治主体的最广大人民群众,逐步从政治上的"被统治者"、经济上的"被剥削者"、文化上的"被奴役者"走向政治权力的"主权者"。用《中华人民共和国宪法》"序言"中的话说,就是"掌握了国家的权力,成为国家的主人"。《中华人民共和国宪法》第二条明确规定:"中华人民共和国的一切权力属于人民。"

在这一过程中,代表人民行使公共权力的公职人员,则从"社会主人"回归为"人民公仆",从"统治者"回归为"服务者"。在总结巴黎公社经验时,马克思指出:巴黎公社是把"旧政权的合理职能"从"僭越和凌驾于社会之上的当局那里夺取过来,归还给社会的承担责任的勤务员。普选权不是为了每三年或六年决定一次由统治阶级中什么人在议会里当人民的假代表,而是为了服务于组织在公社里的人民"②;恩格斯指出:以往国家和国家机关"为了追求自己的特殊利益,从社会的公仆变成了社会的主人",与之相

---

① 《马克思恩格斯文集》第 2 卷,人民出版社 2009 年版,第 53 页。
② 《马克思恩格斯文集》第 3 卷,人民出版社 2009 年版,第 156 页。

反,巴黎公社"打碎旧的国家政权而以新的真正民主的国家政权来代替",从而"防止国家和国家机关由社会公仆变为社会主人"①。在谈到"如何正确处理人民内部矛盾"时,刘少奇说:"我们党、政府、国家、经济机关的领导人,本来是人民群众的公仆,社会的公仆","我们所有的领导人都是为人民服务的,是人民的公仆,是人民的勤务员,没有权利当老爷"。② 在代表党中央、人大常委会、国务院所作的"在庆祝中华人民共和国成立三十周年大会上的讲话"中,叶剑英指出:"我们各级领导干部的权力都是人民授予的,人民是国家和社会的主人,而我们自己则是人民的勤务员。必须把人民授予的权力用来全心全意地为人民谋利益。如果受权于人民而不对人民负责,或者把对人民负责同对上级负责对立起来,……不倾听群众的呼声,不接受群众的批评,不执行群众的意志,那就颠倒了主人和公仆的关系,丧失了人民公仆的资格。人民就有权收回授予他们的权力。"③《中国共产党章程》第六章"党的干部"第三十五条规定:"党的干部是党的事业的骨干,是人民的公仆,要做到忠诚干净担当",第三十六条明确规定:"党的各级领导干部必须信念坚定、为民服务、勤政务实、敢于担当、清正廉洁,模范地履行本章程第三条所规定的党员的各项义务"。④

以马克思主义为指导、站在时代潮头、走在时代前列、代表前进方向、旨在促进每一个人的自由全面发展的社会主义先进政治文化,在其直接性、现实性、客观性上,实质是以"人民性"为核心价值取向的社会主义先进政治文化,亦即"全心全意为人民服务"的社会主义先进政治文化,坚持"以人民为中心"的社会主义先进政治文化。比较社会主义政治文化和资本主义政治文化,正是在以"人民性"为核心价值取向这一根本原则上,社会主义政治文化表现出"以资本为中心"的资本主义政治文化无可比拟的先进性。在党的十六大报告中,论及"坚持党的先进性",江泽民指出:"党的先进性是具体的、历史的,必须放到推动当代中国先进生产力和先进文化的发展中去考察,放到维护和实现最广大人民根本利益的奋斗中去考察,归根到底要看党在推动历史前进中的作用。"⑤2005年1月14日在新时期保持共产党员先进性专题报告会上的讲话中,胡锦涛指出:"全心全意为人民服务是我们党的根本宗旨。我们党的根基在人民、血脉在人民、力量在人民。群众在我们

---

① 《马克思恩格斯文集》第3卷,人民出版社2009年版,第110、111页。
② 《刘少奇选集》(下卷),人民出版社1985年版,第307页。
③ 《三中全会以来重要文献选编》(上),人民出版社1982年版,第243页。
④ 《中国共产党章程》,人民出版社2022年版,第26页。
⑤ 《江泽民文选》第3卷,人民出版社2006年版,第538页。

心里的分量有多重,我们在群众心里的分量就有多重。能不能坚持全心全意为人民服务的根本宗旨,是衡量一名党员是否合格的根本标尺。"①2013年1月5日在新进中央委员会的委员、候补委员学习贯彻党的十八大精神研讨班上的讲话中,习近平总书记强调:"衡量一名共产党员、一名领导干部是否具有共产主义远大理想,是有客观标准的,那就要看他能否坚持全心全意为人民服务的根本宗旨,能否吃苦在前、享受在后,能否勤奋工作、廉洁奉公,能否为理想而奋不顾身去拼搏、去奋斗、去献出自己的全部精力乃至生命。"②

在"源自于中华民族五千多年文明历史所孕育的中华优秀传统文化,熔铸于党领导人民在革命、建设、改革中创造的革命文化和社会主义先进文化,植根于中国特色社会主义伟大实践"③的中国优秀政治文化中,以"人民性"为核心价值取向的社会主义先进政治文化,亦即"全心全意为人民服务"的社会主义先进政治文化,坚持"以人民为中心"的社会主义先进政治文化,怎样才能充分发挥其政治先进性导向功能?亦即怎样才能由理论上的"政治先进性导向"转化为实践上的"政治先进性导向"?

实践中,政治文化的先进性,能且只能通过政治主体的政治行为来显现。社会主义先进政治文化的政治先进性导向功能,是且必然是通过作为中国共产党和国家机关"骨干"的"干部"的行为来发挥。充分发挥以"人民性"为核心价值取向的社会主义先进政治文化在中国优秀政治文化中的政治先进性导向功能,关键在于克服、抛弃与以"人民性"为核心价值取向的社会主义先进政治文化相背离的"官僚主义"及作为"官僚主义"表现的"形式主义"。1933年8月12日在中央革命根据地南部十七县经济建设大会上所作的报告中,毛泽东明确指出:"要把官僚主义方式这个极坏的家伙抛到粪缸里去。"④1978年12月13日在中共中央工作会议闭幕会上的讲话中,邓小平特别指出:"非克服官僚主义这个祸害不可。"⑤1980年8月18日在中共中央政治局扩大会议上的讲话——《党和国家领导制度的改革》中,邓小平强调:"从党和国家的领导制度、干部制度方面来说,主要的弊端",首先是"官僚主义现象"。⑥ 党的十八大以来,习近平总书记一再重申:"形式主义、官僚主义同我们党的性质宗旨和优良作风格格不入,是我们党的大敌、人

---

① 《十六大以来重要文献选编》(中),中央文献出版社2006年版,第623页。
② 《习近平谈治国理政》,外文出版社2014年版,第23~24页。
③ 《习近平谈治国理政》第3卷,外文出版社2020年版,第32页。
④ 《毛泽东选集》第1卷,人民出版社1991年版,第124页。
⑤ 《邓小平文选》第2卷,人民出版社1994年版,第150页。
⑥ 《邓小平文选》第2卷,人民出版社1994年版,第327页。

民的大敌","我们不仅要从思想上作风上坚决反对形式主义、官僚主义,而且要从制度上坚决反对形式主义、官僚主义,扫除形式主义、官僚主义滋生蔓延的土壤"。① 一句话,绝"不能身子进了新时代,思想还停留在过去"②。

第五节　新时代中国思想政治教育政治人格建构的制度体系保障

2014年10月23日在党的十八届四中全会第二次全体会议上的讲话中,习近平总书记总结人类政治文明史时指出:"法治和人治问题是人类政治文明史上的一个基本问题,也是各国在实现现代化过程中必须面对和解决的一个重大问题。综观世界近现代史,凡是顺利实现现代化的国家,没有一个不是较好解决了法治和人治问题的。相反,一些国家虽然也一度实现快速发展,但并没有顺利迈进现代化的门槛,而是陷入这样或那样的'陷阱',出现经济社会发展停滞甚至倒退的局面。后一种情况很大程度上与法治不彰有关。"③作为中国特色社会主义政治文明的组成部分和中国特色社会主义政治文明建设的重要方式,新时代中国思想政治教育的"四维"政治人格建构,在机理上,与中国特色社会主义政治文明建设相同。新时代中国思想政治教育的"四维"政治人格建构,不仅在文化体系育成上,需要中国梦价值激励与价值统领、社会主义核心价值观培育、中国精神孕育、中国优秀政治文化涵育的"四重"协同,而且在制度体系保障上,需要思想政治教育党内法规体系的系统规范、思想政治教育国家法律体系的整体配套、思想政治教育基层规范性文件的全面细化。在中国共产党成立100周年之际,中共中央、国务院印发《关于新时代加强和改进思想政治工作的意见》,明确要求"着力固根基、扬优势、补短板、强弱项,提高科学化规范化制度化水平"④。

一、思想政治教育党内法规体系的系统规范

"建构性"的马克思主义思想政治教育,首先是作为中国共产党的事业

---

① 中共中央党史和文献研究院、中央"不忘初心、牢记使命"主题教育领导小组办公室编:《习近平关于"不忘初心、牢记使命"论述摘编》,中央文献出版社、党建读物出版社2019年版,第194、196页。
② 《习近平谈治国理政》第3卷,外文出版社2020年版,第540页。
③ 中共中央文献研究室编:《习近平关于全面依法治国论述摘编》,中央文献出版社2015年版,第12页。
④ 《中共中央国务院印发〈关于新时代加强和改进思想政治工作的意见〉》,《人民日报》2021年7月13日。

重要方面的思想政治教育。作为马克思主义思想政治教育的首要主体和主导主体，通过党内法规对思想政治教育工作建章立制、系统规范，既是中国共产党领导和开展思想政治教育工作的重要方式，也是中国共产党领导和开展思想政治教育工作的优良传统。

早在中国共产党成立两年后的1923年10月，中国共产党中央局就颁发了《教育宣传委员会组织法》，以党内法规形式确立了中国共产党的思想政治教育工作的领导体制和工作机制。《教育宣传委员会组织法》共十四条。第一条明确：中国共产党的思想政治教育工作的实施主体是教育宣传委员会，而且明确教育宣传委员会"政治上的指导直隶于"中共中央，并对中共中央负责，亦即中共中央直接领导教育宣传委员会。第二条明确："教育宣传委员会之职任，在于研究并实行团体以内之政治上的主义上的教育工作以及团体以外之宣传鼓动"①，亦即教育宣传委员会的职责，包括党内的思想政治教育职责和党外的思想政治宣传职责。第三条明确：教育宣传委员会的组织机构，内设编辑部、函授部、通讯部、印行部、图书馆五部。第四、五、六、七、八条依次明确编辑部、函授部、通讯部、印行部、图书馆五部的具体职责。其中需要特别注意第四、五、六条关于编辑部、函授部、通讯部的职责规定。第四条规定，编辑部的职责，不只是出版《新青年》季刊、《前锋》月刊、《向导》周刊、《党报》（不定期刊）、《青年工人》月刊、《中国青年》周刊、《团镌》（不定期刊）、小册子八种刊物，而且明确，《新青年》季刊是"学理的马克思主义的研究宣传机关"，《前锋》月刊是"中国及世界的政治经济的研究宣传机关"，《向导》周刊是"国内外时事的批评宣传机关"，《党报》（不定期刊）是"党内问题讨略〔论〕及发表正式的议决案报告等之机关"，《青年工人》月刊是"青年工人运动的机关"，《中国青年》周刊是"一般青年运动的机关"，《团镌》（不定期刊）是"团内问题及发表正式文件（议决案及报告）之机关"，小册子"尤其是为工人农民之通俗刊物为最要紧"。② 从"学理的马克思主义""中国及世界的政治经济"到"国内外时事"，从"青年工人运动""一般青年运动"到"工人农民之通俗刊物"，八种刊物基于不同群体的思想实际和思想要求分工协作，构建一个先进性与大众性结合、适应性与引领性融通的马克思主义思想政治教育文本体系。第五条规定，函授部暂设"经济学及社会进化史""社会学及唯物史观""社会思想及运动史，社会问

---

① 中共中央组织部、中共中央党史研究室、中央档案馆编：《中国共产党组织史资料》第八卷《文献选编》（上）（1921.7—1949.9），中共党史出版社2000年版，第25页。

② 中共中央组织部、中共中央党史研究室、中央档案馆编：《中国共产党组织史资料》第八卷《文献选编》（上）（1921.7—1949.9），中共党史出版社2000年版，第26页。

题""国际政治及帝国主义"四门功课,从经济、社会、政治三大板块系统开展马克思历史唯物主义世界观和方法论教育。第六条规定:通讯部内设英文股、俄文股、法文股、德文股、日文股、杂志股、报纸股、调查股,"编译一切与运动及主义有关之文件及材料"①,立场明确,视野宏阔。第四、五、六、七、八条明确编辑部、函授部、通讯部、印行部、图书馆五部职责后,第九、十条分别明确地方教育宣传委员的双重领导体制——"其工作之指导权除属于地方委员会外,同时直接属于教育宣传委员会"②、工作制度——"至少当组织读书会性质的马克思研究会"③、报告职责。第十一条明确党员发表"政治性质"文章后的报送要求与报送方式。第十二、十三、十四条明确教育宣传委员会的工作制度。《教育宣传委员会组织法》完整构建的思想政治教育工作体系,不仅以思想政治教育工作的主体性党内法规形式确立了中国共产党的思想政治教育工作的系统性,而且以专门性思想政治教育党内法规形式确认了中国共产党的思想政治教育工作的合法性,为中国共产党思想政治教育工作的顺利开展提供了组织和制度保证。

1999年9月,着眼于改革开放和社会主义现代化建设新时期中国共产党的思想政治教育工作的系统构建,中共中央印发《关于加强和改进思想政治工作的若干意见》。着眼于从源头上系统构建改革开放和社会主义现代化建设新时期中国共产党的思想政治教育工作,《关于加强和改进思想政治工作的若干意见》第一、四、六部分要求"充分认识加强和改进思想政治工作的重要性","积极探索新形势下思想政治工作的规律和方法","切实加强党对思想政治工作的领导",第二部分明确"思想政治工作要坚持正确的方针原则",第三、五部分部署"深入扎实地进行思想政治教育","把思想政治工作任务落实到基层"。④ 在思想政治教育内容体系上,《关于加强和改进思想政治工作的若干意见》明确:"把用邓小平理论武装全党、教育干部和人民作为思想政治工作的首要任务","加强马克思主义唯物论和无神论教育","加强形势政策、民主法治和维护社会稳定的教育","加强以为人民服务为核心、以集体主义为原则的社会主义道德建设"。⑤ 在思想政治教育工

---

① 中共中央组织部、中共中央党史研究室、中央档案馆编:《中国共产党组织史资料》第八卷《文献选编》(上)(1921.7—1949.9),中共党史出版社2000年版,第26页。
② 中共中央组织部、中共中央党史研究室、中央档案馆编:《中国共产党组织史资料》第八卷《文献选编》(上)(1921.7—1949.9),中共党史出版社2000年版,第27页。
③ 中共中央组织部、中共中央党史研究室、中央档案馆编:《中国共产党组织史资料》第八卷《文献选编》(上)(1921.7—1949.9),中共党史出版社2000年版,第28页。
④ 《十五大以来重要文献选编》(中),人民出版社2001年版,第1036~1049页。
⑤ 《十五大以来重要文献选编》(中),人民出版社2001年版,第1040~1042页。

作领域,《关于加强和改进思想政治工作的若干意见》界分为企业思想政治工作、农村思想政治工作、学校思想政治工作、社区思想政治工作、下岗职工和进城务工人员两个特殊群体的思想政治工作、社团思想政治工作。通过思想政治教育内容的系统化和思想政治工作领域的具体化,《关于加强和改进思想政治工作的若干意见》以专门性、主体性思想政治教育党内法规形式对改革开放和社会主义现代化建设新时期中国共产党的思想政治教育工作作出了系统规范。

中国共产党成立 100 周年之际,面向社会主义现代化建设新征程的总体布局与全面谋划,赓续优良传统,彰显政治优势,"更好发挥思想政治工作传家宝和生命线作用,动员全党全国各族人民满怀信心投身全面建设社会主义现代化国家新征程、推进中华民族伟大复兴历史伟业"①,中共中央、国务院印发《关于新时代加强和改进思想政治工作的意见》,分"总体要求""把思想政治工作作为治党治国的重要方式""深入开展思想政治教育""提升基层思想政治工作质量和水平""推动新时代思想政治工作守正创新发展""构建共同推进思想政治工作的大格局"六个部分对新时代思想政治教育工作作出整体规范与系统构建。在思想政治教育内容体系上,《关于新时代加强和改进思想政治工作的意见》不仅将 1999 年《关于加强和改进思想政治工作的若干意见》的相关内容拓展到"坚持用习近平新时代中国特色社会主义思想武装全党、教育人民","推动理想信念教育常态化制度化","培育和践行社会主义核心价值观","加强党史、新中国史、改革开放史、社会主义发展史和形势政策教育","加强社会主义法治教育",而且新增了"增强忧患意识、发扬斗争精神"这一教育内容。在思想政治教育工作领域,《关于新时代加强和改进思想政治工作的意见》不仅在 1999 年《关于加强和改进思想政治工作的若干意见》基础上强调加强企业思想政治工作、加强农村思想政治工作、加强学校思想政治工作、加强社区思想政治工作、做好各类群体的思想政治工作,而且新增了"加强机关思想政治工作"和"加强网络思想政治工作"。②《关于新时代加强和改进思想政治工作的意见》,针对"谁来做",强调强化党委(党组)主体责任,建设好骨干、兼职和志愿服务三支队伍,构建共同推进思想政治工作的大格局;针对"怎么做",强调深入开展思想政治教育,提升基层思想政治工作质量和水平,推动新时代思想政治工

---

① 《使新时代思想政治工作始终保持生机活力——中央宣传部负责人就〈关于新时代加强和改进思想政治工作的意见〉答记者问》,《人民日报》2021 年 7 月 27 日。
② 《中共中央国务院印发〈关于新时代加强和改进思想政治工作的意见〉》,《人民日报》2021 年 7 月 13 日。

作守正创新发展,从而以专门性、主体性思想政治教育党内法规形式明确了新时代思想政治教育"四维"政治人格建构的工作方略。

二、思想政治教育国家法律体系的整体配套

中共中央、国务院印发的《关于新时代加强和改进思想政治工作的意见》,第一部分"总体要求"明确:"着力固根基、扬优势、补短板、强弱项,提高科学化规范化制度化水平",第二部分"把思想政治工作作为治党治国的重要方式"明确:"建立健全思想政治工作责任制,制定思想政治工作责任清单,明确落实措施和推进步骤",第三部分"深入开展思想政治教育"明确:"推动理想信念教育常态化制度化",第四部分"提升基层思想政治工作质量和水平"明确:"健全社区党组织领导基层群众性自治组织开展思想政治工作的相关制度",第五部分"推动新时代思想政治工作守正创新发展"明确:"健全党员领导干部联系基层、党员联系群众的工作制度,健全社会心理服务体系和疏导机制、危机干预机制,建立社会思想动态调查与分析研判机制",第六部分"构建共同推进思想政治工作的大格局"明确:"建立科学有效的评价考核体系,建立内容全面、指标合理、方法科学的思想政治工作测评体系,将测评结果纳入落实全面从严治党主体责任情况监督检查和巡视巡察内容,纳入党政领导班子、领导干部综合考核评价内容,把'软指标'变成'硬约束'。"[1]从第一部分"总体要求"到第六部分"构建共同推进思想政治工作的大格局",思想政治教育制度建设贯穿《关于新时代加强和改进思想政治工作的意见》始终,是《关于新时代加强和改进思想政治工作的意见》内在的一条红线。

《关于新时代加强和改进思想政治工作的意见》要求的思想政治教育制度建设,不只是思想政治教育党内法规体系的系统规范,而且要求思想政治教育国家法律体系的整体配套。《中华人民共和国宪法》第二十四条规定:"国家通过普及理想教育、道德教育、文化教育、纪律和法制教育,通过在城乡不同范围的群众中制定和执行各种守则、公约,加强社会主义精神文明的建设。国家倡导社会主义核心价值观,提倡爱祖国、爱人民、爱劳动、爱科学、爱社会主义的公德,在人民中进行爱国主义、集体主义和国际主义、共产主义的教育,进行辩证唯物主义和历史唯物主义的教育,反对资本主义的、

---

[1]《中共中央国务院印发〈关于新时代加强和改进思想政治工作的意见〉》,《人民日报》2021年7月13日。

封建主义的和其他的腐朽思想。"①贯彻落实宪法规定的思想政治教育,不是仅限于中国共产党人的思想政治教育,而是面向每一个中国人的思想政治教育。贯彻落实宪法规定的思想政治教育的主导主体,不只是政党主体——中国共产党,而且是国家主体——中华人民共和国,是中国共产党领导下的政党主体和国家主体的统一。贯彻落实宪法规定的思想政治教育制度体系保障,不只是思想政治教育党内法规体系的系统规范保障,也是思想政治教育党内法规体系系统规范下的国家法律体系整体配套保障。在庆祝全国人民代表大会成立60周年大会上的讲话中,习近平总书记指出:"我们必须坚持党总揽全局、协调各方的领导核心作用,通过人民代表大会制度,保证党的路线方针政策和决策部署在国家工作中得到全面贯彻和有效执行。要支持和保证国家政权机关依照宪法法律积极主动、独立负责、协调一致开展工作。要不断加强和改善党的领导,善于使党的主张通过法定程序成为国家意志。"②《中共中央关于全面推进依法治国若干重大问题的决定》明确提出:"把党领导人民制定和实施宪法法律同党坚持在宪法法律范围内活动统一起来,善于使党的主张通过法定程序成为国家意志。"③"使党的主张通过法定程序成为国家意志"。具体到思想政治教育制度体系保障层面,也就是使思想政治教育党内法规通过法定程序转化为思想政治教育国家法律,实现思想政治教育党内法规体系系统规范下的国家法律体系整体配套保障。

  需要说明的是,贯彻落实宪法规定的思想政治教育党内法规体系系统规范下的国家法律体系整体配套保障,不是区分法律、行政法规、地方性法规、行政规章意义上的狭义法律体系配套保障,而是《中华人民共和国立法法》第二条所包括的法律、行政法规、地方性法规、自治条例、单行条例、国务院部门规章、地方政府规章在内的广义法律体系配套保障。

  怎样贯彻落实宪法规定,推进新时代思想政治教育"四维"政治人格建构的国家法律体系整体配套保障?《中国人民解放军思想政治教育大纲》《公安边防部队思想政治教育大纲》《公安消防部队思想政治教育大纲》《基层公安机关思想政治工作规范》给出了很好的示范。

  "为适应新世纪新阶段军队革命化现代化正规化建设的要求,加强、改

---

① 全国人大常委会办公厅供稿:《中华人民共和国宪法》,中国民主法制出版社2018年版,第12页。
② 《十八大以来重要文献选编》(中),中央文献出版社2016年版,第54页。
③ 《十八大以来重要文献选编》(中),中央文献出版社2016年版,第158页。

进和规范思想政治教育,增强主动性针对性实效性"①,经中央军委批准,总政治部根据《中国人民解放军政治工作条例》,2007年1月1日颁发《中国人民解放军思想政治教育大纲(试行)》,共10章36条。2009年11月9日,总结《中国人民解放军思想政治教育大纲(试行)》实践,总政治部修订颁发《中国人民解放军思想政治教育大纲》,内容依次为总则、职责、教育内容、教育时间、形式与方法、组织实施、基本制度、政治教员、保障、附则,共10章53条,为新世纪新阶段加强和规范军队思想政治教育提供了基本法规保障。

"为加强和改进新形势下公安边防部队思想政治教育工作,永葆公安边防部队的性质、宗旨和本色,筑牢高举旗帜、听党指挥、履行使命的思想根基"②,在2004年9月6日公安部边防局政治部印发的《公安边防部队基层思想政治教育大纲》和《公安边防部队基层思想政治教育检查考核暂行规定》基础上,依据《中国人民解放军政治工作条例》和《中国人民解放军思想政治教育大纲》,结合公安边防部队实际,公安部边防局党委2011年2月12日颁布实行《公安边防部队思想政治教育大纲》,内容依次为总则、教育内容、形式与方法、组织实施、基本制度、检查考评、政治教员、保障、附则,共9章45条,为进一步推进公安边防部队思想政治教育制度化、规范化、科学化确立了专门性法规基础。

为规范和指导公安消防部队思想政治教育,从法规制度上解决教育多头部署、随意下达、秩序不正规、制度难落实等影响和制约教育科学有序运行的突出问题,同《公安边防部队思想政治教育大纲》类似,与《中国人民解放军思想政治教育大纲(试行)》《中国人民解放军思想政治教育大纲》配套,公安部消防局党委2007年6月4日印发《公安消防部队思想政治教育大纲(试行)》,2010年9月26日修订印发《公安消防部队思想政治教育大纲》,内容依次为总则、职责、教育内容、教育时间、形式与方法、组织实施、基本制度、政治教员、保障、附则,共10章50条,为公安消防部队思想政治教育切实纳入科学规范有序的轨道提供了制度保障。

"为进一步加强基层公安机关思想政治工作,切实发挥思想政治工作的生命线作用,增强广大民警的责任感和使命感,激发和调动广大民警的工作热情和积极性,确保各项公安工作的圆满完成"③,2011年1月31日,公安部政治部印发《基层公安机关思想政治工作规范》,内容依次为总则、基本内

---

① 《中国人民解放军思想政治教育大纲(试行)》,《解放军报》2007年1月23日。
② 《公安边防部队思想政治教育大纲》,《边防警察报》2011年2月19日。
③ 《基层公安机关思想政治工作规范》,《人民公安报》2011年2月17日。

容、主要制度、组织管理、考核评比、附则,共 6 章 37 条,明确了基层公安机关思想政治工作的基本制度,为基层公安机关开展思想政治工作提供了标准和规范。

三、思想政治教育基层规范性文件的全面细化

思想政治教育的终端在基层,思想政治教育的落实靠基层,思想政治教育党内法规和国家法律的制度成效需要基层实践的检验和证明,思想政治教育党内法规和国家法律的制度优化需要基层实践的反馈和供给。新时代中国思想政治教育"四维"政治人格建构的改革创新,在制度体系保障层面,不仅需要思想政治教育党内法规体系的系统规范,需要思想政治教育国家法律体系的整体配套,还需要思想政治教育基层规范性文件的全面细化。正如习近平总书记 2015 年 2 月 27 日在中央全面深化改革领导小组第十次会议上的讲话中所强调的:"要科学统筹各项改革任务,协调抓好党的十八届三中、四中全会改革举措,在法治下推进改革、在改革中完善法治,突出重点,对准焦距,找准穴位,击中要害,推出一批能叫得响、立得住、群众认可的硬招实招,处理好改革'最先一公里'和'最后一公里'的关系,突破'中梗阻',防止不作为,把改革方案的含金量充分展示出来,让人民群众有更多获得感。"①

落实《中华人民共和国宪法》第二十四条的规定,贯彻中共中央、国务院《关于新时代加强和改进思想政治工作的意见》,规范基层思想政治教育,提升基层思想政治工作质量和水平,思想政治教育基层规范性文件的全面细化,包括两大层面:一是《中华人民共和国立法法》"立法权限"条款外的基层政权机关的思想政治教育规范性文件的细化;二是各企业、农村、机关、学校、社区、网络平台和群团组织的思想政治教育规范性文件的细化。《中华人民共和国立法法》"立法权限"条款外的基层政权机关思想政治教育规范性文件的细化,在方式及体例上,可以参考《基层公安机关思想政治工作规范》,暂不赘述。这里重点依据中共中央、国务院《关于新时代加强和改进思想政治工作的意见》第四部分——"提升基层思想政治工作质量和水平"的部署,对各企业、农村、机关、学校、社区、网络平台和群团组织的思想政治教育规范性文件的细化,亦即各企业、农村、机关、学校、社区、网络平台和群团组织思想政治教育规范性文件的建立健全问题进行简要阐述。

---

① 《习近平主持召开中央全面深化改革领导小组第十次会议强调 科学统筹突出重点对准焦距 让人民对改革有更多获得感》,《光明日报》2015 年 2 月 28 日。

各企业思想政治教育规范性文件的建立健全,在于结合本企业实际,充分发挥本企业思想政治教育在"生产经营管理、人力资源开发、企业精神培育、企业文化建设等"中的生命线作用,为本企业员工"在思想上解惑、精神上解忧、文化上解渴、心理上解压"。①

各农村思想政治教育规范性文件的建立健全,在于结合本村实际,加强本村"精神文明和思想道德建设,开展弘扬时代新风和移风易俗行动,抵制腐朽落后文化侵蚀,培养有理想、有道德、有文化、有纪律的新时代农民"②。

各机关思想政治教育规范性文件的建立健全,在"坚持把带头做到'两个维护'"作为"思想政治工作的首要任务"的前提下,结合本机关实际,"深化政治机关意识教育,开展模范机关创建活动,开展对党忠诚教育,开展作风建设专项整治行动,努力建设讲政治、守纪律、负责任、有效率的模范机关"③。

各学校思想政治教育规范性文件的建立健全,在于结合本校实际,加快构建本校"思想政治工作体系,实施时代新人培育工程,完善青少年理想信念教育齐抓共管机制,培养德智体美劳全面发展的社会主义建设者和接班人"④。

各社区思想政治教育规范性文件的建立健全,在于结合各社区实际,"健全社区党组织领导基层群众性自治组织开展思想政治工作的相关制度,加强社区思想政治工作网格化建设,统筹发挥社会力量协同作用,使思想政治工作真正深入到群众生产和生活中去"⑤。

各网络平台思想政治教育规范性文件的建立健全,在于结合本网络平台实际,自觉承担起网络平台的思想政治教育主体责任,"深入实施网络内容建设工程,加强网络传播能力建设,依法加强网络社会管理,推动思想政治工作传统优势与信息技术深度融合,使互联网这个最大变量变成事业发

---

① 《中共中央国务院印发〈关于新时代加强和改进思想政治工作的意见〉》,《人民日报》2021年7月13日。
② 《中共中央国务院印发〈关于新时代加强和改进思想政治工作的意见〉》,《人民日报》2021年7月13日。
③ 《中共中央国务院印发〈关于新时代加强和改进思想政治工作的意见〉》,《人民日报》2021年7月13日。
④ 《中共中央国务院印发〈关于新时代加强和改进思想政治工作的意见〉》,《人民日报》2021年7月13日。
⑤ 《中共中央国务院印发〈关于新时代加强和改进思想政治工作的意见〉》,《人民日报》2021年7月13日。

展的最大增量"①。

各群团组织思想政治教育规范性文件的建立健全,在于贯彻落实中共中央《关于加强和改进党的群团工作的意见》,贯彻落实中共中央、国务院《关于新时代加强和改进思想政治工作的意见》,结合本群团组织实际,开展思想政治引领行动,把中国共产党的决策部署变成群众的自觉行动,把中国共产党的关怀送到群众中去,从而把广大群众团结凝聚在中国特色社会主义伟大旗帜下。

---

① 《中共中央国务院印发〈关于新时代加强和改进思想政治工作的意见〉》,《人民日报》2021年7月13日。

结语　在历史唯物主义视野中探寻思想政治教育的本质

科学的方法论,是连通思想政治教育"实存"与作为思想政治教育"实存"之"存在论""映现"的本质的桥和船,是科学揭示思想政治教育本质的前提。

迄今为止,唯有历史唯物主义解决了"使关于社会的科学,即所谓历史科学和哲学科学的总和,同唯物主义的基础协调起来,并在这个基础上加以改造"①这个全部唯物主义的关键问题,唯有历史唯物主义是"关于现实的人及其历史发展的科学"②。作为社会科学的思想政治教育,在根本方法论上,必须坚持和贯彻历史唯物主义。探寻思想政治教育的本质,必须彻底地而不是半彻底地甚至只是口号上地坚持和贯彻历史唯物主义。

如何才能彻底地而不是半彻底地甚至只是口号上地坚持和贯彻历史唯物主义方法论,从而坚定地在历史唯物主义的视野中探寻思想政治教育的本质?

一

首先,不仅应当从"由果溯因"的"发生学"的角度来思考作为社会现象的思想政治教育,而且应当从"由因到果"的"出场学"的角度来思考作为社会实践活动的思想政治教育。

"'思想政治教育'这一概念不是思想政治教育学科自身生长的产物,而是中国共产党在革命实践中创造、使用的一个概念。中国共产党的'思想政治教育'概念的发源地,可以追溯到毛泽东1927年写的《湖南农民运动考察报告》(具体见"农民在农民协会领导之下"作了的"十四件大事"的第八

---

① 《马克思恩格斯文集》第4卷,人民出版社2009年版,第284页。
② 《马克思恩格斯文集》第4卷,人民出版社2009年版,第295页。

件"普及政治宣传"的第一句:"开一万个法政学校,能不能在这样短时间内普及政治教育于穷乡僻壤的男女老少,像现在农会所做的政治教育一样呢?"①——引者注)"②,李兴建、王滨《思想政治教育的本质:政治家用理论掌握群众的一种政治活动》一文如是说。基于此,该文提出:"从发生学角度分析,思想政治教育这一概念原本是指中国共产党的一种政治活动。"③

在《湖南农民运动考察报告》中,毛泽东指出:"农民在农民协会领导之下"作了的"十四件大事"的第八件——"普及政治宣传",进行"政治教育",作为湖南农民运动的经验总结,正是因应第七件——"推翻祠堂族长的族权和城隍土地菩萨的神权以至丈夫的男权",以及推翻专制政治的"政权、族权、神权"等所必需的农民政治主体性意识和政治主体性建构而"出场"的。

在君主专制的旧中国宗法制下,"男子,普遍要受三种有系统的权力的支配,即:(一)由一国、一省、一县以至一乡的国家系统(政权);(二)由宗祠、支祠以至家长的家族系统(族权);(三)由阎罗天子、城隍庙王以至土地菩萨的阴间系统以及由玉皇上帝以至各种神怪的神仙系统——总称之为鬼神系统(神权)。至于女子,除了受上述三种权力的支配以外,还受男子的支配(夫权)。这四种权力——政权、族权、神权、夫权,代表了全部封建宗法的思想和制度,是束缚中国人民特别是农民的四条极大的绳索"④。

被这"三种有系统的权力"所支配或者说被"四条极大的绳索"所束缚的"中国人民特别是农民",怎样才能推翻"宗法封建性"的"地主的政权",亦即推翻"几千年专制政治的基础"?从湖南农民运动的实践经验来看,关键在于通过"政治宣传"和"政治教育",唤醒农民的政治主体性意识,把农民组织起来,建构起农民的政治主体性,汇聚起农民革命的政治合力。近代思想家、政治家梁启超指出:"中国数千年之腐败,其祸极于今日,推其大原,皆必自奴隶性来"⑤,中国人"二千余年俯首蜷伏于专制政体之下,以服从为独一无二之天职。抚我而后也,固不忍不服从;虐我而仇也,亦不敢不服从。但得他人父我,则不惜怡色柔声而为之子;但得他人主我,则不惮奴颜婢膝而为之奴。一若无父主之怙恃,则孤儿逐仆,将伶仃孤苦,不能自立于天

---

① 《毛泽东选集》第1卷,人民出版社1991年版,第34页。
② 李兴建、王滨:《思想政治教育的本质:政治家用理论掌握群众的一种政治活动》,《思想政治教育研究》2014年第1期。
③ 李兴建、王滨:《思想政治教育的本质:政治家用理论掌握群众的一种政治活动》,《思想政治教育研究》2014年第1期。
④ 《毛泽东选集》第1卷,人民出版社1991年版,第31页。
⑤ 丁文江、赵丰田编:《梁启超年谱长编》,上海人民出版社1983年版,第235页。

地"①。用卢梭的话说:"在这里就只看到一个主人和一群奴隶,我根本没有看到人民和他们的首领;那只是一种聚集,如果人们愿意这样称呼的话,而不是一种结合;这儿既没有公共幸福,也没有政治共同体。"②为此,梁启超提出,"新民""新国"的第一要务在于根治国民的奴隶劣根性,不除此性,中国万不能立于世界万国之间。

"新民""新国"的第一要务就是唤醒"中国人民特别是农民"的政治主体性意识,建构起"中国人民特别是农民"的政治主体性。这正是中国共产党领导的新民主主义革命成功的主体要素,甚至可以说是关键要素;同时也是中国共产党提出"思想政治教育"命题的历史逻辑和实践逻辑,亦是中国共产党的"建构性思想政治教育"的"出场"前提。在《湖南农民运动考察报告》的"'糟得很'和'好得很'"中,毛泽东指出:"孙中山先生致力国民革命凡四十年,所要做而没有做到的事,农民在几个月内做到了。这是四十年乃至几千年未曾成就过的奇勋。这是好得很。"③毛泽东强调:"你若是一个确定了革命观点的人,而且是跑到乡村里去看过一遍的,你必定觉到一种从来未有的痛快。无数万成群的奴隶——农民,在那里打翻他们的吃人的仇敌。农民的举动,完全是对的,他们的举动好得很!'好得很'是农民及其他革命派的理论。一切革命同志须知:国民革命需要一个大的农村变动。辛亥革命没有这个变动,所以失败了。现在有了这个变动,乃是革命完成的重要因素。"④此前半年的1926年9月1日,在总结推广国内外特别是广东农民运动经验的《农民问题丛刊》"序"中,毛泽东开宗明义:"农民问题乃是国民革命的中心问题,农民不起来参加并拥护国民革命,国民革命不会成功;农民运动不赶速地做起来,农民问题不会解决;农民问题不在现在的革命运动中得到相当的解决,农民不会拥护这个革命。"⑤

"思想政治教育"这一概念是中国共产党提出的,但"思想政治教育"概念的提出,不是中国共产党的突发奇想和主观臆断,而是唤醒"中国人民特别是农民"的政治主体性意识,建构起"中国人民特别是农民"的政治主体性的客观要求。作为一种旨在建构起中国人民的政治主体性的思想政治教育,与前现代阶级社会和现代资本主义阶级社会消极的、专制型、欺骗型、控制型的思想政治教育完全相反,中国共产党的"思想政治教育"是一种主体

---

① 梁启超:《梁启超全集》第二册,北京出版社1999年版,第1080页。
② [法]卢梭:《社会契约论》,何兆武译,商务印书馆2003年版,第17页。
③ 《毛泽东选集》第1卷,人民出版社1991年版,第15~16页。
④ 《毛泽东选集》第1卷,人民出版社1991年版,第16页。
⑤ 《毛泽东文集》第1卷,人民出版社1993年版,第37页。

性的、积极的、建构性的思想政治教育。作为一种主体性的、积极的、建构性的思想政治教育,中国共产党的"思想政治教育"完全是因应推翻专制政治的"政权、族权、神权"等而所不可或缺的农民政治主体性意识和政治主体性建构而"出场"的。

在历史唯物主义的视野中探寻思想政治教育的本质,不仅应当从"发生学"角度研究作为社会现象的思想政治教育,而且应当从"出场学"角度思考作为社会实践活动的思想政治教育。比较而言,"发生学"表现出的是一种"由果溯因"的客体追溯式研究,"出场学"表现出的是一种"由因到果"的主体原生式研究。引用孙利天《作为学派的出场学》中的一句话:"发生学重视对历史过程的本质、必然因素的分析,它更关注的是时间性、历史性,相比之下,出场学是以现象学所追求的一种直观的、在场的、原始的艺术涌现的表达方式,它可以为我们构建一个空间化的学术模型。"①

作为一种实践活动,思想政治教育既不是哪一个人或哪一部分人的主观设定,也不是先天的"在场",而是在人类发展的过程中自然地"出场"。彻底地坚持和贯彻历史唯物主义方法论,在历史唯物主义的视野中探寻思想政治教育的本质,首先应当把思想政治教育本身作为"主体",站在思想政治教育的角度来思考思想政治教育,而不是把思想政治教育作为"客体",将思想政治教育限定为被思考的对象。把思想政治教育本身作为"主体",站在思想政治教育的角度来思考思想政治教育,亦即从"作为一种关于当代马克思主义哲学研究范式的出场学"的角度来思考思想政治教育,不仅有利于阐明作为实践活动的思想政治教育的"出场",而且有利于更好地促进思想政治教育的"在场",避免思想政治教育的"缺场"和"离场",从而更彻底地揭示"三态共融"的整体形态的思想政治教育的本质。这也正如任平《论作为一种关于当代马克思主义哲学研究范式的出场学》一文所指出的:"如果缺乏深度的本质性的反思范式","对问题的反思就很可能是'外在的'而不是'本质性'的"。②

二

其次应当落脚于历史发展的主体——人本身。也就是说,在思想政治教育的本质阐释中,应当彻底地而不是半彻底地甚至只是口号上地坚持和

---

① 孙利天:《作为学派的出场学》,《江海学刊》2017年第2期。
② 任平:《论作为一种关于当代马克思主义哲学研究范式的出场学》,《天津社会科学》2017年第2期。

贯彻马克思"人是历史的目的"思想;应当彻底地而不是半彻底地甚至只是口号上地坚持和贯彻《共产党宣言》的"代替那存在着阶级和阶级对立的资产阶级旧社会的,将是这样一个联合体,在那里,每个人的自由发展是一切人的自由发展的条件"①的思想;应当彻底地而不是半彻底地甚至只是口号上地坚持和贯彻马克思在《资本论》中强调的"以每一个个人的全面而自由的发展为基本原则"②的"真正的共同体"的"自由人联合体"③思想。1894年1月9日在回复朱泽培·卡内帕请求其为同年"3月起在日内瓦出版的周刊《新纪元》找一段题词,用简短的字句来表述未来的社会主义纪元的基本思想,以别于但丁曾说的'一些人统治,另一些人受苦难'的旧纪元"④时,恩格斯明确表述:"要用几句话来概括未来新时代的精神,而又不堕入空想主义或者不流于空泛辞藻,几乎是不可能的",除了《共产党宣言》中"代替那存在着阶级和阶级对立的资产阶级旧社会的,将是这样一个联合体,在那里,每个人的自由发展是一切人的自由发展的条件"这句话之外,"我再也找不出合适的了"。⑤

考察人类社会的历史发展,在著名的人的发展"三阶段论"或者说"三形态论"中,马克思明确指出:"人的依赖关系(起初完全是自然发生的),是最初的社会形式,在这种形式下,人的生产能力只是在狭小的范围内和孤立的地点上发展着。以物的依赖性为基础的人的独立性,是第二大形式,在这种形式下,才形成普遍的社会物质变换、全面的关系、多方面的需要以及全面的能力的体系。建立在个人全面发展和他们共同的、社会的生产能力成为从属于他们的社会财富这一基础上的自由个性,是第三个阶段。"⑥

第一,人是共同体的存在,人是"物"的存在,人是历史的存在,但是人与共同体、人与"物"、人与"历史"的关系,在价值论意义上,人是目的,而不是工具。在《1844年经济学哲学手稿》中,马克思指出:"对社会主义的人来说,整个所谓世界历史不外是人通过人的劳动而诞生的过程,是自然界对人来说的生成过程。"⑦在《神圣家族,或对批判的批判所做的批判》中,马克思说得更明白:"历史什么事情也没有做,它'不拥有任何惊人的丰富性',它'没有进行任何战斗'!其实,正是人,现实的、活生生的人在创造这一切,拥

---

① 《马克思恩格斯文集》第2卷,人民出版社2009年版,第53页。
② 《马克思恩格斯文集》第5卷,人民出版社2009年版,第683页。
③ 《马克思恩格斯文集》第5卷,人民出版社2009年版,第96页。
④ 《马克思恩格斯文集》第10卷,人民出版社2009年版,第827页。
⑤ 《马克思恩格斯文集》第10卷,人民出版社2009年版,第666页。
⑥ 《马克思恩格斯全集》第30卷,人民出版社1995年版,第107~108页。
⑦ 《马克思恩格斯全集》第3卷,人民出版社2002年版,第310页。

有这一切并且进行战斗。并不是'历史'把人当做手段来达到自己——仿佛历史是一个独具魅力的人——的目的。历史不过是追求着自己目的的人的活动而已。"①这就意味着,在价值论意义上,人是历史的价值主体和价值目的,是共同体的价值主体和价值目的,是"物"的价值主体和价值目的。用康德的话说,在历史中,在共同体中,在"物"面前,"每个有理性的东西都须服从这样的规律,不论是谁在任何时候都不应把自己和他人仅仅当作工具,而应该永远看作自身就是目的"②。为此,马克思强调,作为"人的自我异化的积极扬弃"的"共产主义","首先应当避免重新把'社会'当作抽象的东西同个体对立起来。个体是社会存在物。因此,他的生命表现,即使不采取共同的、同他人一起完成的生命表现这种直接形式,也是社会生活的表现和确证"。③ 这告诉我们,在马克思主义的思想政治教育中,亦即社会主义和共产主义的思想政治教育中,人是目的,而不是工具。作为以人为目的、以每个人的自由全面发展为指针的思想政治教育,其落脚点,不是落在"社会"上,而是落在"人"上;不仅是落在"人"上,而且是落在"人的建构"上。众所周知,社会的发展,不是社会自己的自主发展,而是社会的人的发展,是社会的人的发展推动着社会的发展,是通过社会的人的发展实现社会发展。正如康德所提出的,在以人为目的、以每个人的自由全面发展为指针的"目的王国","有理性的东西除了自己的立法之外,不服从任何其他东西。目的王国中的一切,或者有价值,或者有尊严。一个有价值的东西能被其他东西所代替,这是等价;与此相反,超越于一切价值之上,没有等价物可代替,才是尊严"。④ 也就是说,人只有成为目的,才能"生活得更加幸福、更有尊严"⑤。甚至可以说,人只有成为目的,才能有幸福、有尊严。在思想政治教育中落实《中华人民共和国宪法》第三十八条规定的"中华人民共和国公民的人格尊严不受侵犯",思想政治教育的落脚点,必须落在"人"上,落在"人的建构"上。相应地,思想政治教育的本质阐释,落脚点也在"人"上,而且是在"人的建构"上。

第二,人类从前现代社会特别是前现代阶级社会,经现代资本主义阶级社会,到后阶级社会的社会主义社会和未来共产主义社会的过程,也就是人从共同体的工具,到物的工具,再到人自身为目的的过程。不是前现代社会

---

① 《马克思恩格斯文集》第1卷,人民出版社2009年版,第295页。
② [德]康德:《道德形而上学原理》,苗力田译,上海人民出版社2005年版,第53页。
③ 《马克思恩格斯全集》第3卷,人民出版社2002年版,第302页。
④ [德]康德:《道德形而上学原理》,苗力田译,上海人民出版社2005年版,第54~55页。
⑤ 《十七大以来重要文献选编》(中),中央文献出版社2011年版,第582页。

特别是前现代阶级社会没有思想政治教育,也不是现代资本主义阶级社会没有思想政治教育,而是包括现代资本主义阶级社会和前现代阶级社会在内的所有阶级社会的思想政治教育,是一种服务于统治阶级的、服务于少数人利益的思想政治教育,是一种愚弄、欺骗、控制广大人民群众的思想政治教育。在《德意志意识形态》中,马克思特别写道:"在考察历史进程时,如果把统治阶级的思想和统治阶级本身分割开来,使这些思想独立化,如果不顾生产这些思想的条件和它们的生产者而硬说该时代占统治地位的是这些或那些思想,也就是说,如果完全不考虑这些思想的基础——个人和历史环境,那就可以这样说:例如,在贵族统治时期占统治地位的概念是荣誉、忠诚,等等,而在资产阶级统治时期占统治地位的概念则是自由、平等,等等。一般说来,统治阶级总是自己为自己编造出诸如此类的幻想。"① 马克思还特别从历史辩证法的角度强调:"每一个企图取代旧统治阶级的新阶级,为了达到自己的目的不得不把自己的利益说成是社会全体成员的共同利益,就是说,这在观念上的表达就是:赋予自己的思想以普遍性的形式,把它们描绘成唯一合乎理性的、有普遍意义的思想。"② 由此可知,前现代阶级社会和现代资本主义阶级社会的思想政治教育是一种控制型的思想政治教育,一种消极的思想政治教育,亦即一种"非人"的思想政治教育。正因为前现代阶级社会和现代资本主义阶级社会的思想政治教育,是一种"非人"的、消极的、控制型的思想政治教育,在第六届莱茵省议会的辩论的第三篇论文——《关于林木盗窃法的辩论》中,马克思指出:"封建制度就其最广泛的意义来说,是精神的动物王国,是被分裂的人类世界"③;在《黑格尔法哲学批判》中,马克思写道:"中世纪是人类史上的动物时期,是人类动物学。我们的时代即文明时代,却犯了一个相反的错误。它使人的对象性本质作为某种仅仅是外在的、物质的东西同人分离,它不认为人的内容是人的真正现实"④;在《1844年经济学哲学手稿》中,马克思指明,在资本主义生产中,"生产不仅把人当做商品、当做商品人、当做具有商品的规定的人生产出来;它依照这个规定把人当做既在精神上又在肉体上非人化的存在物生产出来"⑤。因而在资本主义社会,"人(工人)只有在运用自己的动物机能——吃、喝、生殖,至多还有居住、修饰等等——的时候,才觉得自己在自由活动,

---

① 《马克思恩格斯文集》第1卷,人民出版社2009年版,第552页。
② 《马克思恩格斯文集》第1卷,人民出版社2009年版,第552页。
③ 《马克思恩格斯全集》第1卷,人民出版社1995年版,第248页。
④ 《马克思恩格斯全集》第3卷,人民出版社2002年版,第102页。
⑤ 《马克思恩格斯文集》第1卷,人民出版社2009年版,第171页。

而在运用人的机能时,觉得自己只不过是动物。动物的东西成为人的东西,而人的东西成为动物的东西"①。正因为现代资本主义阶级社会和前现代阶级社会一样,是一种"非人"的、消极的、控制型的思想政治教育,在《政治经济学批判(1857—1858年手稿)》中,马克思称"资本"对"雇佣劳动"的剥削为"人类活动所采取的最后一种奴隶形式"②;在《〈政治经济学批判〉序言》中,马克思将"资产阶级社会"和前现代社会统称为"人类社会的史前时期"③。显然,马克思这里说的"史"是以人为目的的历史,是"每一个个人的全面而自由的发展"的历史,是人的"自由王国"和"目的王国"的历史。马克思这里划分"人类社会的历史"和"人类社会的史前时期"的标准,不是通常"有无文字记载"的史学标准,而是"人是自由还是被奴役标准",亦即"人是工具还是目的标准"。更具体地说,马克思这里划分"人类社会的历史"和"人类社会的史前时期"的标准,既是对前资本主义社会和资本主义社会人的"被侮辱、被奴役、被遗弃和被蔑视"④的工具性状态作出事实概括的事实性标准,也是对前资本主义社会和资本主义社会人的"被侮辱、被奴役、被遗弃和被蔑视"的工具性状态作出价值批判的价值性标准,亦即一个事实性和价值性相统一的人的发展形态标准。作为服务于少数人利益的、"非人"的、消极的、欺骗的、控制型的思想政治教育,现代资本主义阶级社会和前现代阶级社会,不会也不敢宣称其为思想政治教育。

与现代资本主义阶级社会和前现代阶级社会的思想政治教育相反,以马克思主义为指导、服务于最广大人民群众根本利益的、后阶级社会的社会主义社会和未来共产主义社会的思想政治教育,是以人为目的、以每个人的自由全面发展为指针的、积极的、建构性的思想政治教育。以人为目的、以每个人的自由全面发展为指针的、积极的、建构性的思想政治教育,本质上是一种积极的"政治人格建构"。作为积极的"政治人格建构",马克思主义理论学科的社会主义思想政治教育,正如习近平总书记所说,应当"理直气壮开好思政课"⑤。《共产党宣言》明确宣告,共产党人不仅"不屑于隐瞒自己的观点和意图",而且敢于"向全世界公开说明自己的观点、自己的目的、自己的意图"⑥。

---

① 《马克思恩格斯文集》第1卷,人民出版社2009年版,第160页。
② 《马克思恩格斯全集》第31卷,人民出版社1998年版,第149页。
③ 《马克思恩格斯文集》第2卷,人民出版社2009年版,第592页。
④ 《马克思恩格斯文集》第1卷,人民出版社2009年版,第11页。
⑤ 《习近平谈治国理政》第3卷,外文出版社2020年版,第329页。
⑥ 《马克思恩格斯文集》第2卷,人民出版社2009年版,第66、30页。

三

最后,应当紧扣现实的思想政治教育实践。紧扣现实的思想政治教育实践,核心是紧扣现实的思想政治教育的现实起点。离开现实的思想政治教育的现实起点,思想政治教育的理论阐释将不可避免地陷入主观性和片面性。对现实的思想政治教育进行主观"截取",其理论的实践转化,自然不可能达到期待的效果。

作为现实的人的现实活动,现实的思想政治教育的现实起点,亦即现实的思想政治教育的发起点和发动点,是现实的思想政治教育的发起者和发动者。紧扣现实的思想政治教育的现实起点,也就是紧扣现实的思想政治教育的发起者和发动者。

现实的思想政治教育的发起者和发动者是谁?先看大家非常熟悉的学校思想政治教育,亦即"作为教育活动具体类别的思想政治教育"。在学校思想政治教育中,表面上看,思想政治教育的发起者和发动者是作为教育主体的教育者。实际上是如此吗?显然不是。在《关于费尔巴哈的提纲》第三条中,马克思说得非常明白:"教育者本人一定是受教育的。"[1]中共中央、国务院2016年12月4日印发的《关于加强和改进新形势下高校思想政治工作的意见》专列"五、加强教师队伍和专门力量建设",强调:"把政治标准放在首位","加强教师思想政治工作","提升教师思想政治素质","引导教师增强对中国特色社会主义的思想认同、理论认同、情感认同","努力培养造就有理想信念、有道德情操、有扎实学识、有仁爱之心的好老师"。[2] 怎么加强教师队伍建设呢?中共中央、国务院2004年8月26日印发的《关于进一步加强和改进大学生思想政治教育的意见》明确要求:"要按照充分体现当代马克思主义最新成果的要求,全面加强思想政治理论课的学科建设、课程建设、教材建设和教师队伍建设。"[3]由此可见,其一,在学校思想政治教育中,作为教育主体的教育者,只是教学活动的发起者和发动者,而不是作为"思想政治教育"内容的"政治思想"的发起者和发动者。其二,作为"思想政治教育"内容的"政治思想"的发起者和发动者,是"当代马克思主义最新成果"的创立者——中国共产党。其三,作为教育主体的教育者,从思想政治教育内容的角度来看,角色上,是沟通中国共产党创立的"当代马克思主

---

[1] 《马克思恩格斯文集》第1卷,人民出版社2009年版,第500页。
[2] 《十八大以来重要文献选编》(下),中央文献出版社2018年版,第486页。
[3] 《十八大以来重要文献选编》(中),中央文献出版社2006年版,第181页。

义最新成果"与作为接受主体的受教育者的"思想政治素质"的"中介";在职责和功能上,就是将作为"思想政治教育"内容的"政治思想"从作为发起者和发动者的中国共产党,传导给受教育者,引导受教育者改造、提升政治品格和思想政治素质,增强对中国特色社会主义的政治认同。

由此来看:其一,历史唯物主义地探寻思想政治教育的本质,不能局限于学校思想政治教育,亦即不能局限于"作为教育活动具体类别的思想政治教育"。其二,现实的思想政治教育,不仅是"作为教育活动具体类别的思想政治教育",而且是"作为党和国家事业重要方面的思想政治教育"。并且从生成逻辑上,正是先有"作为党和国家事业重要方面的思想政治教育",然后才有"作为教育活动具体类别的思想政治教育"。

2000年6月28日在中央思想政治工作会议上的讲话中,江泽民明确指出:"党的思想政治工作,是经济工作和其他一切工作的生命线,是团结全党全国各族人民实现党和国家各项任务的中心环节,是我们党和社会主义国家的重要政治优势。"①中共中央1999年9月29日印发的《关于加强和改进思想政治工作的若干意见》明确要求:"企业、农村、学校、科研院所、街道和其他基层单位,都要根据自己的实际,解决好把思想政治工作任务落到实处的问题"②,"学校的思想政治工作要围绕培养社会主义事业建设者和接班人的根本任务来进行。各级各类学校都要认真贯彻党的教育方针,坚持社会主义办学方向。要坚持以马克思主义指导教学工作,绝不能为错误思潮提供讲台和阵地"③。中国共产党成立100周年之际,中共中央、国务院印发《关于新时代加强和改进思想政治工作的意见》,部署加强企业思想政治工作、农村思想政治工作、学校思想政治工作、机关思想政治工作、社区思想政治工作、网络思想政治工作、做好各类群体的思想政治工作。从江泽民的讲话、《中共中央关于加强和改进思想政治工作的若干意见》《中共中央、国务院关于新时代加强和改进思想政治工作的意见》中看得非常清楚,现实的思想政治教育在时序逻辑上是先有了"作为党和国家事业重要方面的思想政治教育",然后才有"作为教育活动具体类别的思想政治教育"。相对于"作为教育活动具体类别的思想政治教育"而言,完整的思想政治教育先是"作为党和国家事业重要方面的思想政治教育",然后才是"作为教育活动具体类别的思想政治教育"。历史唯物主义地探寻思想政治教育的本质,不仅需要立足"作为教育活动具体类别的思想政治教育",更需要立足"作为党和

---

① 《江泽民文选》第3卷,人民出版社2006年版,第74页。
② 《十五大以来重要文献选编》(中),人民出版社2001年版,第1044页。
③ 《十五大以来重要文献选编》(中),人民出版社2001年版,第1045页。

国家事业重要方面的思想政治教育"。

"作为党和国家事业重要方面的思想政治教育",是不是中国共产党和社会主义中国独有的?显然不是。在《德意志意识形态》中,马克思明确指出:"统治阶级的思想在每一时代都是占统治地位的思想","一个阶级是社会上占统治地位的物质力量,同时也是社会上占统治地位的精神力量。支配着物质生产资料的阶级,同时也支配着精神生产资料,因此,那些没有精神生产资料的人的思想,一般地是隶属于这个阶级的"。[①] 不仅如此,马克思还特别指出,在阶级社会,人们的思想观念或者说思想意识,不仅是隶属于统治阶级的,而且是隶属于该统治阶级的意识形态家"编造"的"这一阶级关于自身的幻想"的。论及作为"迄今为止历史的主要力量之一"的"分工",马克思说:"现在,分工也以精神劳动和物质劳动的分工的形式在统治阶级中间表现出来,因此在这个阶级内部,一部分人是作为该阶级的思想家出现的,他们是这一阶级的积极的、有概括能力的意识形态家,他们把编造这一阶级关于自身的幻想当做主要的谋生之道,而另一些人对于这些思想和幻想则采取比较消极的态度,并且准备接受这些思想,因为在实际中他们是这个阶级的积极成员,并且很少有时间来编造关于自身的幻想和思想。"[②]由此可见,"作为党和国家事业重要方面的思想政治教育",特别是"作为国家事业重要方面的思想政治教育",不是中国共产党和社会主义中国独有的,而是前现代阶级社会的奴隶社会、封建社会,现代阶级社会的资本主义社会,现代后阶级社会的社会主义社会所共有的。从保障人们劳动生存利益、满足人民美好生活需要的"政治"的角度来说,"作为党和国家事业重要方面的思想政治教育",特别是"作为国家事业重要方面的思想政治教育",不是中国共产党和社会主义中国独有的,而是"以非阶级利益差别与公共利益的维护和管理为主要特征的政治社会、以阶级利益对抗和政治统治为主要特征的政治社会、以非阶级性的利益差别的协调与公共利益的维护和实现为主要特征的政治社会"[③]所共有的。历史唯物主义地探寻思想政治教育的本质,不能只立足于作为中国共产党和社会主义中国的"国家事业重要方面的思想政治教育",还必须立足于作为全部政治社会的"政治实践特殊形态的思想政治教育"。

立足"三态共融"的整体形态的思想政治教育,亦即立足作为全部政治社会的"政治实践特殊形态的思想政治教育",立足作为中国共产党和社

---

① 《马克思恩格斯文集》第1卷,人民出版社2009年版,第550页。
② 《马克思恩格斯文集》第1卷,人民出版社2009年版,第551页。
③ 王浦劬等:《政治学基础》(第二版),北京大学出版社2006年版,第13页。

主义中国的"国家事业重要方面的思想政治教育",立足"作为教育活动具体类别的思想政治教育",不难发现:在前现代社会,现实的思想政治教育的发起者和发动者,是统治阶级的意识形态家和统治阶级,亦即前现代社会的思想政治教育的现实起点和主导主体,是统治阶级的意识形态家主体和统治阶级主体;在现代社会,现实的思想政治教育的发起者和发动者,是政党和国家,亦即现代社会的思想政治教育的现实起点和主导主体,是政党主体和国家主体。从前现代社会来看,"三态共融"的整体形态的思想政治教育,是从作为主导主体的统治阶级意识形态家主体—统治阶级主体,经教育者的中介,到受教育者的路径。从现代社会来看,"三态共融"的整体形态的思想政治教育,是从作为主导主体的政党主体—国家主体,经教育者的中介,到受教育者的路径。无论是在以统治阶级意识形态家主体—统治阶级主体为主导主体和现实起点的前现代社会思想政治教育路径中,还是在以政党主体—国家主体为主导主体和现实起点的现代社会思想政治教育路径中,旨在培养"建设者和接班人"的思想政治教育,本质上都是"政治人格建构"。只是前现代阶级社会和现代资本主义阶级社会的思想政治教育,是一种欺骗人、控制人、奴役人的消极思想政治教育,其"政治人格建构",是一种服务于少数人利益的"虚假建构",对于广大人民群众而言,实质上是一种欺骗和控制。只有服务于最广大人民群众根本利益的社会主义思想政治教育,才是真正促进每一个人的自由全面发展的积极思想政治教育,其"政治人格建构",才是真正促进每一个人的自由全面发展的"真实建构"。

主要参考文献

一、著作类

《马克思恩格斯文集》(第1~10卷),人民出版社2009年版。

《列宁专题文集》(论马克思主义、论辩证唯物主义和历史唯物主义、论无产阶级政党、论社会主义、论资本主义),人民出版社2009年版。

《毛泽东选集》(第1~4卷),人民出版社1991年版。

《毛泽东文集》(第1~8卷),人民出版社1993、1996、1999年版。

《邓小平文选》(第1~3卷),人民出版社1993、1994年版。

《江泽民文选》(第1~3卷),人民出版社2006年版。

《胡锦涛文选》(第1~3卷),人民出版社2016年版。

《习近平谈治国理政》,外文出版社2014年版。

《习近平谈治国理政》(第2卷),外文出版社2017年版。

《习近平谈治国理政》(第3卷),外文出版社2020年版。

王沪宁主编:《政治的逻辑:马克思主义政治学原理》,上海人民出版社2004年版。

王浦劬等:《政治学基础》(第二版),北京大学出版社2006年版。

刘德厚:《广义政治论:政治关系社会化分析原理》,武汉大学出版社2004年版。

陈义平:《政治人:模铸与发展——中国社会转型期的公民政治分析》,安徽大学出版社2002年版。

蒋云根:《政治人的心理世界》,学林出版社2002年版。

孙正甲:《政治文化学》,黑龙江人民出版社2002年版。

罗骞:《面对存在与超越实存——历史唯物主义的当代阐释》,人民出版社2014年版。

罗骞:《走向建构性政治:历史唯物主义视野中的后现代政治哲学研究》,华东师范大学出版社2013年版。

张文喜：《历史唯物主义的政治哲学向度》，江苏人民出版社 2008 年版。

李德顺：《价值论》（第 2 版），中国人民大学出版社 2007 年版。

项贤明：《泛教育论——广义教育学的初步探索》，山西教育出版社 2000 年版。

彭聃龄主编：《普通心理学》（修订版），北京师范大学出版社 2001 年版。

陈力丹：《精神交往论：马克思恩格斯的传播观》（修订版），中国人民大学出版社 2016 年版。

宋锡辉等：《思想政治教育学元理论研究》，中国书籍出版社 2017 年版。

倪愫襄主编：《思想政治教育元问题研究》，中国社会科学出版社 2014 年版。

冯刚、郑永廷主编：《思想政治教育学科 30 年发展研究报告》，光明日报出版社 2014 年版。

李合亮：《解析与建构：当代中国思想政治教育的哲学反思》，人民出版社 2010 年版。

李合亮：《思想政治教育探本——关于其起源及本质的研究》，人民出版社 2007 年版。

于泉蛟：《思想政治教育接受结构研究》，人民出版社 2015 年版。

李颖：《基于哲学解释学视角的思想政治教育接受研究》，浙江大学出版社 2013 年版。

张世欣：《思想政治教育接受规律论》，上海三联书店 2005 年版。

王敏：《思想政治教育接受论》，湖北人民出版社 2002 年版。

邱柏生主编：《思想教育接受学》，山西人民出版社 1992 年版。

胡木贵、郑雪辉：《接受学导论》，辽宁教育出版社 1989 年版。

隋宁：《思想政治教育先在结构研究》，人民出版社 2015 年版。

杨志平：《思想政治教育信息问题研究》，人民出版社 2015 年版。

白显良：《隐性思想政治教育基本理论研究》，人民出版社 2013 年版。

闫艳：《交往视域中的思想政治教育》，人民出版社 2011 年版。

《思想政治教育学原理》编写组编：《思想政治教育学原理》（第二版），高等教育出版社 2018 年版。

陈万柏、张耀灿主编：《思想政治教育学原理》（第二版），高等教育出版社 2007 年版。

张耀灿、郑永廷、吴潜涛、骆郁廷等：《现代思想政治教育学》，人民出版社 2006 年版。

张耀灿等:《思想政治教育学前沿》,人民出版社 2006 年版。

陈秉公:《21 世纪思想政治教育工作创新理论体系》,吉林教育出版社 2000 年版。

陈秉公:《思想政治教育学原理》,高等教育出版社 2006 年版。

孙其昂:《思想政治教育学前沿研究》,人民出版社 2013 年版。

孙其昂等:《思想政治教育现代转型研究》,学习出版社 2015 年版。

侯勇:《思想政治教育学理论前沿问题研究》,中国社会科学出版社 2018 年版。

周琪、靳玉军、王永友等:《思想政治教育基础理论前沿问题研究》,人民出版社 2018 年版。

张澍军:《思想政治教育理论前沿论略》,人民出版社 2015 年版。

张澍军:《德育哲学引论》,人民出版社 2002 年版。

李征:《马克思恩格斯思想政治教育理论与实践研究》,北京大学出版社 2011 年版。

罗国杰主编:《马克思主义思想政治教育理论基础》,高等教育出版社 2002 年版。

邱仁富:《思想政治教育话语论》,上海交通大学出版社 2013 年版。

洪波:《思想政治教育话语范式转换研究》,浙江大学出版社 2012 年版。

徐志远:《现代思想政治教育学范畴研究》,人民出版社 2009 年版。

杨威:《思想政治教育发生论》,中国社会科学出版社 2009 年版。

沈壮海:《思想政治教育的文化视野》,人民出版社 2005 年版。

沈壮海:《思想政治教育有效性研究》(第二版),武汉大学出版社 2008 年版。

邵献平:《思想政治教育中介论》,中国社会科学出版社 2007 年版。

万光侠等:《思想政治教育的人学基础》,人民出版社 2006 年版。

[德]卡尔·施米特:《政治的概念》(增订本),刘宗坤、朱雁冰等译,上海人民出版社 2018 年版。

[德]奥斯卡·内格特:《政治的人:作为生活方式的民主》,郭力译,漓江出版社 2015 年版。

[美]西摩·马丁·李普塞特:《政治人:政治的社会基础》,张绍宗译,上海人民出版社 2011 年版。

[美]施特劳斯:《什么是政治哲学》,李世祥等译,华夏出版社 2011 年版。

[美]弗雷德·I.格林斯坦:《人格与政治:实证、推论与概念化指南》,

景晓强译,中央编译出版社 2022 年版。

［美］哈罗德·D. 拉斯韦尔:《权力与人格》,胡勇译,中央编译出版社 2013 年版。

［美］塞缪尔·巴伦德斯:《人格解码》,陶红梅译,商务印书馆 2013 年版。

［美］拉尔夫·林顿:《人格的文化背景:文化、社会与个体关系之研究》,于闽梅、陈学晶译,广西师范大学出版社 2006 年版。

［美］大卫·范德:《人格心理学:人与人有何不同》,许燕、邹丹等译,世界图书出版有限公司 2017 年版。

［美］兰迪·拉森、戴维·巴斯:《人格心理学——人性的科学探索》(第 2 版),郭永玉等译,人民邮电出版社 2011 年版。

［美］威廉·戴蒙主编:《品格教育新纪元》,刘晨、康秀云译,人民出版社 2015 年版。

［美］路桑斯等:《心理资本》,李超平译,中国轻工业出版社 2008 年版。

［美］L. 科尔伯格:《道德发展心理学:道德阶段的本质与确证》,郭本禹等译,华东师范大学出版社 2004 年版。

［瑞士］皮亚杰:《发生认识论原理》,王宪钿等译,商务印书馆 1997 年版。

［美］N. 维纳:《人有人的用处——控制论和社会》,陈步译,商务印书馆 2017 年版。

［美］莱斯利·P. 斯特弗等编:《教育中的建构主义》,高文等译,华东师范大学出版社 2002 年版。

联合国教科文组织国际教育发展委员会编著:《学会生存:教育世界的今天和明天》,教育科学出版社 1996 年版。

［德］伽达默尔:《诠释学Ⅰ、Ⅱ:真理与方法》(修订译本),洪汉鼎译,商务印书馆 2010 年版。

［德］马丁·海德格尔:《存在与时间》(修订译本),陈嘉映、王庆节合译,生活·读书·新知三联书店 2006 年版。

二、文章类

期刊

习近平:《在"不忘初心、牢记使命"主题教育工作会议上的讲话》,《求是》2019 年第 13 期。

习近平:《在全国党校工作会议上的讲话》,《求是》2016 年第 9 期。

李忠军：《"铸魂育人"是思想政治教育本质核心内涵的探讨》，《思想理论教育导刊》2015年第10期。

张耀灿：《思想政治教育学科建设存在的若干问题》，《思想理论教育》2015年第5期。

张耀灿、邵献平：《论现代思想政治教育的中介思维》，《思想理论教育导刊》2007年第10期。

陈秉公：《思想政治教育本质研究现状及建议》，《思想教育研究》2014年第6期。

宇文利：《论思想政治教育本质：政治价值观的再生产》，《马克思主义与现实》2013年第1期。

张澍军：《试论思想政治教育学科前沿的若干重大问题》，《马克思主义研究》2011年第1期。

任平：《论马克思主义"出场学"的两个循环》，《学术月刊》2008年第9期。

任平：《论马克思主义哲学研究的出场学视域》，《中国社会科学》2008年第4期。

任平：《论作为一种关于当代马克思主义哲学研究范式的出场学》，《天津社会科学》2017年第2期。

孙利天：《作为学派的出场学》，《江海学刊》2017年第2期。

张一兵：《定在概念：马克思早期思想构境的历史线索》，《中国社会科学》2019年第9期。

张一兵：《马克思历史唯物主义中的社会定在概念》，《哲学研究》2019年第6期。

张一兵：《社会定在决定意识：历史唯物主义的基本原则》，《学海》2019年第4期。

孙正聿：《历史唯物主义与哲学基本问题——论马克思主义的世界观》，《哲学研究》2010年第5期。

报纸

《中共中央国务院印发〈关于新时代加强和改进思想政治工作的意见〉》，《人民日报》2021年7月13日。

《习近平在全国教育大会上强调 坚持中国特色社会主义教育发展道路 培养德智体美劳全面发展的社会主义建设者和接班人》，《人民日报》2018年9月11日。

重要名词索引

（词条后页码为该词在本书正文中首次出现的页码）

C
存在论 15

G
《古代社会》 39
《关于费尔巴哈的提纲》 5
《关于纠正党内的错误思想》 12
国格 119

H
海德格尔 84

J
积极心理学 47

K
康德 46

L
《逻辑学》 151

R
人格力量 26
人格要正 48

S
苏霍姆林斯基 97

T
天下为公 233
托马斯·库恩 136

W
完善人格 162

Y
英格博格·普珀 147

Z
张岱年 44
政治要强 48
中国魂 231

后　记

本书是 2021 年度国家社科基金后期资助项目（项目批准号:21FKSB022）的最终成果，也是我在高等教育出版社出版的第一本专著。

作为项目成果，本书是对我 2006 年 2 月至今的思想政治教育专业教育教学实践经验的提炼。2006 年 2—7 月，我负责贵阳学院政教系 2003 级本科班课程"思想政治教育学原理"的教学工作，当时所用的教材是张耀灿、陈万柏主编的"面向 21 世纪课程教材"《思想政治教育学原理》。2009 年 9 月至今，我先后在贵州师范大学历史与政治学院、湘潭大学马克思主义学院负责本科生课程"思想政治教育学原理"、硕士研究生课程"思想政治教育原理与方法"等课程的教学工作。教学中，我努力学习、实践季羡林先生的"假话全不讲，真话不全讲"原则和陈寅恪先生的"四不讲"原则——"前人讲过的，我不讲；近人讲过的，我不讲；外国人讲过的，我不讲；我自己讲过的，也不讲。现在只讲未曾有人讲过的"，赢得了学生的认可和好评。2013 年 6 月我参加贵州师范大学首届青年教师课堂教学竞赛，荣幸获文科组第一名。本书对"作为教育活动具体类别的思想政治教育"的教育机理分析，总体上是对我 2006 年特别是 2009 年以来思想政治教育专业本科生、研究生教学实践经验的总结与提炼。

作为项目成果，本书也是对我三年思想政治教育专业博士学习后研究的阶段性总结。2006 年 9 月至 2009 年 6 月我在首都师范大学政法学院攻读思想政治教育专业博士学位。由于我的硕士专业是伦理学，侧重思考道德教育，特别是人格教育问题，因而我的博士学位论文《平民化自由人格——梁启超新民人格研究》顺势而成。博士毕业后，我先后独立指导思想政治教育专业硕士研究生、思想政治教育专业博士研究生的学习和研究，但我的学术研究一直集中在马克思主义价值理论、社会主义核心价值体系和社会主义核心价值观等方面。回顾博士阶段所学，似乎"述而不作"（《论语·述而》）。当然，无论是人格教育，还是社会主义核心价值观教育，都是思想政治教育的关键问题。党的十六届六中全会后，特别是党的十八大后，思想政治教育重心转向社会主义核心价值观教育。严格意义上，道德教育与思想政治教育还是存在一定差别的。从人的培养的角度来说，道德教育是培养社会共同体人，即培养人的道德人格，思想政治教育则是培养政治共同体人，即培养人的政治人格。这一问题，我自2006年1月20日报考博士研究生时就一直在思考。很长一段时间内，我对这个问题的认识徘徊在感性认识阶段，逐步清晰是在2013年9月至2019年1月的硕士研究生课程"思想政治教育原理与方法"中"思想政治教育本质论"专题的准备和讲授过程中。经过十多年的研究和思考，现在呈现出来，算是对自己的一个交代。

作为项目成果，愿本书能在思想政治教育学科不惑之年对思想政治教育共同体人不惑地增进有所贡献。1984年思想政治教育本科专业设置迄今，思想政治教育学作为中国自主的学科体系和知识体系已届不惑之年。如何使思想政治教育共同体人不惑而坚定，是思想政治教育学科需要回答的问题。作为思想政治教育专业的学习者、研究者、讲授者、实践者，我不能只是汲取张耀灿教授、陈秉公教授等思想政治教育专业前辈的思想成果，不能只是汲取思想政治教育专业"70后"翘楚——沈壮海教授等的思想成果，我还得尽己所能，站在巨人的肩膀上，对思想政治教育专业有所贡献。推进实然的思想政治教育科学化，需要我们思想政治教育实践者的努力，也是我们思想政治教育实践者的责任。这更要求我们思想政治教育实践者践行亚里士多德"吾爱吾师，吾尤爱真理"的精神，直面思想政治教育专业的问题与不足。本书以习近平总书记在2014年全军政治工作会议、2016年全国高校思想政治工作会议、2018年全国教育大会、2019年学校思想政治理论课教师座谈会，这四次会议上的重要讲话为思想指针，以沈壮海教授"三态共融"的思想政治教育界定为阐释基点，以陈秉公教授的《思想政治教育本质研究现状及建议》对思想政治教育本质研究"存在某些问题和弱点"的四点概括为研究起点，以张耀灿教授的《思想政治教育学科建设存在的若干问题》对"思想政治教育本质问题"亟待寻求突破的主张为研究动力，在邱柏生教授主编的《思想教育接受学》、王敏博士的《思想政治教育接受论》、张世欣教授的《思想政治教育接受规律论》、张澍军教授的《试论思想政治教育学科前沿的若干重大问题》、宇文利教授的《论思想政治教育本质：政治价值观的再生产》、李忠军教授的《"铸魂育人"是思想政治教育本质核心内涵的探讨》等著述的思想启发下，基于"人们的社会存在决定人们的意识"的历史唯物主义实践诠释学、思想政治教育"为谁培养人、培养什么人、怎样培养人"的根本问题论、马克思主义出场学、马克思主义"人是历史的目的"论、在理论与实践的结合中展开的"三态共融"的思想政治教育"政治人格建构"的本质研究，但愿这对实然的思想政治教育科学化的提升能有所贡献。

无论是项目的立项，还是本书的出版，都离不开高等教育出版社、评审专家、家人、朋友和科研管理部门老师的支持和帮助。借此出版之机，感谢高等教育出版社！感谢张召博士、梁宝贵编辑！感谢各位评审专家！感谢湘潭大学马克思主义学院、湘潭大学社科处、湖南省哲学社会科学工作办公室、全国哲学社会科学工作办公室！感谢夫人彭海霞副教授！

李金和

2024年4月

郑重声明

高等教育出版社依法对本书享有专有出版权。任何未经许可的复制、销售行为均违反《中华人民共和国著作权法》，其行为人将承担相应的民事责任和行政责任；构成犯罪的，将被依法追究刑事责任。为了维护市场秩序，保护读者的合法权益，避免读者误用盗版书造成不良后果，我社将配合行政执法部门和司法机关对违法犯罪的单位和个人进行严厉打击。社会各界人士如发现上述侵权行为，希望及时举报，我社将奖励举报有功人员。

反盗版举报电话　（010）58581999　58582371
反盗版举报邮箱　dd@hep.com.cn
通信地址　北京市西城区德外大街4号
　　　　　高等教育出版社知识产权与法律事务部
邮政编码　100120